항만물류 시스템

이철영 하명신 김광희

傅 英 社

본서는 한국해양대학교 항만물류전문인력양성사업단에서
국토해양부의 지원사업으로 출간되었다.

머 리 말

오늘날 항만은 소리 없이 변하고 있다. 그 위에 바다에서 바라본 선진항만들은 너무나 조용하다. 항만공간에서는 사람들조차 찾아보기 어렵다. 항만에서의 모든 일은 자동화와 정보화의 덕분으로 소리 없이 질서정연하게 진행되고 있기 때문이다. 그러나, 어딘가에 치열함이 숨어 있다. 소리 없는 치열함, 그것이 바로 경쟁상품으로 변해버린 현대항만의 또다른 모습이며, 그 상품의 내용이 바로 항만물류이다.

그리고, 항만은 이미 도시 속의 한 부분으로 녹아들고 있다. 물류와 생산, 생활과 정보가 모두 문명이나 문화라는 카테고리 속에서 하나의 시스템으로서 살아 있는 유기체와 같이 움직이고 있는 것이다.

과거 해상도시로서 변영을 구가했던 많은 항만도시들 중에는 항만공간이 거대한 역사문화공간으로 변한 곳도 있다. 변화하는 항만도시들의 또다른 모습이다. 그러나, 과거에 영화를 누렸던 모든 항만들이 역사박물관으로 변해버린 것은 아니다.

이미 19세기 초부터 세계의 이름 있는 항만들은 21세기를 향한 웅대한 청사진을 바탕으로 낡은 시설들을 현대화하여 항만을 종합물류기지로 변모시켜왔다. 그리고, 이들 항만이 내건 캐치프레이즈는 한결같이 "세계로 열린 국제정보교류공간," "24시간 움직이는 물류공간," "사람과 물과 숲이 함께 어우러져 살아 숨쉬는 생활공간"이다. 그 위에 오늘날 항만은 국가나 지역발전의 원동력이며 정보를 생산하는 미디어이다. 세계적으로 유명한 도시들의 약 70% 이상이 항만도시라는 사실이 이를 잘 설명하고 있다.

우리나라는 그 지정학적인 입지와 경제구조면에서 동아시아의 물류기지가 되어야 한다는 데에 많은 이들이 공감하고 있다. 그리고, 이를 실현하기 위해서는 항만물류에 대한 더 많은 관심과 연구가 필요한 것은 말할 필요가 없다.

이러한 점에서, 이 책은 항만물류의 발전을 위한 조그만 씨앗이 되고자 집필되었다. 그리고, 항만물류에 관한 문제는 그 성격이 문제복합적이기 때문에 비록 초보적인 수준이기는 하지만 시스템적인 관점에서 다루었다.

따라서 이 책은 이 분야를 전공하는 대학생이나 대학원생들의 교재로 사용될 수 있으리라 기대되며, 동시에 항만물류에 관심이 있는 일반인에게도 유용한 참고서가 되기를 바라 마지않는다.

그리고, 이 책에는 많은 연구자들의 귀중한 연구성과가 인용되어 있다. 그러나, 그중에는 책의 체제상 인용한 사실을 상세하게 밝히지 못한 부분이 많다. 이 점 널리 해량해 주시길 간절히 바란다. 끝으로 이 책의 저술에 많은 도움을 준 많은 이들에게 깊은 감사를 드린다.

2009. 1

저 자

차 례

제 1 장 항만물류의 개요

제 1 절 물류의 기본개념 ······ 1

1. 물류의 의의 1
2. 물류의 영역 3

제 2 절 물류의 유형 및 발전 ······ 4

1. 로지스틱스의 발전과정 5
2. 로지스틱스의 발전과 항만 9

제 3 절 항만물류 ······ 11

1. 항만의 기본개념 11
2. 항만의 기능 12
3. 항만의 종류 15

제 2 장 항만시설과 항만관리

제 1 절 항만시설 ······ 23

1. 수역시설 23
2. 외곽시설 25
3. 계류시설 26
4. 부 두 28

제 2 절 컨테이너터미널 ······ 30

1. 컨테이너터미널의 구비요건 30

2. 컨테이너터미널의 기능 및 시설 32

제 3 절 항만관리 …… 38

1. 항만운영의 유형 38
2. 항만관리체제 및 관리주체 42
3. Port Authority 48

제 3 장 자동화 컨테이너터미널

제 1 절 컨테이너터미널 시스템(Container Terminal System) …… 53

1. 컨테이너터미널 시스템의 기술적인 발전 53
2. 자동화 컨테이너터미널(ACTS : Automatic Container Terminal System) 57
3. 자동화 컨테이너터미널 설계의 동기 및 목표 58

제 2 절 기존 컨테이너터미널 …… 60

1. 운영형태 60
2. 컨테이너화물의 적양하절차 65
3. 터미널 내에서의 컨테이너 흐름 67

제 3 절 자동화 기술 …… 72

1. 터미널 내의 개별작업에 대한 자동화 가능성 72
2. 컨테이너터미널의 자동화를 위한 기초기술 73
3. 게이트설비의 자동화 78

제 4 절 자동화 컨테이너터미널 …… 82

1. 기존 터미널 활용방식 84
2. 기존 형태의 다층적재 시스템(Non-captive, Rack type) 98
3. 새로운 방법(Captive, Rack type) 100

제 4 장 전 세계 주요 항만 현황

제 1 절 북미지역 항만 현황 ……… 105
1. 물류환경 105
2. 해운환경 107
3. 항만환경 109
4. LA항(Los Angeles) 111
5. 롱비치항(Long Beach) 113
6. 뉴욕/뉴저지항(New York/New Jersey) 116
7. 밴쿠버항(Vancouver) 118
제 2 절 유럽의 주요 항만 현황 ……… 120
1. 물류환경 120
2. 해운환경 122
3. 항만환경 126
4. 함부르크항(Hamburg) 127
5. 펠릭스토우항(Felixstowe) 130
6. 로테르담항(Rotterdam) 133
7. 앤트워프항(Antwerp) 136
제 3 절 동아시아의 주요 항만 현황 ……… 139
1. 물류환경 139
2. 항난환경 143
3. 홍 콩 항 145
4. 싱가포르항 148
5. 고베/오사카항 149
6. 요코하마/동경항 154

제 5 장 항만물류 시스템 개요

제 1 절 항만물류와 항만물류 시스템 ······ 157

1. 항만물류의 특성 157
2. 항만물류 시스템의 구성요소 160

제 2 절 컨테이너 물류 ······ 163

1. 컨테이너 물류 시스템의 형태 164
2. 컨테이너화물의 유통경로 166

제 6 장 하역 시스템

제 1 절 하역의 의의 ······ 171

1. 하역의 개념 171
2. 하역의 기본원칙 172
3. 항만하역의 개요 174

제 2 절 하역장비 ······ 180

제 3 절 하역의 자동화 ······ 182

1. 하역의 기계화 182
2. 자동화 컨테이너 하역(이송)장비 187

제 7 장 보관 시스템

제 1 절 보관의 개념 ······ 199

1. 보관의 원칙 199
2. 창고의 종류 및 기능 202

제 2 절 항만물류관련 보관시설 ······ 206
1. 보세구역 206
2. 컨테이너야드(CY)와 컨테이너 프레이트 스테이션(CFS) 207
3. 내륙 컨테이너기지 208
제 3 절 CY 생산성 지표 ······ 217
1. 토지이용률 및 장치능력산정 217
2. 컨테이너의 재고관리 221
제 4 절 보관 시스템의 운영 ······ 225
1. 항만보관 시스템의 운영실태 225
2. 컨테이너 장치기간 227

제 8 장 포장 시스템

제 1 절 포장의 의의 및 기능 ······ 233
1. 포장의 의의 233
2. 포장의 기능 234
3. 포장의 종류 236
제 2 절 포장기법과 화물취급표시 ······ 238
1. 포장기법 238
2. 화물취급표시 241
제 3 절 포장의 합리화와 유닛로드 시스템 ······ 245
1. 포장합리화 245
2. 유닛로드 시스템 249

제 9 장 운송 시스템

제 1 절 운송의 개념 255
1. 운송의 의의 255
2. 복합운송의 개념과 특성 256
3. 복합운송의 일반적인 형태 260
제 2 절 공로운송 260
1. 공로운송의 특성 260
2. 화물자동차의 종류 262
제 3 절 철도운송 264
1. 철도운송의 특성 및 운송형태 264
제 4 절 해상운송 271
1. 해상운송의 특성 271
2. 선박의 종류 및 해상운송방식 274
제 5 절 항공운송 279
1. 항공운송의 특성 및 운송형태 279
제 6 절 컨테이너운송 281
1. 컨테이너운송의 개념 281
2. 컨테이너 복합운송의 주요 경로 286
3. 컨테이너 내륙연계운송 297

제10장 정보 시스템

제 1 절 물류정보 시스템의 개념 301
1. 물류정보 시스템의 의의 301
2. 항만물류정보 시스템 302

제 2 절 물류정보 시스템의 운용방식 ······ 310
1. 부가가치통신망(VAN) 310
2. 전자자료 교환방식(EDI) 311
3. CALS 314

제11장 항만물류 시스템의 분석

제 1 절 시뮬레이션에 의한 생산성 분석 ······ 319
1. 대기행렬 319
2. 통계자료의 분석 324
3. 시뮬레이션 분석 335
제 2 절 내륙수송 시스템 ······ 340
1. 내륙경로의 선택 340
2. 생산능력 344

제12장 항만물류 시스템의 평가

제 1 절 항만물류 시스템의 평가구조 ······ 353
1. 물류 시스템의 평가기준 353
2. 항만물류 시스템의 평가구조 359
제 2 절 평가방법 ······ 375
1. 퍼지측도 및 퍼지적분 375
제 3 절 퍼지계층분석법에 의한 평가 ······ 386
1. 경쟁력의 평가 386
2. 경쟁력강화를 위한 개선요인의 도출 388

참고문헌 ········ 397

우리말 색인 ········ 401

외국어 색인 ········ 405

제 1 장

항만물류의 개요

제 1 절 물류의 기본개념

1. 물류의 의의

현대사회에 있어서 물류라는 단어는 매우 일반적으로 사용되고 있으며, 그 중요성 또한 나날이 커지고 있다. 미국의 드러커(P. F. Drucker) 교수는 "경제의 암흑대륙"으로, 파커(D. D. Parker) 교수는 "비용절감을 위한 최후의 미개척 분야"로 표현한 바 있다. 일본에서도 물류를 "제 3 의 이윤원," "비용절감의 보물창고" 등으로 표현하여 물류의 중요성을 강조하고 있다. 물류는 물적유통의 줄인 말로서, 영어로는 Physical Distribution으로 불리고 있다. 그러므로 물류를 이해하기 위해서는 먼저 물류가 물적유통, 즉 유통의 일부라는 사실에 주목하여야 한다.

그림 1-1 유통활동의 내역

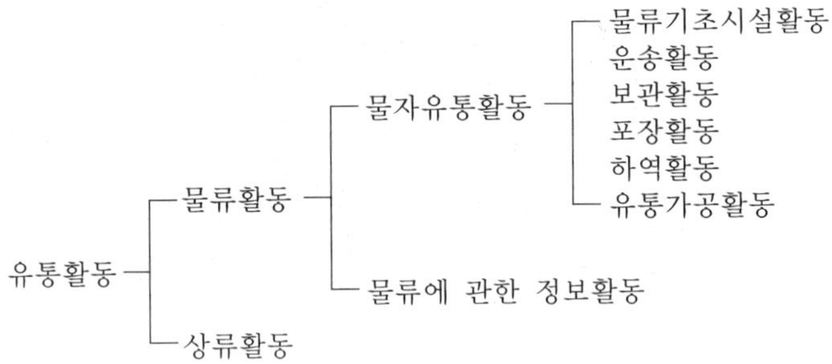

일반적으로 유통은 경제의 순환과정에 있어서 생산과 소비를 연결하는 주요 기능을 맡고 있다. 원시사회의 경제는 자급자족 경제이었으나, 현대사회서의 경제는 고도로 전문화된 분업경제로서 생산자와 소비자 사이에는 커다란 간격이 존재하고 있고, 이러한 간격은 나날이 확대되어 가고 있다. 즉 현대사회에 있어서는 자기가 필요로 하는 것을 모두 자기자신이 생산할 수 없는 상황이다. 이와 같이 생산과 소비 사이에 존재하는 간격을 극복하여 이를 연결시키는 것이 바로 유통이며, 이러한 간격에는 사회적, 공간적 그리고 시간적 간격의 3종류가 있다.

사회적 간격은 소유의 간격이라고도 하며, 상품을 생산하는 사람과 이 상품을 소비하는 사람이 다르다는 것을 말한다. 이 경우에는 생산자로부터 소비자에게 소유권을 옮김으로써 그 사이에 존재하는 간격을 극복하게 된다. 가령, 자동차는 자동차 공장에서 생산된다. 그러나 공장 내에 이들 자동차를 진열해 두는 것만으로 자동차가 지니고 있는 기능이나 가치가 생기는 것은 아니다. 생산된 자동차를 필요로 하는 사람들이 구입하여 사용함으로써 비로소 자동차가 지니고 있는 기능이나 가치가 생기는 것이다. 이를 유통에 있어서 소유의 효용창출이라고 한다.

다음으로 공간적 간격이란 상품을 생산하는 장소와 소비하는 장소가 다른 것을 말한다. 우리나라의 철강업에 있어서 제철원료인 철강석이나 석탄은 주로 호주나 브라질 등지로부터 수입하고 있다. 철강석의 생산지와 소비지 사이에는 커다란 지리적인 간격이 있음을 알 수 있다. 우리나라의 철강산업이 거대해질수록 국내에서 생산되는 철강석만으로는 품질이나 수량면에서 생산량을 쫓아갈 수가 없을 것이다. 그러므로 해외로부터 수입하는 데에 편리한 임해지역, 즉 포항이나 광양 등에 공장을 건설하여 호주 등지로부터 철강석을 수입하여 생산하고 있다. 결국 철강석이 호주 등지의 광산에 묻혀 있는 상태만으로는 철강석이 지니고 있는 기능이나 가치가 충분히 발휘될 수는 없다. 이것이 우리나라의 제철소로 운송되어 용광로에서 철로 제련되어야만 그 기능이나 가치를 발휘하게 된다. 이것을 운송에 의한 공간적인 효용의 창출이라고 한다.

마지막으로 시간적인 간격이란 상품이 생산되는 시기와 소비되는 시기가 다른 것을 말한다. 예를 들어, 쌀은 가을에 수확된다. 그러나 다음 해 가을의 수확기까지 일정량을 창고에 보관해 둘 필요가 있다. 이와 같이 생산하는 시기와 소비하는 시기와의 사이에 시간적인 간격이 있을 경우 이를 극복하는 것이 물류에 있어서 보관이다. 이를 일컬어 보관은 시간적인 효용을 창출한다고 말한다. 이상에서 설명한 것처럼 3가지의 효용, 즉 소유, 공간 및 시간의 효용을 창출하는 것이 유통이며, 이들 효용 중 상류는 소유, 물류는 공간과 시간을 담당하고 있다.

2. 물류의 영역

물류가 유통의 일부라는 것은 앞에서도 지적하였으나 물류의 내용을 명확히 파악하기 위해서는 물류와 상류의 관계를 정립할 필요가 있다. 물류와 상류는 유통을 구성하는 요소로서 상호보완적이다. 그러나 흐름의 순서라는 측면에서 보면 항상 상류가 있은 다음에 물류가 존재하게 된다. 즉, 매매라는 거래행위가 있은 후에 물류가 발생하게 되며, 상류가 없는 물류는 존재할 수가 없는 것이다. 이러한 측면에서 물류는 상류에서 성립한 거래의 구체적인 실현행위라고 할 수 있다. 다시 말하면 상류에서 거래가 성립했다고 하더라도 그것만으로 유통이 완결되는 것은 아니다. 거래를 끝내기 위해서는 거래의 대상인 상품을 포장하고 운송수단에 적재하여 고객이 지정한 장소까지 운송하여 고객에게 인도함으로써 하나의 거래행위가 끝나게 된다.

다음에는 물류의 정의에 대하여 살펴보기로 한다. 물류의 개념은 매우 다양하며, 물류의 선진국이라고 할 수 있는 미국과 일본에 있어서도 그 개념에는 약간의 차이가 있다.

① 물류란 소비자의 욕구를 충족시키기 위하여 원초지점으로부터 소비지점까지 원자재, 중간재, 완성재 및 관련 정보를 이동시키는 것과 관련된 흐름과 저장을

효율적이면서 효과적으로 계획, 수행, 통제하는 과정이다(미국 물류관리협의회, NCPDM : National Council of Physical Distribution Management).

② 물류란 유형, 무형의 물리적인 재화를 공급자로부터 수요자에 이르게 하는 실물적인 흐름이다. 구체적으로 운송, 보관, 하역, 포장 및 통신의 제 활동을 가리키며, 물류활동은 상거래에서 물리적인 재(財)의 시간적, 공간적인 가치창조에 공헌하고 있다(일본 산업구조심의회).

이와 같이 물류에 대한 정의는 국가에 따라 조금씩 다르며, 미국은 개별경제적인 관점에서, 일본은 국민경제적인 관점에서 다루고 있음을 알 수 있다. 이처럼 물류의 정의는 매우 다양하나 이를 종합하면, 물류란 물리적인 재화의 흐름에 관한 경제활동으로서 시간, 공간 및 일부의 형질변경을 통한 효용창출이 주된 임무이며, 좀 더 구체적으로는 생산자와 수요자를 연결하는 과정에 관련되는 운송, 보관, 하역, 포장, 유통가공 등의 물자유통활동과 이에 관련된 정보활동을 포함하는 것으로 정의할 수 있다. 또한 물류활동에는 물류기초시설 또는 물류기반시설이라고 하는 사회간접자본시설이 필요하며 이것에는 도로, 철도, 항만, 공항, 물류센터 등이 있다. 물류활동을 효율적으로 수행하기 위해서는 당연히 물류활동을 담당하는 기업의 노력도 중요하나 이것만으로는 불충분하며, 물류기초시설인 사회간접자본시설을 제때에 확충하기 위한 정부의 노력도 매우 중요하다고 할 수 있다. 결국 대부분의 국가들은 물류활동의 효율성을 높이기 위해 국토공간의 이용계획에 맞추어 물류기초시설을 개발하고 정비하는 계획을 세우는 한편, 지속적인 투자를 늘려 나가고 있는 실정이다.

제 2 절 물류의 유형 및 발전

물류와 같은 뜻으로 사용되거나 비슷한 용어는 매우 많으나, 이들 중 가장 널리 사용되고 있는 것으로는 로지스틱스(Logistics)를 들 수 있다. 로지스틱스는 물자관리(materials management), 로지스틱스 관리(logistics management), 기업 로지스틱스(business logistics), rhochrematics 등 다양한 명칭으로 사용되고 있다.

1950~1960년대에 걸쳐 미국의 주요 기업에서 인식되기 시작한 로지스틱스는 상거래 및 국제무역에서 구조적인 변화가 발생한 1980년대에 들어서면서 기업에서

제조, 판매과정의 상호보완적인 과정으로서 더욱 크게 부각되기 시작하였다. 특히 한 나라의 경제발전이 국제무역에 크게 의존하는 경우 제품의 판매와 결합한 국제 로지스틱스는 매우 중요하게 취급되고 있다. 즉 국민경제의 성과는 로지스틱스의 질과 비용에 민감하게 의존하므로 신속하고 신뢰성이 높은 국제 로지스틱스 시스템은 그 나라 제조업의 국제경쟁력을 결정하는 중요한 요인이기 때문이다.

1. 로지스틱스의 발전과정

물자의 흐름(flow of materials)에 대한 관리의 중요성이 처음으로 인식되었던 미국에서도 로지스틱스라는 용어가 본격적으로 쓰이기 시작한 것은 비교적 최근으로서 1961년에 종합적 물류관리의 편익(benefits)을 제시한 교재가 나타나면서 부터이다. Webster 사전에 의하면 로지스틱스는 "물자, 인력, 시설의 조달, 유지, 운송 등에 관한 사항을 취급하는 군사과학분야" 또는 "물자의 조달, 공급, 장비관리, 인력의 이동, 시설의 제공 및 이와 관련된 사항을 취급하는 군사과학 및 운영분야"로 정의하고 있다. 이러한 정의는 제2차 세계대전중 물자의 적시, 적소조달을 위한 목적에서 이용된 로지스틱스의 개념이 아직도 군사적 색채가 강하다는 점을 보여주고 있다. 물론 로지스틱스 연구에는 군사분야의 연구가 적지 않은 실정이다. 그러나 기업의 목표 및 활동은 군사적인 목표 및 활동과는 상이하기 때문에 앞에서 언급된 로지스틱스의 군사적 정의는 기업 로지스틱스의 요체를 충분히 전달하지 못하고 있다고 하겠다. 로지스틱스 개념의 발전과정은 시기별로 확연히 구별될 수 있다.

1) 1960년대 이전

물류라는 용어가 처음 사용된 것은 이미 1920년대이나 기업경영에 채택된 것은 제2차 세계대전 이후이다. 1948년 미국마케팅협회(American Marketing Association)는 물류관리를 "생산지점으로부터 소비지점 또는 사용지점까지 재화의 이동 및 취급"을 관리하는 것으로 정의하였다. 그러나 1950년대 말까지는 전쟁 이후의 호경기로 인해 시장에서의 수요는 지속적으로 증대하고 있었으므로 기업들의 관심사항은 판매증대에 있었으며 물류관리에는 그다지 관심을 두지 아니하였다. 오로지 물류는 마케팅의 한 부분으로서 생산과 판매의 후처리기능을 담당하는 정도로 인식되었다. 그러나 1958년의 불경기와 더불어 기업간의 경쟁이 심화되면서 기업이윤이 축소되기 시작하자 기업들은 좀 더 효과적으로 비용을 통제할 수 있는 시스템을 모색하기 시작했다. 그리고, 많은 기업들은 물류활동과 관련된 비용이 제대로 검토되지 않았으며 엄격한 조정이 이루어지지 않고 있음을 발견하게 되었다. 경영자들이 비용을 절감하고 서비스를 향상시킬 수 있는 가능성으로서 물류의 개념에 관심을 갖게 되었던 이 시기에는 단순히 "물자의 흐름"이라는 뜻으로 물적유통(physical distribution)이라는 용어를 사용하였다.

2) 1960~1970년대

이와 같이 물류의 중요성에 대한 인식이 점차 보급됨에 따라 물류와 관련된 학회, 협회, 정규 교육기관 등이 생기기 시작하였으며, 대표적인 것이 1962년에 결성된 National Council of Physical Distribution Management(NCPDM)이다.

1960년 이전까지 대부분의 기업들은 운송, 구매, 보관 등과 같은 물류기능을 개별적으로 관리하였으나, 1960년대 초부터는 물자관리(materials management)와 물적유통(physical distribution)이라는 두 개의 공통된 표제아래 관련 기능을 통합, 조정하는 방향으로 전환하기 시작하였다. 1960년대에 물자관리와 물적유통기능의 통합이 추진되었지만 NCPDM의 1971년 조사에서는 여전히 대부분의 기업들이 통합된 조직을 가동하고 있지 않은 것으로 나타났다. 그러나 1970년대에는 외적·내적 요인들이 기업조직의 변화를 초래하였는데 그 대표적인 요소들은 화물유통과 정상의 비용상승과 운송산업의 규제완화였다. 그 결과 1970년대 말 기업들은 물자관리와 물적유통활동을 조직 전체의 입장에서 보기 시작했고 이때부터 물류는 물자의 구매점으로부터 최종서비스까지의 재고를 전략적으로 담당하는 광범위한 관리개념으로 사용되기 시작했다. 아울러 1970년대에는 물류관리에 있어서 컴퓨터를 이용하여 운송, 보관, 재고관리, 주문처리 등을 적절히 조정함으로써 적시의 비용효과적인 고객서비스를 달성하고자 하는 움직임이 일기 시작하였다. NCPDM은 1976년에 물류관리(physical distribution management)를 "재화의 발생점으로부터 소비점에 이르기까지 원재료, 반제품 및 완제품의 효율적인 흐름을 계획, 실행, 통제할 목적으로 행해지는 제반활동을 통합한 것이다. 이들 활동에는 고객서비스, 수요예측, 물류정보(distribution communications), 재고관리, 화물취급, 주문처리, 부품 및 서비스지원, 공장 및 창고위치 선정, 조달, 포장, 반품관리, 폐기, 수·배송,

창고 및 보관 등이 포함된다"고 정의하였다.

3) 1980년대

1980년대 초기는 기업 내의 물적유통과 물자관리의 기능을 담당하던 로지스틱스 조직에 커다란 변화가 일어난 시기이다. 이 시기에 분배기능과 생산 전단계활동(예 : 구매, 생산계획 등)과의 밀접한 연계와 아울러 물자흐름의 총과정을 관리하는 기구가 출현한다. 즉 물자의 흐름과 관계되는 기업 내부의 모든 기능활동을 통합적으로 조정하는 통합 로지스틱스(integrated logistics)라는 새로운 개념이 등장한 것이다. 통합 로지스틱스를 채택한 기업의 경우 외부적인 물적유통만을 통제하는 기업보다 약 20%의 비용절감을 도모할 수 있는 것으로 조사되었다.

로지스틱스 활동의 내부적 통합은 1980년대 중반에 더욱 확산되었으며 그 결과 CLM(Council of Logistics Management)도 "로지스틱스는 소비자의 요구에 부합되기 위해 발생점(point of origin)에서 소비점(point of consumption)까지 원재료, 중간재고(in-process inventory), 완제품 및 관련정보들의 효율적이고 비용효과적인 흐름 및 보관을 계획, 실행, 통제하는 과정"으로서 정의하였다. 이와 더불어 1980년대는 정보기술(information technology)의 혁명이 로지스틱스에 커다란 영향을 미친 시기이다. 기업 경영자들은 Distribution Resource Planning과 같이 정보체계를 이용한 분배계획 및 배치도구를 이용함으로써 복잡하고 다양한 분배네트워크를 효율적으로 관리할 수 있게 되었다.

4) 1990년대

1980년대가 로지스틱스 활동의 효율적 관리를 위해서 물류경로상의 각 기업들이 내부의 모든 로지스틱스 활동을 통합적으로 관리함으로써 전체 물류기능의 최적화를 도모하고자 하는 시기였다면 1990년대는 개별기업 내부의 경계를 넘어서 외부까지 물류관리의 범위를 외연적으로 확장시킨 소위 공급경로관리(supply chain management)의 개념이 도입, 활용된 시기라 할 수 있다. 이 시기에 원재료 부품공급자로부터 최종 소비자까지의 물자의 흐름에 관여하는 기업간의 관계가 〈그림 1-2〉에서와 같이 정보, 위험, 그리고 계획의 공유를 통해 통합화된 공급경로를 형성하는 관계로 변모하고 있다. 이는 각 기업의 내부적 통합만으로는 전체 로지스틱스 경로의 합리화가 보장되지 않으므로 제품의 계획, 원재료 조달, 생산과 이에 필요한

그림 1-2 공급경로관리 개념과 기업간 관계

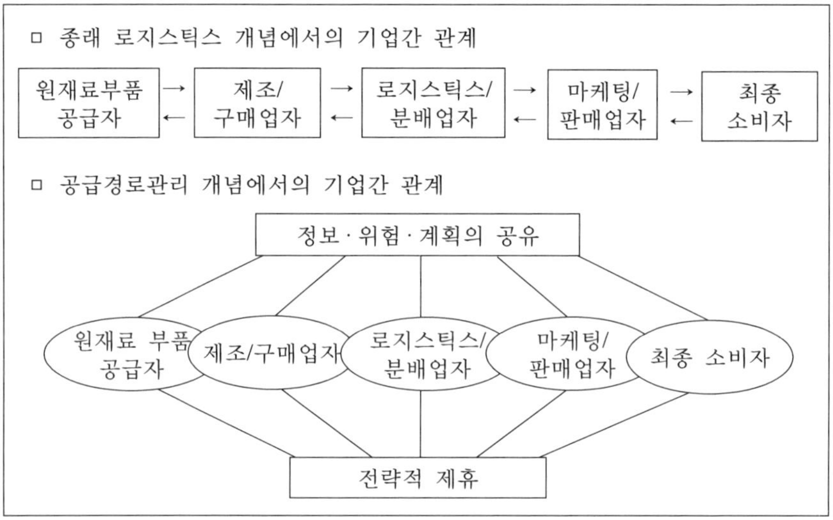

반제품의 이동, 완제품의 판매에 이르기까지 행해지는 모든 물류기능과 참여주체별 로지스틱스 활동을 통합적으로 관리하여 로지스틱스 경로 전체의 최적화를 도모하고자 하는 것이다.

이러한 외연적 통합(external integration)은 공급경로에 참여하는 주체가 비용절감 및 위험 감소, 그리고 특정 참여주체의 자원을 효과적으로 공유함으로써 전반적인 공급경로의 효율성을 증진시켜 경쟁적 우위를 확보하고자 하는 목적에서 시도되고 있다. 이에 따라 경쟁의 개념도 개별생산자간의 경쟁이 아니라 공급경로간의 경쟁으로 바뀌게 된다. 따라서 공급경로관리를 통한 부가가치의 창출을 위해서는 공급경로에 관련된 모든 참여주체들간에 전략적, 운영적 측면의 제휴관계(partnership)의 형성 및 관련 정보의 유기적인 공유가 필수적이라고 하겠다.

5) 2000년대

1990년대 후반 및 2000년대 초반의 로지스틱스 활동은 화물운송이 더욱 신속하고, 시스템이 더욱 탄력적으로 작동하는 방향으로 전개되고 있다. 특히 경쟁에서 우위를 확보하기 위한 차원에서 로지스틱스 관리는 다음과 같은 사항에 중점을 두는 방향으로 전개될 것이다. 첫째, 고객들과의 지속적인 접촉을 통해 고객들의 요구변화에 신속하게 대처함으로써 공급경로상에 비용효과적인 방법(cost-effective way)으로 부가가치적 편익(value-added benefits)을 제공하고자 할 것이다. 이러한 고객의 요구변화에 대한 기업의 신속한 반응(quick response)은 새로운 경쟁기반을 형성할 것이다. 둘째, 신기술의 출현은 전 산업의 로지스틱스 시스템을 크게 변모시킬 것이며, 특히 정보기술은 공급경로의 시간 및 비용을 획기적으로 절감시킴으로써 경쟁에서 우위를 점하는 데 핵심적인 요소가 될 것이다. 셋째, 제3자 물류업자(third-party logistics provider)의 참여가 더욱 두드러질 것이다. 종전 계약에 의해 기업 자체에서 수행하던 로지스틱스 활동을 전문적으로 관리해 주는 전문 물류서비스제공자들의 역할이 각 부문별로 급격하게 증가할 것이다. 즉, 기업은 핵심역량(core competence)이 있는 부문에만 집중하고 기타 부문은 전문업자에게 아웃소싱(outsourcing)함으로써 기업의 경영 효율성을 강화하고자 하는 경향이 확산되고 있기 때문이다.

기업에서의 로지스틱스 활동은 전통적으로 생산기능과 마케팅기능을 지원하는 부수적 기능을 수행하는 지위에 불과하였다. 그러나 로지스틱스가 생산시점과 수요시점을 연결시키는 기능을 수행하면서 생산기능과 마케팅기능을 강화한다는 인식이 확산되어 가고 있다.

즉, 생산부문의 활동은 제품의 외형가치를 창출하고, 마케팅 부문의 활동은 제품의 소유가치를 창출하며, 로지스틱스 부문의 활동은 시간과 장소의 가치를 창출한다. 접속부문의 활동은 각 기능별 관리를 통해서는 효율화를 기대하기 어렵고 관련 기능과의 협력을 통해서만 효율이 제고된다는 점이다.[1] 결국 기업들은 기능간 통합관리의 중요성을 인식하여 그 활동을 증대시킴에 따라 기업 내에서의 로지스틱스 활동이 생산 및 마케팅 부문과 대등한 지위를 갖게 되었음을 인정하고 있다.

2. 로지스틱스의 발전과 항만

지금까지 물류와 로지스틱스간의 관계, 로지스틱스의 발전과정 및 기업 내에서의 그 위상 등을 살펴보았다. 단적으로 로지스틱스란 원·부자재 조달을 포함하여 제품을 생산한 후 최종 소비자에 이르는 일련의 과정을 시간적, 공간적으로 수행하

1) 이위식·한호영·양일모, 「로지스틱스 관리론」, 한올출판사, p. 30.

기 위하여 계획, 조직, 관리하는 경제활동으로서, 그 범위가 기존의 물류개념보다는 광범위하며, 오늘날의 물류는 로지스틱스와 같은 개념으로 사용되고 있다.

물류는 생산 및 소비가 동일 국가 내에서 이루어지는가, 국제적으로 이루어지는가에 따라 국내물류(domestic physical distribution)와 국제물류(international physical distribution)로 나누어진다. 국제물류는 국내물류보다 확대된 영역으로 원자재 및 부품조달, 생산 및 가공, 제조, 판매활동 등이 국제적으로 이루어지고 있다. 미국의 물류관리협의회(NCPDM)에서는 "완성된 제품을 생산완료시부터 외국에 있는 소비자에게 가장 효율적으로 이전시키기 위하여 이루어지는 직·간접적인 여러 가지 활동"으로 정의하고 있다. 또한, 일본의 산업구조심의회에서는 "공급자로부터 외국의 소비자에게 이르는 재화의 물리적인 흐름으로서, 운송, 보관, 포장, 유통가공 등의 물자유통활동과 물류에 관계되는 정보활동"으로 규정하고 있다. 그러므로 국제물류란 생산과 소비가 국제적으로 이루어질 경우 그 생산과 소비의 공간적, 시간적 차이를 극복하기 위한 재화의 흐름 및 관련 활동이라고 할 수 있다. 이러한 의미에서 오늘날과 같은 세계화 시대에 있어서는 원자재 조달, 생산가공, 제조, 판매활동 등이 국제적으로 이루어지고 있기 때문에 국제물류의 중요성은 더욱 클 수밖에 없을 것이다.

특히, 현재의 글로벌무역환경하에서는 국내와 국제시장간의 구분이 별다른 의미를 지니지 못하고 있다. 글로벌 기업들은 세계 어느 곳이든 저렴한 인건비, 원료조달의 용이성, 판매 및 물류시장의 글로벌화 등을 도모할 수 있는 지역으로 거점을 이전시켜 나가고 있는 상황이다. 이러한 경향으로 인해 국제물류의 유형도 세계 여러 곳에 생산 및 분배거점을 연결시키기 위해 다거점화되고 있으며, 생산물류망은 더욱 복잡해지고 있다. 결국 기업의 세계화가 진전될수록 국제물류 네트워크의 범위는 더욱 넓어지고 복잡해 질 것이며, 이러한 여건하에서 효율적인 물류네트워크의 구축은 글로벌 기업들의 경쟁력을 제고시키는 데 필수적인 요건이 되고 있다.

국제물류의 합리화를 위해서는 운송, 재고, 포장, 하역, 정보 등 다양한 물류기능들을 적절히 통합하여 각 기능들의 상호작용이 효율적으로 이루어질 수 있는 최적 물류시스템의 구축이 필요하다. 또한 구성요소들간의 상충관계(trade off)와 제품판매의 경쟁력이나 이익 증대를 고려하여 비용과 서비스의 조정을 통한 국제물류관리 시스템의 효율화를 도모하는 것이 국제물류관리의 운영에서 매우 중요한 시점이다. 특히 국제물류는 물자의 시간적, 공간적인 효용의 창조가 중요하므로 각 기능들 중에서 운송부분이 차지하는 비중이 크다. 따라서 각종 운송수단의 효율적인 연결과 각 운송수단의 연결점인 항만, 공항, 내륙터미널에서의 비용절감과 서비스의 향상을 위한 방안이 강구되어야 한다. 이러한 점에서 현재 항구에서 항구까지(port to port)의 해상운송과 항공운송의 합리화에서 더 나아가 문전에서 문전(door to door)까지의 복합일관운송이 국제물류의 주도적 역할을 수행하고 있다. 그러나 국제물류에 있어서 운송수단이라든가, 운송수단의 연결점이 지니는 상대적 중요성은 그 국가의 지정학적 위치에 따라 약간씩 다르다. 가령, 우리나라를 비롯한 영국, 일본, 홍콩, 싱가포르 등과 같이 바다로 둘러싸인 국가에 있어서는 물품의 대부분이 항만을 통하여 수출입되므로 해운 및 항만의 중요성이 매우 큰 편이며, 이들 국가에서는 항만물류가 국제물류의 주요 부분을 차지하고 있다.

제 3 절 항만물류

1. 항만의 기본개념

항만이라는 단어는 광범위한 내용을 포함하고 있으며, 그 개념을 명확히 표현하는 것은 어렵다. 항만이라는 단어는 영어의 Port와 Harbor의 양 단어의 내용을 내포하고 있다. 영어의 Port는 라틴어의 Porta(門, 戸)에서 파생한 것으로 해양의 문, 육지로의 출입구라는 뜻이다. 또한 Harbor는 아이슬란드어의 Berr(군대)와 barg(구하다, 보호하다)에서 유래하고 있다. 즉, 군대를 주둔하는 장소 또는 피난소라는 의미를 지니고 있다. 이 두 단어를 구별하여 보면, Port는 Harbor로서의 성격을 가질 필요성이 있지만, Harbor는 Port의 성격을 지닐 필요성이 없다. 즉 선박에 적당한 수심을 제공하고 충분한 피난소의 역할을 제공하는 자연적인 소규모 항구나 강하류는 Harbor로서의 필요조건을 만족시키고 있으나, 일반적인 개념으로서의 Port는 이러한 자연조건에 추가하여 여객과 화물을 육상에 하역하거나, 선박에 선적하거나, 해외무역을 취급하기 위한 적절한 시설이 필요하다.

항만의 어원적 의의는 '임해지역에 위치한 인간과 화물의 출입구'이다. 그러나, 일반적으로 항만은 선박의 출입이 용이하고 정박시에 안전이 보장되어야 하며, 필요한 수심과 수면을 가지고, 풍랑의 영향이 적고, 해상수송의 기지 혹은 어업기지로서 선박의 입출항에 이용되는 장소를 말한다. 그리고 해상운송과 육상운송의 결절점으로서 승객의 승하선이 가능한 항만시설을 보유하고 물자의 집산에 편리한 지점에 위치하며 육상운송과의 연계성이 좋은 장소 등의 구체적인 구비조건을 열거할 수 있다.

따라서 항만에는 여러 가지 종류가 있어서 용도, 목적 등에 따라 특수한 형태와 시설을 갖추고 있으며, 특히, 물리적인 측면에서 항만은 이하의 3가지 조건을 갖춘 수역 또는 육상지역을 말한다.

- 선박에게 충분한 수심과 안전한 정박지(피난장소)
- 여객·화물·연료 및 선용품을 취급하기 위한 부두, 상옥, 창고 등을 포함한 임해 및 임수시설(해상교통의 연결시설)
- 항내의 부유수상시설(터그보트, 수상크레인, 바지선, 소화정 등)

또한, 항만의 개념은 이상에서 살펴본 물리적인 측면 이외에도 사회적·경제적 측면에서 고찰할 필요가 있다. 사회 경제적 측면의 항만은 수륙교통의 결절점으로서 터미널 활동을 통하여 여객과 화물에 물류서비스를 제공하는 장소일 뿐만 아니라 항만을 매체로 하는 사회활동과 경제활동의 공간이라는 의의를 지니고 있다. 또한 항만기능과 도시기능이 점차 발달하면서 도시생활이나 도시 재개발 및 항만 재개발 등과 관련하여 지역주민의 복지를 증진하는 하나의 장소로서 활용되고 있다.

우리나라에서는 항만법 제2조에서 항만이란 선박의 출입, 사람의 승·하선, 화물의 하역·보관 및 처리 등을 위한 시설이 구비된 것으로 정의하고 있으며 지정항만과 지방항만으로 구분하고 있다.

2. 항만의 기능

항만은 해상운송과 육상운송의 결절점으로서 선박에 의한 해상수송을 안전·용이하게 하며 육상수송과의 연결을 원활히하는 터미널기능을 기본으로 하고 있다. 그러나 최근 항만에 부여된 역할은 이러한 터미널기능과 더불어 경제사회의 유지발전 및 항만도시의 형성 등에 기여할 것을 요구하고 있으며, 그 관련

범위가 크게 확대되어가고 있다. 이러한 관점에서 항만의 기능을 구분하여 보면, 크게 터미널기능, 경제적 기능, 도시관련 기능으로 구분할 수 있다.

1) 터미널기능

항만은 해상운송과 육상운송의 연결장소로서 물류와 관련된 서비스를 종합적으로 제공하는 터미널이다. 항만은 해륙운송의 결절점으로서 국내 운송망에 있어서 중요한 위치를 차지하고 있으며 해외의 여러 항만과 해상운송을 통하여 연결하는 터미널의 기본기능을 수행하고 있다. 또한 터미널기능은 상거래 유통과 유기적 관련이 있는 로지스틱스기능이 그 주된 기능이다.

항만의 터미널기능은 해상과 육상의 양 교통망과 밀접한 관련을 가지고 있으며 해상교통 측면에서는 선박의 효율적인 운항을 가능하게 하는 것이 특히 중요하다. 선박의 조속한 출항과 터미널 비용을 최소로 하기 위하여 선박의 운항회전율 향상에 도움을 주는 시설이나 설비를 갖추고, 집하·하역·통관 수속 등의 제반여건을 향상시킬 것을 터미널은 요청받고 있다. 또한 육상교통 측면에서는 배후지와의 원활하고 효율적인 수송과 해륙복합운송의 일체화를 위한 종합적이고 합리적인 수송지원 시스템이 필요하다.

한편, 항만의 터미널기능은 교통에 있어서 기초시설제공활동의 측면에서는 이용 교통기관의 기술적인 진보와 밀접한 관련을 맺고 있다. 전용선이나 컨테이너 수송 등을 시작으로 하는 해상운송의 수송혁신은 항만을 중심으로 육상운송에도 영향력을 미쳐 새로운 수송체계와 시스템화가 진척되고 있다. 따라서 항만터미널 기능은 해륙수송 시스템의 혁신에 대응하여 변화해야 한다는 점이 중요하게 부각되고 있다.

2) 경제적 기능

항만은 해륙수송이 만나는 장소로서 수송활동의 결절부분에 해당하기 때문에 물자유통의 생산과 소비 사이의 공간적, 시간적인 격리를 효과적으로 극복하기 위한 연락, 조정의 역할을 맡고 있다. 따라서, 항만은 경제활동에 있어서 물자유통을 원활하게 하여 생산력을 증대시키면서 동시에 시장의 형성을 강화하여, 소비를 조장하는 효과를 불러일으킨다. 즉, 항만은 터미널기능을 기반으로, 물자유통의 합리화를 추구하여 시장확대와 생산력 증대에 의한 경제발전에 기여함으로써 경제적인 기능을 갖고 있다고 할 수 있다.

특히, 제품수출이나 원료수입 등 해외와의 물자유통에 크게 의존하고 있는 우리나라에서는 국민경제발전 이외에도 생산면의 합리화와 유통면의 합리화가 크게 요구되고 있다. 따라서 유통비의 절감을 통해 해외시장의 한계를 극복하여 시장을 확대하고, 생산의 유지증대를 이루는 것이 중요하며, 이러한 점에서 항만의 기능은 더욱 중요시되고 있다.

또한 항만은 일반적인 항만기업에 의해 물류용역이 제공되는 등 제반용역이 생산·분배되는 곳으로서, 이들 용역의 생산·판매가 경제사회의 물자유통·분배의 원활화, 효율화를 가져오게 하기도 한다. 그리고, 항만은 이와 같은 용역의 생산·판매를 통해 지역경제의 상호교류 및 외국과의 무역증진 등 여러 효과를 불러일으키기도 하며, 항만용역의 생산·판매의 장이라는 면에서 각종의 경제적 기능을 갖고 있다.

3) 도시관련 기능— 사회적 기능

항만은 터미널 활동을 통해 관련된 무역, 상거래, 공업, 정보, 금융 등의 산업기반을 강화하는 작용을 하며, 직·간접으로 관련된 경제활동분야의 집적(集積)과 인구의 집중을 초래하기도 한다. 그리고, 이러한 현상은 항만을 중심으로 하는 도시화를 증진시키는 요인이 되어 항만도시의 형성을 초래하게 된다. 즉, 항만은 이처럼 도시형성의 증진기능을 지니고 있다.

가령, 부산, 인천, 울산, 포항 등은 항만도시로서의 성격을 지니고 있으나 이곳에서는 경제·생산의 집적과 인구의 집중으로 인해 도시의 거대화가 가속화되고 있으며, 공해와 인구과밀에 의한 문제가 야기되고 있다. 즉 직접적으로는 교통사고, 교통혼잡, 교통소음 등에 의해, 간접적으로는 공공시설의 부족이나 환경위생의 미비, 주택부족 등이 나타나고 있으며, 이들에 대한 대책으로서 항만의 대응이 중요하게 된다.

따라서, 오늘날의 항만도시에서는 도시와 항만의 기능을 유기적으로 연결하여 기능을 일체화하는 것이 절실해지고 있다. 그리고, 이를 위해 항만매립지 등을 녹지·공원 등 레크리에이션의 장소나 시민의 생활공간으로 제공하기도 하고, 특히 공해대책이나 재해대책 및 산업입지의 재편성 등에 필요한 도시개조의 거점으로서 항만재개발 등이 이루어지고 있다. 따라서, 항만은 이와 같이 도시와 관련하여 그 도시나 문화의 형성, 도시재개발, 시민생활에 대한 기여, 레크리에이션 장소의 제공 등 많은 사회적 기능을 갖고 있다.

3. 항만의 종류

항만은 그 용도, 입지, 발전유형, 운영형태, 건설방법, 행정상의 구분 등에 따라 아래와 같이 분류된다.

1) 용도에 의한 분류

항만을 용도, 즉 항만을 이용하는 선박의 종류에 따라 분류하면 다음과 같다.

① 상항(Commercial port)
② 공업항(Industrial port)
③ 어항(Fishery port)
④ 페리항(Ferry port)
⑤ 레크리에이션항(Marina)
⑥ 군항(Naval Harbor)
⑦ 피난항(Refuge port)

상항은 외국무역화물 또는 국내화물을 주로 취급하는 항만으로, 정기선이 주로 입출항하는 항을 정기선항(Liner port), 부정기선이 주로 입출항하는 항을 부정기선항(Tramp port)이라고 한다. 부산항은 대표적인 부정기선항이었으나 컨테이너부두의 정비 및 증설에 따라 오늘날에는 세계적으로 유명한 정기선항으로 바뀌었나.

공업항은 공업지대를 배후지로 갖는 경우가 많으며, 공업항에 입출항하는 선박은 원유, LPG, 에틸렌 등을 운송하는 각종 유조선을 비롯하여 석탄, 철광석, 인광석 등을 운송하는 광석전용선, 살물선 등 전용선이 많다. 이러한 항만으로는 제철소에 인접한 포항항, 광양항 등이 있다.

어항은 어선의 정박, 어획물의 양육, 출항준비 등을 하는 항으로서 부산의 남항이 그 대표적인 예이다.

페리항은 자동차, 철도차량, 여객 등을 운송하는 선박인 페리가 입출항하는 항으로, 영불해협을 운항하고 있는 페리가 입출항하는 도버항, 카레항 등은 대표적인 페리항이다.

레크리에이션항 또는 마리나는 요트, 모터보트 등과 같은 위락용 보트의 정박, 보관 등을 하는 항으로서 도시근교의 리조트지역에 있는 경우가 많다. 우리나라에는 충무항 등에 마리나가 개발되어 있다.

군항은 군사상의 특수한 목적을 지니고 있으며 주로 함정의 정박, 수리, 보급 등을 수행하고 있으며 우리나라의 진해항이 이에 해당된다. 그리고 피난항은 소형선박이 황천을 피하기 위한 항이다.

2) 입지에 의한 분류

항만은 그 입지에 따라 다음과 같이 분류한다.

① 연안항, 해항(Coastal port)

② 하구항(Estuary port)

③ 하천항(River port)

④ 호수항(Lake port)

⑤ 운하항(Canal port)

우리나라는 3면이 바다로 둘러싸여 있어 해안선이 잘 발달되어 있는 반면 미국의 미시시피강처럼 대형선이 항행할 수 있는 하천은 없다. 따라서 대형선이 입출항하는 항만은 모두 해안선에 위치하는 이른바 연안항 또는 해항이며, 항만을 건설할 수 있는 해안선이 전국에 산재해 있다.

우리나라도 과거에는 한강과 낙동강을 중심으로 한 소형의 하구항이 있었으나, 오늘날에는 항구로서의 기능은 없어지고 하천의 일부분으로 바뀐 상태이다. 구미의 대표적인 하구항에는 허드슨강의 뉴욕, 센강의 르아브르 등을 들 수 있다.

또한, 하천항은 하천을 거슬러 올라가는 곳에 위치하며 유럽의 런던항, 함부르크항, 브레멘항, 로테르담항, 북미의 몬트리올항, 필라델피아항, 뉴올리언스항, 포틀랜드항, 남미의 부에노스아이레스항, 아프리카의 마타지항 등이 있다.

우리나라에는 커다란 호수가 없기 때문에 호수항은 없으나, 북미의 오대호에 있는 시카고, 밀워키, 디트로이트, 클리블랜드 등은 센트로렌스 항로를 경유하여 원양선이 입출항할 수 있는 호수항들이다.

3) 건설방법에 의한 분류

항만은 방파제 등과 같은 외곽시설의 유·무에 따라 다음과 같이 분류한다.

① 천연항(Natural port)

② 인공항(Artificial port)

천연항은 갑(岬), 섬 등에 의해 풍랑이 차폐된 곳에 자연적으로 형성된 항만을 가르키나 외곽시설의 대부분이 인공적으로 건설되어 있는 경우가 많다.

한편, 인공항에는 ㉠ 기존의 항만입구에 방파제를 건설한 것, ㉡ 직선의 해안선을 방파제로 둘러싼 것, ㉢ 육지를 굴착하여 건설한 것, ㉣ 인공섬과 같이 대규모 매립에 의해 건설한 것 등이 있다.

굴착식 항만은 유럽의 하천항에 많으며 런던항, 로테르담항, 함부르크항, 앤트워프항 등은 그 대표적인 예이다. 그리고 구미에서는 육지를 굴착하여 건조한 안벽과 정박지를 합하여 Dock이라 부르나, 우리나라에서는 선박의 건조 및 수리를 하는 조선소의 Dry Dock이라는 의미로 사용하고 있어서 구별할 필요가 있다.

4) 항만의 발전유형에 따른 분류

전통적으로 항만은 그 배후지역에 대해 독점적인 지위를 향유해 왔다. 이 경우 항만은 배후지의 크기에 따라 처리수요가 결정되며, 거대한 배후지역을 갖는 항만일수록 크게 성장해 왔다. 이러한 항만과 배후지역과의 공간적 관계를 항만의 중심성이라 한다.

그러나 복합운송의 발달에 따라 항만은 배후지역의 화물뿐만 아니라 다른 지역의 화물을 환적하거나 육상운송으로 연결해 주는 역할을 맡게 되었다. 이 경우 항만은 자체의 배후지역 외의 다른 지역과도 배후지 관계가 설정되며 이를 항만의 중계성이라 한다.

따라서 항만의 발전과 그 위상은 그 배후지역의 물동량을 바탕으로 한 항만의 중심성은 물론 그 항만을 통과하거나 환적될 수 있는 다른 지역의 화물을 처리하기 위한 항만의 중계성에 의해서 결정된다고 할 수 있다.[2)]

2) Douglas K. Fleming and Yehuda Hayuth, Spatial characteristics of transportation hubs : centrality and intermediacy, Journal of Transport Geography, Vol. 2, No. 1, 1994.

한편 항만의 유형을 기간항로의 기항 여부 및 환적 물동량의 비중을 기준으로 하여 분류하면 기간항로의 기항지에서 제외되는 피더항(Feedered port)과 기간항로의 기항항으로 분류하고, 후자를 다시 환적위주항(Dedicated hub port), 직접기항항(Direct-call port), 중심항(Hub and load-center port)으로 분류하기도 한다.[3)] 그러나 이를 항만의 중심성과 중계성의 측면에서 보면 화물처리량의 규모에 따라 중소형항과 거대항, 그리고 환적 및 통과화물의 처리 정도에 따라서 지역항과 중심항으로 구분할 수 있다.

(1) 지역항(Regional port)

항만발전에 있어서 초기 단계의 항만으로, 그 기능이 주로 당해 항만의 배후지역의 화물만을 처리하며 규모가 별로 크지 않은 항만을 지역항이라 한다. 지역항만은 배후지역의 물동량이 많지 않고 다른 배후지역과의 연계부족으로 통과 및 환적 물동량도 적어 항만으로서의 중심성 및 중계성이 취약하다.

(2) 지역중심항(Regional hub port)

배후지역이 작아 중심성은 부족하나 훌륭한 입지로 인해 중계성이 뛰어날 경우, 항만의 규모에 비해 환적화물의 취급비중이 큰 항만이 등장하게 되며, 이를 지역중심항이라 한다. 스페인의 알헤시라스항(Algeciras)의 경우 환적 물동량이 90%에 이르고 콜롬보항(Colombo)도 규모는 작지만 환적 물동량의 비율이 70%를 상회하는 등 대표적인 지역중심 항만으로 들 수 있다.

(3) 지역거대항(Regional mega port)

거대한 소비지나 생산지를 배후에 둔 항만으로 화물처리량 측면에서는 크게 성장했으나 기능면에서는 여전히 당해 항만과 가까운 배후지역 및 자국화물의 처리를 위주로 하여 지역적인 항만에 머물고 있는 항만을 지역거대 항만이라 한다. 지역거대항의 경우 중심성은 매우 강하지만 중계성이 부족하여 환적화물의 비중은 낮다. 우리나라의 부산항, 일본의 요코하마항 등이 여기에 속한다.

(4) 거대중심항(Mega hub port)

거대한 배후지역과 훌륭한 입지를 바탕으로 여러 지역 및 여러 국가의 화물을

---

3) UNCTAD, Development and Improvement of Ports : The establishment of transshipment facilities in developing countries, 1990.

중계할 수 있는 충분한 능력을 갖추고 다양한 물류서비스를 제공함으로써 광범위한 지역의 중심항만 역할을 수행하는 항만을 거대중심항이라 한다. 홍콩, 싱가포르, 네덜란드의 로테르담 등을 거대중심 항만으로 들 수 있으며, 특히 홍콩이나 싱가포르의 경우 연간 컨테이너화물의 처리실적이 1,000만 TEU를 상회하여 초거대중심항(Super mega hub port)이라 부르기도 한다.

5) 운영형태에 따른 분류

AAPA(American Association of Port Authorities)에 의하면 운영형태에 따라 항만은 다음과 같이 분류된다.

(1) 지주항(Landloard port)

Port Authority나 항만관계기관이 기본하부시설, 일반서비스, 공통적 이해관련의 서비스만 제공하고, 민간의 부두운영자(선사, 하역회사, 전문부두운영업자 등)가 적절한 임대차계약(LAQ)을 통해 일정기간 부두를 운영하는 항만이다. 항만당국은 최소한의 항만시설만 제공할 뿐 항만운영에는 실질적으로 간여하지 않으며, 뉴욕·뉴저지항, 롱비치항, 로테르담항, 앤트워프항 등 대부분의 선진국 항만은 지주항에 해당된다.

(2) 도구항(Tool port)

전체 또는 주요 상부구조시설이나 화물하역에 필요한 장비들을 항만당국이 제공하고, 항만당국이 민간기업의 영역을 어느 정도는 제한하지만, 직접적인 화물하역에는 개입하지 않는 항만이다. 다만, 고객이 필요로 하는 기타 항만서비스는 민간부문이 주도권을 갖고 있거나 또는 독립기관이 책임을 지며, 프랑스의 주요 항만은 도구항에 해당된다.

(3) 운영항(Operating port)

항만당국이 일반서비스뿐만 아니라 항만의 하부구조시설과 상부구조시설 전체를 제공하고, 선박과 육상운송수단 사이의 화물이동까지 책임을 지는 항만이며, 서비스항(Service port)이라고도 한다. 통제경제체제하의 사회주의국가 항만들은 대부분 운영항에 해당된다.

6) 행정목적상의 분류

우리나라에서는 항만행정을 위해 항만법, 개항질서법, 공유수면관리법, 항만운송사업법, 어항법 등에 각각의 행정목적에 따라 항만을 분류하고 있으며, 주요 내용은 다음과 같다.

(1) 항만법 적용 항만

항만법(제2조)의 규정에 의해 선박의 출입과 사람이 선박에 타고 내리거나 화물을 선박에 싣고 내릴 수 있는 시설이 구비된 항을 말하며 지정항만과 지방항만이 있다.

지정항만은 국민경제와 공공의 이해에 밀접한 관계가 있는 항만을 말하며, 지정기준에 따라 무역항과 연안항으로 구분한다.

무역항은 주로 원양구역을 항해하는 선박이 입출항하는 항만을, 연안항은 주로 연해구역을 항행하는 선박이 입출항하는 항만을 말하며, 지방항만은 지정항만 이외의 항만으로서 서울특별시장, 직할시장 또는 도지사가 그 명칭, 위치 및 구역을 지정하여 공고한 항만을 말한다.

우리나라에 소재한 지정항만과 지방항만은 〈표 1-1〉과 같다.

표 1-1 우리나라의 지정항만과 지방항만

<table>
<tr><th colspan="2">구 분</th><th>항 만</th><th>비 고</th></tr>
<tr><td rowspan="2">지정항</td><td>무역항
(27개)</td><td>인천항, 평택항, 대산항, 보령항,
장항항, 군산항, 목포항, 완도항,
광양항, 여수항, 삼천포항, 통영항,
고현항, 옥포항, 거제항, 마산항,
진해항, 부산항, 울산항, 포항항,
삼척항, 동해항, 묵호항, 옥계항,
속초항, 제주항, 서귀포항</td><td>원양구역을 항해하는
선박이 입출항하는 항만</td></tr>
<tr><td>연안항
(18개)</td><td>연평도항, 대천항, 비인항, 대흑산도항,
홍도항, 거문도항, 녹동신항, 나로도항,
부산남항, 구룡포항, 월포항, 후포항,
울릉항, 주문진항, 한림항, 화순항,
성산포항, 애월항</td><td>연해구역을 항해하는
선박이 입출항하는 항만</td></tr>
<tr><td colspan="2">지방항만</td><td>지정항만 이외의 항만</td><td>지정항만 이외의 항만으로서 서울특별시장, 직할시장 또는 도지사가 그 명칭, 위치 및 구역을 지정하여 공고한 항만</td></tr>
</table>

(2) 개항질서법 적용 항만

개항질서법(제2조)의 규정에 의하여 내·외국적 선박이 상시 출입할 수 있는 개항과 개항 외의 항 중에서 항계 안에서 선박교통의 안전 및 질서를 위하여 대통령령이 지정하는 지정항이 있다.

표 1-2 개항 및 지정항

구 분	항 만 명
개항(22개항)	· 서해안(6) : 인천, 평택, 대산, 장항, 군산, 목포 · 남해안(11): 완도, 여수, 광양, 제주, 삼천포, 통영, 거제, 옥포, 마산, 진해, 부산 · 동해안(5) : 울산, 포항, 삼척, 동해, 묵호
지정항(5개항)	· 서해안(1) : 보령 · 남해안(2) : 서귀포, 고현 · 동해안(2) : 옥계, 속초

(3) 공유수면관리법 적용 항만

공유수면관리법(제3조)의 규정에 의하여 대통령령으로 지정하여 해양수산청장이 관리하는 항만을 말한다.

표 1-3 공유수면관리 지정항

구 분	항 만 명
지정항만 (45개항)	· 서해안(12) : 인천, 평택, 대산, 보령, 장항, 군산, 목포, 연평도, 대천, 비인, 대흑산도, 고아천 · 남해안(21) : 완도, 여수, 광양, 제주, 부산, 마산, 삼천포, 거제, 통영, 진해, 옥포, 고현, 구조라, 거문도, 나로도, 녹동신, 한림, 화순, 서귀포, 성산포, 애월 · 동해안(12) : 울산, 포항, 삼척, 동해, 주문진, 묵호, 옥계, 속초, 월포, 구룡포, 후포, 울릉

(4) 항만운송사업법 적용 항만

항만운송사업법(제2조)의 규정에 의한 항만법상의 무역항과 국토해양부령으로 지정한 항만이다.

표 1-4 항만운송사업 지정항

구 분	항 만
지정항만 (30개항)	항만법에 의한 27개 무역항 및 강구항, 죽변항, 노화도항

(5) 어항법 적용 항만

어항법의 규정에 의한 천연 또는 인공의 어업근거지가 되는 수역 및 육역과 어항시설로서 해양수산청장 또는 시·도지사가 지정한 항으로 이용범위가 전국적인 어업의 근거지인 1종어항(58개), 이용범위가 지방적인 어업의 근거지인 2종어항(326개), 어장의 개발, 어선의 대피에 필요한 이도(離島) 또는 벽지에 소재하는 어업의 근거지인 3종어항(31개)이 있다.

제 2 장

항만시설과 항만관리

제 1 절 항만시설

우리나라의 항만시설은 수역부분의 항만구역과 육지부분의 임항지역 그리고 그 인접지역에 설치된 시설을 말하며 그 구체적인 내용은 〈표 2-1〉과 같다.

아래에서는 이들 시설 중 기초시설인 수역시설, 외곽시설 및 계류시설에 대해 살펴보기로 한다.

1. 수역시설

선박이 항행하는 항로, 하역이나 정박을 하기 위한 정박지, 소형선박이 정박하는 선류장, 그리고 선박이 회전하는 데에 필요한 장소인 선회장 등을 총칭하여 수역시설이라고 한다.

수역시설은 항만의 가장 기본적인 시설로서 이들 시설이 없이는 항만은 존재할 수 없다고 해도 지나친 말이 아닐 정도로 중요한 시설이다.

1) 항 로

항로는 보통 선박이 항해하는 바다의 길, 즉 뱃길을 말하나 이에 대한 명확한 정의는 없다. 항로에는 예를 들어, 태평양을 횡단하는 항로처럼 넓은 해역을 자유롭게 항행할 수 있는 비교적 제약이 적은 항로로부터 인공적으로 준설한 폭이 좁은 항로까지 여러 가지 종류가 있다.

아래에서는, 항만 내의 항로를 중심으로 살펴보기로 한다.

먼저, 항만 내의 항로로는 항의 입구부근에 있는 것을 입구항로(Entrance channel), 정박지 내에 있는 것을 항내항로(Fair way), 안벽 등의 정박장소에 접근하기 위한 것을 접근항로(Approach channel)라 한다. 그리고 특수한 항로의 일종으로 항내에서 선박이 방향을 바꿀 수 있도록 만든 장소를 선회장(Turning basin)이라 부른다.

항로의 폭은 국제적으로 통일된 기준은 없으나, 우리나라의 경우 항로의 폭은 그 항로를 통행하는 대상선박의 길이, 폭 및 통행량과 지형, 기상, 해상, 기타 자연조건을 고려하여 결정하되, 통행시 선박충돌의 위험이 있는 항로에 있어서는 대상선박의 길이 이상으로 하고, 선박충돌의 위험이 없는 항로에 있어서는 대상선박 길이의 1/2 이상으로 하도록 정하고 있다(항만시설의 기술기준에 관한 규칙 제 4 조 제 1 항).

또한, 항로의 깊이는 파랑, 바람, 조류 등에 의한 선박의 트림(Trim) 및 화물의 적재상태 등을 고려하여 대상선박의 만재흘수 이상의 적절한 깊이로 하도록 정하고 있다(동 제 2 항).

선회장의 경우에는 예인선의 유무 또는 바람이나 조류 등의 영향을 고려하여 안전한 선회를 할 수 있도록 설치하는 것으로 되어 있으나(동 제 5 조), 닻이나 예선을 사용하는 경우는 선박길이의 1.5~2배의 직경을 가진 원에 해당하는 면적을 확보하는 것이 보통이다.

2) 정 박 지

정박지는 선박이 안전하게 정박할 수 있는 수역으로서 검역을 받기 위한 묘박장소인 검역묘지(Qurarantine anchorage), 선석에 접안하기 위하여 기다리는 정박장소, 그리고 하역을 하기 위한 정박장소 등이 있다.

정박지에서 선박을 계류하는 방법으로는 닻에 의한 묘박(錨泊), 계선부표(Mooring Buoy)에 계류하는 부표계류, 안벽이나 잔교 등에 계류하는 것 등이 있다.

묘박에는 닻을 하나만 사용하는 단묘박과 2개의 닻을 사용하는 쌍묘박이 있다. 그리고 검역을 받기 위해서는 선박을 정해진 검역묘지에 묘박시키는 것을 원칙으로 하고 있으며, 경우에 따라서는 안벽이나 잔교 등에 계류하여 검역을 받기도 한다.

하역을 하기 위한 정박지를 선석(Berth)이라 부르며 안벽, 잔교, 돌핀, 계선부표 등 어디라도 가능하다. 그러나, 선석이라는 말은 정박장소의 수 즉, 부산항의 자성대부두는 선석이 3개(300m선박 기준)라는 말로도 사용된다.

표 2-1 항만시설의 내용

구 분		비 고
기본 시설	수역시설	항로, 정박지, 선류장, 선회장 등
	외곽시설	방파제, 방사제, 파제제, 방조제, 도류제, 갑문, 호안 등
	임항교통시설	도로, 교량, 철도, 궤도, 운하 등
기능 시설	계류시설	안벽, 물양장, 선교, 돌핀, 선착장, 램프 등
	항행보조시설	선박입출항을 위한 항로표지, 조명, 항무통신시설 등
	하역시설	고정식·이동식 하역장비, 화물이송시설, 배관시설 등
	여객이용시설	대합실, 여객승강용시설, 소화물취급소 등
	화물 보관 및 처리 시설	창고, 헛간, 야적장, 컨테이너 장치장 및 조작장, 사일로, 저유시설 등
	선박보급시설	선박급유, 급수시설 및 얼음의 생산공급시설 등
	항만후생시설	선박승무원 및 부두노동자의 휴게소, 숙박소, 진료소, 위락시설 등
	교육, 연수시설	
	항만관제, 홍보, 보안시설	
	항만역무용 선박	선박의 접이안보조, 소방, 구난, 순찰, 표지관리, 도선, 급유, 급수 등을 위하여 사용되는 선박
	항만시설사용자의 업무용 시설	
	항만시설용 부지	

2. 외곽시설

외곽시설은 항내를 외력으로부터 보호하기 위한 시설로서, ㉠ 외해의 파랑을 차폐하여 항내의 정온도를 유지하기 위한 방파제, ㉡ 모래 등이 항내에 흘러들어와 항만을 메우는 것을 방지하기 위한 방사제, ㉢ 고조(高潮)시의 피해나 빠른 조류로부터 선석을 지키기 위한 방조제, ㉣ 하천에서 쓸려 내려오는 토사를 항내에 쌓이지 못하도록 하는 도류제 등이 있다.

방파제는 천연의 양항을 제외한 대부분의 해항에 설치된 중요한 시설로서 돌이나 콘크리트 구조물을 해저로부터 수면 위까지 설치하여 외해의 파랑이 항내로 들어오는 것을 막도록 설치한다. 그러나 최근에는 해저로부터 공기를 분출시켜 기포에 의해 파랑을 차폐하는 방식이라든가 해면에 띄우는 방파제 등도 연구되고 있다.

방파제는 기상 또는 해상의 변화에 대처하여 선박의 입출항이나 하역작업을 안전하게 수행할 수 있도록 설치해야 하며, 컨테이너선 하역작업시에는 고도의 정온도(파고 0.3m 이내)가 필요하므로 장주기파 및 이로 인한 반사파를 줄일 수 있도록 정교하게 설치하는 것이 요구되고 있다.

또한, 방파제로 파랑을 차폐하면 항내의 해수교환을 나쁘게 하여 항내오염이 급격히 진행되므로 이에 대한 대책으로서 해수를 통과시키는 투과식 방파제도 개발되어 사용되고 있다.

방사제는 방파제와 겸용하는 경우가 많으며 일본 나고야항의 고조방조제는 그 대표적인 예이다. 도류제는 일본의 니가타항, 아키타항을 비롯하여 하천항이 많은 유럽과 미국 등지에서 쉽게 찾아 볼 수 있다.

3. 계류시설

선박이 정박하는 데에는 닻을 이용하는 방법과 계류시설에 로프나 와이어를 사용하여 계류하는 방법이 있다. 계류시설에는 육지에 접하여 설치된 것과 육안으로부터 떨어진 해역에 설치된 것이 있으며, 전자를 접안시설, 후자를 이안시설이라 한다.

특히, 명확한 정의가 있는 것은 아니지만, 이안시설 중 방파제 또는 자연적으로 지형에 의해 차폐된 해면에 설치된 돌핀이라든가 계선부표 등을 Sea berth라 부른다.

계류시설 중 접안시설에는 안벽, 잔교, Detached pier, 부잔교 등이 있으며, 이안시설에는 계선부표, 돌핀 등이 있다.

또, 선박이 접안(接岸)하는 장소를 부두(Wharf)라고 부르나, 부두는 선박이 접안하여 화물을 하역 또는 보관하거나 여객이 오르내리는 장소를 모두 합한 것을 말하므로 접안시설은 이른바 부두의 한 부분이 된다.

일반적으로 선박이 계선설비에 접안할 경우, 충격에 의해 계선시설이나 선체가 손상을 입지 않도록 하기 위하여 방충재(Fender)를 설치하며, 예선을 사용하여 접안할 경우에는 15m/sec, 자력으로 접안할 때에는 20～25m/sec의 속도로 접안할 때의 에너지를 흡수할 수 있는 성능을 지닌 것이 필요하다.

그리고, 계선시설에는 선박이 바람, 파랑, 조류 등의 외력에 견디면서 정지해 있을 수 있도록 계류색을 묶어둘 수 있는 계선주(Bollard, Bitt)를 설치한다.

(1) 안벽 및 물양장

안벽은 잔교와 마찬가지로 가장 일반적인 계선시설이다. 또 물양장은 겉보기는 안벽과 같은 구조로 되어 있으나 500총톤 이하의 선박을 대상으로 한다는 점이 다르다.

(2) 잔교(Pier, Jetty)

잔교는 받침기둥 위에 바닥을 깐 것으로, 받침기둥으로는 말뚝(나무, 강철, 철근 콘크리트 등), 교각, 원통기둥 등을 사용한다.

잔교는 다른 계선안벽에 비해 구조가 가볍기 때문에 연약지반에도 건설할 수 있고 반사파가 없어서 항내 정온도를 유지할 수 있으며 선박이 접이안하기 쉽다는 이점이 있다. 반면, 선박접이안시의 충격에 약하고 황천시 파랑이 바닥을 밀고 올라오는 등의 단점이 있다.

(3) Detached pier

Detached pier는 육안에서 떨어진 곳에 말뚝형의 구조물을 세우고 그 위에 크레인 등 하역기계의 레일을 설치한 계선설비이다. 레일은 Detached pier 위에 양쪽 모두 설치한 경우도 있고 한쪽만 설치한 경우도 있다.

(4) 돌핀(Dolphin)

돌핀은 육안으로부터 떨어진 수면에 나무말뚝, 케손 등의 묶음을 두드려 넣어서 만든 나무기둥형태의 구조물을 말하며, 보통 계류색을 묶는 무어링 돌핀(Mooring dolphin), 선체가 접안하는 브레스팅 돌핀(Breasting dolphin), 하역용 플랫폼 등이 하나의 조로 구성되어있다.

그리고 돌핀은 하역용 에이프런이 필요 없는 유조선 등의 전용선을 위한 계류시설로도 사용된다.

(5) 부잔교(Floating pier)

부잔교는 폰툰(Ponton)이라고 하는 나무, 쇠, 콘크리트 등으로 만들어진 상자 모양의 부유체를 닻으로 고정하여 육안과 다리로 연결하도록 한 것을 말한다.

안벽, 잔교 등과 비교할 경우, 부잔교는 조차가 크고 연약지반이며 수심이 깊은 곳에서는 싼 건설비로 건설할 수 있다는 이점이 있다. 그러나 대형선에는 부적합하고 파랑으로 인해 손상을 받기 쉬우며 하역능력이 적다는 결점이 있다.

(6) 계선부표

부표에는 선박의 안전항해를 위한 항로표지로 사용되는 것과 선박을 계류하기 위한 것이 있으며, 후자를 보통 계선부표(Mooring buoy)라 부른다.

계선부표는 팽이형의 부표에 닻줄을 묶어 닻으로 고정한 것으로 선박이 계류할 경우에는 선박의 닻줄을 12.5m 또는 25m 정도로 끊어서 계류링에 접속하거나, 소형선의 경우에는 로프를 사용하기도 한다. 그리고 대형 유조선용의 계선부표는 부표와 해저파이프를 통해 선박의 탱크와 육상의 탱크가 연결될 수 있도록 설치되어있다.

4. 부　두

부두(Wharf, Terminal)는 안벽, 잔교, 돌핀 등의 선박계류시설, 화물의 적양하를 위한 하역기계, 화물의 분류, 보관 및 육상운송을 위한 상옥, 야적장, 창고, 도로, 철도 등의 항만시설을 총칭하는 것으로 항만의 중추를 이루는 부분이다.

부두는 사용형태에 따라 공공부두(Public wharf)와 사용부두(Private wharf)로 나눈다.

공공부두는 개발과 정비 등이 공공사업으로 수행되며 불특정다수의 하주, 선사 등이 이용하고, 그 관리는 국가 또는 지방공공단체가 담당한다. 사용부두는 민간이 건설, 정비하는 부두로 관리운영은 기업이 담당하며 제철소, 발전소, 정유소 등에 부속된 부두에 이런 형태가 많다.

또한 부두는 취급화물에 따라서 잡화를 취급하는 잡화부두와 컨테이너, 석탄, 목재 등의 특정화물을 전문적으로 취급하는 전용부두(Specialized marine terminal)로 구분된다.

부두는 평면의 형상에 따라 평행식 부두, 돌제식 부두, 쌍자식 부두 등으로 분류된다(〈그림 2-1〉 참조). 그리고 그 형태는 부두가 입지하는 지형, 취급화물 종류 등에 따라 다르며 특징은 다음과 같다.

그림 2-1 부두의 종류

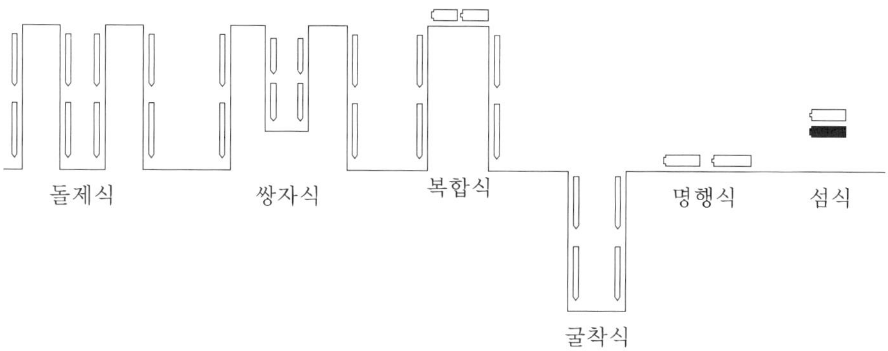

(1) 평행식 부두(Marginal wharf)

해안선에 평행하게 설치된 부두로서 전면의 수역이 좁은 해협이나 하천 등에 적합하다. 배후지를 넓게 차지할 수 있으므로 넓은 야드를 필요로 하는 생산공장의 부두라든가 컨테이너부두에는 이런 형이 많다.

(2) 돌제식 부두(Jetty type wharf)

인벽과 직각 또는 직삭에 가까운 형태로 돌출한 돌제로 이루어진 부두이다. 제한된 안벽에 많은 선박이 계류할 수 있으나 배후지가 좁아지는 단점이 있다. 돌제가 손가락 모양으로 복수개인 경우를 Finger pier라 하며, 돌제와 돌제 사이를 슬립(Slip)이라 부른다.

(3) 쌍자식 부두(Double jetty type wharf)

돌제식 부두의 일종으로 바깥쪽은 대형선용 선석, 안쪽은 소형선용 선석으로 만든 것으로 대형선과 소형선 사이에 화물을 쉽게 환적할 수 있게 한 것이다.

(4) 섬형태 부두(Detached wharf)

육안에서 떨어진 곳에 잔교 등의 계선설비를 설치한 부두로서 육안(陸岸)과의 사이에 소형선이나 부선이 들어갈 수 있으므로 바깥쪽에 계류한 선박으로부터 안쪽의 부선에 화물을 쉽게 양하할 수 있는 이점이 있다. 본선에서 내린 화물을 소형선으로 다시 운송하는 일이 많은 곡물, 석탄 등을 취급하는 부두에 많이 채택되고 있다.

(5) 복합식 부두(Compound type wharf)

평행식 부두와 돌제식 부두를 복합한 형태의 부두로서 최근의 대규모 매립에 의해 건설되는 현대적인 부두에 이런 형태가 많다.

(6) 굴착식 부두

육지를 굴착하여 건설한 부두 또는 수면을 오목하게 남기고 매립하여 건설한 부두를 말한다.

제 2 절 컨테이너터미널

1. 컨테이너터미널의 구비요건

컨테이너터미널은 해·육운송 또는 해상운송간을 연결하는 접속점으로서 컨테이너를 신속하고 효율적으로 선적 또는 양륙하거나, 트럭과 기차 또는 선박 사이의 연계운송, 컨테이너의 장치, 빈 컨테이너의 집적, 컨테이너 및 관련 기기의 정비 및 수리 등의 업무를 수행한다.

컨테이너터미널이 갖추어야 할 조건은 다음과 같다.

- 컨테이너선의 안전항해, 접이안, 계류가 가능하고 컨테이너 하역용 갠트리크레인을 장치하고 있어야 한다.
- 컨테이너선에 적재 또는 양륙되는 컨테이너를 육상 또는 해상운송수단에 신속하고 정확하게 연계할 수 있는 시설이 있어야 하며, 컨테이너 상태를 검사할 수 있는 시설과 조직을 갖추어야 한다.
- 컨테이너터미널을 통과하는 대량의 컨테이너를 신속하고 정확하게 처리할

수 있는 운영 시스템을 갖추어야 한다.
- 내륙운송의 접점역할을 수행할 수 있도록 해상운송망 또는 철도에 직접적으로 접속되어 있어야 한다.
- 대량의 컨테이너를 동시에 수용할 수 있는 넓은 CY(Container Yard)나 CFS(Container Freight Station)시설을 확보하여야 한다.

또한, 컨테이너터미널은 건설, 소유 및 운영형태에 따라 기본적으로 공공터미널과 전용임대터미널로 나눌 수 있다.

1) 공공터미널(Public terminal)

공공터미널은 본선의 화물을 선적 또는 양륙하는 작업기간 동안에만 안벽, 컨테이너크레인 및 일정한 마셜링야드를 항만관리자로부터 임대하여 사용할 수 있는 제도이다. 이 경우 양륙한 컨테이너는 수일 이내에 일괄하여 내륙에 위치해 있는 자신의 CY에 반입해야하며, 선적할 컨테이너도 본선이 입항하기 수일 전에 자신의 CY로부터 마셜링야드에 반입하여 선적을 기다리는 방식을 취한다.

공공터미널은 세계 각국이 컨테이너 도입초기에 채용한 방식으로 비교적 정박시간이 짧은 다수선사의 컨테이너선을 취급하는 항구에서 많이 이용되고 있다. 이 방식은 모든 항만시설 및 기기를 항만관리자의 직접적인 관리하에 두어 항만요율에 의한 요금을 산정하여 부과하고 있다.

2) 전용임대터미널(Exclusive terminal)

전용임대터미널은 선사 또는 항만운영회사(Terminal operator)가 국가 또는 항만관리자로부터 안벽과 인섭하는 CY를 일정기간 동안 차용하여 컨테이너 터미널을 설치하는 형태로서, 현재 전 세계 대부분의 터미널은 거의 이 방식을 도입하고 있다.

전형적인 예는 미국의 시랜드사이며 이 회사는 여러 나라에 있는 자사선의 기항지에 전용터미널을 건설하여 사용하고 있다. 그리고 외국에서는 하역회사가 직접 터미널을 차입하여 선사를 유치하는 경우도 있다.

전용임대터미널에는 선사 또는 항만운영회사가 안벽사용권을 얻어 컨테이너선의 운항효율성을 향상시킬 수 있는 터미널운영 시스템, 컴퓨터 시스템, 화물수도

(受渡)의 접점방법 등을 자유로이 도입하여 운영할 수 있다. 그러나 터미널을 이용하는 컨테이너수가 적정규모 이하일 경우에는 시설임대료가 비싸기 때문에 2～3개 선사가 공동으로 전용터미널을 이용하는 경우도 있다.

2. 컨테이너터미널의 기능 및 시설

1) 컨테이너터미널의 기능

컨테이너터미널은 선박에 화물을 적재, 양륙, 적부(Stowage)하고 화물과 컨테이너의 수도가 일어나는 장소이다. 따라서 대량화물을 신속하고 효율적으로 처리할 수 있도록 터미널 자체에 본선작업 시스템, 구내이송 시스템, 장치 및 보관 시스템, 인수도작업 시스템, Gate작업 시스템, 정보 및 관리 시스템 등의 하위 시스템(Subsystem)과 이들 하위 시스템들이 터미널 내에서 유기적으로 운용되는 종합시스템(Total system)의 체제를 갖추고 있다.

그리고 이들 하위 시스템들이 상호간에 순차적인 연결을 통하여 원활하게 화물을 유통함으로써 이용자·관리자 모두에게 비용의 절감과 신속·안전한 양질의 서비스를 제공하는 장소이다. 터미널의 기능은 크게 하역이송기능, 보관기능, 혼재기능으로 분류할 수 있다.

컨테이너터미널은 컨테이너의 전 운송과정 중의 접속점으로서, 터미널에 연결되는 복수의 운송수단 사이에 컨테이너를 정확, 신속, 안전하게 하역 및 이송할 수 있어야 한다. 따라서 컨테이너를 하역 및 이송하여 정리하는 기능이 가장 필요하며 이를 하역이송기능(Cargo handling & Transfering function)이라고 한다.

컨테이너터미널은 일반적으로 해상간선, 해상지선, 철도 및 도로운송 사이에 컨테이너를 하역이송하는 기능을 담당하고 있으며 컨테이너터미널에 접속하는 운송형태들은 각기 독특한 특징을 지니고 있다(〈표 2-2〉 참조).

즉, 대량운송의 이점을 살린 해상간선운송은 대량뱃치(Batch)운송이고, 해상지선운송은 중량뱃치, 철도운송은 해상운송에 비하면 소량뱃치운송이다. 그리고, 문전에서 문전까지라는 컨테이너운송의 마지막 운송을 담당하는 도로운송은 소량단속운송이라고 할 수 있다.

컨테이너 도로운송은 해상 및 철도운송과는 그 성격이 다르다. 즉, 해상 및 철도운송은 원칙적으로 정기서비스로 운행되고 하역기간도 일정시간에 한정되며 하역계획도 터미널에서 사전에 계획할 수 있다. 그러나 도로운송은 필요에 따라 발생하기 때문에 일반적으로 부정기적이다.

표 2-2 컨테이너터미널에 접속하는 각 운송형태

구 분	해상간선운송	해상지선운송	철도운송	도로운송
수송성격	대량뱃치	중량뱃치	소량뱃치	소량단속
서비스	정 기			부 정 기
하역기간	한 정			불 한 정
하역계획 사전입안	가 능			불 가 능

따라서 컨테이너터미널에 접속하는 각 운송수단의 특성 차이로 인해 컨테이너터미널에는 또다른 기능이 필요하다. 즉, 한정된 하역시간에 대량으로 하역하는 해상운송과 비교적 긴 시간에 소량단속적으로 컨테이너를 반출입하는 도로운송과의 하역이송을 원활히 하기 위해서는 컨테이너를 일시 보관하는 기능이 필요하다. 그리고 이러한 보관기능은 접속하는 운송패턴의 차이를 조정하는 완충역할로서 필요하기 때문에 시간차에 따라 화물의 부가가치를 높이는 창고보관과는 그 성격이 다르다.

한편, 컨테이너터미널에서 취급하는 컨테이너에는 FCL(Full Container Loaded) 컨테이너뿐만 아니라, 다수의 LCL(Less than Container Loaded) 화물을 터미널에서 하나의 컨테이너에 적입(Stuffing)하거나, 하나의 컨테이너화물을 터미널에서 다수의 LCL 소화물로 분리(Stripping)해야 하는 컨테이너도 있다. 이 작업을 담당하기 위하여 컨테이너터미널은 혼재기능(Consolidating function)을 가지고 있다. 혼재기능은 모든 컨테이너터미널이 반드시 구비할 필요는 없으나 터미널 내에 준비되어 있으면 편리하며, 이 기능이 터미널 외부에 있는 경우도 있다.

또한, 컨테이너터미널은 하역이송, 보관, 혼재 등의 기능을 달성하기 위하여 각 기능을 공통으로 지원하는 기능을 갖추고 있다. 이를 지원기능(Backing-up function)이라 한다. 예를 들어, 수리소는 하역이송, 보관, 혼재 등의 3기능을 담당하기 위해 실제로 가동하는 하역기기의 점검, 정비 및 수리를 지원하는 기능을 가지고 있다.

일반적으로 컨테이너터미널이 갖추고 있는 시설을 이러한 기능에 비추어 분류하면 〈표 2-3〉과 같다.

표 2-3 컨테이너터미널의 시설과 기능

구 분	하역이송기능	보관기능	혼재기능
안벽/에이프런	○		
마셜링야드(통로 포함)	○	○	
게이트	○		
컨트롤타워(사무실 포함)	△	△	△
컨테이너야드(통로 포함)		○	
CFS			○
수리소(하역기기용) 급유시설	△	△	△
컨테이너 세척시설	△	△	
컨테이너 수리시설		△	

주 : △ : 여러 기능을 지원하는 기능.

2) 컨테이너터미널의 주요 시설

컨테이너터미널의 주요 시설은 다음과 같다.

(1) 안벽(岸壁 또는 船席 : Berth, Quay, Pier, Wharf)

컨테이너선이 접안할 수 있도록 하는 시설을 안벽 또는 선석이라고 하며 안벽의 길이는 컨테이너선에 따라서 다르나 대체적으로 300~350m가 보통이다. 수심은 간조시에도 접안할 수 있도록 12~15m 정도이다.

(2) 에이프런(Apron, Wharf surface)

에이프런은 안벽법선(Quay line)을 따라 일정한 폭으로 포장된 부분으로 하역작업을 하거나 크레인이 주행할 수 있도록 레일을 설치하는 데 필요한 공간을 말하며, 그 폭은 하역시설에 따라 다르나 보통 30~50m이다. 에이프런에는 컨테이너전용 갠트리크레인을 안벽전장에 걸쳐 활용할 수 있도록 크레인 베일(Crane bail)이 설치되어 있다.

(3) 마셜링야드(Marshalling yard)

컨테이너선으로부터 또는 컨테이너선에 직접 선적하거나 양륙하기 위하여 컨테이너를 정렬시켜 놓은 넓은 공간을 말하며 에이프런과 인접해 있는 경우가 많다.

그림 2-2 컨테이너터미널 주요 시설

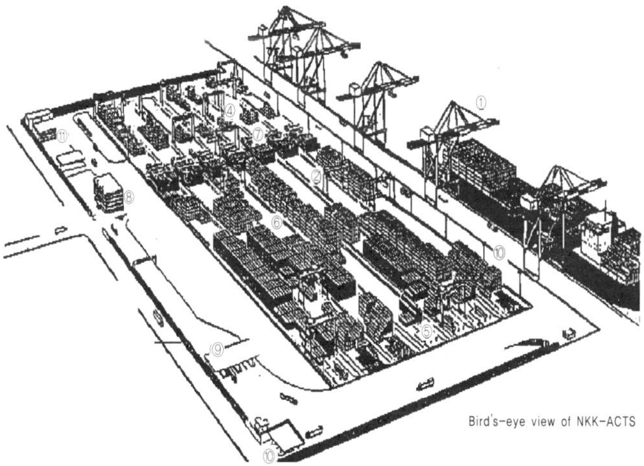

① Quay cranes　② Rail mounted Gantry cranes
③ Automated Guided Vehicles　④ Shipside Buffer Area
⑤ Landside Transfer Area　⑥ Main Stacking Area
⑦ Reefer Container Stacking Area　⑧ Control Center
⑨ In-Gate　⑩ Out-Gate
⑪ Quarantine Yard

마셜링야드는 컨테이너선이 입항하기 전 사전에 계획된 선내적부계획(Stowage plan)에 따라 선적예정 컨테이너를 도착지 항구에서 하역할 순서대로 정렬하거나, 항구에 입항한 컨테이너선으로부터 양륙할 컨테이너를 언제든지 하주의 요구에 부응할 수 있도록 정렬하는 데에 필요한 공간이다.

마셜링야드의 면적은 CY 중에서 상당한 비율을 차지하며 운영방법에 따라 규모는 다르나 컨테이너터미널운영의 효율성에 직접적으로 영향을 미치는 중요한 부분이다. 이 곳에는 슬롯(Slot)이라고 불리는 사각형의 선이 표시된 곳도 있으며, 1개의 슬롯에는 1개의 컨테이너가 적부계획에 따라 장치된다.

(4) 컨테이너야드(CY : Container Yard)

컨테이너야드는 한계선이 명확하지 않으나 마셜링야드의 배후에 배치되어 있으며 때로는 마셜링야드까지 포함하여 컨테이너야드라고 부를 때도 있다.

표준크기는 컨테이너의 인수 및 인도, 빈 컨테이너의 반출입 분포, 컨테이너의 하역방법에 따라 결정되나 보통 300m 길이의 안벽당 105,000㎡ 정도이다.

(5) 컨테이너 화물조작장(CFS : Container Freight Station)

컨테이너운송은 화물의 출하지로부터 최종 목적지까지 화물을 컨테이너에 적입한 상태로 문전에서 문전까지 운송하는 서비스형태이다.

따라서 LCL 화물의 경우, 수출시에는 특정장소에 화물을 집적하였다가 목적지별로 선별하여 하나의 컨테이너에 적입하며, 수입시에는 혼재소화물을 컨테이너로부터 인출하여 목적지별로 선별하여 보관하였다가 수하인에게 인도해야 한다. 이러한 작업이 이루어지는 곳이 바로 CFS이며 통관업무도 보통 여기서 처리된다.

CFS는 반드시 터미널 내 또는 그 인접한 곳에 설치할 필요는 없으며 컨테이너야드와 원활한 연결이 이루어질 수 있는 장소에 설치하면 된다. 최근의 컨테이너터미널은 공간을 보다 넓게 사용하기 위하여 CFS를 터미널 외부에 설치하는 경우도 있다.

(6) 메인트넌스 숍(Maintenance & Repair shop : M & R shop)

메인테넌스 숍은 컨테이너 자체의 검사, 보수, 사용 전후의 청소 등을 포함하여 컨테이너터미널 내에서 사용하는 모든 기기의 정비공장이다.

원활한 컨테이너운송을 하기 위해서는 완전한 상태의 컨테이너가 필요하다. 세계 각지에 산재되어 항상 이동하고 있는 모든 컨테이너를 완전한 상태로 유지하기 위해서는 컨테이너 집적지 중심에 있는 컨테이너터미널에서 철저히 점검하여 신속한 수리를 할 필요가 있다. 정비공장 내에는 냉동컨테이너용 전원, 용접기 및 충전에 필요한 여러 기계류가 설치되는 것이 보통이다.

(7) 컨트롤 센터(Control center)

컨트롤 센터는 본선의 하역작업이나 컨테이너야드 내의 컨테이너 배치가 본부의 계획이나 지시대로 이루어지도록 통제, 감독하는 기능을 갖고 있다. 일반적으로 컨트롤 센터는 컨테이너터미널의 전경이 잘 보이는 장소에 건설되며, 현대화된 터미널 내에서는 컴퓨터 등을 사용하여 중앙통제기능을 신속하고 합리적으로 수행하고 있다.

(8) 출입문(Gate)

출입문은 터미널을 출입하는 FCL 화물이나 빈 컨테이너 등이 터미널을 통과하는 출입구를 말하며, 출입시에 필요한 서류를 접수하고 출입 컨테이너의 봉인 및 손상 유무를 점검하며, 컨테이너의 중량을 측정한다. 또한 출입문은 해·육복합운송에서 책임이 이전되는 접점으로서 중요한 기능을 가지고 있다.

(9) 철도터미널

철도화물을 터미널로 반입하거나 반출하기 위해 필요한 시설로서 철도터미널을 컨테이너터미널 내에 배치할 경우에는 철도로부터 컨테이너를 하차하거나 상차하는 위치 선정 및 측선배치에 각별한 주의가 요망된다.

(10) 냉동시설

냉동시설은 냉동컨테이너의 저온유지와 위생, 세관빌딩 등에서 적정한 온도를 유지하기 위해 필요한 시설이다.

(11) 통관

출입 컨테이너에 대한 세관검사를 위해 필요한 시설이다. 컨테이너 통관은 컨테이너 통관조약가입에 의해 일시면세수입제도로 간소화됨에 따라 컨테이너 리스트의 제출에 의해 일괄 수입신고가 되고 있다. 검사내용은 다음과 같다.

- 서류통관은 특정 컨테이너에 관한 서류의 제시만으로 통관이 되며 이 경우 컨테이너는 통관 후 이송시킬 때까지 터미널운영자가 컨테이너 야적장에 야적한다.
- 컨테이너의 일부 개봉검사는 컨테이너의 후미부분을 개봉하여 통관되며, 이 경우 컨테이너는 세관의 통제하에서 컨테이너문을 개봉하여야 하기 때문에 특정장소나 건물로 이동될 수도 있다.
- 전체 검사는 세관직원에 의해 컨테이너 야적장에서 컨테이너 내용물 전체를 꺼내어 검사하기 위해 상옥으로 이동하게 된다.

따라서, 이러한 검사를 위해 터미널에서는 충분한 면적을 가진 상옥을 준비하여야 하며 통관업무를 위한 건물은 자체건물, 창고, CFS, 계량대 전후지역에 위치할 수도 있으나 사무실, 검사실, 검사대 등이 마련되어 있어야 한다.

(12) 위생검사소

위생검사는 부패성 화물, 음식물 등과 같이 일반공중의 위생에 위험이 초래될 가능성이 있는 화물에 대한 검사 및 장치를 위해 실시된다. 이 경우 위생검사시설은 세관과 비슷하며 특별한 것은 검사지역에 냉장보관시설을 갖출 필요가 있다는 점이다.

제 3 절 항만관리

1. 항만운영의 유형

항만의 운영과 관련하여 보들레어(J. G. Baudelaire)는 항만을 세 가지 기본적인 유형으로 구분하여 서비스형(또는 운영형) 항만, 도구형 항만, 그리고 지주형 항만으로 제시하였다.

이와 같은 세 가지 유형의 결정기준은 다음과 같다. 즉,

① 하부시설(infrastructure)의 소유권

② 상부시설(superstructure, 특히 선박 및 연안의 하역장비)의 소유권

③ 항만노동(특히 선내)의 고용체제

일반적으로 소유권은 공공(국가, 지방정부, 자치단체), 민간(하역회사, 철도회사, 기타 민간회사 등), 또는 민관의 공동체에 귀속하는 경우가 대부분인데, 제도적, 법률적 및 재무적 측면에서 규정되고 있다. 항만관리운영, 하부시설, 상부시설 및 항만노동과의 관계를 〈표 2-4〉에 보인다.

1) 서비스형 항만(service port)

명칭이 시사하는 바와 같이 항만 내에서 필요한 모든 서비스를 포괄적으로 제공하는 항만을 뜻하며, 운영형 항만(operating port)이라고도 한다. 대부분의 개발도상국 항만들과 구 소련 및 공산권 항만이 이러한 서비스형 항만에 속하는데, 일반적으로 중앙정부 산하 교통부의 직접 통제를 받는다.

이러한 서비스형 항만체제는 항만관리운영형태의 하나로서 항만당국이 하부시설, 상부시설(장비, 건물 등)을 소유 및 유지·보수하고, 모든 항만노동을 고용하여 제공한다. 민영화 이전의 싱가포르항(PSA)은 대표적인 서비스형 항만이었으나

표 2-4 항만관리운영체계의 특성

구분	하부구조	상부구조	항만노동
지주형 항만	○	×	×
도구형 항만	○	○	×
서비스형 항만			
공공	○	○	○
민간	×	×	×

주 : ① × 표시는 항만당국이나 공공기관이 소유 또는 공급하지 않는다는 의미이며, 이는 다른 주체 즉 대체로 민간기업이 소유 또는 공급함을 나타냄.
② 하부시설은 안벽을 포함한 항만의 해역 및 육상부지를 포함.
③ 상부시설은 하부시설 위에 설치된 모든 건물 및 구조물(터미널 포장 포함).
④ 항만노동은 기본적으로 선박의 적양하 작업을 위해 필요한 노동력을 의미.

1998년에 완전히 민영화되었다.

이러한 서비스형 항만은 대부분 공공분야에 속해 있는데, 항만민영화를 추진하고 있는 나라에서는 민간분야에 이러한 서비스형 항만운영제도를 도입하려고 하고 있다. 도구형 항만의 경우에서와 마찬가지로, 서비스형 항만의 역할은 몇몇 항만업무에만 관계가 있으며, 나머지 업무는 항만당국과는 별로도 민간의 항만운영자가 수행한다.

2) 도구형 항만(tool port)

도구형 항만체제는 서비스형 항만과 비슷한 항만관리운영형태로서, 항만당국이 항만노동을 제공하지 않는 것이 차이점이라고 할 수 있다. 이러한 유형의 항만에서는 선박회사 또는 그 대리점들이 계약에 따라 항만당국 소유의 장비를 이용하게 된다. 이와 같은 항만의 사례로는 포르투갈, 브라질, 프랑스 등이 있다.

그리고, 이 방법은 만일 물동량이 적거나 또는 지역적인 특성으로 인해 물리적 또는 경제적으로 대규모의 장비를 가질 수 없거나 또는 만족스럽지 못한 운영이 이루어질 때 유효하다고 알려져 있다. 이 경우, 항만당국은 항만의 효율적인 운영에 필요한 시설을 구축하고 장비를 구매하여 일반적으로 공공서비스 의무조항을 포함하는 단기계약 아래에서 항만운영자에게 임대하고 있다. 따라서 이때 항만은 도구(또는 수단, tool)만 제공하지 운영은 하지 않기 때문에 이러한 항만은 도구형 항만(tool port)이라고 한다.

도구형 항만의 역할은 지주형 항만에서와 같은 지주로서의 역할을 배제하는 것은 아니다. 예를 들어, 만일 충분한 이용공간이 있다면, 항만당국은 여러 작업 또는 장비를 제공하는 제반기능을 모아서 다른 작업의 제공 및 장비의 운영을 또다른 운영자에게 위임할 수 있다.

이러한 유형의 항만들 중 일부는 선내와 육상(에이프런/터미널) 하역이 명확하게 구분된 체제를 따르고 있기 때문에, 과거에 통상적인 구분방법의 하나이었던 이러한 항만은 오늘날에는 점차 사라지고 있는 추세이다.

3) 지주형 항만(landlord port)

지주형 항만체제는 항만당국이 항만의 행정적 관리만을 담당하고 운영은 민간기업에 위임하는 관리운영형태이다. 이 경우 항만당국은 하부시설의 개발, 소유 및 유지보수를 담당하고 개별 터미널을 민간하역회사에 임대(LAQ)하여 운영한다. 운영을 맡은 민간회사는 자체적으로 상부시설 및 노동력을 확보하게 된다.

항만 내 기타 다른 서비스 즉, 도선, 예선, 선박의 접이안 등은 항만 또는 정부당국이 서비스의 제공을 책임지거나 민간기업 또는 단체에 위임하는 형태를 취한다. 항만당국은 개개의 운영자들에게 공공서비스 의무조항을 구체화하는 계약 또는 반대로 제반시설의 민간활동을 허용하는 계약을 통해 이들에게 필요한 공간을 할당하고 있다. 이 경우 항만당국은 마치 항만 내의 자산을 단기에서 장기에 이르기까지 허용하거나 또는 토지의 사용을 허용하는 주인처럼 행동하며 항만 내의 제반시설들이 적절하게 기능하는가를 확인하기 위한 여러 업무를 수행한다.

실제로 특정국가의 특정항만에 적용 가능한 가장 적합한 유형의 결정과정에는 다음과 같은 수많은 요인들이 감안되고 있다. 즉,

① 해당국가의 발전상황
② 이용가능한 재원
③ 경영여건과 재무상 위험
④ 법률적 측면에서 (부분적) 민영화의 가능성
⑤ 서비스 제공에 대한 일반적 태도
⑥ 관리능력

〈표 2-5〉는 다양한 항만운영체제의 장단점을 보이고 있다. 이와 같은 모든

표 2-5 항만운영의 유형별 장단점

유형	장 점	단 점
서비스형	· 상부시설 및 화물취급의 통일성 (의사결정 계통의 통일성) · 항만장비에 대한 투자결정이 공공기관에 의하여 수행됨으로써 처리능력의 과잉상태 방지	· 화물취급에 관련된 항만관리 (핵심사업 제외) · 항만당국 이외의 민간업체들은 화물취급과정에서 역할이 배제됨
도구형	항만장비(특히 선내/육사장비)에 대한 투자결정이 공공기관에 의하여 수행됨으로써 처리능력의 과잉상태방지	항만당국과 민간기업 공동으로 화물취급 서비스에 참여 → 분리운영
지주형	· 단일주체(민간기업)가 모든 화물취급작업을 수행하며 하역장비를 소유 운영함 · 터미널운영주체가 하역장비 및 건물에 대하여 투자하여야 하므로 해당기업은 항만과 깊은 관련을 가짐 · 해당업체는 터미널운영에만 전념하게 되므로 투자, 마케팅 및 시설의 효율성을 보다 잘 조화시킬 수 있음	항만당국은 다양한 민간운영업체의 요구에 응하여야 하며, 그 결과 처리능력의 과잉현상 초래
민영형	· 투자, 유지보수, 화물취급, 장비운영 등과 관련된 의사결정계통의 통일성 · 마케팅, 투자 및 시설효율성의 조화	· 고가장비의 이중보유 사례 발생 · 항만이 개인기업화함으로써, 이윤추구의 동기에서 안전 및 환경부문 투자는 법적인 한도 내에서 최소화

사항을 고려할 때 비록 일반적으로 적용되는 법칙이라고는 할 수 없으나, 자원이 한정되어 있고 민간기업 참여의 여지가 적은 국가에 있어서는 중앙정부가 그 기능을 민간기업에 쉽게 위임하지는 않을 것임이 분명하다.

이 점은 중앙집권적 국가소유 항만의 장단점을 살펴보면 더욱 확실해진다. 중앙집권적 항만 소유형태의 장점은 다음과 같다. 즉,

- 고가장비의 낭비적 중복 보유를 방지함
- 소유권의 민간이양이 이루어지면 민간운영업체는 독점적 지위를 확보하게 될 가능성이 있으며, 이를 해당업체의 이윤극대화 수단으로 이용할 우려가 있음. 이러한 상황은 국민경제적 관점에서 바람직하지 못한 결과를 초래하게 됨
- 중앙집권적 소유구조하에서는 일반운송서비스의 질적 수준을 국민경제적 관점에서 바람직한 방향으로 보다 효율적인 통제를 할 수 있음.

반면에 중앙집권적 소유형태의 단점은 다음과 같다.

- 항만운영에 정치적인 영향력이 개입될 수 있음

- 항만관리자는 급격하게 변화하는 사업환경에 맞추어 독자적인 의사결정이 어려움
- 경영관리에 있어 참모진의 고용과 해고, 성과에 의한 인사관리가 어려움
- 경영관리자는 사업의 기회가 오더라도 새로운 시장에 진입하거나 시장에 맞는 유연한 가격정책을 적용하기 곤란함

2. 항만관리체제 및 관리주체

1) 주요 항만의 관리체제

선진 외국의 주요 항만은 포트오소리티(Port Authority)가 항만관리주체로서 항만을 관리하는 경우가 대부분이다. 각국의 역사적 배경, 정치적 환경, 사회적인 분위기, 경제적 여건, 환경적인 요소로 인해 이러한 포트오소리티의 형태는 국가별·항만별로 각각 다르다. 특히 포트오소리티의 관리주체는 중앙정부, 지방정부, 공사, 공기업, 지방공공단체, 민관공동기업, 민간기업 등 매우 다양하다. 주요 항만의 관리주체 현황은 〈표 2-6〉과 같다.

표 2-6 항만관리체제의 일반형태

구분	국유제	지방자치제	공영자치제	사유제
체제	국가(중앙정부)	지방자치단체	독립위원회 (또는 이사회)	민간회사
특징	국가가 직접 소유·관리 및 운영	시 또는 지자체의 산하조직 또는 선임한 특별기구가 관리운영	특별법에 의해 설립된 독립적 자치기관에 의해 항만을 관리운영	· 영리추구 최우선 · 민간이 직접소유
장점	국가주도의 종합적 항만계획	지역의 특성을 고려한 원활한 항만계획 가능	· 인사권·재정권의 독립 · 대고객 지향적 서비스 · 독립채산 제도식 운영	이용자 지향적인 항만의 관리운영
단점	고객지향적 서비스의 부족	· 지방자치단체의 간섭 · 투자재원부족 및 전문인력확보의 곤란	국가 전체의 종합적 항만계획에 차질 우려	· 항만요육의 인상 우려 · 공공이익보다는 개인기업우선의 정책우려
사례	우리나라, 인도, 민영화 이전의 영국, 싱가포르 등	서구 및 일본지역의 항만	뉴욕/뉴저지항, 런던항 등	홍콩, 펠릭스토우, 영국 ABP 산하의 22개 항만

그러나 항만관리체제의 분류방식은 실질적으로 항만관리 제도개선을 위한 관점에서는 커다란 의미가 없다고 할 수 있다. 왜냐하면 전 세계에는 다양한 항만의 관리운영체제가 있으며, 이 가운데 국유국영항만, 공유공영항만, 시유시영항만 중에도 효율적인 항만이 있고, 민유민영항만 중에도 비효율적인 항만이 있기 때문이다.

따라서, 항만관리주체의 조직형태가 어떠한가에 따라 항만관리운영의 효율성 여부가 결정되는 것이 아니라 다음과 같은 항만관리 및 운영과 관련된 내부적 요인이 무엇보다도 중요하다. 즉, 다음의 요소가 항만이 효율성을 결정하는 데 더욱 중요한 요소라 할 수 있다.

- 항만관리주체의 최고경영자에 대한 지명권의 주체와 선임방법
- 항만회계처리 방식
- 항만투자의 기준
- 책임 시스템의 확립 여부
- 항만시설 소유권의 주체

2) 주요 항만관리주체의 특성

(1) 항만관리주체의 다양성

항만관리주체는 국가, 지방자치단체, 공단, 공사, 공기업 및 민간기업 등 다양하다. 특히 한 국가 내에서도 관리형태가 매우 다양하다. 미국의 경우에는 정부, 시정부, 특수공기업, 민간이 관리하는 항만이 각기 따로 있다. 프랑스에서도 자치항과 비자치항의 두 가지 형태로 구분되고 있다. 영국의 경우에는 시영항만, 지방공공단체의 관리항만 등으로 구분되어 있다.

(2) 임대운영제도(Lease-A-Quay, LAQ)의 활성화

항만관리주체가 부두를 직접 운영하기보다는 임대하여 운영하고 있다. 즉 항만의 기본시설에 대한 소유권은 국가나 지방자치단체 등 공공기관이 가지고 있으나, 실제의 운영은 민간 또는 공공의 사업자가 행하여 항만의 효율성 및 생산성을 제고시키고 있다.

(3) 국유민영

국가(또는 지방정부)는 항만의 기본시설을 제공하고 관리하지만, 운영은 민간에

맡기는 체제를 유지하는 경우가 대부분이다. 즉,

- 중앙집권적인 항만관리 운영업무를 지방정부로 위임
- 항만당국과 민간의 역할을 분담하여 항만의 기본시설은 국가, 지방자치단체 등의 항만당국이 담당하고, 항만시설의 운영은 민간에게 임대하여 관리
- 항만시설은 민간기업이 임차하여 책임운영하는 체제를 구축
- 항만간 경쟁체제의 구축을 통한 서비스 질의 향상을 추구

(4) 독립채산제 방식과 상업적 원리의 도입

중앙(또는 지방)정부가 직접 항만운영에 관여하고 있는 민영화 이전의 싱가포르나 프랑스의 항만(르아브르항, 마르세유항 등)의 경우 항만은 독립채산제 방식으로 운영되고 상업적인 원리가 도입되고 있다.

또한, 우리나라와 같이 국유민영 관리체제를 갖고 있는 싱가포르항의 경우, 21세기를 대비하여 항만민영화를 단행하였다. 즉, 1996년 2월 2일 싱가포르해운항만청(Maritime and Port Authority of Singapore, MPA)을 설립하여 PSA(Port of Singapore Authority) 업무 중 항만의 규제기능 관련 업무를 이전하고, 1998년에 공공기구 성격인 PSA를 민간기업으로 전환시키는 민영화 작업을 완결하였다. 민영화 후 완전히 민간조직으로 바뀐 PSA는 항만에 대한 실질적인 상업관련 업무, 즉 항만홍보, 항만개발, 항만 내 서비스 및 설비의 확대 등과 같은 업무만 수행하고 있다. 이러한 민영화를 통해 싱가포르항은 대고객지향적(customer-oriented) 서비스 제공과 사업영역의 다국적화가 가능해졌다. 그리고, PSA는 민영화를 통해 다국적 터미널운영회사로 사업영역을 넓혔으며 국외의 대형 항만 프로젝트에 참여하고 있다.

3) 주요 항만의 관리운영제도

오늘날 대부분의 항만은 부두임대차계약에 의하여 항만을 운영하는 것이 일반적인 현상이다. 즉, 항만당국이 항만의 제반시설을 직접 운영하지 않고, 관리 및 감독만을 수행한다. 세계 주요 항만의 부두시설은 터미널운영자(하역회사·선박회사·터미널운영업자)에게 임대(Lease-A-Quay, LAQ)되어 운영되고 있으며, 항만당국은 원칙적으로 직접 부두시설의 운영에 관여하지 않고 있다. 선진국의 중요 항만은 1970년대 이전에 이미 부두를 임대하여 운영하는 방식을 채택하였으며, 개도국인

표 2-7 세계 주요 항만의 운영 현황

국 가	항 만	항만운영형태
미 국	로스엔젤레스항, 롱비치항, 시애틀, 뉴욕/뉴저지항	대다수 부두시설의 임대운영
독 일	함부르크	모든 부두시설의 임대운영
	브레멘항	대다수 부두시설의 임대운영
네덜란드	로테르담항	모든 부두시설의 임대운영
벨기에	앤트워프항	모든 부두시설의 임대운영
일 본	동경항, 요코하마항, 고베항 등	1967년 이후 부두임대운영제도 도입
대 만	카오슝항	컨테이너부두는 모두 임대운영
홍 콩	홍콩항	부두시설은 민간이 건설, 운영
영 국	ABP 소속 항만, 펠릭스토우항 등	사유 항만으로서, 부두시설은 민간이 건설하여 운영

남미나 동남아 국가들도 1980년대 후반부터 부두의 임대운영제도를 도입하고 있다.

〈표 2-7〉에 주요 항만의 운영형태를 보이고 있다.

아래에서는 항만의 운영형태를 효율성이라는 측면에서 살펴보기로 한다.

(1) 항만시설의 소유권 여부

일반적으로 항만시설이 민유가 아니라 국유, 시유 및 공유로 되어 있기 때문에 구조적인 비효율성이 발생하는 것으로 알려져 있다. 즉 항만시설의 소유권 보유주체에 따라 항만관리의 효율성에 근본적으로 차이가 있다는 것이다. 그러나 실제로 이러한 주장은 근거가 희박한 이야기로서 항만시설의 소유권 여부가 효율성을 결정짓는 결정적인 요소라고 보기는 어렵다. 그리고, 이를 확인하기 위해서는 선진국 주요 항만의 항만시설 소유권 여부를 면밀하게 비교분석해 볼 필요가 있다.

(2) 항만관리주체

항만관리주체가 공공기관인가 민관기관인가의 조직상 특성에 따라 항만관리 운영의 효율성 여부가 결정될 수도 있다. 이러한 항만관리주체의 조직특성과 효율성과의 상관관계를 확인하기 위해서는 항만관리주체의 조직특성에 따라 항만을 분류해 볼 필요가 있다. 〈표 2-8〉에 보이는 바와 같이 프랑스의 르아브르항, 마르세유항 및 싱가포르항은 중앙정부의 산하기관임에도 불구하고 효율적인 관리주체로 알려져 있다.

표 2-8 주요 항만별 항만관리주체 특성 비교

항만관리주체	특 징	사 례
중앙정부	정치 및 행정조직	우리나라, 대만
중앙정부의 산하기관 (공단, 국영기업)	정치 및 행정조직과 연관	르아브르항, 마르세유항, 싱가포르항
지방자치단체(州, 市)	정치 및 행정조직	동경항, 요코하마항, 고베항, 오사카항, LA항, LB항, 샌프란시스코항, 오클랜드항(미국), 로테르담항, 암스테르담항, 함부르크항, 브레멘항
지방자치단체의 산하기관(공사, 지방공기업)	정치 및 행정조직과 연관	뉴욕/뉴저지항, 멜버른항, 시드니항
지방공공단체	정치 및 행정조직과 연계	나고야항
관민공동기업	정치 및 행정조직과 독립	오클랜드항(뉴질랜드)
민간기업	정치 및 행정조직과 독립	펠릭스토우항, 사우샘프턴항, 틸버리항, 템스포트항

한편, 영국의 대부분 항만은 민간기업이 항만관리주체로 되어있다. 이 경우 공공기관이 항만관리주체인 경우에 비하여 구조적으로 효율성이 제고될 기반은 구축되어 있다고 할 수 있다. 그러나 민영화 이전의 싱가포르항의 예를 볼 때, 공공기관이 항만관리주체라고 하여 반드시 비효율적인 항만관리가 행해지는 것은 아니다. 또한 공공기관이 항만관리주체로 되어 있다고 하더라도 항만운영을 대부분 민영화하여 효율적인 운영을 도모하고 있다. 따라서 국유국영, 국유민영, 시유시영, 시유민영, 공유공영, 공유민영 등의 항만관리체제 중 어떠한 형태가 가장 바람직한 관리체제인가에 대해서는 더 많은 논의가 필요하다.

(3) 최고책임자의 결정주체

항만관리주체의 최고책임자를 누가 결정하는가라는 것도 매우 중요한 요소이다. 때때로 누가 최고책임자에 대한 인사권을 가지느냐에 따라 항만관리의 효율성이 달라질 수도 있기 때문이다. 이를 확인하기 위해서는 항만관리주체의 최고책임자 결정방식을 살펴볼 필요가 있다.

〈표 2-9〉에 보이는 바와 같이 주요 항만의 최고책임자 결정방식은 다양함을 알 수 있다. 따라서 최고책임자 지명권리를 누가 가지느냐가 매우 중요한 문제이기는 하지만 이것이 항만관리의 효율성을 결정짓는 결정적인 요인은 아니라고 할 수 있다.

표 2-9 주요 항만별 최고책임자의 선출방식 비교

항만	항만위원회 위원	집행기관의 최고책임자
뉴욕/뉴저지항	주지자(12명)	위원회
로스엔젤레스항, 롱비치항	시장	시장
샌프란시스코항	5명은 시장, 2명은 지사가 지명	시장
시애틀항	시민이 투표로 선출(6명)	위원회가 결정
오클랜드항(미국)	시장의 추천/시의회 임명	시장
뉴올리언스항	주지사가 다음 기관에서 지명(5명)상의-무역위원회, 선주협회	주지사
르아브르항, 마르세유항, 보르도항, 낭트/생나제르항, 던커크항, 루앙항	르아브르 상의대표(5명), 지방정부대표(5명), 정부대표(5명), 항만당국대표(3명), 항만노조대표(1명), 이용자대표(2명), 관련 분야 전문가대표(8명)	수상
우리나라, 대만	없음	중앙정부
싱가포르항	정부(10명)	정부
사우샘프턴항, 틸버리항	주주	주주
로테르담항, 앤트워프항	시의회	시의회
런던항	수상지명(2명), 대표위원은 선주(3명), 하주(3명), 기타 이용자(2명), 항만노조(2명), 지역정부(2명), 도선사협회(1명), 런던항만청장(1명)	

최고경영자의 지명권자에 따른 일반적인 장단점은 〈표 2-10〉과 같다.

표 2-10 항만관리주체의 최고경영자 지명권자에 따른 장단점 비교

지명권자	장점	단점
중앙정부	· 국가의 각종 계획을 항만계획 및 운영시에 반영가능 · 강력한 리더십 발휘가능	· 정치의 영향을 받기 쉬움(비효율적인 투자, 비효율적인 운영 가능성이 높음) · 민간전문경영인 활용곤란 · 항만운영의 경직성 · 전국 항만의 독점적 운영 · 지역의 이해관계 무시
지방정부(주지사/시장)	· 지역사회의 각종 계획 반영가능 · 각 항만도시간의 경쟁발생 · 지역의 발전도모 가능	· 시장/지사의 정치성 · 지역이기주의에 의한 투자 · 민간전문경영인의 활용곤란
시민	· 시민 요구에 부응하는 항만운영 · 각 항만도시간 경쟁 · 지역사회의 발전도모 가능	· 지역주민의 인기에 영합하는 투자 가능 · 중앙정부와 마찰발생 가능
위원회	· 민간전문인의 활용 가능	

자료 : 전국경제인연합회, 항만의 경쟁력 제고 과제, p. 109.

(4) 재정독립

항만당국의 재정적 자립은 인사권 독립에 못지않은 매우 중요한 요소이다. 따라서 재정자치권의 확보가 효율적인 항만관리에 필수적인가 아닌가를 분석해 볼 필요가 있다. 즉, 적자 누적시에 도산된다는 조건이 전제된다면 효율적인 항만관리를 행하지 않을 수 없게 된다. 그러나 적자가 누적되어도 도산되지 않는다고 한다면 당해 항만은 효율적인 관리운영을 위한 인센티브가 작용하지 않게 된다. 따라서, 항만관리주체에게는 도산 가능성이 전제되어 있느냐 그렇지 않느냐 하는 것이 효율적인 항만관리 시스템 구축을 위해 더욱더 중요하다고 할 수 있다.

3. Port Authority

1) 포트오소리티의 개요

포트오소리티라는 말은 1909년 런던항 포트오소리티(Port of London Authority)설립으로부터 유래된 것으로, 항만에 대해 권한(authority)을 가지고 행정기관과 민간의 상업기관의 중간적인 위치에서 양자의 기능을 수행하는 기구라고 할 수 있다. 그리고, 커닝햄(B. Cunningham)은 포트오소리티에 대해 일반적인 행정부문으로부터 독립되어 있으면서 공공성(公共性)을 유지하기 위해 공권력적인 관리권을 갖고 항만을 건설, 관리, 운영하는 공공의 전문업체라고 정의하고 있다.

일반인은 물론이려니와 해운·항만 관련 종사자에게도 다소 생소한 포트오소리티 제도의 특징을 요약하면, 법률에 의해 조직의 장(長)이 인사권의 독립과 재정적인 자립을 보장받은 특수법인 형태의 공공조직이라고 할 수 있다. 특히 포트오소리티는 항만의 공공성도 중시하지만, 근본적으로는 경제적 자립성을 바탕으로 하고 있다. 따라서 조직의 정치적 독립성과 경제적 자치성(獨立採算性)의 유지는 포트오소리티 설립의 필수 전제조건이다. 이 외에도 항만전문가에 의한 항만의 관리 및 운영, 당해 항만 지역주민의 참여 등도 빼놓을 수 없는 설립요건이라고 할 수 있다.

그러나 포트오소리티 개념을 일률적으로 파악하는 것은 어렵다. 항만관리는 각 항만의 역사적 배경이나 지역적 사정에 따라 각각 다를 뿐만 아니라 심지어 같은 나라라고 할지라도 항만마다 처한 사정이 다르기 때문에 포트오소리티의 성격도 다양한 특색을 보이고 있기 때문이다. 대체로 구미의 항만관리형태는 대부분이 19세기 말부터 20세기에 걸쳐 포트오소리티의 방식을 채용하고 있지만, 역사적으로 볼 때 크게 유럽대륙계와 영미계의 두 가지로 구분할 수 있다.

유럽대륙계는 프랑스, 이탈리아 등의 항만이 대표적인 예, 전통적으로 이들 나라에서의 항만이란 공공물(또는 영조물)로 취급하여 국유·국영이 원칙이었다. 그러나 최근에 이르러 중앙정부의 간섭이나 관료적인 운영 등의 폐해로 인한 비효율적인 관리와 경쟁항만과의 경쟁에 뒤지는 사태 등이 발생하였기 때문에 그 대책으로서 항만과의 이해를 같이 하고 있는 지역(또는 지역주민)에게 관리(또는 경영)를 맡겨, 항만을 자치적이면서도 효율적으로 운영하기 위해 독립채산제를 채용한 항만경영체제의 포트오소리티를 설립하게 되었다.

반면에 영미계통에서는 항만은 현실적으로 이해관련 기업이 그 기업목적을 위해 자유로이 시설을 축조하고 발전시켜 왔다. 그러나 이와 같은 자유경쟁에 의한 발전에도 한계가 있었다. 즉 항만관련 제반비용이 점차 높아짐에 따라 인근의 경쟁관계에 있는 다른 항만에 뒤질 수 있기 때문에 이를 개선하기 위한 방안으로서 포트오소리티를 설립하였다.

이와 같이 포트오소리티는 유럽대륙계와 영미계의 두 가지 서로 다른 역사적인 배경으로부터 출발하였지만 커다란 흐름은 같은 맥락을 갖고 있다고 할 수 있다. 즉 유럽대륙계는 전통적으로 항만관리에 있어서 공공성이 강한 반면 경제성이 결여되어 있었고, 영미계는 항만에서의 지나친 영리성 추구로 인한 폐해가 발생하였기 때문에 이를 시정하기 위해 포트오소리티를 각 항만에 설립하였다고 할 수 있다. 이들 포트오소리티는 설립의 역사적 배경이 서로 다르고 또한 설립 후의 관리내용에서도 상이한 면을 갖고 있지만, 항만경영을 위한 공공성과 경제성을 겸한 지방적, 자치적 공공기업체라는 점에서는 같은 성격을 지니고 있다고 할 수 있다.

2) 포트오소리티의 성격과 요건

포트오소리티는 국가나 지역에 따라 나름대로의 독특한 성격을 지니고 있지만 조직의 구성이나 재정 등의 측면에서 볼 때 관료정치나 정당으로부터 독립한 조직으로서, 재정적으로 독립채산제를 채용하고 있으며, 당해 지역과 주민 등을 기반으로 한 항만경영조직이라는 점에서 공통점을 갖고 있다. 즉 포트오소리티는 경제성과 기업성을 통해 항만관리의 효과를 개선하고 향상하기 위한 필요한 성격과 요건을 공통의 요소로서 갖고 있다. 이들에 관한 주요 사항을 보면 다음과 같다.

(1) 독립 특수법인

포트오소리티는 일반행정관청으로부터 독립한 체제를 갖는 특수법인(공공기업체)의 형태를 취하고 있는 경우가 대부분이다.

(2) 위원회조직

최고의사결정기구는 선출 또는 임명된 위원으로 이루어진다. 그리고 집행기구의 직원은 항만관리에 대해서 전문지식을 갖는 전문가(competent personnel)로 구성된다.

특히 항만과 관련된 분야는 전문성이 요구되는 분야이다. 즉, 선박의 고속화 및 대형화로 대변할 수 있는 해운환경의 급변에 대해 미래지향적 시설확충계획을 적절히 수립하고 고객이 만족하는 서비스를 제공할 수 있는 관리운영체계를 만들어 나가기 위해서는 무엇보다도 관련 분야의 전문성이 필수조건이다. 선진항만의 경우, 대부분의 항만관리자 및 운영자는 해기사(海技士) 출신이거나 또는 해운·항만분야에서 오랫동안 종사한 사람들이라는 사실은 시사하는 바가 크다. 특히 구성원의 임명, 임기, 급여 등에 대해서 당파의 정략 등에 영향을 받지 않아야 하며 더구나 인사조직에 임명권자의 압력이 없어야 한다는 점이 중요하다.

(3) 독립채산제

재정은 독립채산제에 의한 자급자족주의가 원칙으로, 기본적으로 정부나 지방자치단체로부터의 보조가 없다. 재정적으로 독립적인 항만기금을 가지며, 항만수입이 국가나 지방자치단체의 일반재정으로 이관될 수 없다.

포트오소리티 개념을 가장 많이 원용하고 있는 롱비치항의 경우 비록 시영항만의 형태를 취하고 있기는 하지만 기본적으로는 트러스트(trust)라는 개념을 도입하고 있는데, 이는 첫째, 항만의 제반시설은 공공의 목적으로 이용되어야 하고, 둘째, 항만의 제반수입 및 수익금은 항만수익기금(Harbour Revenue Fund)으로 적립되어야 한다.

이러한 항만수익기금은 항만을 운영, 관리, 발전시키는 데에 필요한 지출과 항만개선을 위한 장비의 구입, 시설확충 등의 용도로만 사용할 수 있도록 되어 있다. 특히 이러한 기금을 항만 이외의 일반목적으로 사용하고자 할 경우에는 항만위원의 다수결에 의해 승인되어야 하며, 금액도 전체 액수의 10%를 넘지 않도록 되어 있다.

(4) 항만관리에 필요한 모든 권한

항만의 관리 및 운영을 위해 필요한 토지수용권, 과세권, 항만채권발행권, 기타 권한을 갖는다. 특히, 포트오소리티는 재정상의 편의나 각종의 재원 조성, 과세면제 등의 특전을 받게 된다.

(5) 명확한 관할구역

포트오소리티의 관할구역은 뉴욕/뉴저지항과 같이 양 주에 미치기도 하고, 또한 한 항만만이 아니라 여러 개의 항만을 포함하는 경우도 있다. 어떤 형태이든, 시나 주의 지방자치단체와 관할구역이 중복되는 경우, 그 조정을 명확히 할 필요가 있다. 또한 다른 행정부문과도 관리범위 등에서 마찰이나 불명확한 점이 발생하지 않도록 하는 대책이 마련되어야 한다.

(6) 공익을 위한 공공기관

포트오소리티는 공익을 목적으로 항만을 경영하는 공공기관이기 때문에, 이익을 위해 출자자에게 배당할 필요가 없다. 이에 따라 과징요금을 낮게 부과하기도 하는 등의 조치를 통해 항만시설의 개선을 도모하게 된다. 특히 장기적인 실적은 공평하게 평가받을 필요가 있다.

(7) 항만의 자치적 관리

포트오소리티는 도시, 지역, 주민 등을 기반으로 한 항만의 자치적인 관리경영을 기본으로 한다. 이에 대해, 국가는 그 조직, 기능, 재정에 대해 법률상의 기초를 설정하고 있는 경우가 많다.

(8) 규모의 경제(economy of scale)를 이루는 효율적인 조직

포트오소리티 인적조직의 구성은 너무 방대하지 않게 적정해야 한다. 어느 조직의 경우나 마찬가지이지만, 인원수를 줄이는 일은 그리 쉬운 일이 아니다. 조직이 방대해지면 조직의 규모를 줄이는 것이 쉽지 않다. 효율적인 항만관리 및 운영을 위해서는 조직의 재정비(restructuring)가 필수적이며 적정수의 인력에 의한 항만관리를 수행하여야 한다.

거의 모든 포트오소리티는 위와 같은 성격과 요건을 공통적인 요소로서 갖고 있지만, 구체적인 관리형태는 지역경제나 사회에 기여하는 것을 목적으로 하고 있으며, 당해 지역주민의 의지에 따라 결정되기 때문에 각각의 항만에 따라 특색이 다르다. 특히 포트오소리티라는 관리형태를 취해 지역경제사회발전에 기여하기 위해서는 다음과 같은 요건이 대전제가 되어야 한다.

- 인사 자치권의 확립
- 재정적인 독립
- 항만지역, 항만기능을 관리하는 권한
- 기업적인 효율경영

제 3 장

자동화 컨테이너터미널

제 1 절 컨테이너터미널 시스템(Container Terminal System)

1. 컨테이너터미널 시스템의 기술적인 발전

공로 및 해상운송을 통합하기 위한 수단으로 개발된 컨테이너터미널 시스템은 이제 전 세계적으로 일반화되어 있으며 오늘날까지 컨테이너터미널의 시스템화 단계는 다음과 같이 4가지 세대로 분류할 수 있다.

(1) 제 1 세대(1966년 이전/국내연안 서비스 시대)

제 1 세대는 컨테이너터미널 시스템이 시작된 시대로서 미국의 시랜드, Matson, Seatrain 그리고 Alaska steamship, 호주의 Seatainer service 등에 의한 연안 컨테이너서비스가 시작된 시기이다.

이 세대에는 17, 24, 35피트의 긴 컨테이너가 각 지역의 교통법규에 따라 사용되기 시작하였으며, 컨테이너의 규격에 대한 ISO의 기준이 없었던 시기이다. 그리고, 컨테이너를 운반하는 선박도 일반화물선 또는 유조선 등을 개조하여 사용하였으며 선박의 크기도 500～800TEU 규모였다.

또한, 이 시기의 컨테이너화물은 일반적으로 선박에 설치된 하역장비로 처리하였으며, 컨테이너 물동량의 증가에 따라 세미 컨테이너선도 출현하였다.

제 1 세대의 초기에는 포크리프트와 야드 트랙터 및 트레일러를 장비한 정기선용 선석에서 컨테이너화물이 처리되었으며, 호놀룰루와 Alameda에 있는 Matson 터미널에 맨 처음으로 A-frame형의 컨테이너크레인이 설치되었다. 그리고, 1965년 시랜드서비스가 미국의 주요 자가터미널에 여러 대의 컨테이너크레인을 설치하였다.

컨테이너화가 합리적인 운송 시스템으로서 진가를 발휘하자, 다수의 미국 정기선회사는 1965년도에 국제운송을 컨테이너화하기 위한 계획을 수립하기 시작하였다.

최초의 Lo/Lo 전용 컨테이너선박인 시랜드의 Fairland가 미국 동안과 북유럽 사이에 컨테이너서비스를 시작한 것은 1966년 4월이었으며, 이 시기가 바로 제 2 세대가 시작되는 시기이다. 이 시기에 미국 및 유럽의 주요 선사들이 대서양횡단 서비스를 컨테이너화하였고, 태평양횡단 서비스가 컨테이너화 된 것은 1967년에 미국의 Matson이, 1968년에는 일본이 이에 참가하게 되었다.

(2) 제 2 세대(1966년 이후/단일 대양횡단 · 단거리 국제서비스 시대)

제 2 세대의 국제적인 컨테이너서비스는 유럽과 호주간의 서비스를 제외하면 대서양 또는 태평양과 같이 하나의 대양을 횡단하는 서비스에 한정되어 있었다. 이 시기에는 미국, 유럽, 호주, 캐나다 및 일본 등과 같은 대부분의 선진공업국들이 국제적인 컨테이너 시대에 참가하게 되었다.

또한, 2세대에 돌입하기 직전에 컨테이너규격에 대한 ISO의 방침이 정해져 국제운송에 20 및 40피트 컨테이너가 사용되기 시작하였다. 그리고, 이 세대의 초기에는 개조된 전용 컨테이너선 또는 세미 컨테이너선이 주류를 이루었으며, Lo/Lo 및 Ro/Ro 공용형의 전용 컨테이너선도 점진적으로 취항하기 시작하였다. 선박의 크기는 700～1,500TEU였으며, 이 세대부터 주요한 항만에 컨테이너크레인을 장비한 전용 컨테이너터미널이 건설되었다.

1971년경부터 유럽과 극동, 유럽과 미국 서부 등과 같은 장거리의 복수대양을 대상으로 하는 컨테이너서비스가 시작되었으며, 동남아시아, 중동 등과 같은 개발도상국에도 컨테이너화의 물결이 밀려들기 시작하였다. 이 시기를 제 3 세대의 여명기라고 할 수 있다.

이 시기에는 파나마운하를 통과할 수 있는 약 2,000TEU급 규모의 컨테이너선이 출현한다. 그러나, 1973년의 오일쇼크로 인해 컨테이너선의 대형화는 퇴조하는 경향을 보이게 되었고, 연료소모량을 줄이기 위해 대형 스팀터빈엔진을 디젤엔진으로 대체하기 시작하였다.

이 세대에 있어서 주목할 만한 일은, 특정항로에 있어서 LASH 및 Sea-Bee의 출현을 들 수 있으며, 이들의 출현으로 바지 또는 부선에 의한 대양과 내륙수로 사이에서의 복합운송의 단위화가 이루어지게 되었다. 그러나, 이러한 복합운송형태는 부선이나 바지가 사용되지 않는 지역에서는 범용성을 지니지 못하였기 때문에 점점 퇴조의 길을 걷게 되었으며, 오히려 Ro/Ro선의 비중이 커지기 시작하였다.

이 세대 말에는 높이가 9피트 또는 9피트 6인치의 이른바 High-cube 컨테이너가 미국 선사에 의해 사용되기 시작하였으며 이들이 지닌 경쟁력 때문에 전 세계에 널리 사용되기 시작하였다. 그리고, 이 세대에는 철도 및 해상 복합운송인 렌드브릿지가 시베리아, 미국 서부와 걸프만 또는 동부 사이에 가동하기 시작하였다.

2세대 초기에는 종합 컨테이너터미널 시스템을 구축하는 데에 컨테이너를 포함한 컨테이너선대의 확보 및 컨테이너터미널의 건설에 방대한 초기 투자가 필요하였기 때문에 국제적인 컨테이너 운영업자는 선진국의 주요한 선사에 한정되어 있었다.

(3) 제 3 세대(1971년 이후/복수 대양횡단·장거리 국제서비스 시대)

이 시기는 전 세계의 많은 항만들이 자체적으로 컨테이너 전용터미널을 개발하기 위해 노력하고 컨테이너 리스업의 급속한 성장에 따라 컨테이너 시스템은 컨테이너선만 있으면 가능하게 되었다. 이에 따라 개발도상국의 많은 선사들이 제 3 세대의 컨테이너서비스에 참가할 수 있게 되었고, 이러한 도전에 대응하여 기존의 컨테이너 운영업자는 항로상에 있는 개발도상국에 기항지수를 늘이게 되었다. 그리고, 이러한 흐름에 따라 주항로에 대한 피더서비스망이 주항로 기항지의 변화에 따라 재편되는 경우도 발생하게 되었다.

원칙적으로, 항로상의 기항지수를 늘이면 선박의 운항효율이 떨어져 재항시간이 증가하기 때문에 결과적으로 컨테이너서비스는 일반화물선 서비스와 비슷한 수준으로 낮아진다. 따라서, 컨테이너 운영업자는 더 많은 화물을 확보하기 위해 더 많은 소형 항만에 기항할 것인가, 아니면 소형 항만을 무시함으로써 선박의 운항효율을 높일 것인가라는 딜레마에 직면하게 되었다.

(4) 제 4 세대(1984년 이후/세계일주서비스 시대)

제 3 세대 말에 직면한 이러한 상황을 고려할 경우, 제 4 세대에 있어서 컨테이너 운영업자가 취할 전략은 다음과 같을 것으로 예상된다.

첫째, 컨테이너선의 규모는 대량수송으로 운송비를 절감하기 위해 파나마운하의 제한을 넘어 대형화하는 경향을 보일 것이다.

둘째, Mckinsey가 지적한 "The key to low cost transport"라고 하는 컨테이너서비스의 기본원칙에 따라, 대형선에 의한 주항로의 서비스는 기항지수를 선택하여 줄일 것이며 주항로의 기항지 사이에는 피더서비스가 확충될 것이다.

셋째, 현존하는 독자적인 서비스를 종합화하고 선박과 컨테이너의 사용효율을 높이기 위해 전 세계일주(Round the world)서비스는 더욱더 적극적으로 구체화될 것이다.

위의 3가지는 경우에 따라서는 일관성이 없거나 서로 중복되는 부분도 있다. 그러나 이러한 환경 및 개념은 이른바 제 4 세대라고 불리는 새로운 컨테이너 시대를 예고하고 있으며, 이미 컨테이너화는 제 4 세대에 접어들었다고 할 수 있다. 제 4 세대에는 중국, 인도, 남미 및 아프리카제국이 컨테이너화될 것이며 최종적으로는 전 세계의 컨테이너화가 이루어질 것이다.

또한, 운송업자로서의 컨테이너 운영업자와 포워드로서의 NVOCC(Non-Vessel Operating Common Carrier) 사이에는 공존 및 경쟁이라는 새로운 문제가 파생될 것이며 항공운송과 지상운송을 종합한 복합운송도 실현될 것이다.

한편, 가까운 장래에 post-Panamax형 컨테이너선에 의한 주항로상의 기항수가 감소함에 따라 항만간에는 치열한 경쟁이 예고되고 있고, 이러한 경쟁에 살아남기 위해 각 컨테이너 항만은 효율성의 제고, 저비용 등을 추구하지 않으면 안될 것이다. 그리고, 이러한 경쟁은 결과적으로 기존 터미널의 노동력의 절감과 완벽한 신뢰성 및 효율성을 확보할 수 있는 자동화 컨테이너터미널로 유도하게 될 것이다.

2. 자동화 컨테이너터미널(ACTS : Automatic Container Terminal System)

ACTS 시대는 이제 막 시작되었으며 이러한 시스템은 로테르담, 템스, 가와사키 및 싱가포르 등 전 세계 여러 항만에 채용되고 있다. 또, 전 세계의 컨테이너운영에 참여하는 전문가들도 자동화 컨테이너 시스템에 커다란 관심을 가지기 시작하였다.

이러한 경향은 경이적인 컴퓨터 시스템의 발전에 기인하는 바가 크며, 오늘날 컴퓨터 시스템은 컨테이너터미널의 효율적이고 정확한 운영을 위한 필수적인 요소로 등장하고 있다. 그러나, 단순히 컴퓨터 시스템에 의해 종합화된 컨테이너 시스템을 ACTS라고 할 수는 없으며, ACTS간의 관계를 전산화 단계에 따라 기술적으로 분석할 필요가 있다. 그 발전 단계는 〈표 3-1〉과 같다.

컨테이너화 초기의 컨테이너터미널 시스템은 오늘날의 소형 컨테이너터미널에서 보는 것처럼 수동으로 관리되었으며 이 시기를 1단계라고 할 수 있다. 이 단계에서는 모든 컨테이너터미널 시스템이 완전히 수동으로 관리되었으며, 관리센터의 운영에 관한 자료전송 시스템 및 개별장비는 워키토키의 지원을 받는 작업지시서 등에 의해 움직였다.

표 3-1 컨테이너터미널의 전산화 단계

<table>
<tr><th>단계</th><th>연간 컨테이너 물동량(TEU)</th><th>제어, 계획 및 서류 시스템</th><th>야드장비 운영을 위한 데이터 전송 시스템</th><th>야드장비 운영 시스템</th></tr>
<tr><td>1</td><td>~ 60,000</td><td>수동</td><td rowspan="2">작업지시서 및 휴대전화</td><td rowspan="2">수동</td></tr>
<tr><td>2</td><td>60,000~150,000</td><td rowspan="3">전산화</td></tr>
<tr><td>3</td><td rowspan="2">150,000~</td><td rowspan="2">컴퓨터시스템에 의한 실시간제어</td><td>부분적인 컴퓨터 시스템</td></tr>
<tr><td>4</td><td>컴퓨터에 의한 자동화</td></tr>
</table>

그러나, 오늘날의 기존 컨테이너터미널에 있어서의 컴퓨터는 〈표 3-1〉의 2단계에서처럼 터미널의 관리, 계획 및 관련 서류처리에 이용되고 있다. 즉, 야드내의 각 장비는 비치된 계산기에서 배치(Batch)로 출력되어 무선통신으로 통보되는 작업지시서에 의해 수동적으로 관리되고 있으며 이러한 시스템은 실시간 운영이 아니라 완전한 컴퓨터화를 위한 전단계라고 할 수 있다.

한편, 터미널에서 처리해야 할 컨테이너 물동량의 증가에 대응한 생산성과 신뢰성을 확보하기 위해서는 야드장비를 실시간으로 운영할 필요가 있다. 이를 위해서는 부분적으로 전산화된 취급장비를 터미널의 계산기 시스템과 네트워크를 구성하여 운용할 필요가 있으며, 이것이 전산화를 위한 제 3 단계이다.

마지막으로, 모든 야드 내의 장비가 보다 효율적이고 높은 신뢰성을 유지하면서 노동력을 절감하기 위해서는 터미널의 컴퓨터 네트워크에 연결되어야 할 뿐만 아니라 메카트로닉스에 기반을 둔 계산기에 의해 구동되어야 한다. 이것이 〈표 3-1〉의 제 4 단계이며 이 단계의 컨테이너터미널이 엄밀한 의미의 자동화 컨테이너 터미널이라고 할 수 있다.

오늘날 전 세계의 컨테이너터미널은 대부분 제 2 단계에 속하며 선진국의 많은 터미널은 각 장비의 컴퓨터화를 추진하여 제 3 단계로 성능을 높이고 있다. 또한, 제 4 단계의 자동화 컨테이너터미널도 이미 등장하고 있으며 로테르담의 ECT/Sea-Land터미널과 건설중인 싱가포르의 Pasir Panjang터미널은 그 대표적인 예이다.

그리고, 템스 및 가와사키 컨테이너터미널은 현재 제 3 단계에 속하나 자동화 시스템 및 설비에 대한 최종적인 점검이 끝나면 2～3년 내에 제 4 단계 터미널로 개선될 것으로 예상된다.

3. 자동화 컨테이너터미널 설계의 동기 및 목표

오늘날 주요 간선항로에 취항하는 컨테이너선은 대형화를 거듭하여 10,000TEU 능력의 컨테이너선이 등장하기에 이르렀다. 그리고 대부분의 컨테이너항로에서는 주간지정일서비스가 일상화되고 있어서 선박의 운항스케줄을 지키기 위해서는 기항 항만에서의 재항시간을 엄격히 지켜야 할 필요성에 직면하고 있다.

따라서 컨테이너터미널에서 처리해야 할 시간당 컨테이너 물동량은 선박규모의 대형화로 인해 현저하게 증가할 것이나 컨테이너 처리시간은 일정수준을 유지해야 할뿐 아니라 미래에는 오히려 감소되어야 할 것이다. 그리고 컨테이너 처리를 포함한 하역작업은 기본적으로 노동집약적인 산업이므로 컨테이너 물동량의 증가로 인해 급증할 것으로 예상되는 노동비용은 컨테이너 처리비 중에서 매우 큰 비중을 차지할 것으로 추정된다.

이러한 점이 바로 전 세계 컨테이너 관련자들이 자동화 컨테이너터미널을 연구하고 개발하려는 가장 큰 동기이다. 즉, 자동화 장비를 정비하여 노동력을 절감하는 것이 21세기에 있어서 합리적인 하역비를 유지할 수 있는 관건이 되기 때문이다. 특히, 자동화 컨테이너터미널은 다음 세기에 컨테이너터미널의 노동력 부족에 시달릴 것으로 예상되는 선진국의 문제를 해결하는 열쇠가 될 것으로 기대되고 있다.

미래의 컨테이너터미널이 하역비에 대한 경쟁력을 지니기 위해서는 현재보다 생산성을 더욱 높여야 하고, 이를 위해서는 장비수를 증대해야 할 뿐만 아니라 자동화에 의해 각 장비단위당 효율성을 개선할 필요가 있다.

예를 들어, 현재 선박당 2대의 갠트리크레인이 장치되어 있는 터미널은 처리해야 할 물동량의 증가에 대비하여 1기 또는 2기의 크레인을 추가로 설치할 필요가 있다. 그러나 3대 이상의 갠트리크레인은 상호간섭 때문에 전체적인 생산성을 떨어뜨리므로 실현하기 어렵다. 더욱이, 현존하는 크레인은 대형 컨테이너선의 증가된 폭과 건현 때문에 효율성이 떨어진다. 따라서 갠트리크레인을 포함한 취급 장비는 이러한 문제점을 극복하기 위한 자동화 메커니즘을 고려하여 보다 높은 효율성을 지니도록 해야 할 것이다. 일반적으로 고도의 효율성을 지닌 장비는 매우 복잡한 메커니즘을 지니고 있고 통합적인 작업지시기구를 가지므로 높은 신뢰성을 확보할 수 있어야 한다. 이 점이 미래의 자동화 컨테이너터미널에 있어서 매우 중요한 요소가 될 것이다.

21세기의 컨테이너터미널에는 또한 막대한 초기 투자비가 소요되며, 매우 긴 해안선을 지닌 광대한 면적의 토지를 필요로 하기 때문에 적당한 입지를 물색하는 일 또한 쉽지 않다.

한편, 기존 터미널과 자동화 터미널의 특성은 물동량의 종류 및 형태, 터미널의 입지 및 토지의 형상, 항만의 중심성 및 중계성의 정도, 노동력의 공급구조, 터미널의 운영형태 등에 따라 다르기 때문에 직접적으로 비교하기는 어렵다. 그러나 비용측면에서는 소규모의 터미널을 대상으로 하여 ECT형의 터미널과 기존 터미널을 비교할 경우, 연간 컨테이너당 비용은 각각 98 및 91ECU로서 거의 비슷한 것으로 분석되고 있다(〈표 3-2〉 참조).

표 3-2 기존 터미널과 자동화 터미널의 비용분석

(단위 : ECU)

	기존 터미널	자동화터미널
연간 투자비		
장비	2,710,607	4,015,527
육상하부시설	2,040,000	2,040,000
빌딩	135,705	161,580
기타	616,305	694,433
소계	5,502,617	6,911,540
연간 운영비		
임대비(안벽, 토지)	1,370,000	1,370,000
노동력	9,427,800	6,960,000
수리 · 보수	5,282,175	7,176,500
에너지	1,197,500	2,095,100
소계	17,277,475	17,601,600
총계	22,780,092	24,513,140
컨테이너당 연간 비용	91	98

자료 : A. Balls et al., A comparison between conventional & advanced handling systems for low volume container maritime terminal, Journal of Maritime Policy & Management, 1997.

따라서, 자동화 컨테이너터미널의 건설비는 천해지역의 거대한 준설비, 연약지반의 처리비, 매립비 등으로 인해 엄청난 규모로 증대할 것이다. 그리고 컨테이너의 취급률을 무시하는 경우가 있더라도 토지의 이용률을 높이기 위해서는 컨테이너를 다단으로 적재하는 문제에 대해 매우 신경을 써야할 것이다.

결론적으로, 하역비의 경쟁력을 추구한다는 강한 동기를 바탕으로 한 자동화 컨테이너터미널이 미래의 여러 가지 상황에 대응하기 위해서는, 노동력의 감소를 전제로 하는 화물처리의 효율성 및 토지이용률을 제고하고 단순하고 높은 신뢰성을 확보할 수 있도록 설계되어야 할 것이다.

제 2 절 기존 컨테이너터미널

1. 운영형태

기존 컨테이너터미널 시스템의 운영형태는 컨테이너 취급기기와 처리체계 및 장치, 보관 시스템의 운영형태, 구조를 기준으로 할 때 다음과 같이 크게 두 가지로 분류할 수 있다. 즉 트레일러나 샤시에 탑재하여 보관, 장치하는 탑재방시(On-Wheel/On Chassis System or Road Trailer System)과 야드 바닥에 컨테이너를 다단으로 쌓아 보관, 장치하는 적재방식(Stacking System or Grounding System)으로 나누어진다. 적재방식은 다시 그 조작장비에 따라 스트래들 캐리어 방식(Straddle Carrier System), 트랜스퍼크레인 방식(Transfer Crane System), Front-End Top-Pick Loader 방식(Front-End Top-Pick Loader System), 혼합방식(Mixed System) 등으로 구분된다(〈그림 3-1〉 참조).

1) 샤시 시스템(On-chassis system)

샤시방식은 컨테이너를 샤시 트레일러 위에 적재된 상태로 대기시켜 필요할 때 바로 수송이 가능하도록 하는 방식으로, 수입 컨테이너는 갠트리크레인을 이용하여 본선으로부터 야드 트랙터(Yard Tractor)가 이끄는 샤시 위에 양륙되어 지정된 장치장까지 운반된 후 상차된 채로 장치되어 수하주의 반출요청시, 샤시에 상차된 채로 수하주의 Road Tractor에 의하여 반출된다. 수출 컨테이너는 샤시에 실린 채 컨테이너야드에 반입되어 적치되었다가 야드 트랙터에 의해 선측으로 이동되어 컨테이너만 본선에 적재되는 방식이다

이 방식을 채용하는 컨테이너터미널은 컨테이너를 샤시와 함께 인수 인도하며 동시에 야드 적재시나 선박과 야적장간의 운송시에도 샤시를 이용한다. 통상 샤시는 선사가 소유하거나 임차하게 되며 터미널측에서 보유하는 경우는 드물다. 따라서 선사에서는 터미널측에 컨테이너 하역에 적합한 수의 샤시를 제공한다.

샤시방식은 토지이용률이 매우 낮고, 장비보유비용도 역시 낮은 편이며, 트럭기사나 야드 운전사들이 직접 컨테이너를 선박에 인도하거나 선박으로부터 인수하기 때문에 소요노동력도 낮은 편이다.

또한 컨테이너가 샤시에 놓여 있기 때문에 하역을 위해 운송되는 동안 손상의 요인이 되는 기타 다른 장비들과 부딪칠 기회가 거의 없어 손상률이 극히 낮은 편이다. 그러나 컨테이너를 1단밖에 장치할 수 없어 방대한 면적과 수천대의 샤시와 많은 트레일러가 필요하므로 지가가 저렴한 지역에서 선사가 트레일러를 제공하거나 터미널을 임차하여 전용으로 운영하는 경우에 가능한 방식이다.

그림 3-1 컨테이너터미널 시스템의 유형

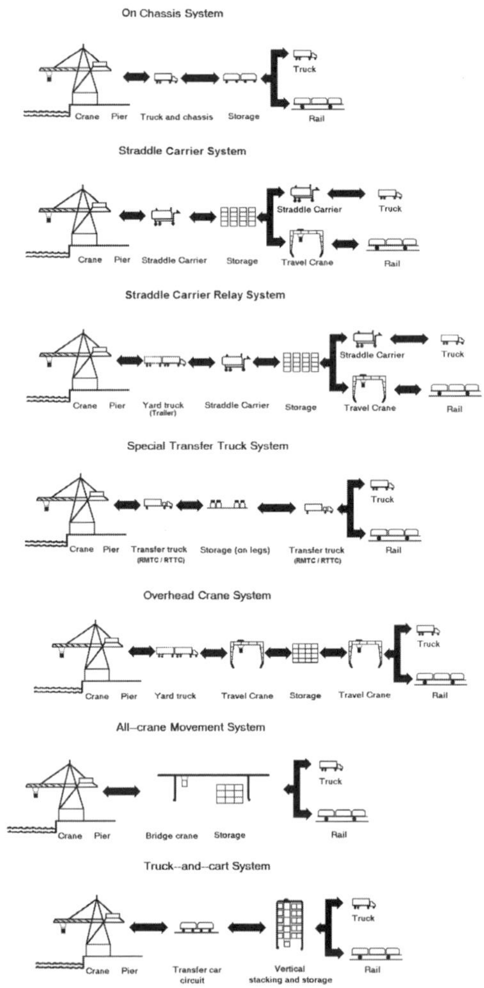

자료 : E. Rath, Container systems, John Wiley, 1973.

2) 스트래들 캐리어 방식(Straddle carrier system)

스트래들 캐리어는 터미널 내에서 하역과 운반을 하나의 기계로 행하는 것으로 컨테이너를 양각 사이에 끼우고 자유로이 운반할 수 있는 장비이다. 하역과 운반을 하나의 기계로 행하는 것은 스트래들 캐리어뿐이다. 보수비용이 많이 드는 단점이

표 3-3 운영 시스템별 장·단점 비교

구 분	장 점	단 점
S/C 직접 시스템	·용도가 다양함 ·유동성 및 융통성이 좋음 ·운영이 용이함	·화물의 손상률이 높음 ·유지보수 비용이 높음 ·고장률이 높음
S/C 연계 시스템 (S/C+T/T)	·용도가 다양함 ·유동성 및 융통성이 좋음 ·운영이 용이함	·컨테이너 처리비용이 높음 ·화물손상률이 높음 ·유지보수비용이 높음 ·많은 샤시가 필요 ·소요토지가 S/C 직접 시스템보다 과다 ·S/C 고장률이 높음
Rubber-Tyred T/C (RTTC)	·유지보수비가 낮음 ·토지이용이 매우 양호 ·화물의 손상률이 낮음 ·RMTC보다 유동성 및 융통성이 높음 ·최근 발달되고 있는 EDI 등을 이용, 생산성 극대화 가능	·초기 장비투자비용 및 부지준비 비용이 높음 ·소요 기술 수준이 높음 ·고단적으로 인해 장치장에서 운영이 어려움
Rail-Mounted T/C (RMTC)	·토지활용이 극히 양호 ·정지 작업 비율이 적음 ·현재 자동화율이 타 장비에 비해 높음 ·장비 유지보수율이 낮음 ·컨테이너화물 손상률이 낮음	·터미널 개발비용이 높음 ·장비가격이 가장 높음 ·소요 기술 수진이 높음 ·유지보수비가 높음 ·융통성 및 유동성이 적음 ·고단적으로 인해 장치장에서 운영이 어려움
결합 시스템 RTTC(수출) + S/C(수입) + T/T	·토지활용이 비교적 양호 ·수입장치장에서의 융통성 및 유동성이 높음 ·운영이 용이 ·S/C의 고도의 선택력을 활용 ·최근 발달중인 EDI 등 전자장치활용에 의해 생산성 극대화 가능	·컨테이너당 처리비용이 가장 높음 ·소요 기술 수준이 비교적 높음 ·둘 다 고장률이 높음(개선중임) ·수입·수출장치장의 구분 ·고도의 CY 운용기술 필요

있으나 기동성이 풍부하고 작업의 유연성을 가지고 있는 것이 큰 특징이다.

터미널 내에서 이 방식은 컨테이너를 양각 사이에 들어올려 크레인 아래부분으로부터 이동시켜 CY(Container Yard) 내에서 일단 지상 또는 다른 컨테이너 위에 다단으로 장치하였다가 화물을 인도할 때에 다시 S/C(Straddle Carrier)로 집어서 샤시 위에 올려놓는 방식이다. 이 방식에는 S/C 직접이송방식과 S/C 연계방식으로 나누어지는데, S/C 직접이송방식은 선박에서 에이프런에 양하한 컨테이너를 S/C가 직접 장치장으로 운반하여 장치하고, 수하주의 반출요청시 수하주의 트랙터에 상차하여 반출하는 방식이며, S/C 연계방식은 S/C가 장치지역에서의 컨테이너 장치, 반입, 반출작업에 제한적으로 사용되는 것을 말한다

스트래들 캐리어 방식은 샤시방식에 비하여 기기에 의한 취급회수가 한 번 더 많으나 야드 내에서의 장치효율이 높으므로, 토지이용의 효율이 매우 높다. 또한, 터미널 내에 작업량이 급증할 경우에도 이를 해결할 수 있는 탄력성 및 운반이나 적재에 융통성이 많다는 장점이 있다. 그러나, 장비보수비용과 시간이 많이 들며, 장비와 컨테이너의 파손율이 높다는 단점이 있다.

3) 트랜스퍼크레인 방식(Transfer crane system)

야드 트랜스퍼크레인 방식(Yard transfer crane system)이라고도 불리우는 이 방식은 컨테이너야드까지는 트랙터와 샤시로 운반하고 장치장에서는 3~5단 적재가 가능한 트랜스테이너가 컨테이너 장치, 반입, 반출작업을 행하는 방식이다.

이 방식은 적은 면적의 컨테이너야드를 가진 터미널 및 장치장을 최대로 활용할 때에 가장 적합하며 일정방향으로만 이동하기 때문에 전산화에 의한 완전자동화가 가능하다. 그러나, 일정한 작업량은 계속하여 처리할 수 있으나, 물동량이 증가할 경우 자유롭게 대응할 수 없어 대기시간이 늘어나는 문제점이 있다.

4) Front-end top-pick loader 방식

이 방식은 트랜스테이너 방식과 같이 장치장이 다양하고 견고한 구역 내에 컨테이너를 3단 높이까지 쌓을 수 있도록 되어 있으며, 인수, 인도작업은 트랜스테이너 방식과 아주 유사하게 이루어진다.

수출 컨테이너는 트럭에 의해 직접 컨테이너 장치장에 옮겨지며, Front-end loader는 컨테이너를 트럭샤시로부터 옮겨서 지정된 장치장 위치에 갖다 놓는다. 수입 컨테이너는 야드 적재장소에서 Loader에 의해 직접 운반장비인 샤시에 인도되며, Front-end loader는 장치장에 적재되는 컨테이너와 역순으로 야적 블록에서 컨테이너를 끌어낸다.

Front-end top-pick loader는 고도의 다양성을 가진 장비로서, 터미널 내에 컨테이너 이동을 신속하게 할 수 있으며, 터미널 어느 곳에서나 운영할 수 있다. 이 방식은 최소한의 유지비만 소요되며 쉬는 시간이 매우 짧고, T/C(Transfer Crane)와 같은 다른 장비와 함께 사용할 수 있다. 그러나, 컨테이너처리시 선택력이 부족한

단점이 있다.

5) 혼합중계방식(Combination system)

혼합방식은 S/C와 T/C를 혼합하여 사용하는 것으로 수입 컨테이너에 대해서는 스트래들 캐리어를 사용하고, 수출 컨테이너를 야드에 직접 선측까지 운반할 경우에는 트랜스퍼크레인을 사용하여 작업의 효율성을 높이는 방법이다. 이 방식이 성공하기 위해서는 종합적인 정보 시스템과 작업에 대한 확실한 계획이 필요하다.

부산 컨테이너터미널의 운영형태는 위에서 살펴본 여러 방식 중 혼합중계방식을 취하고 있으나, 전형적인 혼합중계방식과는 달리 수출 컨테이너 작업은 스트래들 캐리어로, 수입 컨테이너 작업은 트랜스퍼크레인에 의하여 수행되고 있는 것이 특징이다.

2. 컨테이너화물의 적양하절차

1) 컨테이너화물의 적재절차

컨테이너화물의 적재하는 절차를 살펴보면 다음과 같다.

㉠ 하주가 선사의 점소 및 그 대리점에 선적예약(Booking)

㉡ 점소 및 대리점은 화물선적예약서(Booking note)를 작성하여 컴퓨터에 입력

㉢ 집계된 화물인수예약명세서(Booking list)를 관계점소에 송부

㉣ 화물인수예약명세서(Booing list)를 기초로 선사의 지시에 따라 CY 운영자는 필요한 빈 컨테이너를 하주에게 대출하고 기기수도증(Equipment receipt)을 접수

㉤ FCL 화물의 하주는 빌린 빈 컨테이너에 화물을 적입하고 CY에 반입

㉥ CY 및 CFS 운영자는 컨테이너화물을 인수할 때 부두수취증(D/R : Dock receipt)[1]에 서명한 후 하주에게 반환

㉦ 본선이 입항하면 CY 운영자는 컨테이너를 갠트리크레인을 사용하여 본선에 적재

1) 재래선의 M/R(mate's receipt)에 해당하는 서류로서 컨테이너운항선사가 화물의 수령증으로 발행하는 서류를 말한다.

ⓞ 부두수취증을 수취한 하주는 이를 선사에서 선하증권(B/L : Bill of Loading)과 교환하고 운임선불인 경우에는 운임을 지급
ⓩ 선적완료 후 CY 오퍼레이터(Operator)는 적부도(Stowage plan)와 특수화물목록을 작성하고 선사나 관계처에 배포

한편, 선사는 컨테이너화물을 적재하기 위하여 다음과 같은 업무를 수행한다.
㉠ 컨테이너의 준비
㉡ 출하정보의 파악과 화물의 인수
㉢ 컨테이너의 배치
㉣ 화물의 인수
㉤ 선적서류의 작성과 송부

2) 컨테이너화물의 양륙절차

수입지에서 컨테이너화물과 서류의 흐름은 다음과 같다.
㉠ 선적항에서 선적이 완료되면 본선은 출항하며 이때 부두수취증의 사본이나 컨테이너 내 적치표(CLP : Container Load Plan) 사본 등 적하관계서류는 선사로 송부
㉡ 적하목록(Cargo manifest), 도착예정통지서(Arrival notice), 화물인도지시서(D/O : Delivery Order), 운임청구서(Freight bill) 등의 서류를 관계처에 송부
㉢ 선사의 점소나 대리점은 도착예정통지서, 운임청구서를 수하인 및 착하통지처(Notify party)에 송부
㉣ 수하인은 은행 등에서 선하증권을 찾아 선사에 제시하고 운임 및 비용을 지불하고, 선사의 점소나 대리점은 화물인도지시서를 발행하여 수하인에게 교부
㉤ 본선이 입항하면 컨테이너는 CY에 반입되고, LCL 화물은 CFS로 이송되어 컨테이너에 적출(Devanning), 수하인별로 화물을 분류하여 인도
㉥ 수하인은 화물인도지시서와 교환으로 FCL 화물은 CY에서 LCL 화물은 CFS에서 인수

한편, 선사는 컨테이너화물을 수하인에게 양하하기 위하여 다음과 같은 업무

를 수행한다.

㉠ 컨테이너의 양륙준비

㉡ CY 오퍼레이터, CFS 오퍼레이터에게 관련 서류를 송부

㉢ 도착통지서 및 운임청구서의 발송

㉣ 화물인도지시서의 발행

㉤ 컨테이너화물의 과부족 발생시 양하화물의 추적조사

3. 터미널 내에서의 컨테이너 흐름

1) 선박의 흐름

컨테이너터미널을 이용하는 선박의 흐름은 비교적 간단하다. 정해진 일정에 맞추어 입항한 컨테이너선은 터미널에 빈 선석이 있을 경우 즉시 접안한 후 갠트리 크레인에 의하여 하역작업을 한 후 작업이 끝나면 출항을 한다. 빈 선석이 없을 경우에는 묘박지 등에서 대기를 한 후 접안을 한다. 이때 앞서 접안선박이 이안을 한 후 대기선박이 접안할 때까지 시간의 간격이 생기며 일반적으로 접이안에 각각 1시간씩 약 2시간이 소요된다.

접안한 선박에는 하역량에 따라 컨테이너크레인이 배정되며, 외국의 경우 그 터미널이 모항인 경우 4~5기의 컨테이너크레인이 동시에 작업하는 경우도 있다. 접안시각과 하역개시시각과의 시간간격은 크레인의 이동 및 작업준비에 소요되는 시간이다.

마찬가지로 하역작업 종료시각과 이안시각과의 시간간격은 이안작업 준비시간이다. 하역작업시간은 하역 컨테이너물량, 배정 크레인수, 작업능률 등에 의하여 결정되지만, 경우에 따라서 선박의 Bay Plan에 따라 배정 크레인수의 제한을 받을 수가 있다.

2) 터미널 내의 컨테이너 흐름

일반적으로 컨테이너는 선박, 트럭 또는 열차에 의해 컨테이너터미널에 반입되어 일정기간을 장치장에서 머문 후에 선박, 트럭 또는 기차에 의하여 터미널 밖으로 반출된다. 부산 컨테이너터미널의 경우 수출 컨테이너의 흐름을 살펴보면, 부산외곽 지역에 산재해 있는 ODCY나 송하주의 공장에서 직접 터미널의 Gate

그림 3-2 터미널 내의 일반적인 컨테이너 흐름도

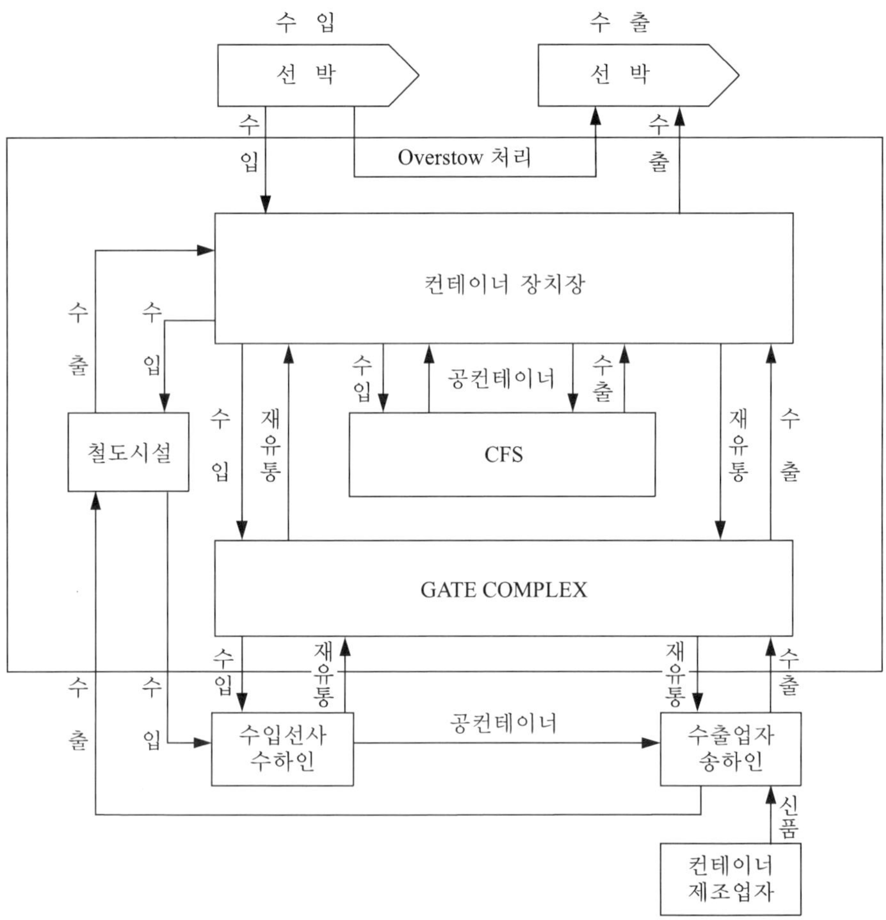

또는 철송시설을 통하여 터미널에 반입된다.

반입된 컨테이너 중 FCL(Full Container Load) 컨테이너는 수출장치장에 장치, 보관되고 LCL(Less than Container Loader)화물은 터미널 내에 위치한 CFS에서 공컨테이너에 적입된 후 수출 컨테이너 장치장에 보관되며, 공컨테이너는 공컨테이너 장치장에 보관된 후 해당 선박이 입항하면 선적된다.

수입 컨테이너의 흐름을 살펴보면, 선박에서 양하된 컨테이너 중 FCL 컨테이너는 수입 컨테이너 장치장에 장치, 보관되고, LCL 컨테이너는 CFS로 이송되어

그림 3-3 부산 컨테이너터미널 내의 컨테이너 흐름도

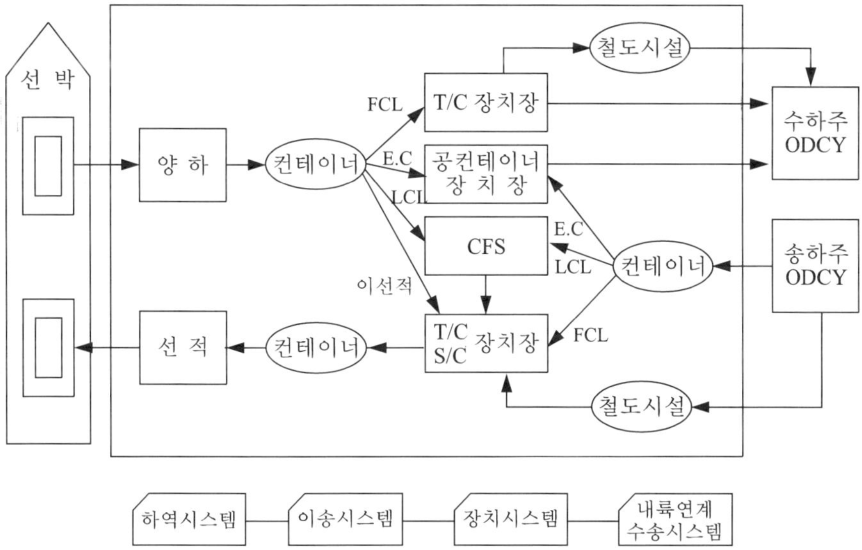

Devanning되며, Devanning된 공컨테이너와 양하된 공컨테이너는 공컨테이너 장치장으로 이송되어 수일간 보관된 후 ODCY나 수하주의 반출요청이 있을 시 Gate 또는 철송시설을 이용하여 내륙으로 수송된다. 또한 양하된 환적 컨테이너는 S/C 장치장으로 이송되어 수일간 보관되며, 해당 선박이 입항하면 선적된다.

터미널 내에서의 일반적인 컨테이너의 흐름도는 〈그림 3-2〉, 부산 컨테이너터미널 내의 컨테이너 흐름도는 〈그림 3-3〉과 같다.

(1) 수출 컨테이너

트럭, 열차, 연안 피더선 등에 의해 터미널에 도착한 컨테이너는 Gate에서 반입 컨테이너를 장치할 위치를 지정받아 지정블록으로 간 후 S/C 또는 T/C에 의해 하차된다. 열차에 의해 도착한 컨테이너는 터미널 내에서 T/C에 의해 하역된 후 Y/T에 의해 미리 지정된 블록으로 이송·장치된다. 연안 피더선에 의해 도착한 수출 컨테이너는 피더선 자체의 크레인 또는 터미널의 하역장비에 의해 양륙된 후 지정된 블록으로 이송·장치된다.

일반적으로 수출 컨테이너의 경우는 미리 선적될 선명, 선적일시, 양하항 등의 정보를 미리 알 수 있기 때문에 장치계획 수립시부터 본선적하계획에 의해 장치할 수 있으므로 수입 컨테이너의 경우보다는 장치단적수를 높게 할 수 있다. 또한 장치일수도 수입 컨테이너의 경우보다는 짧다. 장치된 수출 컨테이너는 해당 선박에 적하된 후 터미널을 떠나게 된다.

(2) 수입 컨테이너

수입 컨테이너는 외항선박에 의해 터미널의 안벽에 도착한 후 갠트리크레인에 의해 하역되어 미리 작성된 야드장치계획에 의해 지정된 장치장으로 S/C 또는 Y/T를 이용하여 이송된다. 그리고 장치장에 장치된 후 하주 또는 그 대리인의 반출요청이 있을 때 터미널 밖으로 반출된다.

하주의 반출요청은 임의로 발생되므로 장치장 내에서의 작업을 줄이기 위하여 가능한 한 컨테이너 장치 단적수를 적게 하여야 장치장 내에서의 작업을 줄일 수 있다. 수입 컨테이너 중 특수 컨테이너는 일반적으로 샤시 위에 그대로 실어 놓은 상태로 있다가 반출된다. 냉동 컨테이너는 터미널 내 냉동 컨테이너지역에 장치되어 그곳에 설비되어 있는 전원에 연결하여 냉동상태를 유지한 후 반출된다. 화물의 특성상 일반 컨테이너보다 장치기간이 짧다. 그리고, 공컨테이너는 터미널의 공컨테이너 장치장에 보관·장치되었다가 일정기간 동안 보관 후 해당 선박이 입항하면 선적된다.

(3) 환적 컨테이너

환적 컨테이너는 외항선박에 의해 터미널에 도착한 후 장치장에 장치되었다가 해당 선박이 입항하면 선적되어 터미널을 떠나게 된다. 터미널에 도착한 선박이 컨테이너를 양하한 후 다시 적하할 선박이 도착할 때까지 많은 시간이 소요되므로 수입 컨테이너보다는 장치기간이 길다.

(4) 재유통 공컨테이너

재유통 공컨테이너는 컨테이너터미널 내의 CFS를 이용한 수입 LCL 화물을 싣고 온 컨테이너와 반출되었던 수입 컨테이너 중 화물을 하주에게 인도한 후 공컨테이너 상태로 다시 터미널 내로 반입되어 터미널 내 공컨테이너 장치장에 장치되어 다시 사용되기를 기다리는 컨테이너이다. 따라서 장치기간이 일반 수입·수출 컨테이너보다 길고 단적수도 높은 것이 일반적이다.

(5) 선내이적 컨테이너

선내이적(Overstow) 컨테이너는 해당 컨테이너터미널의 목적지가 아닌 컨테이너로서 선내의 다른 컨테이너 양·적하를 위하여 잠시 양·적하되는 컨테이너이다. 이 컨테이너의 움직임은 터미널의 장치장과는 전혀 관계가 없지만 갠트리크레인으로 작업을 하므로 하역 시스템과 관계가 있다.

3) 트럭의 흐름

컨테이너 터미널을 출입하는 트럭은 컨테이너 트럭과 일반 화물트럭의 두 종류가 있다. 이들 트럭들은 모두 Gate를 통하여 출입한다.

(1) 컨테이너 트럭

컨테이너 트럭은 수출 컨테이너의 반입, 수입 컨테이너의 반출, 공컨테이너의 반입 및 반출 등을 한다. 반입 컨테이너 트럭은 Gate에서 반입계를 교부받고 컨테이너 장치위치를 지정받은 후 지정위치로 가서 컨테이너를 하역한 후 Gate를 통해 나간다. 반출 컨테이너 트럭은 Gate에서 반출계를 교부받고 컨테이너 장치위치로 가서 컨테이너를 실은 후 터미널을 나간다.

컨테이너 트럭 중에는 컨테이너를 싣고 들어와서 장치시킨 후 반출 컨테이너를 다시 싣고 나가는 트럭도 있지만 현재는 많은 트럭이 컨테이너를 적재하고 들어와서 하역 후 빈차로 터미널을 나가고, 반대로 빈차로 터미널로 들어와서 컨테이너를 반출하는 경우가 많다. 이런 트럭의 전체 트럭수에 대한 비율을 공차율이라고 한다. 정보 시스템이 발달한 선진 항만의 경우에는 이 공차율이 상당히 낮다. 또한 트럭의 출입대수는 시간대에 따라 커다란 차이가 있으므로, Gate의 출입변화를 고려해야 한다.

(2) 일반 화물트럭

컨테이너터미널에는 컨테이너 트럭뿐만 아니라 LCL 화물을 수송하기 위하여 많은 일반 화물트럭의 출입이 있다. 즉, 수출 LCL 화물은 일반 화물트럭으로 Gate를 통과하여 터미널 내의 CFS에서 하역을 한 후 대부분 빈차로 터미널을 나간다. 수입 LCL 화물은 컨테이너에서 화물을 싣고 터미널 내의 CFS에서 일시 보관 후 일반 화물트럭에 의해 하주에게 이송된다.

제 3 절 자동화 기술

1. 터미널 내의 개별작업에 대한 자동화 가능성

일반적으로 ACTS는 하드웨어와 소프트웨어로 구성된다. 하드웨어는 말할 필요도 없이 메카트로닉스에 기초를 둔 기존의 수동형 또는 부분(완전)자동화형의 컨테이너 취급기기(장비)를 말하며 이러한 장비를 효율적으로 운용하는 데에는 소프트웨어 기술이 매우 중요하다. 소프트웨어기술을 적용하기 위해서는 컨테이너 터미널의 자동화를 위한 기존 시스템에 부가하여 컴퓨터네트워크를 기반으로 한 데이터 전송 시스템, 장비 및 위치확인 시스템 등이 필요하다.

일반적인 컨테이너터미널에서의 컨테이너 취급작업은 해상측 작업과 육상측 작업으로 구성된다.

해상측 작업은 ① 부두에서의 선박하역작업, ② 부두와 마셜링 사이의 이동작업, ③ 마셜링야드에서의 취급작업으로 구성된다. 선박하역작업은 대부분의 경우 컨테이너크레인으로, 부두와 마셜링간의 이동에는 야드용 트랙터와 트레일러가 사용되며, 마셜링야드에서의 작업은 기존 터미널의 경우 RTGC(Rubber-Tired Gantry Crane), 포크리프트 등과 같은 장비를 사용한다. 스트래들 캐리어는 대부분, 야드에서의 작업 이외에 선석 에이프런과 야드 사이의 이동에도 사용된다.

육상측 작업은 ① 마셜링야드에서의 작업, ② 게이트에서의 컨테이너 확인작업으로 구성된다. 내륙으로의 연계운송을 위한 Interchange slot 또는 레일야드가 있는 경우에는, 마셜링야드와 Interchange slot/야드 사이, 그리고 Interchange slot/야드에서의 추가적인 작업이 필요하다.

그리고 육상측 작업을 위한 마셜링야드와 Interchange slot/레일야드 사이에 컨테이너를 이동하는 작업에는 주로 S/C가 사용되며, 컨테이너를 Interchange slot에서 야드로 이동하는 작업에 사용하는 S/C, 톱 리프트 등은 Slot에서의 작업에도 사용된다. 그러나, 레일야드에서는 대부분 RTGC 또는 RMGC(Rail-Mounted Gantry Crane) 등과 같은 장비가 독자적으로 사용되고 있다.

부두측과 마셜링야드 사이의 이송작업은 AGV(Automated Guided Vehicle)에 의해 자동화되어 있다. 이 경우에 AGV의 컨테이너 취급을 위해서는 ECT터미널의

Chassis-loader와 같은 보관 시스템이 필요하다. 또, 반송장치를 사용하지 않고 이송작업을 자동화한 방법으로는 La Spezia항에서와 같이 Traversers를 사용함으로써 부두측 컨테이너크레인과 마셜링야드의 크레인 사이에 컨테이너를 직접 이송할 수 있다.

마셜링야드에서의 해상과 육상측 작업은 현재의 기술수준으로도 완전 자동화가 가능하며, 이를 위해서는 컨테이너 및 취급장비의 위치를 확인하고 정확하게 관리할 수 있는 기술이 필요하다.

또한, Interchange slot을 마셜링야드에 인접하도록 배치하여 운전자가 조종하는 공로트랙터나 트레일러로부터 운반된 컨테이너를 직접 인수도 할 수 있도록 되어 있는 경우에는, 안전성과 정확한 Spotting을 위하여 자동화장비를 원격 조작할 수 있는 특별한 기기가 필요하다.

야드와 Interchange slot 또는 레일야드 사이의 이송작업의 자동화는 AGV를 이용하는 것으로 충분하다. 그리고, 레일야드에서의 컨테이너 취급작업도 마셜링야드 사용장비를 이용함으로써 자동화가 가능하나, 이 경우에도 위에서 설명한 마셜링야드의 작업자동화와 똑같은 문제점이 있다.

게이트에서의 작업은 서류확인과 컨테이너의 물리적인 상태를 조사하는 것으로 나눌 수 있으며 완벽한 자동화는 어렵다. 최근에는 게이트 확인작업에 걸리는 시간을 절약하기 위하여 각 레인(Lane)측에 부스를 설치하는 대신에 통과레인에 Pre-gate 시스템을 지닌 독립적인 관제실을 설치하여 서류를 조사하는 방식이 일반화되고 있다.

ISO 10374로 규격화된 자동장비인식 시스템(AEIS : Automatic Equipment Identification System)은 각 컨테이너의 Tag와 마이크로파를 이용한 판독기로 구성되어 있으며 각 레인별로 설치하여 게이트의 노동력을 절감할 수 있다.

2. 컨테이너터미널의 자동화를 위한 기초기술

현존하는 터미널 시스템은 대부분 기초기술 및 계산기 시스템을 도입한 메카트로닉스 부품으로 구성되어 있으나 자동화터미널은 계산기 시스템에 부가하여 기존 장비에 고도의 전자기술을 도입한 종합적인 시스템의 형태로 되어 있다. 이들 중 데이터전송, 컨테이너와 장비의 인식 및 위치확인 시스템 등은 자동화

터미널에 채용될 수 있는 가능성이 매우 높은 고도기술들이다.

(1) 데이터 전송 시스템

터미널 내의 컨테이너 조작작업은 관리센터에 비치된 주전산기의 지시에 따라 수행되며, 관제센터와 각 작업장 사이의 데이터 전송 시스템은 효율적이고 정확한 컨테이너의 조작작업을 위해 매우 중요하다.

현존하는 시스템의 경우, 작업은 작업시작 전 각 작업요원에게 직접 전달하는 작업지시서에 의해 수행되며 작업의 확인, 변경 또는 삽입이 필요할 때에는 워키토키를 사용하는 것이 보통이다. 그러나, 계산기 시스템의 도입으로 작업에 관련된 실시간 정보가 필요함에 따라 각 장비를 운용하기 위해 계산기 단말장치와 작업원을 위한 Handy터미널을 설치하고 있다.

로테르담항의 ECT/Delta터미널에서는 작업에 필요한 데이터 전송수단으로 Infra-red rays(기반시설로서 미리 설치된 적외선 송선)가 사용되고 있으나 그렇게 보편적인 것은 아니며, 이러한 수단 대신으로 Rubber tired 장비에는 라디오파가 그리고 Rail mounted 장비에는 광파이버가 널리 사용되고 있다.

(2) 컨테이너 및 장비의 자동인식 시스템

컨테이너를 자동적으로 처리할 경우, 취급해야 할 각 컨테이너 또는 장비의 상세(요목)를 인식할 수 있다면 ① 컨테이너 처리시간의 단축, ② 서류작업의 간소화, ③ 주차시간 단축, ④ 게이트시설의 축소, ⑤ 인력절감 및 인적오류의 감소 등의 이점을 얻을 수 있다.

컨테이너터미널에 사용되는 인식 시스템의 구비조건은 다음과 같다.

㉠ 인식해야 할 컨테이너 또는 장비는 매우 크고 항상 움직이고 있기 때문에 원격인식이 가능해야 한다.

㉡ 최악의 기상상태하에서도 운영이 가능해야 한다.

㉢ 흙먼지 또는 소금에 의한 오염에도 견딜 수 있어야 한다.

위의 요구조건에 대응할 수 있는 시스템으로는 광학적 인식(OCR : Optical Character Recognition) 또는 마이크로파를 사용한 AEIS를 생각할 수 있으나, OCR을 사용한 AEIS는 신뢰성이나 정확성이 떨어지기 때문에 실용화되기는 어려울 것으로 보인다. 따라서, ISO/TC 104는 마이크로파를 채용한 AEIS를 기준으로 하기로 결정하였으며, 이것이 바로 ISO 10374이다.

미국의 Matson, APL 등과 같은 대표적인 선사는 이 시스템을 실제로 사용하고 있으며, 이 시스템은 각 컨테이너에 부착된 Tag와 지정된 위치에서 마이크로파를 이용하여 Tag를 인식하는 안테나 판독기로 구성되어 있다. 〈그림 3-4〉는 게이트작업에 사용되고 있는 대표적인 AEIS의 예를 나타낸 것이다.

최근에는 고급 정보기술인 신경망 시스템(Neural network)을 활용한 번호인식 시스템이 개발되어 사용되고 있다. 대표적인 것으로는 영국의 Cambridge Neurodynamics사에서 개발하여 영국의 주요 항만에서 사용중인 것, 싱가포르의 ISS Neural Network and Fuzzy Logic Group에서 개발하여 싱가포르항에서 사용중인 CNRS(Container Number Recognition System)와 EGCNRS(Enhanced Gate Container Number Recognition System), 그리고 홍콩의 과학기술대학에서 개발하여 중국 상하이항의 컨테이너기지에서 사용중인 VECON(VEhicle and COntainer Number recognition system) 등이 있다.

싱가포르 항만의 경우, 컨테이너터미널의 게이트 통과시 트럭기사의 신원파악 및 컨테이너 관련 정보(번호, 내용물, 컨테이너 용기상태, 목적지 등)를 파악하는 데에 TEU당 약 3분이 소요되었으나, 이와 같은 자동화 시스템의 도입으로 처리시간을 20초 이내로 줄인 것으로 보고되고 있다.

게이트작업에 부가하여, AEIS는 컨테이너를 취급할 때마다 각 컨테이너를

그림 3-4 게이트작업용 컨테이너 자동인식 시스템

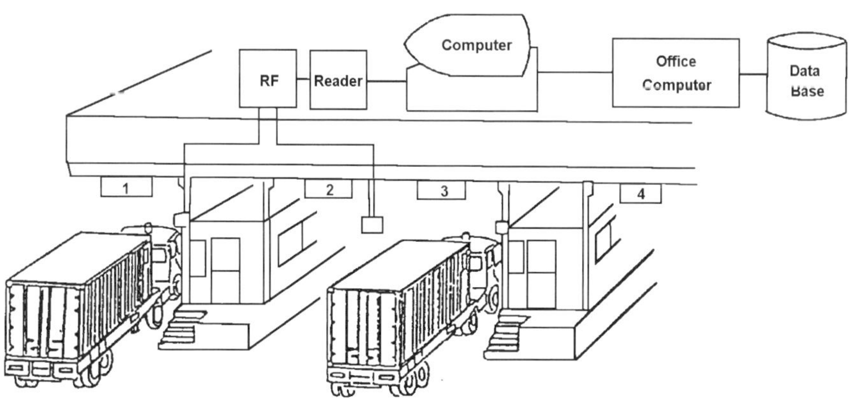

직접 인식하여 컨테이너 취급의 신뢰성을 높일 수 있도록 컨테이너크레인, RTGC, RMGC S/C, 톱 리프트 등과 같은 컨테이너 취급장비에도 안테나 판독기를 설치할 필요가 있다.

그리고 컨테이너에 부착되는 Tag는 일반적으로 터미널운영업자가 아닌 컨테이너의 소유주가 부착한다. 그러나, 터미널작업의 효율성 및 정확성을 위하여 컨테이너에 Tag를 부착하는 대신에 취급장비 또는 컨테이너 수송차량에 Tag를 부착하는 방법도 생각할 수 있다.

싱가포르의 경우 컨테이너 운송용인 모든 공로용 트랙터와 세미 트레일러에는 PSA의 요구에 따라 Tag를 부착하고 있다. PSA에서는 계산기 시스템의 입력자료에 근거하여 트랙터나 트레일러를 인식함으로써 게이트에 출입하는 컨테이너를 간접적으로 확인할 수 있기 때문에 게이트작업을 효율적이고 정확하게 수행할 수 있다.

또한, 컨테이너 취급장비에 Tag를 부착하고 야드의 필요한 장소에 안테나 판독기를 설치한다면 터미널작업에 필요한 취급장비를 효율적으로 관리할 수 있을 것이다.

(3) 장비의 위치확인 시스템

컨테이너장비의 위치를 확인하는 시스템도 위에서 설명한 AEIS와 동일한 조건하에서 사용될 수 있다.

확인 시스템에는 2가지 종류가 있다. 그 하나는 장비나 차량을 필요한 장소에 정확히 정지시키거나 사고를 방지하기 위한 것이며, 다른 하나는 비록 정확한 위치는 아니더라도 장비나 차량이 야드 내의 어느 곳에 위치하고 있는가를 확인하기 위한 것이다.

장비 또는 차량의 정확한 정지위치를 파악하는 데에는 레이저 빔 또는 Infra-red ray가 이용된다. 예를 들어, Infra-red ray는 ECT 내에서 야드 트레일러의 정확한 정지위치나 AGV를 크레인 아래의 정확한 취급장소에 위치시키는 데에 사용된다. 또한, 충돌 등과 같은 사고를 방지하기 위한 시스템에는 레이저 빔이나 Infra-red ray 이외에 Ultra-sound가 사용된다. ECT/Sea-Land에서는 AGV의 근접거리를 확인하기 위해 Ultra-sound가 사용되며 원거리의 위치를 확인하는 데에는 레이저 빔이 사용된다.

한편, 장비 또는 차량의 야드 내 위치를 확인하는 시스템에는 여러 가지 종류가 있다. 그 하나는 야드 내에 매설된 유도선(Inductive wire)을 사용하는 것으로 이 방법은 기본적으로 장비 또는 차량에 데이터를 전송하여 주행방향을 유도하는 데에 사용된다. 또한, 루프유도선에 노드를 만들어 둠으로써 위치를 확인하는 데에도 이용된다. 그러나, 이 방법은 야드 내에 유도선을 매설하는 비용이 많이 들고, 매립지의 무형적인 침하에 의해 손상을 입을 가능성이 많기 때문에 장기간 사용하기는 어려운 결점이 있다.

장비나 차량의 위치(번지)를 확인하는 데에 사용되는 다른 유형으로는 AEIS에서와 같이 Tag와 안테나 판독기를 사용하는 방법이 있다. 기억소자 내에 번지가 기억된 Tag를 터미널 내의 위치에 매설하고 안테나 판독기를 각 장비 및 차량에 부착한다. 그리고 각 장비 및 차량에 부착된 안테나가 보도에 매설된 Tag를 판독함으로써 그들의 위치를 확인할 수 있다.

또, 경우에 따라서는 이와 반대로 Tag를 장비 또는 차량에 부착하고 안테나 판독기를 터미널의 지정위치에 설치하는 경우도 있다. 그리고 장비 및 차량의 위치나 이동은 이들이 안테나 판독기가 설치된 터미널 내의 지정위치를 통과할 때 안테나 판독기로부터 전송된 데이터로부터 정확히 추적될 수 있다.

S/C의 위치를 파악하는 또다른 시스템은 Untra-sound를 사용하는 것으로 현재 Matson에 의해 실험이 진행중이다. 또한, DGPS(Differential Global Positioning System)를 사용하여 취급장비의 위치를 파악하는 시스템이 함부르크항의 HHLA에 의해 현재 실험중이다(〈그림 3-5〉 참조). 장비의 위치를 정확히 파악하는 데에는 DGPS의 도움이 없이는 매우 어려우며, HHLA에서는 레이더를 장착한 레이저 시스템인 LADAR(LAser Dectection And Ranging)를 DGPS와 병용하고 있다.

(4) 음성인식 시스템

근무자의 음성을 인식하여 주 계산기에 입력하는 여러 유형의 시스템이 유럽과 미국에서 개발중이다. 음성인식 시스템은 게이트에서 컨테이너의 상태를 확인하거나 컨테이너를 포함한 장비의 보수 등에 매우 유효하다.

그림 3-5 DGPS와 LADAR를 장착한 장비위치확인 시스템

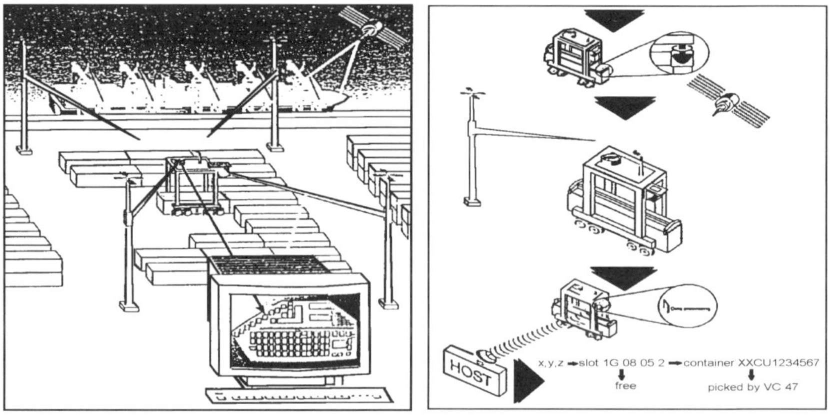

3. 게이트설비의 자동화

컨테이너터미널의 게이트설비는 터미널운영뿐만 아니라 터미널을 이용하는 해운회사에 있어서도 매우 중요하다. 왜냐하면 컨테이너 해상운송의 책임과 의무는 하주로부터 게이트에서 적컨테이너를 인수함으로써 시작되어 게이트에서 인수인에게 양하된 컨테이너를 인도함으로써 끝나기 때문이다.

또한, Gate-in에서 파악된 정보는 터미널운영에 있어서 계산기 시스템의 기초가 되며, Gate-out에서의 정보는 컴퓨터 시스템의 최종 자료가 된다. 게이트를

표 3-4 게이트를 통과하는 차량의 분류

(Gate-in)		
① 수출 컨테이너의 인수	트랙터+적컨테이너를 적재한 세미 트레일러	D & I
② 수입 컨테이너의 인도	트랙터+컨테이너가 없는 세미 트레일러	D
③ 빈 컨테이너(수입)의 인수	트랙터+빈 컨테이너를 적재한 세미 트레일러	D & I
④ 빈 컨테이너(수출)의 인도	트랙터+컨테이너가 없는 세미 트레일러	D
(Gate-out)		
①′ 수출 컨테이너의 인수	트랙터+컨테이너가 없는 세미 트레일러	Nil
②′ 수입 컨테이너의 인도	트랙터+적컨테이너를 적재한 세미 트레일러	D & I
③′ 빈 컨테이너(수입)의 인수	트랙터+컨테이너가 없는 세미 트레일러	Nil
④′ 빈 컨테이너(수출)의 인도	트랙터+빈 컨테이너를 적재한 세미 트레일러	D

주 : D는 서류, I는 확인 또는 조사.

통과하는 차량의 분류 및 게이트에서 필요한 작업은 〈표 3 4〉와 같다.

원칙적으로 모든 차량은 컨테이너터미널의 게이트를 통과하면 터미널과 공컨테이너 장치장(일본에서는 Van-pool이라고 함)으로 각각 분리되며 ③, ③′ 및 ④′로 분류된 차량은 터미널에 출입할 필요가 없다.

그리고, 대부분의 터미널에는 기본적으로 Gate-in/out을 위한 집중형 게이트가 설치되어 있으며, 이 경우에는 Gate-in/out을 위한 레인의 경계지역에 Gate-in/out을 교대로 사용할 수 있는 레일을 설치하는 것이 매우 편리하다. 그러나 운영기술 및 터미널배치의 개선이라는 관점에서, Gate-in/out의 공컨테이너와 적컨테이너, 또는 Gate-in 차량과 Gate-out 차량을 분리하여 취급할 수 있도록 복수의 게이트를 설치하고 있다.

게이트에서 수행되는 작업은 서류작업과 조사작업의 2가지로 분류할 수 있다. 서류작업에는 서류상의 컨테이너번호와의 대조, Delivery order, Delivery notice, EIR(Equipment Interchange Receipt) 그리고, 이들 자료를 주 계산기에 입력하는 일 등이 있다. 조사작업에는 컨테이너(샤시)의 상태 및 봉합상태의 조사 등이 있다. 그리고 서류 및 조사작업은 이미 지적한 것처럼 정기선운항의 책임성 및 터미널 운영에 직접적인 영향을 미치기 때문에 매우 정확하고 엄격하게 수행되어야 한다.

위에서 설명한 게이트의 운영과 설비의 여건을 고려할 경우, 게이트의 무인화는 EDI 시스템을 도입하여 터미널운영업자, 해운회사, 하주, 인수인 등의 사이에서 수행되고 있는 서류 및 전송관례를 개선하지 않는 한 실현하기가 어려울 것으로 생각된다. 다음으로는 자동화 컨테이너터미널에 있어서 게이트작업의 개선이나 노동력 절감의 효과가 기대되는 새로운 기술에 대하여 설명하기로 한다.

(1) Pre-gate system

야드에서 컨테이너를 인수도한 후, 어느 정도 균일하게 분산되어 게이트에 도착하는 Gate-out 차량에 비해 게이트에 도착하는 Gate-in 차량의 분포는 매우 불규칙하고 집중되어 있는 것이 일반적이다.

전 세계 대부분의 컨테이너터미널에서는 Gate-in 차량의 도착피크가 하루에 세번 즉, 게이트 개장시간, 점심식사 후, 그리고 폐장 바로 직전에 발생하는 것으로 보고되고 있다(〈그림 3-6〉 참조). 따라서, Gate-in 차량의 도착피크를 줄이기 위한 노력이 Gate-out의 절차를 개선하는 일보다 더욱 중요하다.

그림 3-6 BCTOC의 Gate 출입 컨테이너 시간대별 분포

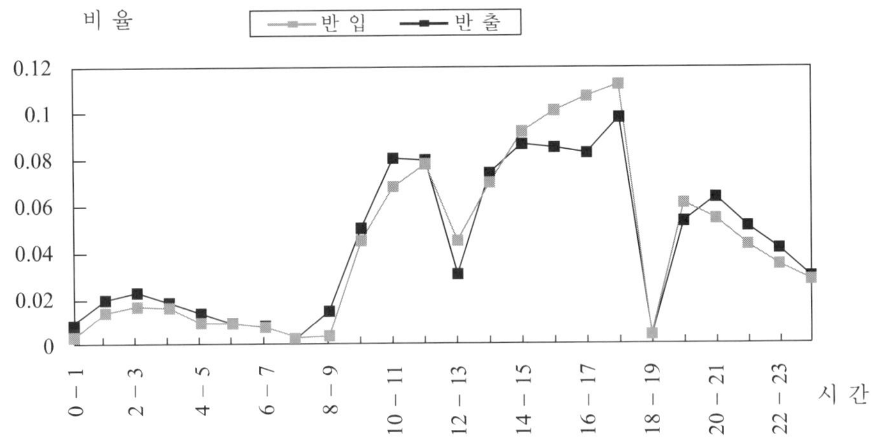

최근에는 피크시에 도착하는 Gate-in 차량을 관리하기 위한 개선방안으로서 Gate-in에 걸리는 총시간을 줄일수 있도록 진입절차를 두 개의 부분 즉, Gate house 바로 앞 장소(장소 ①)와 Gate house의 부스(장소 ②)를 분리한 Pre-gate 시스템이 미국에서 개발되어 있다(〈그림 3-7〉 참조).

이 시스템에서는 먼저 게이트 진입차량은 위치 ①에 정차하고, 차량의 운전기사는 Booking number 등과 같은 필요한 정보를 Gate house 윗층에 있는 Gate요원에게 무선으로 통보한다. 게이트요원은 운전기사가 통보한 자료를 조사하고 자료와 컨테이너 개수를 터미널의 주 계산기에 입력한다.

그림 3-7 pre-gate system

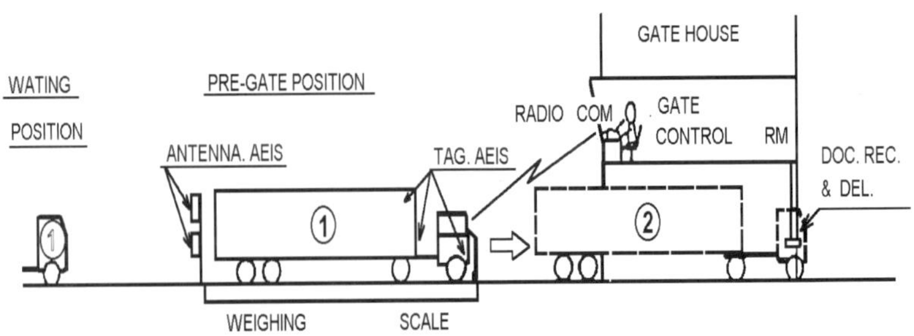

이때, 컨테이너의 중량도 자동적으로 주 계산기에 입력된다. 그리고, 마지막으로 게이트요원은 계산기 시스템 표시장치에 나타난 명세를 확인한 후 차량을 위치 ②로 움직이도록 지시하며, 운전기사는 차량을 위치 ②로 이동시켜 대기한다. 이곳에서 컨테이너와 컨테이너의 봉합상태를 검사하는 동안 EIR과 같은 필요서류는 에어슈트에 의해 운전기사에게 전달되며 이것으로 Gate 절차는 모두 끝난다. 이러한 작업의 분리로 게이트작업에 걸리는 총시간을 줄일 수 있으며, 현재의 시스템처럼 통과레일의 각 부스에 요원을 배치할 필요가 없기 때문에 게이트요원의 수를 줄일 수 있다.

(2) 서 류

EDI 네트워크를 바탕으로 한 자동화 서류처리 시스템의 최종 목표는 말할 필요도 없이 Paperless이다. 그러나 이미 지적한 것처럼 이것은 터미널운영업자의 노력만으로는 달성하기 어렵다. 따라서 차선책으로 차량기사와 게이트요원 사이에 서류를 손으로 인수도하는 대신에 〈그림 3-8〉과 같이 서류를 원격으로 처리할 수 있는 방법이 개발되었다. 〈그림 3-8 ①〉은 Gate-in 레인을 통과하는 과정을 보이고 있다.

카메라를 사용한 원격판독기와 프린터가 각 레인에 설치되어 있으며, 수입 컨테이너를 인수하는 각 차량레인에만 Placard를 발행하는 장치가 설치되어 있다. 〈그림 3-8 ②〉는 기사가 정차위치 A에서 게이트 검사요원에게 D/O와 같은 서류를 넘겨주는 과정으로, 검사요원은 서류를 원격판독기 〈그림 3-8 ③〉의 유리판 위에 서류를 놓는다. 게이트레인으로 부터 떨어진 위치에 있는 게이트관제실의 요원은 서류를 원격으로 읽고, 컨테이너의 번호도 ITV를 통하여 원격으로 조사하며, 이러한 자료들을 주 계산기 시스템에 입력한다.

수입 컨테이너를 인수하는 차량의 경우, 기사는 Placard 발급장치 〈그림 3-8 ④〉에서 확인된 Placard를 받은 다음, 위치 B로 이동하여 대기한다. Gate 검사요원이 컨테이너를 검사하는 동안 기사는 프린터 〈그림 3-8 ⑤〉에서 출력된 E/R을 받는다. 이 시스템을 채용할 경우, 게이트요원은 동시에 복수레인을 대상으로 작업을 할 수 있으므로 전체 요원의 수를 줄일 수 있다.

그림 3-8 서류의 원격처리 방법

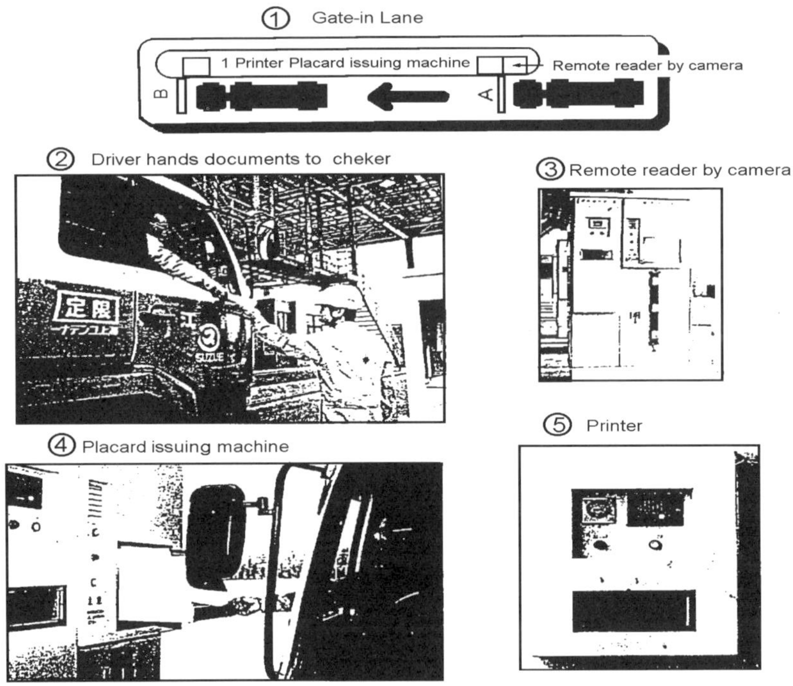

(3) 검 사

게이트에서 도어의 봉합 및 컨테이너 상태를 화상으로 조사하는 가장 신뢰성 있는 방법은 없으며, 현재 마이크로파를 이용한 ITV와 같은 방법들을 개발중이다. 그리고 OCR(Optical Character Recognition) 시스템의 성능이 향상되고는 있으나 실용화하기는 어려운 수준이다.

제 4 절 자동화 컨테이너터미널

세계 주요 항만들은 터미널의 효율적인 운영과 질 높은 서비스를 제공하기 위하여 지속적으로 컨테이너터미널 시스템을 개선하고 있으며 여러 가지 아이디어가 제안되어 있으나 크게 나누면 다음의 2가지로 정리할 수 있다.

(1) 기존 터미널의 활용방식(Non-captive type)

이 방식은 터미널장비의 개선을 통하여 터미널운영을 자동화하는 것이다. 따라서 본래의 Lo/Lo 선박은 추가적인 장치를 하지 않고서도 터미널을 이용할 수 있는 형태이며 특히, 공용터미널에 유리한 방식이다. 그러나 이러한 형태에서는 완전자동화가 매우 어렵다.

Non-captive type은 두 가지, 즉 직접장치형(Directed stacking type)과 다층장치형(Multi-storage type)으로 구분된다.

직접장치형은 기존의 컨테이너터미널과 같이 터미널의 바닥에 직접 컨테이너를 장치하는 것이며 컨테이너 자체의 강도에 따라 적재단수를 2개 이상으로 높이는 것이다. 이 경우에는 아무리 컴퓨터나 자동화장비로 컨테이너를 취급한다고 하더라도 최하단에 적재되어 있는 컨테이너를 취급하기 위해서는 상당히 복잡한 절차를 거치게 된다. 따라서 적재단수는 기껏해야 5～9단이다.

다층장치형은 컨테이너가 다층적재빌딩에 적재되는 것이다. 이 경우에는 컨테이너가 하나하나씩 지정된 장소에 장치되므로 적치된 컨테이너를 꺼내기가 쉽다. 그러나 적재효율은 기존의 직접장치방식보다 낮으며, 면적당 적재능력을 높이기 위해서는 10～15층의 다층 적재빌딩이 필요하다.

(2) 새로운 방식(Captive type)

이 방식은 선박에 특수한 구조나 장치 내지는 특수한 구조를 가진 장비, 또는 이들 모두를 필요로 하므로 선박이 특수한 장비를 갖추지 않으면 터미널에 입항할 수 없다.

Captive type의 자동화는 컨테이너선박과 컨테이너에 영향을 미치기 때문에 자동화에는 많은 비용이 소요되나 운영은 쉽다. 그러나 터미널 자체의 융통성이 부족하기 때문에 이러한 형태는 공용터미널에는 부적합하다. 자동화 터미널의 분류, 특징 및 문제점 등은 〈표 3-5〉와 같다.

표 3-5 자동화 터미널의 분류, 특징 및 문제점

구분	Non-captive type 공공터미널에 적합하며 선박접안을 위한 특수장치, 구조를 요하지 않는 자동화 터미널		Captive type 컨테이너의 취급에 있어 특수한 장치, 구조를 요하는 자동화 터미널
분류	직접적재방식	다층적재방식	
	터미널야드에 직접장치	다층적재빌딩의 지정된 슬롯에 장치	
특징	재래취급방식의 연장으로서 소규모 초기 투자에 의한 자동화 가능	취출성이 극히 양호하며 취급능률이 뛰어남	취출성이 극히 양호하며 완전무인화가능, 취급능률이 뛰어남
문제점	컨테이너 취출성 낮음	초기 투자 과다	터미널장비, 선박, 컨테이너가 새로 개발되어야 함. 초기 투자 과다
적용 시스템	운영 또는 건설중 · Matson Mousetrap System · ECT/Sea-Land Terminal in Rotterdam · La Spezia Container Terminal · Thames/Kawasaki Container Terminals · Pasir Panjang CT, Singapore	계획중 · Kaiser Speed Tainer System · Auto-Lux Apiarium System · HHLA, Terraced Conveyor System	계획중 · Vickers Lautovick System · Meeusen Containoveyer System, Meco System

1. 기존 터미널 활용방식

현재 전 세계적으로 자동화 터미널 시스템을 채용하고 있거나 건설중인 숫자는 매우 적으며, 로테르담항의 2개 ECT터미널, Thames port, 가와사키 및 싱가포르항의 1개 터미널이 그 대표적인 예이다.

가장 최근의 자동화 터미널이라고 할 수 있는 Pasir Panjang터미널은 현재 건설중이며, 완공된 터미널은 부분적으로 개장되어 사용되고 있다.

그리고 현재 운영중이거나 건설중인 모든 자동화 터미널은 Non-captive/direct Stacking타입으로, 이는 실제적인 운영가능성과 적은 초기 투자비를 기초로 한 기술을 채용하고 있기 때문이라 생각된다.

그림 3-9 AGV 주행 시스템(FROG Navigation System)의 유도케이블 망

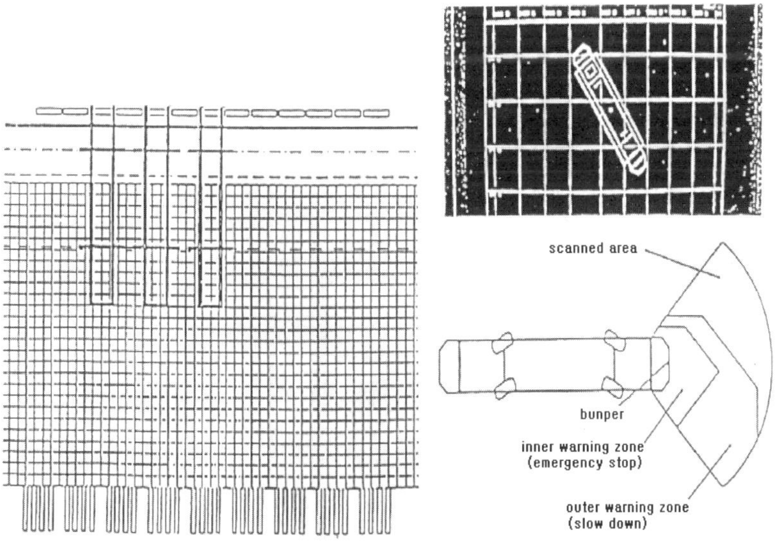

1) ECT/Sea-Land터미널— 로테르담

자동화 컨테이너 시스템을 도입한 선구자라 할 수 있는 이 터미널은 1995년에 운영을 시작하였으며, 현재까지도 전 세계에서 자동화 컨테이너터미널의 원형으로 인정받고 있다.

1997년에 ECT는 ECT/Sea-Land터미널 옆에 Delta Dedicated East터미널을 개장하였으며, 이 터미널에 도입된 자동화 시스템도 기본적으로는 ECT/Sea-Land터미널과 매우 유사하다. 또한, 선측작업 1개 Gang의 노동자수는 3명이며, 터미널의 운영요원도 ECT 160명과 Sea-Land 180명으로 구성되어 있다. 게이트운영은 선석운영업자인 ECT가 아닌 선사인 Sea-Land가 담당하고 있는 점이 일반적인 터미널과 다르다.

그림 3-10 ECT/Sea-Land터미널의 배치도

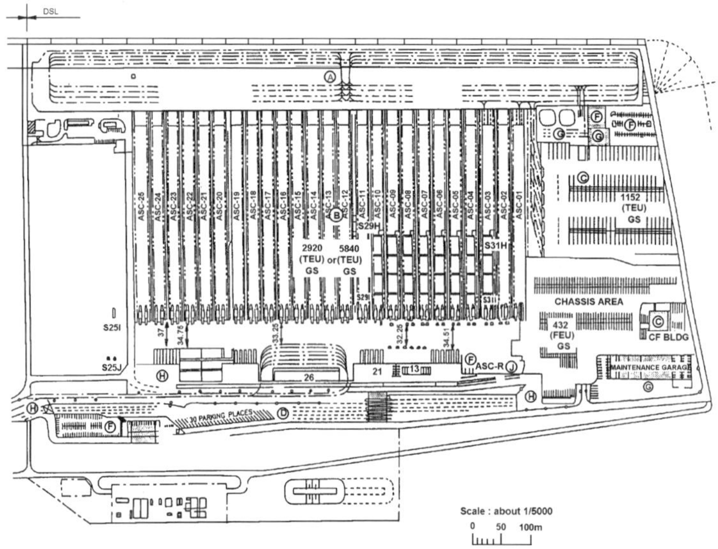

2) Pasir Panjang터미널— 싱가포르

싱가포르항은 Pasir Panjang에 최신 자동화 시스템을 도입한 거대한 터미널을 건설중이다. Pasir Panjang 컨테이너터미널 개발계획은 4단계로 나누어져 있으며 개발이 끝나는 2025년에는 연간 3,600만개의 컨테이너를 취급할 수 있는 선석 49개(17,000m)를 보유하게 된다.

1단계는 1993년, 2단계는 1995년에 시작되었으며 1단계의 5선석은 1998년, 1단계의 나머지 8선석은 1999년, 그리고 2단계(18선석)는 2009년에 끝날 예정이다.

〈그림 3-11〉은 연간 1,800만 TEU를 처리할 수 있는 26개 선석의 1, 2단계 터미널의 조감도이며, 1, 2단계의 건설비는 각각 25억$ 이상으로 추정되고 있다.

한편, 이 터미널의 마셜링야드는 2개 부분으로 나누어져 있으며, 한 부분은 부두측 하역작업 컨테이너를 장치하는 야드이고, 다른 한 부분은 RMGC에서 수행되는 육상측 작업(인도, 인수) 컨테이너를 장치하는 야드이다.

싱가포르항은 85% 이상의 컨테이너가 환적화물이므로 육상작업을 위해 장치되는 컨테이너 물동량은 그렇게 많지 않다. 이 때문에 선측 작업야드는 4개 블록인데 비해 육상측 야드는 1개 블록에 지나지 않으며, 지정된 컨테이너를 조회하는 작업의 어려움에도 불구하고 8단적을 허용하고 있다.

그림 3-11 Pasir Panjang터미널(1, 2단계)의 조감도

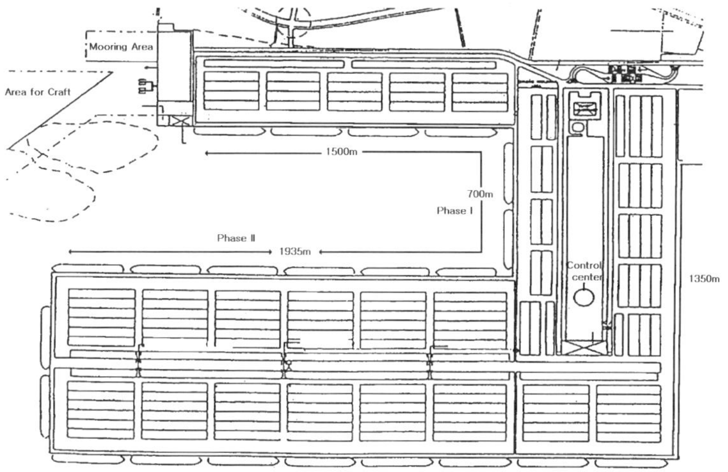

그림 3-12 Pasir Panjang의 안벽작업 야드 조감도

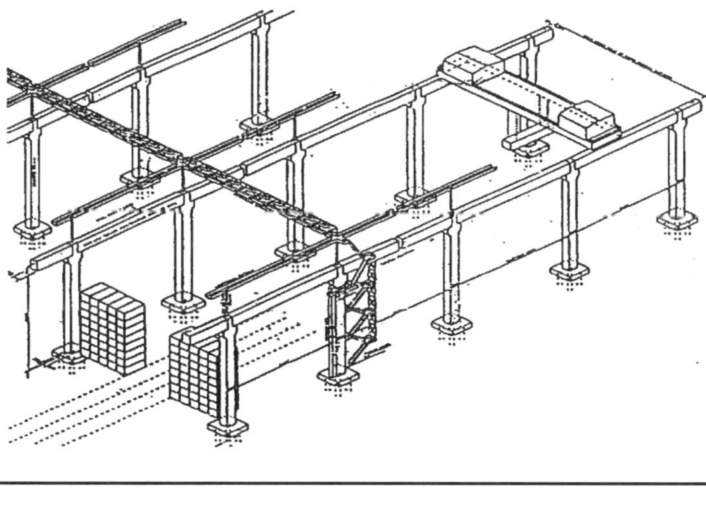

3) Kawasaki 컨테이너터미널

이 터미널은 1996년에 개장했으며 자동화 시스템의 도입은 1999년에 실용화되었다. 이 터미널은 영국의 Thames 컨테이너터미널 기술진의 도움으로 설계되었으며 설계내용은 Thames터미널과 거의 같다. 이 시스템에서는 마셜링야드를 두 개의 블록, 즉 선박측 작업 컨테이너와 육상측 작업(게이트를 통한 인수, 인도) 컨테이너를 마셜링하는 곳으로 분리하고 있다. 이러한 배치에서는 환적 이외의 모든 컨테이너는 선박측 작업 시간대에 야드 사이의 완충지대로 이송된다. 그리고, 적재야드의 각 블록에는 완충야드 반대편에서도 인수도작업을 할 수 있도록

그림 3-13 Kawasaki Container Terminal

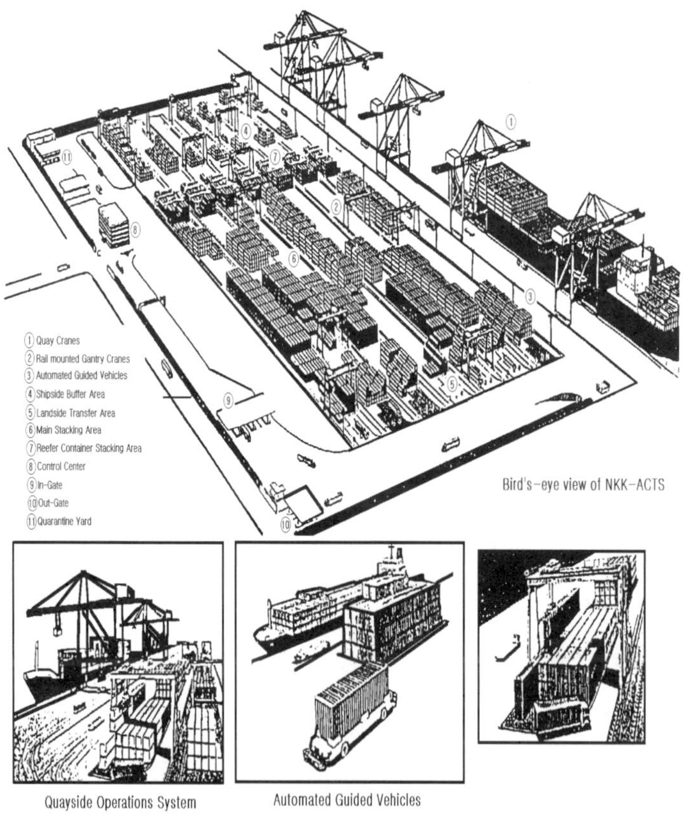

Interchange slot이 있으며, 이 slot에서 인수도된 컨테이너는 수동에 의해 원격으로 처리된다.

그리고, Interchange slot에 진입하는 공로트럭을 관리하기 위하여 게이트에 들어와 대기할 수 있는 주차공간이 게이트 바로 뒤에 마련되어 있다. 이 시스템의 특징은 다음과 같다.

㉠ 선측하역을 위한 완충공간(적재할 컨테이너를 임시로 장치하는 공간)을 마련함으로써 컨테이너의 정리 및 하역이 효율적으로 수행되어 체선시간을 감소
㉡ 2중 트롤리 방식의 컨테이너크레인을 채용함으로써 선박하역의 원활화, 고속화 및 자동화가 가능
㉢ 무선제어에 의한 AGV를 도입함으로써 컨테이너 반송을 무인화
㉣ RMGC를 도입하여 컨테이너의 반송을 고속화함으로써 자동화를 실현한다.
㉤ 하역기기의 운전 시스템과 야드운영 시스템을 일체화한 고도의 정보처리 시스템을 구축함으로써 하역작업의 효율과 신뢰성을 향상
㉥ 신속하고 정확한 정보를 제공할 수 있는 온라인 정보서비스 구축

4) Matson Mouse Trap System

미국의 컨테이너터미널 운영업자인 Matson Navigation Co.에 의하여 개발된

그림 3-14 Mouse Trap System

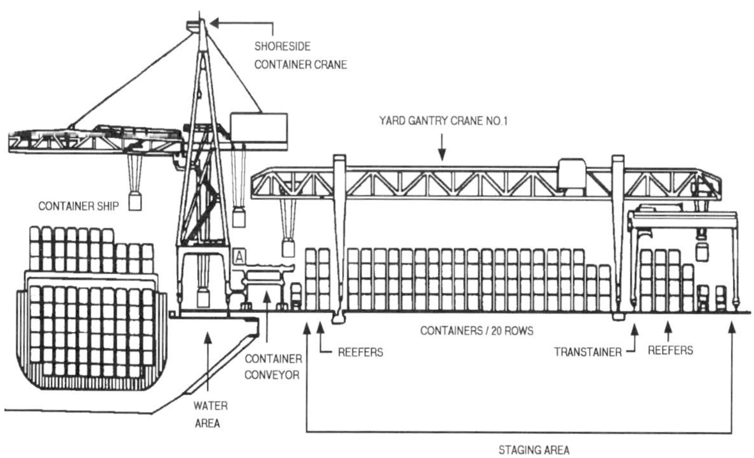

것으로 Mouse Trap System이라 부르며 1979년 리치몬드항에서 사용되기 시작하여 현재 로스엔젤레스항에서도 사용되고 있다. 이 방식은 컨테이너크레인과 컨테이너 컨베이어(Mouse trap), 철도형식의 장거리 이송크레인, 타이어형태의 이송크레인 등으로 구성되어 있다.

Mouse trap이라고 불리는 컨테이너 컨베이어(5개의 컨테이너 이송가능)의 특징은 Mouse trap이 직접 컨테이너를 취급할 수 있도록 컨테이너크레인과 레일형태의 야드크레인 사이에 위치하고 있다. 컨테이너크레인은 통제실로부터 무선으로 받은 실시간정보를 바탕으로 수작업으로 조작되며, Mouse trap은 컴퓨터에 의해 작동되나 컨테이너크레인 기사가 원격으로 조작할 수도 있다.

레일형태의 야드 트랜스퍼크레인은 컨테이너를 들어올리기 위한 Twist lock의 수작업을 제외하고는 자동화되어 있다. 장치장 면적은 하역작업을 하기 위한 마셜링야드의 면적과 같으며, 이러한 Mouse trap을 채택함으로써 컨테이너크레인의 생산성은 약 30%가 향상되었다. 작업지역은 제 1 작업지역과 제 2 작업지역으로 나누어진다. 제 2 작업지역은 육상운송과 관련된 컨테이너야드이며, 컨테이너들은 제 1 작업지역과 제 2 작업지역의 크레인 사이를 왕복하는 Mouse trap에 의해 장치지역과 제 2 작업지역으로 이동된다.

공로와의 컨테이너 인수·인도는 TRGC가 담당하며 무선으로 받는 실시간정보를 바탕으로 하여 수작업으로 이루어진다. 그리고, 레일형태의 크레인과 TRGC의 방해, 충돌 등은 컴퓨터에 의하여 통제된다.

이 시스템은 터미널면적을 효과적으로 이용할 수 있고 컨테이너 처리능력도 크게 향상시킬 수 있으나, 모든 크레인이 수동으로 작동되기 때문에 인력절감은 크게 기대하기 어렵다.

5) Paceco Automated Transfer Car System

이 시스템은 레일, 대형 야드 트랜스퍼크레인, 마셜링야드와 에이프런지역에서의 자동화된 전자식 트랜스퍼카 등으로 구성된다. 이 시스템은 신뢰성이 높은 자동화 시스템이라고 할 수 있으나 야드운영을 편리하게 하기 위하여 트랙이 복잡하게 설계될 경우, 스위치 포인트가 증가하여 대단히 복잡한 시스템이 될 가능성이 있다. 또한 터미널면적의 상당한 부분이 자동화 트랜스퍼카를 위한 트랙으로 사용됨으로써 토지이용의 효율성이 감소할 수도 있다. 컨테이너크레인의

그림 3-15 Paceco Automated Transfer Car System

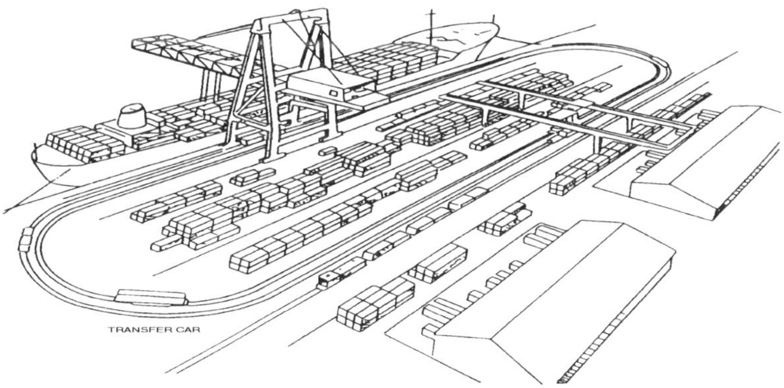

효율성은 기존 시스템과 비슷하나 컨테이너 취급효율은 크게 향상되기 어렵다.

6) Paceco Portveyor System

이 시스템 역시 레일, 대형 야드 트랜스퍼크레인이 주요 구성부분으로 되어 있으며 컨테이너 취급을 위하여 컨테이너크레인과 트랜스퍼크레인 사이에

그림 3-16 Paceco Portveyor System

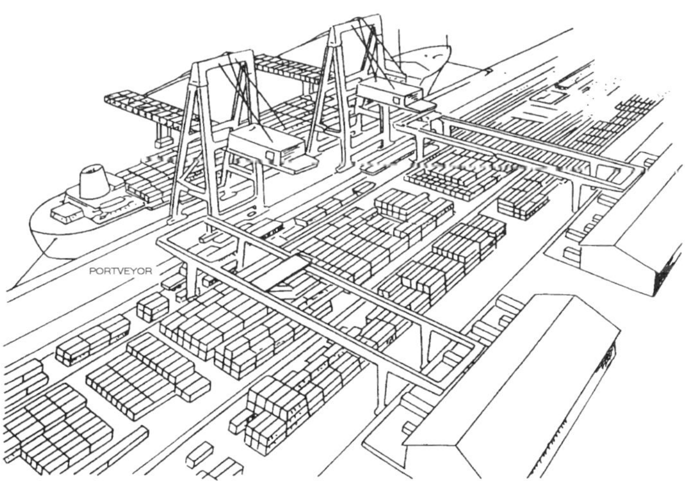

Portveyor가 위치하고 있다. Portveyor는 Matson 타입의 Mouse trap과는 달리 컨테이너크레인과 야드크레인의 주행방향으로 컨테이너를 이동시키는 장치이다.

이 시스템에서는 컨테이너가 지속적으로 Portveyor에 의해 컨테이너크레인으로 이동하게 되나 컨테이너크레인의 백리치(back reach)로 인해 컨테이너 취급효율은 그다지 기대하기 어렵다. 그러나 터미널면적을 효율적으로 사용할 수 있으며, 인력절감 및 작업의 단순효과는 앞에서 살펴본 자동화 트랜스퍼카 시스템(Automated Transfer Car System)과 비슷하다.

7) MHI Traverser System

이 시스템은 Matson Mouse Trap System의 경우와 같이 컨테이너크레인과 야드 사이에서 컨테이너를 취급할 수 있도록 컨테이너크레인에 Traverser를 장착한 것이다.

이 시스템은 Traverser를 장착한 컨테이너크레인, Traverser를 장착한 레일타입의 트랜스퍼크레인, 자동화 Traverser(이는 RMTC 트래버서가 장치되지 않은 경우에

그림 3-17 MHI Traverser System

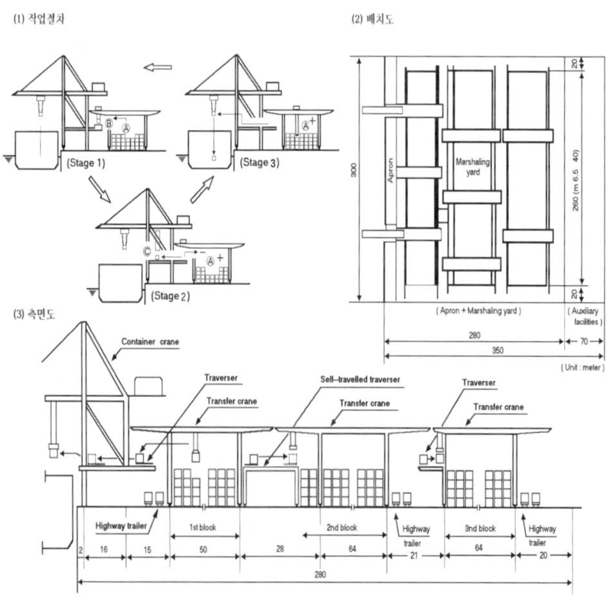

사용)로 구성되어 있다.

컨테이너선박과 마셜링야드간의 컨테이너 이동은 야드의 차량을 사용하지 않고 Traverser와 크레인의 릴레이 시스템에 의해 즉각적으로 수행된다. 크레인들 사이에 Traverser가 사용되기 때문에 크레인간의 간섭과 충돌이 없어서 야드운영의 안전성이 보장된다. 야드크레인과 자동화 Traverser는 무인운영이 가능하며, 야드에 컨테이너가 3~4단으로 야적되어 있는 경우에도 처리속도를 줄이지 않고 자동화 운영이 가능하여 야적능력은 재래 시스템에 비하여 2배 정도 증가한다.

또한, 컨테이너크레인에 Traverser를 장착함으로써 시간당 45개의 컨테이너를 취급할 수 있어서 취급능률은 재래 시스템에 비하여 약 50%가 향상될 수 있다.

이 시스템에서는 자동화 터미널이 지향하고자 하는 취급능률의 향상, 터미널 면적의 효율적 사용, 인력의 절감, 작업의 간소화 등 모든 목적을 달성할 수 있다.

8) MHI Macs System

이 시스템은 컨테이너쉬프트가 부착된 컨테이너크레인, 오버헤드 캐리어, 컨테이너트램카 등으로 이루어져 있다.

마셜링야드에서는 오버헤드크레인과 유사한 여러 개의 오버헤드 캐리어가 부두 전면과 수직으로 작동할 수 있도록 배치되어 있다. 마셜링야드와 에이프런에서는 컨테이너트램카를 위한 레일트랙이 설치되어 있으며 레일은 일방통행을 위하여 단순하게 설계되어 있다.

컨테이너는 오버헤드 캐리어가 컨테이너크레인으로부터 왕복하는 컨테이너트램카에 의해 이송되며, 컨테이너쉬프터는 컨테이너트램카로의 왕복 선적하역을 위하여 오버헤드 캐리어뿐만 아니라 컨테이너크레인에도 장착된다. 또한, 오버헤드 캐리어와 크레인은 트램카의 움직임에 의해 지장을 받지 않기 때문에 효율성이 높다. 그리고, 오버헤드 캐리어에는 2개의 스프레더가 장착되어 있어서 2개의 야드장소에서 컨테이너를 쉽게 취급할 수 있다.

이 시스템의 컨테이너 취급효율은 약 30%까지 향상될 수 있을 것으로 추정되나 마셜링야드에서의 컨테이너야적은 2단으로 제한되기 때문에 터미널면적의 효율성은 약간 떨어진다. 그러나, 컨테이너크레인을 제외한 거의 모든 장비의 무인운영이 가능하므로 인력절감 및 작업의 단순화가 기대되는 시스템이라고 할 수 있다.

그림 3-18 MHI Macs System

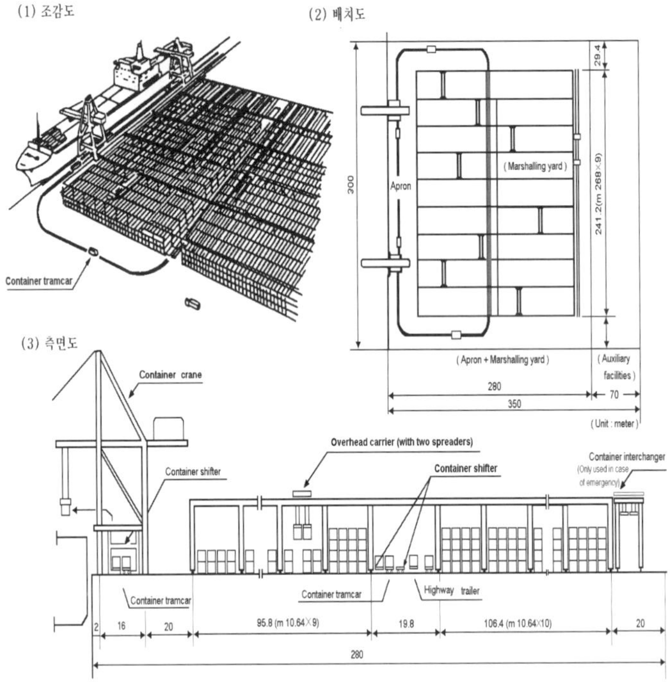

9) IHI Elevation-Track System

이 시스템은 야드 내에서 레일형의 트랜스퍼크레인을 사용하는 방식이며, 그 특징은 다음과 같다.

첫째, 취급능률을 향상시키기 위하여 컨테이너크레인에 보조트롤리와 연결플랫폼을 장착하고 있다.

둘째, 승강용 트랙이 설치되어 있어서 컨테이너선박에 선적 또는 하역된 컨테이너는 승강용 트랙을 왕복하는 무인 컨테이너캐리어에 의해 이동된다. 또한, 승강용 트랙은 배후 육상운송에서 인수도된 컨테이너를 이동시키기 위해 설치된 트랙터, 트레일러를 이용하여 상하차가 가능하도록 높이를 조정할 수 있어서 안전성과 효율성이 높다.

한편, 재래식 컨테이너크레인에 설치된 연결플랫폼과 보조트롤리를 사용함으

그림 3-19 IHI Elevation-Track System

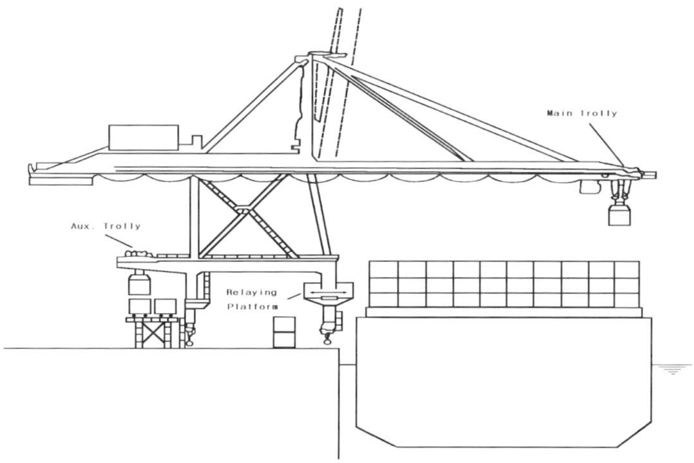

로써 보통 120초 걸리는 사이클 타임을 72초로 단축할 수 있어서 취급능률이 향상된다.

10) Overhead Mono-Rail System

이 시스템은 Matson Mouse Trap과 유사한 안벽 컨테이너크레인, 에이프런과 마셜링야드 사이에 컨테이너를 이동시키기 위한 직립형태의 모노레일, 야드 내의 레일타입 크레인으로 구성되어 있으며, 크게 Translift CTS System과 Sea-Land GRAIL System으로 나눌 수 있다.

이 시스템의 특징은 모노레일이 설치되어 있어서 마셜링야드의 높이와 연계운송 시스템인 도로 및 철도운송과 안전하고 효율적으로 연결될 수 있으나, 실제의 설계에는 각 트롤리의 동작이 매우 복잡하고 초기 투자가 과도하며 모노레일을 구현하는 것이 매우 어렵다는 결점이 있다.

실제로, ECT/Sea-Land터미널의 최종 설계시에 Sea-Land와 ECT의 연구팀이 현재의 ECT 시스템과 Sea-Land GRAIL 시스템에 대하여 오랜기간 동안 검토를 행하였으나 실현성의 문제점 때문에 현재의 시스템이 채용되었다.

11) OCTOPUS(Fanzuzzi/Reggiane)

이 시스템은 1995년 4월 싱가포르에서 개최된 TOC(Terminal Operation Conference)에서 발표된 것으로 그 특징은 다음과 같다.

첫째, 안벽 컨테이너크레인은 엘리베이트형 레일구조 위에 설치되어 있으며, 2차 트롤리가 장착되어 있다.

둘째, 야드 내의 작업에는 두 가지 형태, 즉 엘리베이트형 레일 위에 설치된 RMGC 또는 OHBC가 사용된다.

셋째, AGV 또는 야드용 트레일러는 엘리베이트형 레일구조 위에 설치되어 있다.

넷째, 야드와 공로용 차량들에 의한 혼잡을 피하기 위해 공로용 트럭의 통로는 지표면 위에 분리하여 설치되어 있다.

이 시스템은 실현성은 매우 높으나 안벽 및 야드측 크레인에 필요한 엘리베이트형 레일구조를 건설하는 데에 과도한 초기 투자비가 소요되는 결점이 있다.

그림 3-20 OCTOPUS— Quay-side Cranes Mounted on Elevated Rails

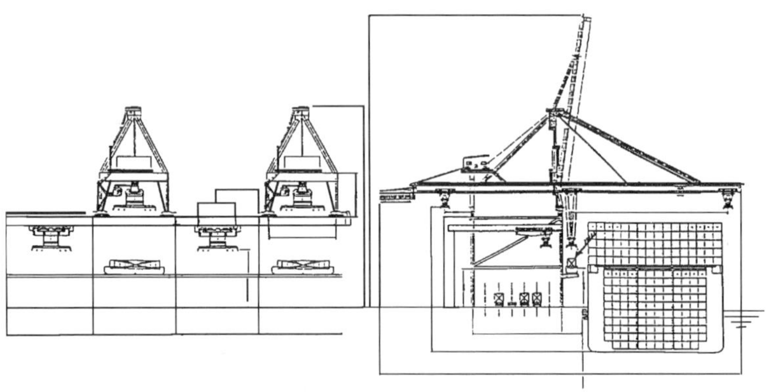

그림 3-21 OCTOPUS— RMGC Mounted on elevated rails

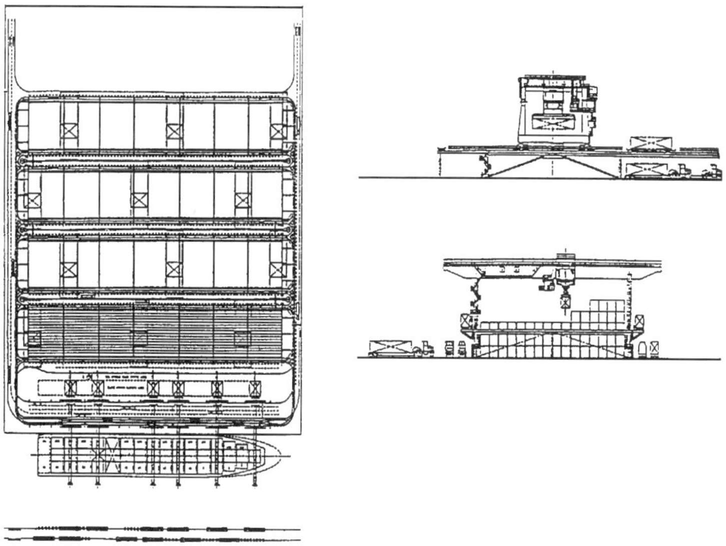

그림 3-22 OCTOPUS— OHBC

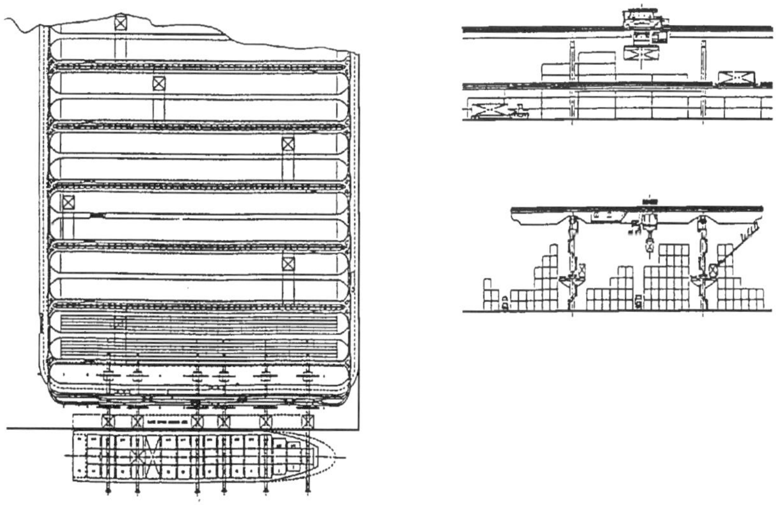

12) German Ministry of Research & Technology

이 시스템은 컨테이너 이송작업에 야드용 차량을 이용하지 않고 크레인과 크레인 사이를 직접 연결하여 컨테이너를 취급하며 시스템의 특징은 다음과 같다.

첫째, Main girder에 하나의 트래버서와 두 개의 트롤리를 장착한 안벽크레인을 사용하고 있고 PACECO Super Portainer와 매우 유사하다.

둘째, 야드에는 안벽선 방향과 수직으로 설치된 엘리베이트형 레일구조 위를 RMGC가 움직인다.

셋째, 안벽크레인과 야드크레인 사이의 작업을 위하여 이들 중간에 3개의 타이어를 가진 컨테이너 컨베이어 구조가 설치되어 있다.

이 시스템은 안벽측과 야드측 사이에 완충공간을 증대시켜 컨테이너 컨베이어 시스템을 설치함으로써 그 능률이 개선될 수 있다.

그림 3-23 System by German Ministry of Reseach and Technology

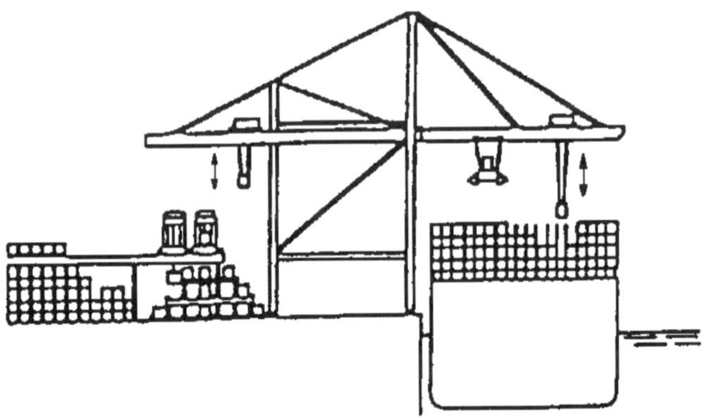

2. 기존 형태의 다층적재 시스템(Non-captive, Rack type)

1) Kaiser/Otis Speed-Tainer System

이 시스템은 기존 시스템의 지표면에 직접 컨테이너를 적재할 수 있도록 마셜링야드에 설치된 Rack형의 Sky-tainer, 다층적재 장소와 크레인 아래 에이프런시이를 연결하는 무인 컨테이너철도 및 재래식 컨테이너크레인으로 구성된다.

Container Development Corp.과 Otis가 합작하여 발표한 계획에 의하면 Skytainer는 40ft 컨테이너를 약 500개 저장할 수 있는 4블록 창고이며 각 블록에는 이에 적합한 대형 스태커크레인이 설치되어 있다. 또한, 선박에서 하역된 컨테이너를 컨테이너크레인으로부터 무인자동 컨테이너 철도화차로 자동적으로 이송하기 위한 컨베이어가 설치되어 있다.

Otis사의 추정에 의하면 연간 600만개의 컨테이너를 취급하기 위해서는 500개의 컨테이너 저장능력을 가진 창고가 6개 필요하나 면적은 3.5에이커만 있어도 되기 때문에 현재까지 발표된 어느 시스템보다도 경제적인 이점이 있는 것으로 보고되고 있다. 그러나, 이 시스템은 토지이용면에서는 가장 효과적이나 취급 효율면에서는 큰 장점이 없는 것으로 판단된다.

2) Anderson Clyde/GEC Multi-Linstore

이 시스템은 회전식 다층적재장(Rotary multi-storage)로 구성된 자동화 컨테이너터미널로 전술한 Speed tainer system과 같은 아이디어를 도입한 것으로 Skytainer 대신에 Multi-linstore라고 하는 다층적재장치가 있다는 것이 특징이다. 또한, Anderson/GEC는 다각형 횡단면을 가진 Multi-roto store라고 하는 원주형 다층적재장을 소개하고 있다.

그림 3-24 Anderson Clyde/GEC Multi-Linstore

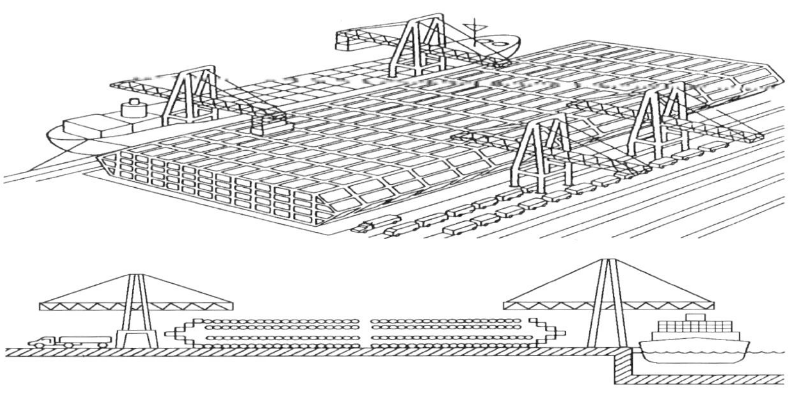

이 시스템의 경우, 안벽 컨테이너크레인은 백리치(Back reach)를 활용하여 선박과 장치장 사이에서 직접 컨테이너를 취급할 수 있어서 컨테이너 취급효율은 높아질 것으로 기대되나, 토지의 효율적인 이용은 크게 기대하기 어렵다. 현재, 이탈리아의 밀라노항에 이와 같은 다층적재 시스템이 채용되어 있다.

3) HHLA Terraced Conveyor System

이 시스템은 스태커크레인이 설치되어 있는 다층적재장의 부두측에 추가로 테라스를 가지고 있다. 각 테라스에는 컨베이어가 설치되어 있어서 안벽 컨테이너크레인이 컨베이어로부터 직접 컨테이너를 취급할 수 있도록 되어 있다.

그림 3-25 HHLA Terraced Conveyor System

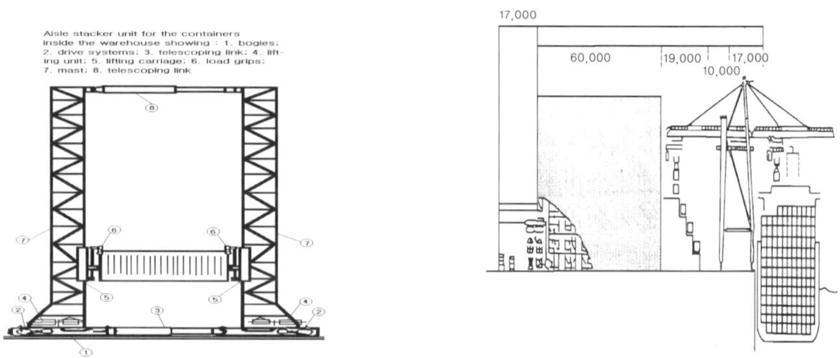

이 시스템은 토지이용면이나 취급능률면에서는 장점이 있으나, 각 테라스에 설치된 컨베이어와 다층적재장에 설치된 스태커크레인과의 연관성이 분명치 않다는 것이 단점이다.

3. 새로운 방법(Captive, Rack type)

1) Vickers Lautovick System

이 시스템은 터미널 내의 다층적재장, 특수구조를 지닌 컨테이너선박, 야적장과 선박을 연계시키는 링크스팬(Link span)이라 불리는 취급장비로 구성된다. 그리고, 컨테이너는 특수 컨베이어에 의해 수평으로 이동된다. 따라서 다층 컨테이너적재장과 컨테이너선박은 각각 미리 지정된 장소에 컨테이너를 이동시키기 위해 내부에 특수한 컨베이어를 설치해야 한다.

특수 컨테이너선박의 선미는 링크스팬에 연결되며, 컨테이너는 4개 레인과 2개 층의 컨베이어에 의해 선적되거나 하역된다. 컨베이어의 한 레인은 시간당 25개의 컨테이너를 취급할 수 있으며, 8개의 레인이 설치되는 경우에는 8개의 컨테이너크레인과 동등한 취급능력을 갖게 되므로 취급능률이 크게 향상될 수 있다.

그림 3-26 Vickers Lautovick System

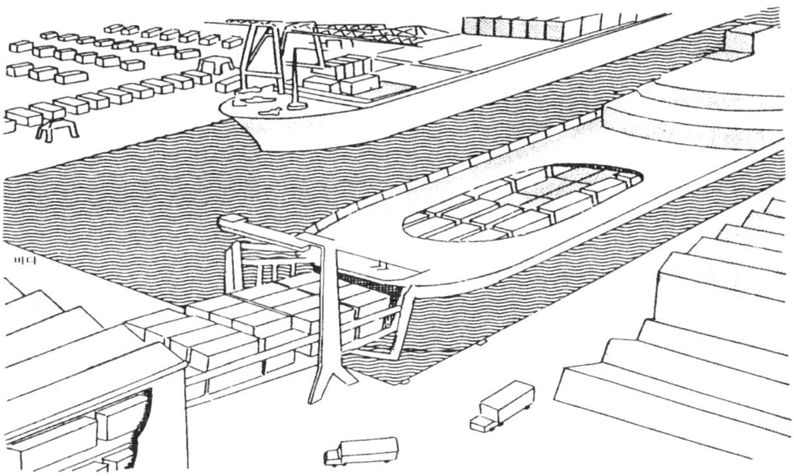

이러한 시스템을 채택하고 있는 터미널은 바다쪽의 터미널면적을 매우 줄일 수 있으며, 격리된 다층적재장은 적재능력을 향상시키기 위해 오버헤드 컨베이어로 연결되어 있다. 그러나 이 시스템은 고가의 특수설계를 한 선박이 필요하고 컨베이어의 경우도 특별한 아이디어가 없으며, 컨테이너가 롤러 컨베이어를 사용할 수 있는 구조가 아니기 때문에 실용화하는 데에는 기술적으로 해결해야 할 점이 많다.

2) Meeusen Meco와 Containoveyor System

이 시스템은 특수구조의 컨테이너선박에만 적합한 자동화 컨테이너터미널이라고 할 수 있다. 터미널은 레일형의 트랜스퍼크레인과 컨베이어로 구성되어 있다.

선박의 하역이나 선적에는 재래의 컨테이너크레인을 사용하며 컨테이너를 이동시키기 위해 백리치에 2개 라인의 컨베이어가 설치되어 있다. 탱커와 유사한 구조를 가진 특수한 컨테이너선박은 상갑판에 Hydrolift라 불리는 4개의 해치를 가지고 있다.

Hydrolift는 4개의 40ft 컨테이너를 이동시킬 수 있으며 선창 내의 지정데크에 설치되어 있는 Heloveyor라는 컨베이어로 4개의 컨테이너를 이동시킨다. Heloveyor는 이들 컨테이너를 미리 지정된 장소에 보내 고정시키는 역할을 한다.

터미널 컨베이어는 동일한 구조를 가지고 있고 컨테이너선박은 4군데에만 선창을 가지고 있다. 그리고, 야드에는 컨테이너를 6단으로 다층적재할 수 있다. 그러나, 이 시스템에는 재래 컨테이너를 이동시키는 Heloveyor를 어떻게 설계할 것인가라는 기술적인 문제가 남아있다.

그림 3-27 Ship for Meeusen Meco & Containoveyor System

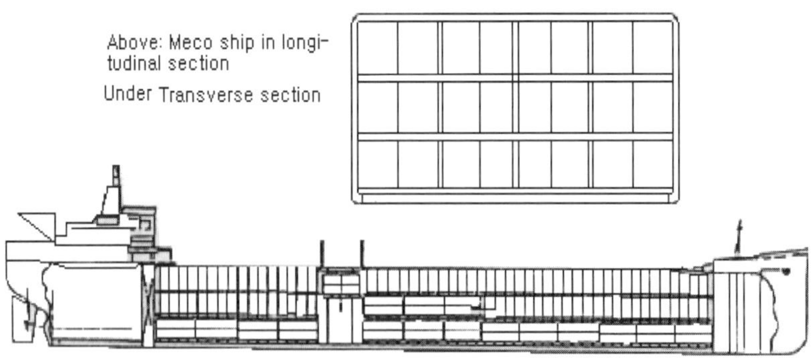

한편, Meco System의 컨베이어 문제를 해결한 것이 Containerveyor로서 수많은 치차를 가진 벨트 컨베이어를 사용한다. 또한, 터미널의 설계는 Finger pier 형태를

채택하여 간선서비스와 피너서비스의 직접적인 환적이 가능하도록 하고 있다.

이 시스템은 일반적인 컨테이너선박에서의 화물취급도 허용하고 있으나 컨테이너크레인이 이동해야 하기 때문에 취급효율은 떨어진다. 그리고 이 시스템은 원칙적으로 특수한 선박을 필요로 하고 야드면적은 크게 줄어들지 않으며 컨베이어에 대한 기술적인 문제가 있는 등 실용화에는 해결해야 할 점이 많다.

그림 3-28 Meeusen Meco와 Containoveyor System

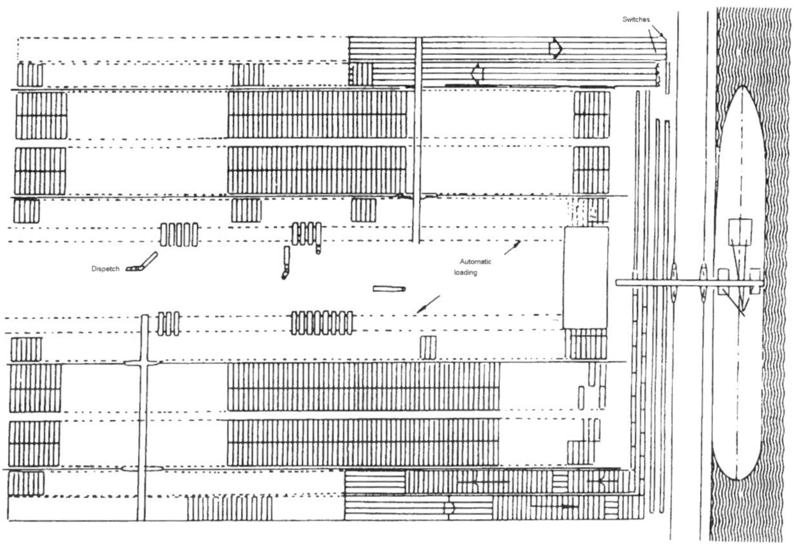

제 4 장

전 세계 주요 항만 현황

제 1 절 북미지역 항만 현황

1. 물류환경

북미지역은 미국을 중심으로 캐나다, 멕시코로 구성되어 있으며, 지난 10년 기간 북미 항만에서 처리된 컨테이너 물동량은 121% 증가하여 해상 물동량이 지속적으로 성장하고 있다. 그리고, 2004년에 발생한 미국 서안 항만의 적체와 같은 현상이 2005년과 2006년에는 발생하지 않았는데, 이는 항만당국이 적극적으로 Pier Pass제 도입과 내륙연계철도 수송확대 등으로 중국을 포함한 아시아 경제권에서 밀려드는 물동량을 분산 처리한 것으로 풀이된다. 한편 2001년 이후 미국을 중심으로 물류 보안이 강화되고, 항만의 대기오염 저감정책이 도입되는 등 북미 물류시장의 변화가 세계 해운 및 항만물류 환경변화를 초래하고 있다.

1) 내륙 및 미국 동안의 배송센터 건설

남부 캘리포니아지역의 화물적체에 대한 우려와 높은 창고 운영비용 때문에 내륙 및 미국 동안에 배송센터를 건설하는 사례가 늘고 있다. 또한, 파나마운하를 이용한 동부 직기항 서비스가 확대되면서 동부지역 항만에서 주요 내륙물류기지로 철도를 이용해 수송되는 화물량이 증가하고 있다. 이처럼 북미 내륙운송 시스템의 근간이 변화됨에 따라 선사들은 서비스를 다양화하고, 동부 항만들은 시설확장과 파나마운하의 확장을 추진하는 등 복합적인 환경변화가 발생하고 있다.

2) 통합적인 물류정책의 부재

미국은 내륙운송 인프라 부족으로 물류비가 증가하고 있는데 이는 통합적인 물류정책이 없기 때문인 것으로 지적되고 있다. 물류 인프라시설 운영을 민간에 대부분 의존하고 있는 미국에서는 개별 기업들이 막대한 재원조달이 어렵고, 인프라 개발에 장기간이 소요되는 등의 문제로 어려움을 겪고 있으며 이에 대한 근본적인 해결책 마련에 고심하고 있다.

3) 캐나다의 전산화 시스템 및 위성항법장치(GPS)기술의 활용

캐나다는 전산화 시스템 및 위성항법장치(GPS)기술을 활용하여 최소 재고유지와 물류비용 절감을 통해 공급망의 통합화로 물류산업 고도화를 추진하고 있다. 또한 캐나다는 해운산업에 있어 미국과는 달리 비교적 적극적인 자율개방정책을 채택하고 있으며, 해운시장 개방, 내국인 대우 등과 관련된 규제는 거의 없는 것으로 나타나고 있다.

4) 멕시코의 시장개방 경제체제 운영과 추가적인 FTA 체결 및 외국인 투자유치 확대

멕시코는 시장개방 경제체제 운영과 추가적인 FTA 체결 및 외국인 투자유치 확대 등을 통해 경제성장과 지역발전을 추구해 나가고 있다. 그리고, 인프라 건설 및 투자확대로 도로, 항만, 공항 등 수송체계에 대한 개선 및 확충이 지속적으로 이루어질 것으로 보인다. 향후 파나마운하 확장 프로젝트가 완성될 경우 멕시코 서부 공업지대와 동부의 소비지역간, 그리고 멕시코 서부 공업지대와 미국 동남부 및 유럽지역간 물류시스템이 한층 개선될 것으로 전망된다.

2. 해운환경

세계 3대 경제블록은 미국을 중심으로 하는 북미(NAFTA)와 아시아, 그리고 유럽연합(EU)이다. 3대 경제권역이 세계 교역에서 차지하는 비중은 금액을 기준으로 1992년에 77%에서 2003년에는 79%로 확대되었다. 그리고, 이 비중은 2020년에는 83%로 더욱 확대될 것으로 전망된다. 또한 2020년까지의 장기전망을 놓고 볼 때 앞으로 3대 경제블록 가운데, 아시아의 성장세가 가장 두드러질 것으로 예상되며 북미 또한 완만한 성장세를 이어갈 것으로 보인다.

지난 10년 사이 북미 항만에서 처리한 컨테이너 물동량은 약 121% 늘어났으며, 특히 2000~2005년 사이에는 물동량이 42%(4,640만 TEU)나 증가했다. 이 같은 성장세는 앞으로도 지속적으로 이어져 2020년까지 85% 정도 더 늘어날 것으로 보인다. 따라서, 아시아에서 수입되는 물동량의 60% 이상을 처리하는 미국 서안 항만의 처리능력 확대가 가장 큰 현안으로 부각되고 있다.

특히 북미 물류시장은 미국과 캐나다, 멕시코 등 3개국을 포함하고 있으나 미국의 환경변화가 인접국인 캐나다와 멕시코에 상당한 영향을 미치고 있다. 중남미의 파나마가 2014년까지 운하 확장 사업을 계획하고 있는 점도 이 지역 해운시장의 향후 전망과 관련해 중요한 변수다. 파나마운하가 확장되면, 1만 2,000TEU에 달하는 극초대형 컨테이너선이 미국 동안까지 운항할 수 있기 때문이다. 아시아에서 미국으로 이어지는 컨테이너 화물 운송서비스 시장에 엄청난 변화를 초래할 변수 중의 하나다.

1) 선대 현황

북중미지역 가운데 미국은 세계 6위의 선박 보유 국가이다. 그러나 대표적인 글로벌 선사는 없으며, 현재는 하주국으로서의 역할만을 강화시켜 나가고 있다. 이와 같이 하주국이면서도 선대 보유량을 상당 수준 유지하고 있는 것은 인접 국가간 해상운송과 연안운송에 상당량의 선대가 소요되기 때문이다.

캐나다의 경우는 세계 29위의 선대를 보유하고 있으나 대표적인 선사인 시피쉽(CP Ship)이 독일의 하파그로이드(Hapag-Lloyd)에 인수된 이후 캐나다는 미국과 같이 완전한 하주국으로 돌아섰다.

멕시코는 무역의 경우 대부분 미국에 크게 의존하고 있어 해운 선대량이 극히 적으며, 해운국으로서의 역할은 거의 없다고 해도 과언이 아니다. 따라서 북미의 경우 하주국 중심의 국가들로서 주로 해운의 수요국이라고 할 수 있다.

2) 물동량 현황

글로벌 기간항로에 있어서 북미지역은 가장 중요한 항로로 자리 잡고 있다. 중국 중심의 생산거점지역에서 생산된 화물이 주로 이들 지역으로 향하고 있기 때문이다.

아시아/북미 항로의 물동량은 1995~2004년 기간중 동향항로가 연평균 10.8%, 서향항로가 3.2% 증가하였으며, 2005년에는 두 항로 모두 전년 대비 9%대 성장을 기록해 동향항로의 경우 1,243만 1,000TEU, 서향항로의 경우 516만 9,000TEU를 기록한 것으로 추정된다. 이는 동 기간중 주요 기간항로인 아시아/유럽 항로에 비해 67% 많은 수준이다.

한편, 아시아지역으로 생산거점 이전의 가속화와 하주국으로서 미국의 수요 지속, 그리고 북중미를 포함한 미주지역의 경제성장 등을 배경으로 이 같은 물동량 증가세는 당분간 지속될 것으로 전망된다. 이에 따라 동 항로의 동서향항로 모두 2005~2010년 기간중 모두 연평균 5% 성장이 예상되고 있다.

그림 4-1 아시아/북중미 항로 물동량 추이 및 전망

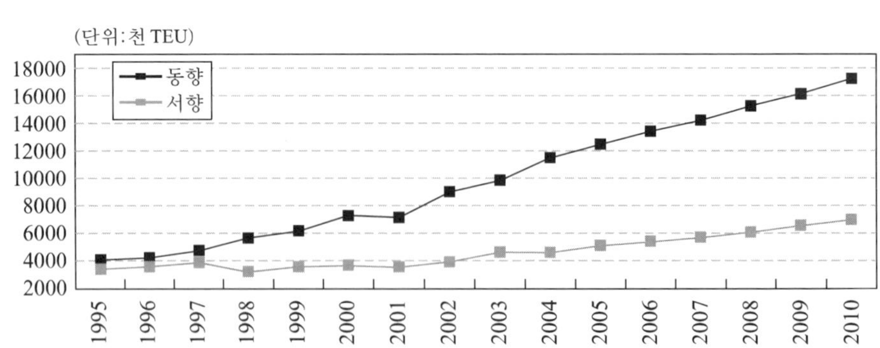

자료 : Drewry Container market review 2005/2006.

북중미지역에 있어서 미국이 앞으로도 이 지역 물동량 증가를 견인할 것으로 예상된다. 미국은 최근 5년 동안 연평균 10% 이상의 물동량 증가율을 보이고 있으며, 중국을 중심으로 한 아시아 주요국과의 교역이 크게 늘 것으로 전망되고 있다. 다만, 아시아와의 관계에 있어 미국은 수출입량의 불균형이 심화되어 물류 흐름의 편향성이 더욱 확대될 것으로 보인다. 즉, 미국의 수출량은 수입량에 비해 연간 100만 TEU 이상 추가로 증가하고 있는데, 이는 동서항로간 불균형을 더욱 심화시킬 것으로 예상된다.

3) 아시아/북미 항로의 성장

아시아/북미 항로는 세계 최대 물동량이 운송되는 기간항로로 2005~2010년 기간중 연평균 5% 정도의 성장이 예상된다. 향후 선사간 시장점유율 확대 경쟁 및 틈새시장 선점 경쟁이 더욱 치열해질 것으로 전망되는 한편 선사간 협력체계 구축도 확대될 것으로 예상된다.

4) 올 워터서비스(all-water service)의 확산

미 서안 항만의 적체, 정기선사간 인수 · 합병의 증가로 확산되기 시작한 올 워터서비스의 개설이 확산되고 있다. 월마트(Wal Mart) 등 주요 대형하주들이 물류센터를 동부지역에 설치하고, 동안서비스를 요구하는 등 항로 변화가 초래되고 파나마운하를 이용한 다양한 수송서비스가 도입되고 있다. 북미항로의 선대개편, 신규항로 개설, 미국 내 터미널 및 물류시설에 대한 미국의 경제애국주의 등장과 같은 환경변화가 지속적으로 발생하고 있다.

5) 미국의 아시아권 국가 및 중동, 중남미지역과의 적극적인 FTA 협정 체결

미국은 최근 아시아권 국가 및 중동, 중남미지역과의 FTA 협정 체결에 적극적으로 나서고 있어 중장기적으로 북미 해상 물동량 증가에 크게 기여할 것으로 보인다.

3. 항만환경

지속적으로 늘어나는 물동량을 원활하게 처리하기 위해서는 항만을 확충하지 않은 상태에서 처리 시스템과 같은 소프트웨어 개선만으로는 대응하기 어렵다는 의견이 지배적이다. 많은 전문가들이 2010년 이후 미국 서안 항만의 적체를 경고하고 있는 것도 이 같은 이유 때문이다. 특히 민간 부문이 운영하고 있는 철도 운송 시스템의 개선이 가까운 시일 내에 이루어질 가능성이 없는 것도 앞으로 미국 물류 흐름을 저해하는 요인의 하나로 분석되고 있다.

또한, 2001년 이후 미국을 중심으로 항만 보안을 강화하고, 항만의 대기오염 저감정책을 추진하고 있는 점도 북미 시장을 오가는 선사 측면에서는 부담이 되는 부분이다. 특히 미국의 컨테이너 보안제도는 선적 항만에서 양륙 항만까지 이른바 'Port to Port' 구간까지 보안을 요구하던 시대에서 벗어나 생산지에서 최종 소비자에 이르는 'Door to Door'로까지 확대되고 있다. 컨테이너 화물을 운송하는 선사뿐만 아니라 제품을 생산하고, 판매하는 업체까지 물류보안 대상에 포함하고 있는 것이 오늘날의 현실이다.

1) 노무인력 공급확대, IT 시스템 도입 등으로 인한 생산성 향상

지난 2004년 항만노동자 부족과 연계 철도망의 시설 부족으로 미국 LA/LB항에 심각한 항만적체 현상이 발생하였으나, 그 이후 노무인력 공급확대, 터미널 내 무료장치기간 축소, 작업시간 연장, IT 시스템 도입 등으로 생산성이 크게 향상되었다. 그러나, 경기 회복으로 수출입 물동량이 늘어날 경우 극심한 항만적체가 재발할 가능성도 매우 높은 실정이다. 미국 항만들은 터미널부지 부족과 환경규제 등으로 신규 터미널 개발이 어려운 상황이며, 대체 중소형 항만의 개발과 인근 캐나다 및 멕시코의 항만개발에도 참여하려고 하고 있으나 근본적인 해결책이 될 수는 없을 것으로 보인다.

2) 그린터미널 정책의 확산

미국 캘리포니아 항만을 중심으로 선박 및 크레인과 같은 항만 장비에 대해 청정연료를 사용하도록 하는 등 전방위적인 그린터미널 정책이 확산되고 있다. 그리고, 친환경적 터미널 운영정책으로 대기오염을 줄이기 위한 다각적인 제도적 노력이 시행되고 있다.

3) 국제물류 보안제도의 강화

9 · 11 이후 미국이 주도하는 국제물류 보안제도가 강화되어 전 세계적으로 확산되고 있다. 물류보안 및 안전운송이 해운기업운영 전반에 걸쳐 중요한 변수로 등장하여 수출입 하주, 해운 및 물류기업들은 이러한 물류보안체제 변화를 적극 수용하고 효과적으로 대체해야 할 상황에 있다.

4. LA항(Los Angeles)

1) 항만의 개요

미국 최대의 컨테이너 항만으로 이웃한 Long Beach항과 더불어 미국의 핵심 컨테이너 항만으로 손꼽히고 있다. LA시로부터 남쪽 20마일 지점에 위치하고 있으며, 43마일에 이르는 수변에 7,500에이커의 육상 및 수면적을 점유하고 있다.

그림 4-2 LA 항세도

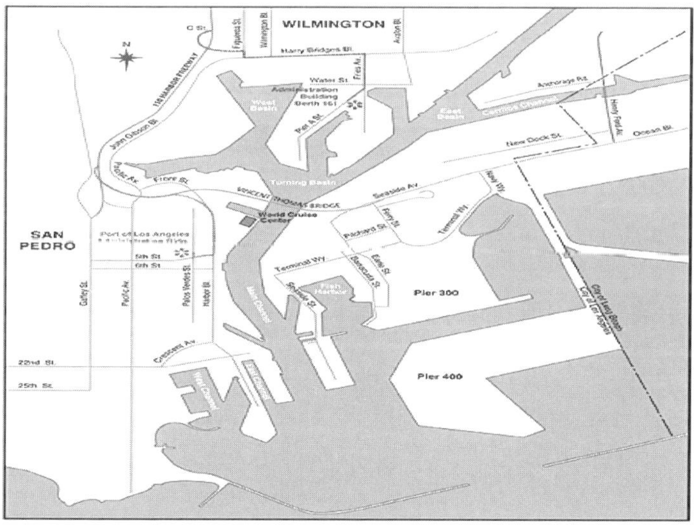

주요 수입품목은 가구, 의류, 전자기기, 완구, 컴퓨터 장비이고, 수출품목은 고지, 합성수지, 면직물, 사료 및 고철 등이다. 2개의 고속도로 및 3개의 대륙횡단철도를 이용하여 멕시코, 캐나다 및 미국 전역으로 연계가 가능하고, 8개의 컨테이너터미널을 포함하여 벌크, 크루즈, 액체화물, 자동차 등 27개의 터미널운영을 하고 있다. LA의 지역경제에 주도적인 역할을 하고 있는 세계적인 항만이라 할 수 있다.

2) 운영상의 특징

LA시 소속의 Los Angeles Harbor Department가 항만관리와 운영을 담당하되 독립채산제를 채택하여 토지는 시에서 제공하고 나머지 모든 개발계획 및 운영은 동 부서에서 수행하고 있다. 시장에 의해 지명되고 시의회의 승인을 받는 5인의 항만위원회 구성원들에 의해 항만의 정책방향이 결정되며, 독립채산제이므로 시에서의 예산지원은 없으며 임대료, 항만시설사용료 등으로 운영하고 있다.

터미널의 건설과 운영은 실제 터미널운영회사와 긴밀한 협의하에 진행되고 있으며, 대부분 민간에 임대하여 운영(Landload port로서 역할)하고 있다. 항만건설에 소요되는 비용은 대부분 채권을 발행하여 조달(AA등급)하고 있고, 선사 중심의 컨테이너터미널운영으로 안정적인 물량 확보를 추구해 나가고 있다.

LA항은 동 지역의 경제에 미치는 영향을 강조하고 연관 Community 활동을 강화하여 지역 내에서 항만의 입지를 강화하는 정책을 추구하고 있다. 그리고 LA항 역시 국내외 항만간 경쟁심화 등 새로운 환경변화에 노출되어 있는데 향후 태평양횡단 8,000TEU급 이상의 초대형 컨테이너선을 수용할 수 있도록 주 운하의 수심을 13.7m에서 16.2m로 준설한 바 있다.

3) 관리 및 운영주체

- 관리주체 : LA 항만당국(Los Angeles Harbor Department : LA시 소속)
- 소유권 : LA 시정부
- 주요 터미널 운영주체 : 각 터미널별 운영회사(민간기업)

4) 주요 기항 선사

CP Ships, HMM, Matson, MOL, MSC, Maersk Sea-land, Evergreen, CMA CGM,

CSAV, Norasia, PM & O, Cosco, CSCL, K-Line, Yang Ming, HLCL, MISC, NYK, OOCL, PONL, Hanjin, Wanhai, Zim 등이 기항하고 있다.

5) 시설 현황 및 개발계획

Pier 400터미널의 1, 2단계 공사는 2004년 완료되어 APM과 Sea-land Maersk에서 운영중에 있다. 면적 570,627㎡, 선석 972m의 규모이며, 1～2단계 합하여 연간 2.4백만 TEU를 처리하고 있다. 아울러 Alameda Corridor와 같은 철도노선 확장공사는 LA항을 주요 배후수송망과 연결하는 철도노선의 확충에 초점을 맞추어 20마일에 걸쳐 각종 철송에 필요한 시설을 보강하고 있다.

표 4-1 LA항 컨테이너터미널

구 분	YangMing Terminal	TraPac Terminal	Vacant Terminal Inc.	Yusen Terminals Inc.	Evergreen America Corp.	APL Limited (Pier 300)	APM Terminal (Pier 400-1)
총면적 (㎡)	752,742	700,131	368,277	748,695	829,635	1,181,724	1,388,121
장치능력 (TEU)	13,744	11,400	-	9,638	10,062	-	-
수심	14m	14m	14m	14m	14m	14m	14.3m
선석수	4	4	2	5	4	2	4
부두연장	1,067m	1,234m	664m	1,68m	1,433m	1,219m	1,219m
안벽 크레인	8	11	4	10	8	12	10
야드 크레인	-	-	-	20	11	18	-
냉동전원	380	546	-	600	414	600	

5. 롱비치항(Long Beach)

1) 항만의 개요

미국 제 2 의 컨테이너 항만으로 인접한 LA항과 연계하는 경우 홍콩, 싱가포르에 이은 세계적인 항만(LA-LB Port Complex)이다. 아시아 국가와의 교역이 전체 항만 물동량의 90%를 차지하고 있으며, 주요 교역국가는 중국, 홍콩, 일본, 한국, 대만 등이다.

그림 4-3 롱비치항 항세도

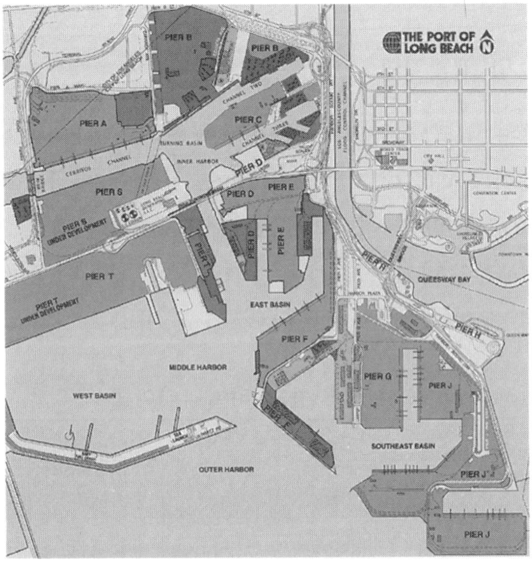

주요 수출품목은(금액기준) 기계, 플라스틱, 전자부품, 육류, 화학제품, 자동차, 사료 등이며, 주요 수입품목은 기계, 전자제품, 자동차, 의류, 완구, 자구, 신발, 석유화학제품 등이다. 자유무역지대(Free Trade Zone)를 운영하고 있으며, Metro International Trade Services사를 통하여 화물의 장치, 보관, 배송 및 물류활동을 지원하고 있다. 로스엔젤레스 및 캘리포니아지역과 연계하는 Alameda Corridor(철도노선)에 대규모 투자(2억불 이상)를 시행함으로써 배후 연계망을 확충할 계획으로 있다.

2) 운영상의 특징

롱비치시 소속의 Long Beach Harbor Department가 항만관리와 운영을 담당하되 독립채산제를 채택하여 운영하고 있다. 토지는 시에서 제공하고, 나머지 모든 개발계획 및 운영은 동 부서에서 수행하고 있으며, 시장에 의해 지명되고 시의회의 승인을 받는 5인의 항만위원회 구성원들에 의해 항만의 정책방향이 결정되고 있다. 독립채산제이므로 시에서의 예산지원은 없으며 임대료, 항만시설사용료 등으로 운영되고 있고, 관련법에 의해 항만에서 발생한 수입은 항만관련 활동에만

재투자되고 있다. 터미널의 건설과 운영은 실제 터미널운영회사와 긴밀한 협의하에 진행되고 있으며, 대부분 민간에 임대하여 운영(Landload port로서 역할)되고 있다. 지역경제에 미치는 영향, 특히 일자리 창출이 강조되고 있으며 전국적으로는 140만개, 5개 연관지역에는 32만개, 롱비치에는 3만개의 일자리를 창출하고 있다.

3) 관리 및 운영주체

- 관리주체 : Port of Long Beach(롱비치시 Habour Department)
- 소유권 : 롱비치시
- 주요 터미널 운영주체 : 민간 터미널운영회사

4) 주요 기항 선사

Fesco, GWF, Hamburg Sud, HMM, K-Line, Polynesia, PONL, Star Ship, Zim,

표 4-2 롱비치항 컨테이너터미널

구 분	California United Terminal	ITS Terminal	Long Beach Container Terminal	Maersk Pacific	Maersk Sea-land
총면적	304,000㎡	498,000㎡	420,780㎡	433,000㎡	384,000㎡
장치능력	14,400TEU	3,478TEU	18,600TEU	12,185TEU	7,732TEU
수심	14.6m	11~12.8m	15.2m	13.7m	12.8~13.4m
선석수	2	3	3	3	3
부두연장	594m	701m	823m	826m	778m
안벽크레인	5	8	5	6	5
야드크레인	-	18	8	9	7
냉동전원	400	384	300	432	482

구 분	Pacific Container Terminal-Pier C	Pacific Container Terminal-Pier J	Pier T(Hanjin) Terminal	SSA Terminal Poer A
총면적	238,000㎡	445,000㎡	1,170,000㎡	68,800㎡
장치능력	4,082TEU	16,000TEU	62,000TEU	19,500TEU
수심	13.7m	11~12.8m	15.5m	15.2m
선석수	3	5	4	-
부두연장	550m	685m	1,500m	1,652m
안벽크레인	3	7	12	6
야드크레인	-	-	-	-
냉동전원	114	685	1,500	1,652

Cosco, CSAV, Yang Ming, HLCL, NYK, OOCL, Horizon, Maersk Sea-land, HMM, SPSC, Hanjin, Senator, Sinotrans, UASC, MSC 등이 기항하고 있다.

5) 시설 현황 및 개발계획

375에이커 규모의 Pier T 컨테이너터미널이 완공되어 운영중에 있으며, 160에이커 규모의 Pier S터미널 건설을 추진하고 있다. 그리고 대형 선박 접안을 위한 준설계획과 배후 수송망 확충을 위해 기존 5차선을 6차선으로 증설하는 계획을 진행중에 있다.

6. 뉴욕/뉴저지항(New York/New Jersey)

1) 항만의 개요

뉴욕/뉴저지 양주에 걸친 항만지역을 하나의 항만으로 운영하기 위해 구성된 Port Authority of New York & New Jersey가 항만의 관리주체이다.

뉴욕/뉴저지 포트오소리티는 항만 외에 공항, 교량, 버스터미널, 터널, 연계철도, 페리 등 광대한 사회간접시설을 운영하는 기관이며, 뉴욕/뉴저지 항은 미국 동부지역의 최대 항만으로 유럽교역의 관문항 역할을 담당하고 있다. 그리고, 뉴욕항 일대의 핵심 교통시설에 대한 개발, 관리를 담당하기 때문에 교통시설간 연계 및 통합운영에 매우 유리한 구조로 운영되고 있다. 수출보다는 수입의 비중이 훨씬 높은 항만이다.

2) 운영상의 특징

양주의 주 의회에 의해 선임되는 12명(각주마다 6인)의 항만위원회 구성원들에 의해 항만의 정책방향이 결정되며, 공기업이지만 민간운영원리를 도입하여 중앙 및 주정부로부터 일체의 재정지원 없이 독립채산제로 운영되고 있다. 주요 재원은 시설 임대료, 사용료, 통행료 등이며 대규모 사업자금은 채권을 발행하여 조달하고 있다.

항만시설의 일부는 뉴욕시 및 개인 소유이나 나머지는 모두 뉴욕/뉴저지 포트오소리티 소유로 구성되어 있다. 트럭, 철도, 바지를 이용한 연계수송망이

표 4-3 뉴욕/뉴저지항 컨테이너터미널

구분	APM Terminal (Port Elizabeth)	Global Marine Terminal	Howland Hook Container Terminal	Red Hook Marine Terminal
총면적	1,076,000㎡	405,000㎡	757,000㎡	320,000㎡
장치능력	12,786TEU	-	-	10,000TEU
수심	12~14m	12m	10.4~12.2m	12.8m
선석수	6	2	3	3
부두연장	1,385m	549m	762m	637m
안벽크레인	11	6	7	6
야드크레인	8	10	10	-
냉동전원	628	220	500	72
구분	Meher Fleet Street Terminal	Maher Tripoli Street Terminal	Port Newark Container Terminal	Shuth Brooklyn Marine Terminal
총면적	1,000,000㎡	960,000㎡	712,100㎡	450,000㎡
장치능력	2,000TEU	11,000TEU	9,000TEU	8,000TEU
수심	14m	12m	12.2~13.7m	8.2m
선석수	15	3	5	5
부두연장	1,249m	955m	1,165m	1,870m
안벽크레인	8	8	7	2
야드크레인	-	-	-	-
냉동전원	300	232	390	76

발달되어 있으며, 2006년 초 DP World가 P & O Port의 미국 운영권을 획득하여 운영하고 있다.

3) 관리 및 운영주체

- 관리주체 : Port Authority of New York & New Jersey
- 소유권 : Port Authority of New York & New Jersey
- 주요 터미널 운영주체 : 민간 터미널운영회사

4) 주요 기항 선사

CCNI, CMA CGM, CSAV, Hamburg Sud, HLCL, HMM, MOL, NYK, OOCL, PONL, Turkon, ACL, BCL, Columbia Coastal, Cosco, CP Chips, Farrel, K-Line, POL,

Safmarine, WWL, Yang Ming, Evergreen, Zim 등이 기항하고 있다.

5) 시설 현황 및 개발계획

개발계획은 터미널별 하역장비 보강계획이 주를 이루고 있는데 터미널별로 살펴보면, APM Terminal은 3기의 G/C 추가, Howland Hook Terminal은 150,000㎡의 철도야드 추가, 2기의 포스트 파나막스급 G/C 추가를 계획하고 있다. 또한 10기의 G/C 증설과 2008년에 완공 예정인 두 개의 터미널공사가 진행중이며, 수심준설공사도 진행중에 있다.

7. 밴쿠버항(Vancouver)

1) 항만의 개요

조지아 해협의 버라드만과 프레이저강의 삼각주 사이에 위치하고 있는 캐나다의 항만으로 캐나다 최대 항구이다. 1914년의 파나마운하 개통 이후 북아메리카 동안과 서유럽으로 1차상품을 수송하는 데 주력하고 있으며, 벤쿠버-알라스카 크루즈의 본거지로서 2003년에 7,900만 달러를 투자하여 새로운 크루즈 선석을 건설한 바 있다. 크루즈 산업은 캐나다 지역경제에 연간 3억 달러 이상 기여하고 있다. 환경적으로 지속가능한 건물과 항만을 만들기 위한 노력 끝에 2006년 Leadership in Energy and Environmental Design for Commercial Interiors(LEED-CI)를 획득하였다.

2) 운영상의 특징

2001년 밴쿠버 항만 관리위원회(VPA)와 태평양 연안의 주요 해상화물 사업체 BCR Marine이 21년 임대계약을 맺어 컨테이너 처리량 증가를 꾀하였고, 항만관리위원회는 북미 서안의 컨테이너 운송량 증가에 발맞추어 컨테이너 적재량을 두배로 증가시키기 위해 10억 달러 이상 투자하였다. 그리고, 밴쿠버 항만은 수요증가를 캐나다의 경제와 고용을 강화할 좋은 기회로 보고 지속적인 투자를 시행하고 있다. 아울러 Prince Rupert 항만의 주요 컨테이너터미널 개발이 밴쿠버 항만과 경쟁하기보다는 서로 보완적인 역할을 할 수 있도록 운영해 나가고 있다.

그림 4-4 밴쿠버항 항세도

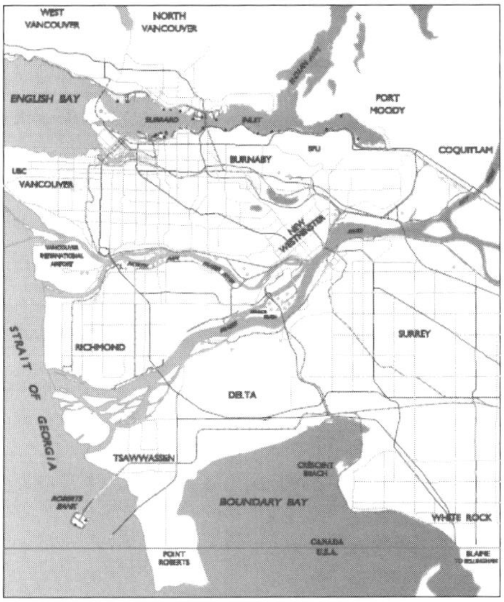

3) 관리 및 운영주체

- 관리주체 : Vancouver Port Authority
- 소유권 : Vancouver Port Authority
- 주요 터미널 운영주체 :

  Centerm : P & O Ports Canada Inc.

  Deltaport : TSI Terminal Systems Inc.

  Lynnterm : Western Stevedoring Co., Ltd.

  Vanterm : TSA Terminal Systems Inc.

4) 주요 기항 선사

CP ships, CSCL, Hanjin, Senator, WSL, Zim, Cosco, CSAV, Hamburg Sud, LCL, K-Line, Maruba, NYK, OOCL, PONL, Yang Ming 등이 기항하고 있다.

5) 시설 현황 및 개발계획

3번 선석을 보강하여 기존 679m 선석을 1,135m로 확장하고 수심도 15.8m로

표 4-4 밴쿠버항 컨테이너터미널

구분	Centerm	Deltaport	Lynnterm	Vanterm
총면적	291,312㎡	650,000㎡	332,000㎡	310,000㎡
장치능력	12,000TEU	13,000TEU	500TEU	10,332TEU
수심	12.4～20m	15.8m	15.2m	15.5m
선석수	6	2	3	3
부두연장	1,588m	670m	914m	847m
안벽크레인	4	9	1	7
야드크레인	21	30	44	36
CFS 능력	-	-	-	38,400㎡
냉동전원포인트	294	600	-	360

준설을 계획하고 있으며, 갑문확장도 진행중에 있다. 갑문확장 프로그램은 Vanterm, Centerm, Deltaport의 트럭 접근성을 평균 20% 향상시켜 적재량 증가 및 혼잡을 완화하고 처리속도를 증가시킬 목적으로 2006년 1월에 착공되었다. 그리고, 터미널 갑문 밖의 대기시간을 모니터하는 새로운 시스템은 확장된 갑문과 다른 운영시설의 효율성을 모니터하는 데 주요한 정보를 제공해 주고 있다.

밴쿠버 항만의 성장을 도모하기 위해서는 적재량 확장과 공급체인효율성(supply chain efficiency) 증가가 필수적이란 점에서 최근 적재량을 늘리고 캐나다 전역의 공급 체인을 만들기로 한 CP와 CN 철도회사와도 계약을 체결한 바 있다.

제 2 절 유럽의 주요 항만 현황

1. 물류환경

EU는 관세동맹(1968), 공동시장(1993), 경제통합동맹(1999)을 차례로 거치면서 서유럽은 물론 동유럽까지 포함하는 4억 5,000만명의 거대한 단일시장을 형성하고 이러한 통합경제권을 바탕으로 EU는 견고한 성장을 지속하고 있다. 그리고, 동유럽 주요국들까지 이러한 경제권에 포함됨으로써 시장이 크게 확대되었으며, 이에 따라 물류수요 또한 크게 증가할 전망이다.

1) 운송수단의 효율적인 통합 네트워크를 구축

유럽의 물류정책과 제도의 핵심은 운송수단의 효율적인 통합 네트워크를 구축하는 데 있다. 새로 가입한 EU 회원국과 향후 가입이 예상되는 남유럽 국가 사이의 운송네트워크구축이 물류효율화를 추진하는 데 중요한 관건이 된다는 판단에 따른 것으로 2001년에 발표된 유럽 운송백서에 의거, EU는 운송수단(Transport Mode)간의 점유율 조정, 병목현상의 제거, 지속가능한 물류 및 화물운송정책 등을 적극 추진해 나가고 있다. 유럽연합이 이와 같은 정책을 추진하는 것은 통합 이후, 도로운송 비율이 크게 증가하는 대신 철도운송 비율이 크게 감소하여 EU 전체의 교통 효율성이 떨어질 것으로 판단하고 있기 때문이다.

2) 범유럽 운송네트워크(TEN-T) 건설, 동유럽 연계도로망 확충, 항만확충 등 3개 사업을 적극 추진

범유럽 운송네트워크는 공로, 철도, 내륙수로, 항만, 공항, 항해 보조시설, 복합화물운송터미널, 파이프라인 등과 같은 물류 인프라와 이 같은 시스템 운영에 필요한 제반서비스로 구성되어 있는데, 유럽연합은 2007년부터 2013년까지 범유럽 운송네트워크의 구축에 총 220억 유로를 투입할 계획으로 있다. 동유럽 연계교통망 확충정책은 EU와 동유럽지역과의 도로망을 건설하는 것으로서 범유럽 운송네트워크 계획과 맞물려 2013년까지 개발될 예정으로 있다. 또한, EU의 항만개발사업은 앤트워프, 로테르담, 함부르크 등 주요 거점 항만을 중심으로 추진될 예정이며, 이와 더불어 주요 항만은 범유럽 운송네트워크와 연결되도록 계획되었는데, 이를 통해 각 항만의 내륙운송능력이 크게 강화될 것으로 보인다.

3) 도로운송 의존을 감소하는 정책의 추진

유럽 운송 시스템에서 가장 큰 문제점으로 지적되고 있는 것은 도로운송 부담률이 45%로 다른 운송수단에 비해 지나치게 높다는 점이다. 이 같은 현상은 유럽연합의 경우 영국을 제외하고 서로 국경을 맞대고 있는 지리적 특성 때문으로, 심각한 도로 체증 현상은 물론 소음과 배기가스 배출 등으로 인한 건강과 환경적인 손실 또한 심각한 것으로 평가되고 있다. 이에 따라 유럽연합은 도로운송 분담률을 2010년까지 37% 이하로 낮추는 정책을 추진하고 있다.

4) 철도의 효율성을 높이는 정책의 추진

유럽연합은 도로운송과 경쟁에서 뒤지는 철도의 효율을 높이는 정책을 추진하고 있다. 유럽연합이 야심차게 시행하고 있는 이른바 범유럽 운송네트워크(TEN-T) 건설 프로젝트가 이 같은 대표적인 Modal Shift 정책이라고 할 수 있다. 이 사업을 추진하기 위해 유럽연합은 철도운송사업에 대한 참여절차를 단순화하고, 차별적 대우를 폐지하기 위해 철도운송사업자에 대한 면허제도를 도입하는 한편, 철도사업에 대한 재정지원의 강화, 시장제도 도입, 철도공공서비스 강화, 국가철도 시스템 등의 통합과 같은 구체적인 사업도 아울러 시행하고 있다.

5) 다양한 운송수단을 연계한 복합운송 활성화

이 같은 대규모 사업과 함께 유럽연합은 다양한 운송수단을 연계한 복합운송 활성화 사업도 적극 추진하고 있다. 특히 유럽연합의 복합운송망은 인접하고 있는 러시아와의 철도연결 시스템이 더욱 강화되고 있고, 항만과 도로를 통한 서비스가 가능하다는 점에서 향후 성장 가능성이 매우 큰 부문으로 평가되고 있다. 이 밖에도 유럽의 운송 시스템이 러시아로 이어지는 북부 축, 중부 유럽과 흑해 연안으로 연결되는 중부 축, 코카서스와 홍해 등으로 연계되는 남동부 축 등 전방위적으로 확대되고 있어 복합운송의 발전을 가속화할 것으로 예상되고 있다.

2. 해운환경

EU는 서유럽은 물론 동유럽까지 포함하는 4.5억명의 거대한 단일시장을 형성하고 있으며 이러한 통합 경제권을 바탕으로 EU는 견고한 성장을 지속하고 있어서 물류수요 또한 크게 증가할 전망이다. 그리고, EU는 주요 해운국들이 포진하고 있어서 EU의 선대규모는 세계 전체의 34%로 거대 해운력이 집중되어 있다.

1) 선대 현황

세계 최대의 거대 경제권을 형성하고 있는 EU의 선대규모는 세계 전체의 34%로 거대 해운력이 집중되어 있다. 이 외에도 EU의 선종별 규모는 유조선이 세계 내비 31.7%, 건화물선 33.5%, 일반화물선 27% 등으로 이러한 선대규모를 바탕으로 이 지역의 주요국들은 세계 해운에 있어 주도적인 역할을 담당하고 있다.

2) 물동량 현황

유럽에 있어서 가장 중요한 항로는 아시아/유럽 항로이다. 이는 중국을 중심으로 한 아시아 경제의 성장에 따라 이 항로의 물동량이 급속히 증가하고 있기 때문이다. 최대 호황기였던 2004년의 경우 아시아/북유럽 항로의 물동량은 동향항로가 전년대비 13.7%, 서향항로가 16.5% 증가해 최근 5년 동안 가장 큰 성장세를 보였다.

특히, 동향항로의 물동량은 1995~2004년 기간중 연평균 6.1%의 성장세를 보인 반면, 서향항로는 9.8%의 고도 증가세를 보였다. 이러한 항로 불균형은 아시아의 급속한 경제성장과 유럽 선진국 경제의 안정적인 성장에 따라 향후에도 지속될 것으로 보인다. 이에 따라 2004~2010년 기간중 아시아/북유럽 항로에 있어서 동향항로는 연평균 3.7%에 그칠 것으로 전망되며, 서향항로는 9.5%에 이를 것으로 예상된다. 따라서 동향 및 서향항로간의 불균형 성장에 따라 향후 양향 항로간 물동량 격차는 더욱 커질 것으로 전망되고 있다.

한편, 대서양 항로의 물동량 증가율은 1995~2004년 기간중 동향항로는 2.7%, 서향항로는 5.2%의 성장세를 보였다. 이는 아시아/유럽 항로에 비해 완만한 성장세

그림 4-5 아시아/북유럽 항로의 물동량 증가 추이 및 전망

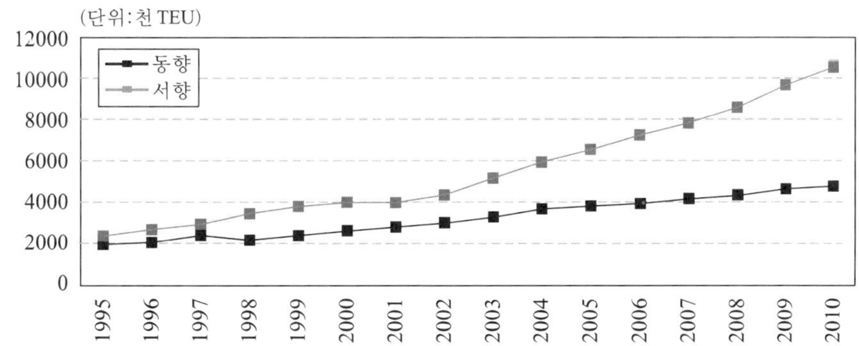

자료 : Drewy Shipping Consultants Ltd., The Drewry Container market review 2005/2006.

그림 4-6 대서양 항로의 물동량 증가 추이 및 전망

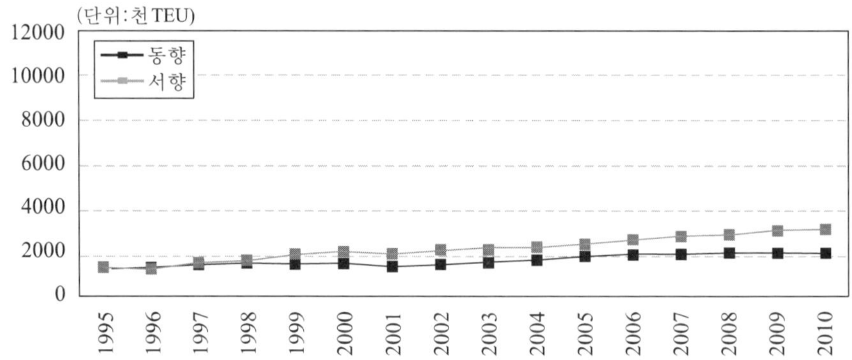

자료 : Drewy Shipping Consultants Ltd., The Drewry Container market review 2005/2006.

이다. 이렇게 대서양 항로의 물동량 증가율이 아시아/유럽 항로에 비해 낮은 이유는 선진국 경제의 성장이 급격한 발전단계를 이미 거쳐 안정적인 성장단계로 돌입했기 때문에 물동량 증가폭이 크지 않은 것으로 분석된다.

구체적으로 EU지역 물동량 현황을 살펴보면, 2004년 기준 EU의 물동량은 전 세계 물동량의 44%를 차지하고 있으며, 이 가운데 동향항로가 세계 물동량 대비 53%, 서향항로가 38%에 이르고 있다.

표 4-5 EU 주요 항로별 컨테이너 물동량

(단위 : 천 TEU)

구 분		동향항로	서향항로	합 계
동서항로	세계	22,346	22,745	45,092
	EU 소계	9,130	13,015	22,145
	대서양 항로	2,249	3,403	5,652
	유럽/극동	4,606	8,177	12,783
	유럽/중동	1,675	525	2,200
	유럽/남아시아	600	910	1,510
남북항로	세계	9,337	6,465	17,802
	EU 소계	2,837	2,420	5,257
	유럽/중남미	950	1,500	2,450
	유럽/아프리카	1,487	770	2,257
	유럽/호주	400	150	550
EU 역내 항로		-	-	7,675

자료 : Drewy Shipping Consultants Ltd., The Drewry Container market review 2005/2006.

한편, EU지역 항로에 있어서는 동서항로의 물동량이 EU 전체의 81%를 차지하고 있어 남북항로보다 많으며, 동서항로에 있어서는 유럽/극동 항로가 58%로 가장 많은 비중을 차지하고 있다. 이 외에도 EU 역내 항로의 물동량은 767만 5,000TEU로 세계 전체 역내 물동량 4,038만 5,000TEU의 19%를 차지하고 있다.

3) 인수 · 합병(M & A)으로 인한 유럽 선사의 지배력의 강화

유럽지역의 가장 큰 해운환경변화는 인수 · 합병(M & A)으로 인한 유럽 선사의 지배력이 점차 강화되고 있다는 점이다. 2005년 8월 머스크 시랜드가 P & O 네들로이드를 M & A한 이후 선사의 규모 키우기가 가속화되고 있는데, 합파그 로이드와 프랑스 선사 시엠에이 시지엠(CMA CGM)도 다른 선사를 인수하는 데 성공하였다. 이와 같은 M & A는 향후에도 지속적으로 추진되어 대형선사를 중심으로 하는 해운서비스의 과점현상이 앞으로도 더욱 강화될 것으로 전망되고 있다.

4) 동지중해와 흑해 중심의 환적물류 네트워크의 강화와 기항 선박수의 증가

유럽에서의 주요 변화 중 하나는 동지중해와 흑해 중심의 환적물류 네트워크가 강화되고 있으며, 이 지역에 기항하는 선박수가 점차 증가하고 있다는 점이다. 이 같은 현상은 중앙 및 동유럽 등의 경제 성장세를 반영한 것으로, 이런 추세는 앞으로도 계속 지속될 것으로 보인다.

5) 해운산업 진흥정책의 재추진

유럽국가들이 해운산업 진흥정책을 다시 추진하기 시작하였는데 선박등록제도를 개편하여 외국에 편의치적된 자국선박의 재등록을 촉진하는 한편, 선박톤세제도 등을 도입하여 선사의 경쟁력을 높이고 있다

6) 연근해 해상운송(short sea shipping)의 활성화 도모

유럽국가들은 연근해 해상운송을 활성화하는 방안도 지속적으로 추진하고 있다. 화물이 도로로 운송됨에 따라 야기되는 운송편중현상을 해소하고, 이에 따른 도로체증과 대기오염 등을 줄이기 위한 정책 대안 중의 하나이다.

3. 항만환경

5,170만 TEU를 처리했던 유럽 항만이 2004년에는 27% 증가한 7,065만 TEU를 처리하는 등 최근 4년간 급속한 성장세를 기록하고 있다. 유럽 항만의 처리실적이 세계 실적에서 차지하는 비중은 2000년 21.9%에서 2004년에는 19.6%로 2.3% 포인트 감소했으나 이는 중국을 비롯한 동북아 항만의 급속한 물동량 증가에 따라 상대적으로 비중이 감소한 것이다.

이러한 유럽 항만의 성장은 유럽경제의 회복추세와 중국효과에 의한 수송수요 급증 등이 그 원인이지만 그중에서 유럽 항만의 성장을 주도한 가장 중요한 요인은 바로 중국효과에 따른 유럽～아시아항로의 수송규모 확대라 할 수 있다.

유럽 항만은 이러한 급속한 성장추세에 따라 다양한 문제에 직면하게 되었으며 그 내용은 시설능력, 항만경쟁 그리고 항만운영 등으로 구분할 수 있다.

먼저, 유럽 항만들의 심각한 적체의 원인은 급속한 물동량 증가를 고려한 체계적인 항만개발이 이루어지지 못했기 때문이라고 할 수 있으며, 이에 대한 적절한 조치가 취해지지 않을 경우 항만적체현상은 장기화될 가능성이 제기되고 있다.

또한 유럽의 환경규제가 터미널 개발을 저해하는 중요한 요인이 되고 있어 EU의 적극적인 항만개발 정책이 촉구되고 있다. 이와 함께 충분한 대형선이 기항할 수 있는 충분한 수심확보와 항만능력(인력, 장비, 야적장 등) 등의 시설부족이 현재 심화되고 있는 유럽 항만 적체의 주요 원인으로 지적되고 있다.

1) 항만 적체 해소와 처리능력의 확대

유럽지역의 항만환경변화는 크게 항만 적체 해소와 처리능력 확대에 초점이 맞추어져 있다. 2004년에 영국과 북유럽 항만을 중심으로 심각한 적체를 겪었던 유럽 항만들은 이 같은 현상이 앞으로도 지속될 것으로 보고, 시설 확장에 적극 나서고 있다.

또한 유럽 항만들은 향후 8,000TEU가 넘는 초대형 컨테이너선박의 운항이 본격화될 것으로 예상하고, 이에 대비하기 위해 기존시설에 대해서도 고도화를 도모하고 있다.

2) 적극적인 중소 규모의 항만개발

항만시설의 확충 및 고도화와 함께 중소 규모의 항만개발도 적극적으로 이루어지고 있으며, 터키와 남지중해 항만, 그리고 흑해지역 항만의 성장 속도도 매우 큰 것으로 나타나고 있다. 이에 따라 앞으로 이들 항만을 중심으로 선박의 기항이 늘어나는 것은 물론 인근 항만 사이의 화물 유치 경쟁 또한 치열하게 전개될 것으로 예상되고 있다.

3) 대형컨테이너 선사와 글로벌 항만 운영업체의 투자 증가

두바이 항만공사(DP World)의 경우 외국기업으로서는 처음으로 터키에 100만 TEU를 처리할 수 있는 컨테이너터미널 건설사업에 착수하였고, 중국의 차이나 쉬핑은 지중해 거점 항만을 활용하기 위해 그리스의 크레타섬에 환적터미널을 건설하는 방안을 구체화하고 있다.

4. 함부르크항(Hamburg)

1) 항만의 개요

함부르크항은 독일 최대의 컨테이너 항만으로 독일은 물론 이웃국가들의 관문이다. 특히 동유럽 국가들의 게이트 역할을 수행하고 있으며, 엘베강 입구의 깊은 만에 위치하여 항만 내 정온도 유지에 최적일 뿐 아니라 내륙수로 이용에도 활용되고 있다.

함부르크항은 2006년 전년대비 9.6% 증가한 886만 TEU의 컨테이너를 처리하였으나 항만순위는 두바이항에 밀려서 한계단 하락한 9위에 랭크되었다. 함부르크항 성장의 견인차는 아시아 국가의 수출입 화물 처리량이 유럽 항만 가운데 가장 많다는 점으로 아시아와 유럽을 잇는 25개의 정기항로가 개설되어 있으며 특히, 전체 처리량 중 대중국화물의 비중이 24.2%로 중국의 수출입 화물이 급증하고 있다.

또한, 향후 새로운 성장 축은 동구권으로 함부르크항은 동구권과 가장 인접한 항만인데다, 연계 수송망이 확대·정비되면서 주요 허브 항만으로 급부상하고 있으며, 발트해 연안의 에스토니아, 체코, 헝가리 등 8개국이 EU에 가입함에 따라

그림 4-7 함부르크항 항세도

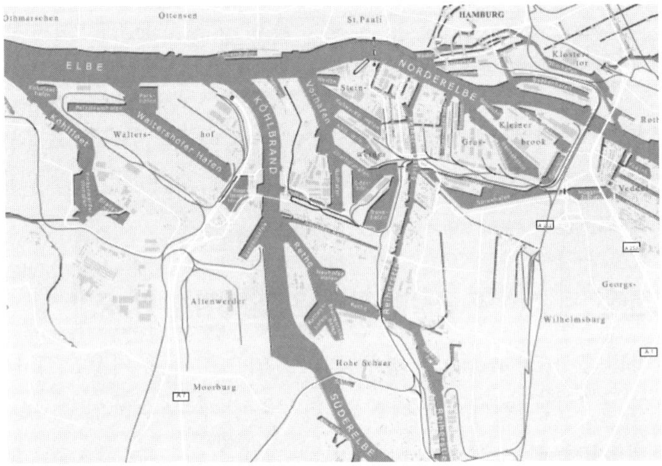

큰 수혜를 볼 것으로 기대되고 있다. 현재 중국과 발트 국가들로부터 운송되어 오는 물동량은 함부르크 전체 처리량의 절반 이상을 차지하고 있다.

함부르크항은 화물유치와 부가가치 제고에 유리한 자유무역항(Free Port)으로 운영되고 있으며, 함부르크시가 항만부지의 조성, 철도 등 기반시설의 구축을 담당하고 항만운영에 필요한 시설 및 창고 등은 입주업체가 구축(Landload port 역할)하고 있다. 입주업체의 선정은 시에서 수행하며 주요 선정기준은 함부르크 지역 내에서의 노동력 창출이다. 항만의 개발, 발전 등에 관한 사항은 시정부와 입주업체의 협의하에 결정되고 있다.

2) 운영상의 특징

항만의 전체적인 운영은 민간기구인 Port of Hamburg에 위임되어 운영되고 있으며, 시 당국은 항만개발 및 입주업체 선정 등에 주력하고 있다. 함부르크항 컨테이너터미널의 실제적인 운영은 HHLA, Eurogate, Unikai 등 전문 터미널운영업체들이 담당하고 있는데, 예를 들면 HHLA는 Burchardkai, Tollerort, Alternwerder 등의 터미널을 운영하고 있다.

함부르크항은 자유무역의 진전과 EU의 통합 등으로 자유무역항으로서의 기능 중 무관세기능은 낮아진 상태이나, 화물의 빠른 흐름을 보장하는 물류서비스가 구현되고 있다. 항만 내 화물정보처리를 위해 EDI기반의 DAKOSY 시스템을 운영하고 있으며, 세관의 주요 기능 역시 관세징수보다는 화물관리 및 통제에 주력하고 있다. HHLA가 운영하는 Alternwerder(알텐베르더)는 네덜란드의 ECT와 더불어 자동화 터미널로 유명하며, 전문 물류업체들이 서유럽은 물론이고 동유럽과 소련지역까지 운송, 보관, 유통가공 및 통관 등을 수행하고 있다.

3) 관리 및 운영주체

- 관리주체 : 함부르크시 항만당국
- 소유권 : 함부르크시

표 4-6 함부르크항 컨테이너터미널

구 분	HHLA Container Terminal Burchardkai	Buss Hansa Terminal	HHLA Container Terminal Alternwerder	O'Swaldkai Terminal
총면적	1,600,000㎡	200,000㎡	932,000㎡	1,000,000㎡
장치능력	16,100TEU	5,000TEU	30,000TEU	-
수심	9.4～16.5m	12m	16.7m	9.6～11.6m
선석수	10	3	4	3 (다목적부두)
부두연장	2,850m	830m	1,400m	350m
안벽크레인	20	12	14	1
야드크레인	105	7	ATC : 34 AGV : 35	1
CFS 능력	-	-	-	-
냉동전원	1,216	85	1,050	32

구 분	Eurogate Container Terminal	HHLA Container Terminal Tollerort	Leercontainer Zentrum Unikai Terminal
총면적	1,230,000㎡	356,000㎡	96,000㎡
장치능력	75,000TEU	15,000TEU	8,500TEU
수심	15.5m	15.2m	13.5m
선석수	8	4	3
부두연장	2,180m	1,005m	613m
안벽크레인	16	7	9
야드크레인	77	-	10
CFS 능력	-	-	-
냉동전원	678	320	125

- 주요 터미널 운영주체 : 각 터미널별 운영회사(민간기업)

4) 주요 기항 선사

AWS, CP Ships, HMM, Matson, MOL, MSC, Maersk Sea-land, Eurofeeders, Evergreen, CMA CGM, Hamburg Sud, HLCL, CSAV, Norasia, PM & O, Cosco, CSCL, K-Line, Yang Ming, MISC, NYK, OOCL, PONL, Senator, Hanjin, UniFeeder 등이 있다.

5) 시설 현황 및 개발계획

함부르크항의 항만당국은 투자를 통해 2010년까지 1,400만 TEU를 처리하는 것을 목표로 하고 있고, 터미널별로는 CTB의 처리능력을 2012년까지 520만 TEU까지 확대시킬 계획이며, 10여년 전 건설된 구형터미널 CTA는 향후 10년간 선석 추가 건설과 시스템 업그레이드를 통해 컨테이너 처리능력을 300만 TEU까지 확대시킬 계획으로 있다. Burchardkai터미널은 장치장 운영의 재설계를 통해 연간 처리량을 260만 TEU에서 520만 TEU로 두 배로 증가시키는 작업을 진행중에 있다. HHLA는 스트래들 캐리어에 기반한 시설을 자동화된 RMG운영 장치장으로 바꾸는 작업에 착수하였고, Kalmar사와 2007년과 2008년에 새로 선보일 5대의 고밀도 컨테이너 block에 15대의 자동 스태킹크레인을 납품하기로 계약하였다. 첫 번째 장비는 2007년 초에 인도될 예정이며, HHLA는 Kalmar RMGs를 75대 추가적으로 구입할 예정으로 있고, 44TEU를 수용 가능한 길이에 높이 10, 너비 5인 container block 30대는 2015년까지 완공될 예정으로 있다. Central free port에 연간 처리량 350만 TEU에 달하는 새로운 터미널 건설을 위한 계획도 구상중에 있으며, 함부르크는 2015년까지 처리량이 1800만 TEU에 달할 것에 대비해, Steinwerder터미널을 2015년경 완공할 예정이다.

5. 펠릭스토우항(Felixstowe)

1) 항만의 개요

영국 최대의 컨테이너 항만으로 Hutchison Port Holding(HPH)이 영국터미널

민영화 계획에 따라 소유권을 획득하여 운영하고 있으며, 1994년 OOHL(Orient Overseas Holdings Limited)로부터 25%인수하여 전체 운영권을 확보하였다. Harwich, Thamesport와 함께 영국 컨테이너 항만운영의 핵심축을 담당(양 터미널 모두 HPH 운영 터미널)하고 있으며, 1879년부터 현재까지 Felixstowe Dock & Railway Company가 항만의 제반운영과 건설 등을 담당하고 있다. Trinity와 Landguard 컨테이너터미널은 HPH가 전체 지분을 소유하고 있으며, 펠릭스토우항은 도로와 철도에 의해 영국 주요 지역과 연계되며 피더망으로 유럽의 주요 항만과 연계가 되어 있다.

2) 운영상의 특징

Trinity터미널은 대형선박이 주로 기항하고 있으며 Landguard터미널은 소형컨테이너선이 주로 기항하고 있다. 또한 Ro/Ro 부두에서는 환적화물을 주로 처리하고 있다. Maritime Cargo Processing Plc사가 운영하는 FCPS(Felixstowe Cargo Processing System) 시스템은 해운항만 관련 업체들의 정보처리를 EDI 기반으로 수행되고 있으며, FCPS 시스템은 1984년부터 개발되어 현재 영국의 18개 컨테이너 처리시설에서 사용중에 있다. 펠릭스토우항은 컨테이너터미널, 일반 부두, Ro/Ro 부두, 페리터미널 등 다양한 부두들의 역할분담이 강점이다.

그림 4-8 펠릭스토우항 항세도

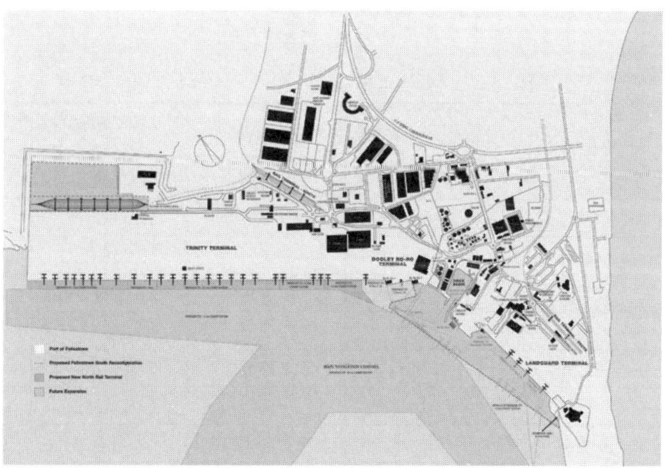

3) 관리 및 운영주체

- 관리주체 : Felixstowe Dock & Railway Company
- 소유권 : Felixstowe Dock & Railway Company
- 주요 터미널 운영주체 : Port of Felixstowe(HPH)

4) 주요 기항 선사

Finanglia, Norfolkline, OTAL, Sloman Neptun, T & E ESCO, Transfennica, Alianca, ASSA, AWS, CCNI, CMA CGM, Contaz Line, Coscon, CSAV, CSC, DAL, Delmas, ESL, EWL, Hamburg Sud, HLCL, HMS, Iscont, K-Line, Navibulgar, NCS, NYK, OPDR, SCI, WAL, Yang Ming, Zim, APL, BG Freight, CCL, CSCL, EuroFeeders, Evergreen, Feederlink, Hanjin, HMM, IM Interhavens, IRISL, Kursiu, Latvian Shpp, Lloyd Triestino, MISC, MOL, MSC, Norasia, PONL, Rheintainer, Safmarine, Senator, Sinotrans, Team Lines, UASC, Unifeeder, WEC 등이 기항하고 있다.

5) 시설 현황 및 개발계획

Trinity터미널을 안벽 270m, 수심 15m로 확장중에 있으며, 기존 Ro/Ro 부두 및 여객터미널 등 기존 터미널을 재개발하고 있다. 또한 Felixstowe South를 수심 16m, 선석길이 1,350m로 확장하고, G/C 13대를 추가로 투입하여 연간 150만 TEU를

표 4-7 펠릭스토우항 컨테이너터미널

구 분	Dock Basin	Dooley Ro/Ro Terminal	Ferry Termianl	Landguard Container Terminal	Trinity Container Terminal
총면적	6,000㎡	130,000㎡	180,000㎡	280,000㎡	1,668,000㎡
장치능력	-	-	-	11,968TEU	55,000TEU
수심	6.7m	7.3~9.8m	7.3m	9.4~11.9m	11.4~15m
선석수	3	2	2	1	7
부두연장	512m	424m	297m	439m	2,084m
안벽크레인	2	1	1	4	21
야드크레인	-	-	-	14	64
CFS 능력	-	-	-	-	-
냉동전원	-	-	-	162	1,219

처리할 수 있도록 재개발하였다. 그리고, Harwick International Container Terminal(HICT)에 수심 15m, 길이 1.4km의 부두를 건설하고 있으며 연간 처리량 170만 TEU를 목표로 하고 있다.

6. 로테르담항(Rotterdam)

1) 항만의 개요

물동량 기준으로 유럽 최대의 컨테이너 항만이며, 네덜란드의 지리적 이점과 물류 인프라를 활용하여 유럽의 관문항으로 자리 매김되어 있는 항만이다. 액체화물을 포함한 전체 화물 처리기준으로는 세계 1위로 2003년 기준 327.8백만톤을 처리(2위 싱가포르는 320.5백만톤, 부산항은 187.2백만톤)하였다. 세계 최고의 액체화물 처리 항만으로 명성을 얻고 있으며, 철광석, 석탄 등 벌크화물도 유럽에서 처리량 기준 1위 항만이다. 라인강 및 마스강 등의 내륙수로와 고속도로, 철도 및 인근 항만을 연계하는 피더망 등으로 서유럽은 물론 동유럽까지 연계하여 물동량을 처리하고 있으며, 컨테이너의 경우 반입 물동량과 반출 물동량이 균형을 이루고 있다. 경제발전에 맞추어 항만을 강을 따라 내륙에서 외해쪽으로 확대하여 지속적으로 발전할 가능성을 가지고 있다.

2) 운영상의 특징

2004년 1월 1일부터 항만운영주체를 변경하였다. 기존 로테르담시 소속의

그림 4-9 로테르담항 항세도

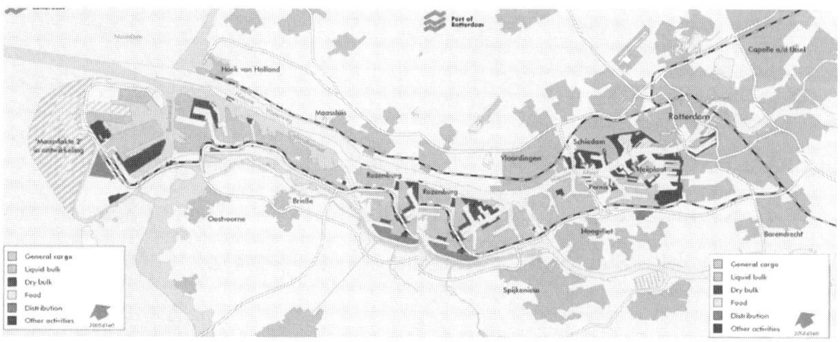

RMPM(Rotterdam Municipal Port Management)에서 좀 더 독립적인 역할 수행을 위해 정부 공사인 Port of Rotterdam으로 변경하여 운영하고 있다. Port of Rotterdam은 로테르담 항만뿐만 아니라 공업지역(Rotterdam port and industrial zone)의 개발, 관리, 활용 등 연관 경제활동을 모두 관장하고 있으며 컨테이너터미널은 대부분 유럽 최대의 컨테이너터미널운영사 중의 하나인 Europe Container Terminals에 의해 운영되고 있다. ECT Delta Terminal 등은 자동화 터미널로 유명하며, 야드하역 및 적재자동화 설비는 많은 기업들의 벤치마킹 대상이 되고 있다. 잘 정비된 내륙수로, 철도, 도로 및 피더망은 로테르담이 유럽 복합운송의 중심지로 발전하는데 기여하고 있으며, Botlek, Eemhaven, Maasvlakte지역에 위치한 물류센터 및 물류기지는 보관, 가공, 유통 등 부가가치 물류활동에 많은 기여를 하고 있다. 그리고, 항만산업 및 연관 물류활동을 기본으로 하는 항만클러스터(Port Cluster)는 로테르담항의 경쟁력 제고의 핵심요인이라 할 수 있다.

로테르담은 아시아와 남미, 그리고 러시아와의 교역 상승세에 힘입어 컨테이너 물동량이 증가하고 있다. 로테르담 항만당국에 따르면, 서북유럽 경쟁항만의 컨테이너 화물처리능력의 확장이 아직까지는 로테르담항의 컨테이너 화물처리에 별다른 영향을 주지 못할 것으로 분석되고 있으며, 항만당국은 향후 컨테이너 화물처리량을 2009년 또는 2010년에 1,200만 TEU로 수정하였으며, 2008년에 연간 240만 TEU의 처리능력을 보유하는 신규 터미널을 추가로 개장할 예정이다.

3) 관리 및 운영주체

- 관리주체 : Port of Rotterdam
- 소유권 : Port of Rotterdam
- 주요 터미널 운영주체 : ECT 등 각 터미널별 운영회사(민간기업)

4) 주요 기항 선사

CP Ships, HMM, Matson, MOL, MSC, Maersk Sea-land, Evergreen, CMA CGM, Cosco, CSCL, K-Line, HLCL, MISC, NYK, OOCL, PONL, Hanjin, Senator, Sinotrans, UASC, PONL, WWL, Star Ship, Safmarine 등이 기항하고 있다.

표 4-8 로테르담항 컨테이너터미널

구 분	APM Terminal	Barge Terminal	Brittannie Terminal	ECT Delta Terminals	ECT Home Terminal	Handico Terminal
총면적	700,000㎡	67,000㎡	272,000㎡	2,360,000㎡	680,000㎡	43,000㎡
장치능력	20,142TEU	-	10,555TEU	-	-	4,500TEU
수심	16	-	12.6m	16.6m	12.4~14.1m	6m
선석수	4	1	5	-	-	1
부두연장	1,250m	450m	1,240m	3,400m	1,480m	100m
안벽크레인	8	-	6	22	10	1
야드크레인	32	3	-	AGV : 183 ASC : 99 MTS : 60	MTS : 13	-
냉동전원	1,000	-	220	2,000	680	19
구 분	Hanno terminal	HT Holland Terminals	P & O North Sea Ferries Terminal	Waalhaven Pier 7	Waalhaven Terminal	
총면적	330,000㎡	102,000㎡	180,000㎡	200,000㎡	80,000㎡	
장치능력	-	9,000TEU	-	8,000TEU	7,000TEU	
수심	13.5m	6.5m	7m	13m	6.5m	
선석수	1	1	2(RO/RO)	-	1	
부두연장	1,500m	300m	1,000m	800m	185m	
안벽크레인	7	2	-	5	1	
야드크레인	-	-	-	6	-	
냉동전원	175	120	24	160	72	

주 : AGV : Automated Guided Vehicles.
ASC : Automated Stacking Cranes.
MTS : Multi Trailer System.

5) 시설 현황 및 개발계획

"Port Vision 2020"이라는 캐치프레이즈를 내걸고 미래의 새로운 환경변화에 적극 대응하기 위해 ① 고부가가치 지향(multi-faceted/comprehensive port), ② 지속가능 및 혁신항만(sustainable/innovative port), ③ 지식기반의 지능형 항만(smart/intelligent port), ④ 빠르고 안전한 항만(fast/safe/secure port), ⑤ 매력적인 항만(attractive port), ⑥ 깨끗한 항만(clean port) 등의 6대 목표를 수립하여 추진하고 있다.

또한, 2008년 연간 240만 TEU 처리 용량의 신규 터미널을 개장 예정하고 있으며, 2013년을 목표로 연간 850만 TEU 화물을 처리할 컨테이너 복합물류단지인 Maasvlakte 2 개발을 위해 15개의 선진 컨테이너터미널 회사 및 선사와 협상을 진행하고 있다.

7. 앤트워프항(Antwerp)

1) 항만의 개요

벨기에 최대의 컨테이너 항만으로 함부르크에 이어 유럽에서 2위를 차지하고 있다. 앤트워프항은 2006년 8.3%가 증가한 701만 TEU를 처리하여 최초로 700만 TEU벽을 넘었으나, 항만순위는 중국항만의 급성장에 밀려 2계단 하락한 14위를 차지하였다.

물동량 증가요인은 벨기에와 이웃한 유럽국가 및 북미지역과의 교역량 증가와 함께 아시아로부터 쏟아져 들어오는 수입물량의 증가세 때문으로 이러한 전체적인

그림 4-10 앤트워프항 항세도

물량 증가 속에서 앤트워프는 2005년 개장한 Deurganck 부두로 인해 더 많은 물량을 소화해 낼 수 있었다.

Antwerp Port Authority는 부두, 안벽, 수로의 준설뿐만 아니라 자체 창고 및 하역시설 등을 운영하고 있으나 대부분의 시설은 민간기업에 임대를 하고 있다. 스케르트(Scheldt)강 하구에 건설된 동항은 북대서양으로부터 앤트워프항까지의 진입에 시간이 소요(40마일)되기는 하지만 첨단의 항만시설과 잘 발달된 내륙 연계교통망으로 유럽의 중심항으로 부상하고 있다.

최근 P & O 및 PSA가 동항에 진출하는 등 신규투자가 활성화되고 있다. 냉장/냉동화물 및 자동차의 처리 실적이 유럽에서 수위를 차지하고 있으며, 현재 프랑스 르아브르에서 함부르크까지 산재해 있는 유럽의 주요 항만들과 치열한 경쟁을 벌이고 있는 상황이다.

2) 운영상의 특징

앤트워프항은 Antwerp Port Authority와 다수의 민간기업의 협조하에 항만의 개발 및 발전방향을 수립하고 있다. 항만 전역에 펼쳐진 창고시설을 이용하여 보관, 분류, 포장, 가공, 판매, 유통 및 전시 등의 복합적인 물류활동을 지원하고 있으며, 철도, 도로, 바지를 이용한 내륙수로 등 다양한 연계수단을 보유함으로써 유럽 전지역에 대한 서비스가 가능하다.

세계적인 항만운영업체인 P & O Ports가 이미 운영중인 터미널 외에 Antwerp Gateway라고 불리는 대규모 컨테이너터미널 개발계획에 참여하고 있어 향후 350만 TEU의 처리능력을 추가로 확보할 예정에 있으며, PSA는 앤트워프에서 4개 터미널을 운영하는 대표적인 항만기업인 Hesse-Noord Natie(HNN)를 인수하는 등 세계적인 항만기업들의 각축장이 되고 있다. 또한, SEAGHA라고 하는 정보 시스템을 운영하여 항만효율을 제고하고 있다. 시설물 확장계획으로는 PSA가 현재 벨기에 앤트워프 Deurganck Dock에 1, 2단계에 걸쳐 총 8개 선석을 건설할 예정으로, 이 중 2개 선석이 2005년에 완공되었으며, 나머지 3개 선석을 2007년 말에 완공되었다.

3) 주요 기항 선사

ACL, BG Freight, CCL, CMA CGM, CP Ships, Eucon, Evergreen, HLCL, MSC, NWA, OOCL, PONL, Portlink, UASC, WAL, Zim, NYK, Yang Ming, Senator, Maersk

표 4-9 앤트워프항 컨테이너터미널

구 분	Delwaide Dock	Europa Terminal	Mexico Natie
총면적	1,409,382㎡	1,570,000㎡	70,000㎡
장치능력	51,000TEU	65,237TEU	-
수심	15.5m	14.3m	-
선석수	7	4	4
부두연장	2,290m	1,180m	600m
안벽크레인(Quay)	15	10	7
야드크레인(Yard)	-	-	-
냉동전원포인트	575	515	10

구 분	Noordzee Terminal	P & O 6th Harbour Dock	P & O Churchill Dock	P & O Delwaide Dock
총면적	620,000㎡	280,000㎡	407,195㎡	580,847㎡
장치능력	378,000TEU	-	5,200TEU	-
수심	14.3m	14.5m	13m	14.5m
선석수	4	10	10	5
부두연장	1,124m	1,850m	1,665m	1,305m
안벽크레인(Quay)	8	24	18	6
야드크레인(Yard)	-	-	-	-
냉동전원포인트	450	43	28	280

Sea-land, HMM, Hanjin 등이 기항하고 있다.

4) 시설 현황 및 개발계획

Deurganck Dock 개발 및 운영을 예정하고 있는데 이는 DEURGANCKDOCK WEST 개발과 DEURGANCKDOCK EAST 개발로 나눌 수 있다. 먼저 DEURGANCKDOCK WEST는 PSA의 자회사인 Hesse-Noord Natie(HNN)가 스케르트강 좌편을 개발하여 부지 200ha, 선석길이 2,750m, G/C 24기 등을 설치하고 40년간 운영을 하게 된다. DEURGANCKDOCK EAST는 P & O Ports가 67.5%의 지분을 가진 Antwerp Gateway를 통하여 40년간 동 항만을 운영하고 있다.

제 3 절 동아시아의 주요 항만 현황

1. 물류환경

1) 동북아 교역구조

세계의 교역구조는 지난 10여년간 북미, 유럽, 아시아를 중심으로 삼극체제를 유지해 오고 있으며, 2004년 기준 세계교역규모는 18조 950억 달러로 1994년의 8조 7,520억 달러에 비해 약 106% 증가하였다. 동 기간중 아시아지역의 세계교역비중은 1.7% 포인트 줄어들었음에도 불구하고 동북아시아의 교역비중은 오히려 1.3% 포인트 증가하였다. 즉 아시아에서 한국, 중국, 홍콩, 일본, 대만의 5개국이 차지하는 교역비중이 1994년 67.5%에서 2004년 77.0%로 약 10% 포인트 확대된 것으로 나타났다. 특히, 동북아시아 5개국 가운데 중국의 교역비중은 14.8%에서 32.6%로 가장 큰 성장세를 기록하였다

중국의 급속한 교역규모 성장은 세계교역시장에 있어서 동북아시아지역의 비중을 확대시키는 데 큰 역할을 하고 있는 반면, 일본, 대만, 홍콩 등은 세계시장에서뿐만 아니라 동북아시아지역 내에서도 점차 입지가 약화되고 있다.

한편, 동북아시아의 경제는 세계에서 가장 역동적으로 발전하는 지역이다. 세계은행의 자료(2004)에 의하면, 동북아시아 한·중·일 3개국의 구매력 수준(PPP : Purchasing Power Parity)의 합은 세계 1위인 미국과 거의 비슷한 규모이다. 또한, 동북아를 포함한 아태지역까지 확장할 경우, 세계 GDP의 57%, 교역의 46%를 담당하는 등 세계 경제의 중심지로 부상하고 있다.

이러한 경제력 성장과 함께 3국간의 산업경쟁력을 보완하기 위한 상호 무역의 존도가 높아지면서 역내 교류가 지속적으로 증대하고 있다. '80년도에 180억 달러에서 '00년 1,689억 달러, '04년 2,910억 달러 기록하는 등 동북아 역내 교역 규모는 크게 성장하고 있다.

2) 중국관련 화물의 증가

동북아 3국의 역내 교역의 증가와 함께 이 지역의 물류시장도 크게 성장하여 2004년 기준으로 세계 총 화물량 35,561만 TEU 중 30%에 해당하는 12,125만 TEU의

화물이 발생하고 있다. 또한, 동북아지역 전체 화물량은 2000년대 들어 연평균 14.4%씩 성장하는 등 동북아의 물류시장은 비약적으로 발전하고 있다.

이러한 동북아 물동량의 증가는 WTO 협상의 진전을 비롯한 무역자유화의 가속화, 중국 경제의 부상에 기인한 것으로 분석되고 있다. 특히, 중국의 저렴하고 풍부한 노동력을 활용하려는 해외직접투자(FDI : Foreign Direct Investment)가 중국으로 집중[1])되면서 중국에서 발생하는 화물량이 급속히 증가하고 있는 상황이다.

중국발 화물의 증가는 중국 항만에서 처리되는 물동량이 크게 증가[2])함과 동시에 한국의 항만이 90년대 말부터 동북아 주요 항만으로 발전하는 데 큰 기회를 제공하였다. 즉, 중국 항만시설의 공급이 수요를 따라가지 못하고 지리적 여건상 대형선박이 중국의 주요 항만에 기항하기가 어려움에 따라 한국의 항만에서 화물들이 중계되어 중국의 항만으로 운송되는 환적화물[3])이 많이 발생하게 되었다. 이를 통해 부산항은 전체 처리 화물 중에서 환적화물의 비중이 42%에 이르는 등 동북아시아의 주요 항만으로서 기능을 발휘하고 있다.

환적화물의 성장은 동북아지역의 각 항만이 서로 더욱 긴밀하게 연결되어 가고 있음을 의미한다. 특히, 동북아 항만을 연결하는 항로의 숫자가 크게 증가하게 됨에 따라 기업의 입장에서 볼 때 항만의 국적은 큰 의미가 없어지게 되었다. 부산항의 경우, 일본의 60개 항만과 항로가 개설되어 있어서 일본 기업의 입장에서 보면, 부산항은 물류 측면에서 일본의 항만과 큰 차이가 없다고 할 수 있다.

이와 같이 항만의 국경 개념이 희미해짐에 따라 최근에 한·중·일의 기업을 포함한 글로벌 기업들은 동북아지역을 하나의 시장으로 가정하고 최적의 물류 시스템을 구성하려는 노력, 즉 "동북아 통합 물류협력 비즈니스 모델"의 구축을 추진하고 있다.

동북아 통합 물류협력 비즈니스 모델은 투자목적에 따라 서비스 증진형,

---

1) FDI는 과거 선진국에 집중되었으나, 최근 아시아를 중심으로 한 개도국으로 몰리고 있으며, 특히 아시아를 겨냥한 FDI 중 중국의 비중이 41%를 차지하고 있음.

2) 중국 항만들이 처리하는 물동량은 2000년대 들어 매우 빠른 성장세(연평균 30% 수준)를 보이고 있으며, 2003년도 이후 상하이와 선전이 물동량 기준으로 세계 제 3 위 및 4위의 항만으로 발전하였음. 반면, 부산항의 경우, 2000년부터 2002년까지 세계 제 3 위의 항만에서 2003년 이후 5위로 순위가 하강하였음.

3) 컨테이너 화물은 발생 패턴에 따라 크게 수출입 화물과 환적화물로 구분됨. 수출입 화물은 항만 배후의 산업단지 등에서 생산되어 수출되거나 수입되는 화물을 의미하며, 환적화물은 항만 배후경제권과는 상관없이 주변국가로 운송되어야 하는 화물이 그 항만에서 다른 선박으로 옮겨 실어져 최종 도착지로 수송되는 화물을 가리킴.

시장 확대형, 비용 절감형 등으로 구분할 수 있다. 실제로 많은 기업들이 한국의 항만배후단지에 물류센터를 설치하여 동북아 통합 물류협력 비즈니스 모델을 실현하려는 투자를 활발하게 진행하고 있다.

민간부문뿐만 아니라 정부부문에서도 한·중·일의 물류 시스템을 통합적으로 이해하고 정책을 펴 나가려는 인식이 높아지고 있다. 즉, 3국간의 물류를 국제물류가 아닌 국내물류라는 관점에서 보려는 시각이 확산되고 있다.

그러나 현실적으로는 동북아 3국의 물류장벽으로 인하여 경제·사회적 비용이 과다하게 발생하는 것으로 보고되고 있다. 일례로, 한국 A사의 중국법인은 전자문서교환(EDI : Electronic Data Interchange)을 통해 컨테이너 운송에 필요한 문서를 주고받고자 하나, 중국은 정형화된 EDI 문서 양식이 없고 관련 인프라가 부족하여, 자료를 한국으로 송부하여 전자문서화한 후 다시 중국 내 당사자에게 1 : 1 방식으로 재송부하는 등 중복 비용이 지출되고 있는 사례가 있다. 그 밖에도 3국 물류장벽의 특성에 따라 제도적인 장벽, 법률적인 장벽, 기술적인 장벽 등이 존재하고 있는 것이 현실이다.

종합적으로 볼 때, 동북아 3국의 물류시장은 경제적인 상호 의존도가 높아짐에 따라 화물량이 증가하고 있으며, 증가하는 화물을 원활하게 수송하고 물류비를 최적화하기 위한 민간부문의 투자와 정부부문의 인식제고가 많이 이루어지고 있다. 그러나, 3국 물류 시스템에는 보이지 않는 많은 물류장벽의 존재로 비효율이 발생하고 있어서 물류장벽을 낮추기 위한 체계적인 노력이 요구되는 상황이다.

3) 선사간 전략적 제휴 및 인수합병

해상운송에 컨테이너화가 확산된 이후 선사간 다양한 형태의 제휴가 이루어져 왔으며, 전략적 제휴의 목적은 주로 선복의 교환과 공동운항을 통한 경쟁력 확보 및 운항비용의 절감으로서 타선사 및 그룹과의 다양한 전략적 제휴를 통해 운영효율성을 추구하고 있다. 그리고, 이러한 흐름은 개별선사 및 글로벌 제휴그룹의 글로벌서비스 능력은 향상시키지만, 외관상으로 기존 글로벌 제휴체제의 약화 및 글로벌 제휴그룹 내 선사간 경쟁관계가 형성되기도 한다.

2000년 이후 주요 선사들은 기존의 글로벌 제휴관계를 유지하면서도 타선사 및 그룹과 별도의 전략적 제휴관계를 지속적으로 확대하고 있다. 전략적 제휴는 선사들의 교섭력을 크게 강화시켜, 교섭력을 바탕으로 항만당국과 터미널운영업체

그림 4-11 선사간 전략적 제휴의 변화

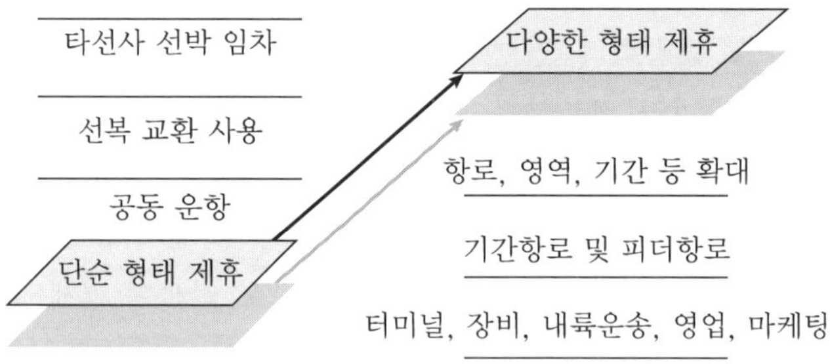

에게 항만서비스 제고와 이용료 인하를 강요하는 작용도 한다.

그림 4-12 선사간 글로벌제휴 참여 현황

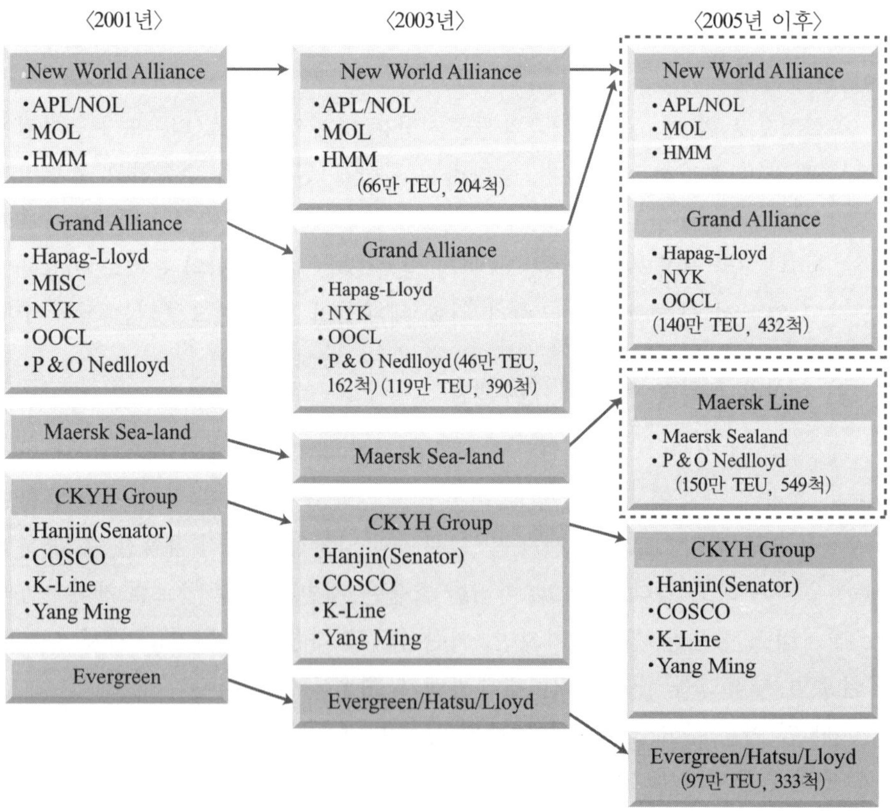

2005년을 기준으로 세계 정기선해운 글로벌 제휴체제에 참여하고 있는 주요 선사별 선대보유 현황을 살펴보면, 거대 선사인 Maersk Sea-land사가 857,470TEU로 1위, MSC사가 665,613TEU로 2위, P & O Nedlloyd사가 428,495TEU로 3위 순이다.

2. 항만환경

1) 중심항 경쟁

세계 주요 항만들은 각 지역의 중심항 선점을 위하여 90년 후반부터 대대적인 항만시설 개발 및 확충을 계획하고 있으며, 선박의 대형화에 따른 기항지 축소로 나머지 항만은 피더서비스로 연결하는 중심항-주변항(Hub-Spoke)체제로 전환되고 있다.

상하이항은 대소양산심수항 개발 및 푸동공항 확장 등 획기적인 물류체계 개편을 통해 동북아지역의 물류중심 선점정책을 추진중이며, 상하이 양산항 52선석 등 '20년까지 1억 TEU를 처리할 수 있는 시설을 확보하는 계획을 수립하였다.

일본도 "수퍼중추항만 육성계획"을 수립('02. 7)하여 고베항에 4선석을 추가 개장하고, 오사카 · 동경항도 지속적 확충중이며 이를 통하여 항만비용 30% 절감 및 입항～화물반출 시간을 기존의 3～4일에서 1일로 단축하기 위하여 노력하고 있다. 또한 일본은 이를 체계적으로 추진하기 위하여 항만간 통합을 통한 3개 수퍼중추항만을 지정하였다.

한편, 최근 아시아지역의 컨테이너 물동량 급증에 따른 환적화물 유치를 위해 아시아 주요 항만에서는 환적화물 유치를 위한 항만시설 사용료 감면 등과 같은 인센티브 제도를 노입하여 시행중에 있다. 특히, 상하이 양산심수항은 1차 개장에 맞춰 항만이용자에게 항만하역료 50% 할인 등의 파격적인 인하정책을 펼치고 있다.

2) 중국의 대규모 항만개발

현재 중국정부는 지속적으로 증가하는 컨테이너 화물의 처리를 위하여 8대 항만[4]을 중점적으로 개발하는 등 2000년 이후 대규모의 항만개발을 서두르고

4) 상하이, 선전, 칭다오, 닝보, 광저우, 톈진, 샤먼, 다롄 이상의 8개 항만.

표 4-10 중국 8대 항만 처리 물동량 및 성장률

순위	항구명	2003년	2004년	2005년	2006년	증가율(%)
	계	39,977	51,260	61,261	74,730	22.0
1	상하이	11,283	14,557	18,084	21,710	20.1
2	선전	10,615	13,650	16,197	18,469	14.3
3	칭다오	4,239	5,140	6,310	7,702	22.1
4	닝보	2,772	4,006	5,191	7,068	35.7
5	광저우	2,762	3,308	4,684	6,600	40.9
6	톈진	3,015	3,814	4,801	5,950	23.9
7	샤먼	2,331	2,872	3,343	4,019	20.2
8	다롄	1,630	2,210	2,651	3,212	21.2

자료 : 중국교통부(2007).

있으며 이들 8대 항만이 처리하는 물동량은 중국전체화물의 80%에 달하고 있다.

상하이의 양산항은 총 52개의 선석을 가지는 심수 항만으로 건설중이며, 부산항이 신항건설을 완료하는 시점(2015년)에는 총 선석면에서 상하이항이 우위를 점하게 된다. 또한 상하이항의 실질적 관리자인 SIPG(Shanghai International Port Group)는 장강 중상류에 위치한 지방항에서 수출되는 화물을 양산항에서 환적하기 위하여 다양한 인센티브를 제공하고 있다.

상하이항과 양산항 개발로 인하여 대형 글로벌 선사는 상하이항 직기항 체제를 강화하고 있으며 이러한 대형 선사들의 직기항 체제는 환적에 따른 비용절감과 신속한 서비스를 하주에게 제공하기 위한 전략과 맞물려 더욱 강화될 것으로 전망된다.

3) 일본의 수퍼중추항만제도

일본의 슈퍼중추항만제도는 동북아시아 주요 항만의 발전에 따른 일본 항만의 경쟁력 강화를 위하여 실시하는 정책으로, 아시아 각국의 주요 항만에 비하여 저렴한 항만비용, 다양한 서비스실현을 목표로 국토교통성의 주도하에 민관이 연대하여 추진하고 있다. 구체적인 내용으로는 일본의 항만비용을 현재보다 약 30% 인하하여 부산항이나 카오슝항 수준으로 유지하고 항만 내 화물의 평균 체류기간을 현재 3～4일에서 싱가포르항 수준인 1일로 단축하는 것 등을 들 수 있다.

표 4 11 수퍼중추항만 프로젝트 추진 현황

2005. 7. 1 개정항만법 시행

⇓

2005. 7. 4 지정특정 중요항만의 지정

⇓

동경/요코하마항 ⇓ 케이힌항	나고야/욧카이치항 ⇓ 이세항	오사카/고베항 ⇓ 한신항
2005. 7. 5 사업신청 2005. 8. 5 인정 2005. 12. 5 운영사업개시 (터미널운영)	2005. 7. 4 사업신청 2005. 8. 15 인정 2005. 12. 1 운영사업개시 (제 1 선석운영)	2005. 10. 3 사업신청 2005. 11. 16 인정 2006. 5 운영사업개시

자료 : 일본 국토교통성(2006).

슈퍼중추항만제도는 첫째 수퍼중추항과의 원활한 연계수송로 확보를 위한 물류네트워크 강화, 둘째 다양한 인센티브제공 등을 통한 항만비용의 인하, 셋째 항만시설의 사용에 있어서의 제반절차의 통일화 및 IT화, 정보 Platform 조기구축을 위한 수속의 통일화 및 정보화 추진, 넷째 지진발생을 대비한 내진설계, 설계의 상호이용체제 확립과 항만보안대책 강화를 위한 위기관리체제의 구축, 다섯째 항만시설보안대책의 운영에 대한 재정지원, 컨테이너차량의 고속도로 통행료 인하, 동식물검역의 Full Open 및 테러강화 등의 국가에 대한 공동요구가 그 핵심을 이루고 있다.

오늘날 세계의 주요 항만들은 자국 내 수출입화물은 물론 인근국가의 환적물량을 대량으로 처리함으로써 자국 또는 일정권역의 중심항만(Hub port)역할을 수행하기 위해 필사적인 노력을 기울이고 있다. 중심항만이 되기 위해서는 타항만에 비하여 입지, 항만서비스, 항만시설 및 하역 시스템, 항만물류비용, 연계수송수단, 정보서비스 등에 있어 상대적인 우위를 유지할 필요가 있으며, 이 중에서도 특히 중요한 것이 적절한 항만시설의 확보라 할 수 있다.

이러한 점에서 아래에서는 아시아의 주요 항만을 중심으로 시설 현황 및 개발계획에 대해서 살펴보기로 한다.

3. 홍 콩 항

주강 삼각주지대(Pearl river delta)의 입구에 위치하고 있는 홍콩은 중국에 반환되

표 4-12 홍콩 콰이충 컨테이너터미널 현황

구분 \ 운영사	MTL	HIT	Sea-Land
수심	12.2～14.5m	12.2～14m	12.2m
선석수	5(1, 2, 5터미널 각 1선석 및 8터미널 2선석)	13(4, 6터미널 각 3선석, 7터미널 4선석, 8터미널 2선석, 바지 1선석)	1(3터미널 1선석)
선석길이	1,822m	3,597m (바지 305m 포함)	305m
총면적 장치능력 CY Reefer points	850,000㎡ 49,884TEU 2,340	905,000㎡ 68,954TEU 1,701	165,000㎡ 6,444TEU 230
안벽크레인 (Quay cranes)	19	30	3
야드크레인 (Yard cranes)	67	116	23
야드하역장비	80	23	31
야드샤시/트레일러	132	-	357
CFS 면적 CFS 장치능력 CFS Reefer points CFS 하역장비	21,000㎡ 126TEU 16 47	66,000㎡ 4,800TEU - 86	605,000㎡ 288TEU - 103
컴퓨터 시스템	야드운영, 화물관리, EDI 등 대부분의 업무	선석관리, 하역작업, EDI 등 대부분의 업무	야드관리, 게이트관리, 선적업무 등
취급실적(1994)	1,988,924TEU	3,299,000TEU (1993)	519,020TEU (1995)
작업시간	선측하역 : 24시간 Gate : 08:00～23:00	선측하역 : 24시간 Gate : 24시간	선측하역 : 24시간

자료 : Containerization International Yearbook 1996.

주 : 1) MTL은 Modern Terminals Ltd.로 1, 2, 5 & 8(West) Terminal을 운영.
2) HIT는 Hongkong International Terminals Ltd.로 4, 6, 7터미널을 운영.
3) HIT는 COSCO와 합작으로 COSCO-HIT를 설립하여 8터미널의 2개 선석을 운영중임. 따라서 실제로 운영하는 선석은 13개임.
4) Sea-Land Orient Terminals Ltd.가 3터미널을 운영.
5) 야드하역장비에는 Front-end handlers/Reachstakers 등이 포함됨.
6) CFS 하역장비는 포크리프트.
7) Sea-Land의 CFS 면적에는 Asia Terminals Ltd.의 465,000㎡가 포함되어 있음.

었으나 앞으로도 중국남부 및 광동성지역의 화물을 수송하는 심해 항만으로서 중요한 역할을 담당할 것으로 보인다. 이는 중국남부 및 광동성지역의 경제성장률이 연 20% 이상이며, 이 지역 무역거래의 70～80%가 홍콩을 경유하고 있기 때문이다.

홍콩 항만시설의 대부분은 항만의 서측에 집중되어 있으며, 그중 콰이충 컨테이너터미널은 19척의 제 4 세대 post-Panamax 컨테이너선을 동시에 접안시킬 수 있는 시설능력을 가지고 있다. 콰이충터미널의 취급능력은 160만 TEU를 처리할 수 있는 8개의 터미널을 포함하여 670만 TEU에 이르나 실제로는 홍콩항 전체 취급물량의 66% 정도만을 취급하고 있다. 나머지 34%는 바지선에 의해 주로 하역하는 내수로운영업체(Mid-stream operators) 및 하천운항업체(River traders)에 의해 처리되고 있으며 앞으로도 이들은 중요한 역할을 하게 될 것으로 보인다.

1995년 홍콩항에서 처리된 컨테이너 화물량은 12,600천 TEU이며 전체 무역의 87%가 해상운송을 통하여 이루어지고 있다. 또한, 컨테이너화물은 2000년에 1,900만 TEU, 2006년에 2,550만 TEU, 2011년에 3,200만 TEU로 빠른 증가세를 유지하고

표 4-13 홍콩의 항만개발계획

<table>
<tr><th colspan="2">터미널</th><th>개발내용</th><th>비 고</th></tr>
<tr><td colspan="2">RTT
(River Trade Terminal)</td><td>· 면적 : 670,000㎡
· 1단계 :
- 안벽길이 : 790m
- 운영시기 : 1997년 후반
· 완공시
- 안벽길이 : 3,000m</td><td>· 주강을 포함한 강을 이용하는 River Trade 전용터미널</td></tr>
<tr><td colspan="2">9터미널
(Tsing Yi Terminal)</td><td>· 5만톤급 4선석
· 처리능력 160만 TEU
· 완공시기 : 미정</td><td>· MTL이 1개 선석의 개발권을 갖고 있음</td></tr>
<tr><td rowspan="2">란타우 터미널
(Lantau Terminal)</td><td>10터미널</td><td>· 5만톤급 4선석
· 처리능력 160만 TEU
· 완공시기 : 1998년 후반</td><td>· 9터미널의 공사가 지연되었기 때문에 10터미널이 먼저 착공</td></tr>
<tr><td>11, 12
터미널</td><td>· 너비닐낭 4선석이 기본
· 선석길이 : 320m
· 면적(터미널당) :
- 부지면적 : 80ha
- 배후부지 : 40ha</td><td>· 란타우섬에는 10터미널을 포함하여 2011년까지 17개 선석이 개발될 계획</td></tr>
</table>

자료 : Containerization International Yearbook 1996.

주 : 1) 처리능력 160만 TEU의 제 9 터미널(T9)은 1996년까지 완공할 예정이었으나 최근까지도 허가가 나지않아 가까운 장래에 완공되기는 어려울 것으로 보임.

2) 란타우섬에 터미널 10, 11, 12를 건설하는 데 소요되는 비용은 440억 홍콩달러로 추정되는데 정부의 초기 투자비용은 이 중 36%인 160억 홍콩달러가 될 것으로 보임.

3) 터미널 10, 11, 12가 건설되지 않는다면 1997년부터 2011년까지의 경제적 손실은 7,570억 홍콩달러에 달할 것으로 예측됨.

있으며, 미래의 수요증대에 따른 홍콩의 항만개발계획은 〈표 4-13〉과 같다.

4. 싱가포르항

싱가포르는 홍콩과 더불어 세계적인 중심항(Hub port)이며 이는 잘 정비된 사회간접자본 외에 주요 간선항로가 교차하는 등 지리적 입지가 매우 유리할 뿐만 아니라 주위 ASEAN국가의 지속적인 경제성장에 따른 환적화물이 크게 증가하고 있기 때문이다.

싱가포르항은 Tanjong Pagar Terminal과 Keppel Terminal, Brani Terminal, Pasir Panjang Terminal의 대형터미널을 운영중이며 컨테이너 처리능력 면에서 총 37개의 컨테이너 선석과 118개의 C/C을 보유하여 세계 최대 규모의 시설을 구축하고 있다.

싱가포르항 컨테이너터미널의 주요 현황은 〈표 4-14〉와 같다.

표 4-14 싱가포르 컨테이너터미널 현황

	Tanjong Pagar Terminal	Keppel Terminal	Brani Terminal
규모(ha)	83	96	80
수심(m)	9.4∼13	10∼13.6	12∼15
선석수	7 Main 1 Feeder	6 Main 8 Feeder	6 Main 3 Feeder
안벽크레인(Quay)	31	36	31
야드크레인(Yard)	96	117	105
야드 트랙터 (Primemovers)	191	198	142
샤시(Chassis)	179	164	156
육상 Slot	34,000		15,000
냉동전원포인트	1,812		1,344
취급능력(만 TEU)	10.7		5.5

주 : 탄종파가와 케펠터미널은 육상 슬롯(Slot) 및 냉동전원공급장치를 공유하고 있음.

싱가포르는 항만수요의 증가에 대비하고 21세기 중심항만으로 성장 및 발전하기 위하여 Pasir Panjang에 새로운 컨테이너터미널을 지속적으로 개발하고 있다. 고객들의 수요변화에 대응하여 개발되고 있는 이 터미널은 새로운 컨테이너 하역장비의 채택, 터미널의 자동화, 전산화 등으로 효율적인 운영체제를 구축할 예정이다.

표 4-15 싱가포르 컨테이너터미널(Pasir Panjang) 장기개발계획

구 분	1단계	2단계	3~4단계
규모	127만㎡(38만평)	222.6만㎡(67만평)	
선석	8	18	23
공사기간	1993. 8~2000년 (1988년 5선석 완공)	1995. 12~2009년 (2001년에 2선석 완공)	2027년 준공
취급능력	540만 TEU	1,290만 TEU	1,770만 TEU
개발예산	20억S$	50억S$	

5. 고베/오사카항

오사카항은 오사카만 내의 다른 항만들과 더불어 오사카만 지역항(Osaka Bay Area Port)이라는 협력체제하에서 발전했으며 지난해 고베지진 시 오사카항이 고베항의 피해복구 등에 중요한 역할을 한 바 있다. 고베항과 매우 근접해 있는 오사카항은 일본 서부지역의 관문항으로 인구 2,100만명의 긴기지역를 중심으로 하는 배후지에 대한 서비스를 제공하고 있다.

표 4-16 오사카항 배후경제활동권

항 목		오사카시 (A)	긴기지역 (B)	전국 (C)	A/C (%)	B/C (%)
인구(명)		2,637,115	20,859,141	127,750,000	2.06	16.33
면적(㎢)		222.11	27,117	377,926	0.06	7.18
총생산(억엔)		212,659	794,128	4,960,505	4.29	16.01
사업체(개)		201,457	955,961	5,911,101	3.41	16.17
제품 출하액(억엔)		41,358	44,157	2,863,287	1.44	1.54
도매 매출액(억엔)		411,100	655,275	4,054,972	10.14	16.16
무역액(억엔)	수출	25,195	135,280	656,565	3.84	20.60
	수입	34,070	106,383	569,494	5.98	18.68

고베항은 터미널의 운영규모를 확대하고 정보화를 통해 효율성을 향상시켜 1선석당 연간 30만TEU 이상의 컨테이너 물량 처리를 목표로 하고 있다. 또한 오사카항은 유메시마(夢洲)의 3선석을 연중 364일 24시간 운영하여 연간 120만 TEU의 물동량을 처리하는 계획을 마련하였다. 그리고, 이를 통하여 한신항에서는 항비의 30% 절감을 목표로 하고 있다.

특히, 고베항은 PC-14과 15[5], RC-6과 7[6], PC-18[7]을 중심으로 기존의 컨테이너터미널을 이전하고, 집약을 통하여 항만의 운영단위를 대형화할 계획이다. 그리고, 포트 아일랜드에서는 PC-13, 14, 15, 18번 또는 PC-15, 16, 17, 18번을 하나로 묶어 차세대 고규격 컨테이너터미널로 개발하며 로코 아일랜드에서는 RC-4, 5, 6, 7번을 하나의 그룹으로 하여 차세대 고규격 컨테이너터미널로 개발할 계획이다.

그림 4-13 고베항의 컨테이너터미널 재편

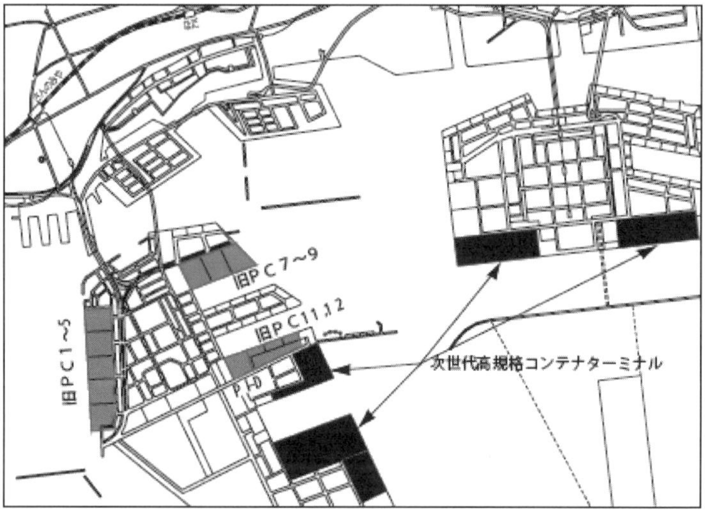

오사카항은 유메시마에 위치한 C-10, 11, 12번 선석을 차세대 고규격 컨테이너터미널로 개발하고 있다.[8] 또한 C-10~12번 선석에 인접한 수심 14m의 선석을 연안 피더선 전용선석으로 개발하여 연안항로와 기간항로의 연계망을 효율적으로 확충할 계획이다.

5) PC-1, 2, 7, 8, 9지역에서 이전하여 집약함.
6) PC-3, 4, 11지역에서 이전하여 집약함.
7) PC-1, 2, 마야 부두, RC-1지역에서 이전하여 집약함.
8) 수심 15m, 안벽연장 1,050m, 배후야드폭 500m로 건설하고 있음.

그림 4-14 오사카항의 컨테이너터미널 재편

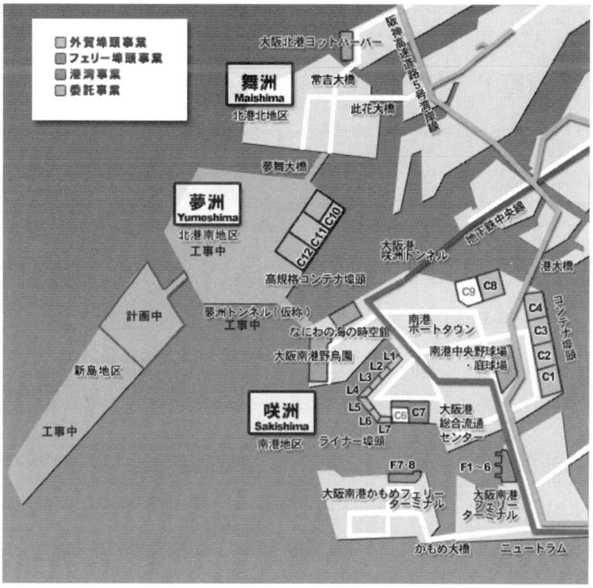

차세대 고규격 컨테이너터미널은 상하분리방식으로 개발하며, 하부시설물은 항만사용자의 관점에서 편리성을 증대하기 위하여 '한신항광역연계협의회'에서 관리운영을 전담하는 방안을 추진중이다. 그리고, 한신항은 중앙정부의 지원 및 지방정부의 행정력과 민간사용자가 일체화된 운영체제 구축을 위하여 노력중이다.

표 4-17 차세대 고규격 컨테이너터미널의 규모

구 분	최대수심	암벽연장	면 적
포트 아일랜드 메가터미널 PC-13, 14, 15, 18 또는 PC-15, 16, 17, 18	−15m	1,400m	54ha(터미널) + 16ha(배후항만관련 용지) = 70ha
로코 아일랜드 메가터미널 RC-4, 5, 6, 7	−15m	1,400m	49ha(터미널) + 21ha(배후항만관련 용지) = 70ha
유메시마 메가터미널	−15m	1,050m	52.5ha

자료 : リージョナルハブ形成モデル「阪神港」育成プログラム, 神戸市·大阪市.

고베항의 포트 아일랜드에서는 선사의 단독임차, 선사와 복수의 항운사업자의 공동임차 및 항운사업자 단독임차의 3가지 형태로 항만경영을 재편하여 집약화를 추진중이며, 과거부터 기간항로 및 피더항로의 선사들이 취항하고 있는 터미널의 경영규모를 확대하는 방향으로 경영전략을 유도하고 있다. 특히, 로코 아일랜드에서는 전 터미널을 선사의 단독임차 컨테이너터미널로 재편하여 기간항로 중심의 배선을 실시중인 전략적 제휴그룹의 선사가 이용하는 전용터미널로 재편한다. 이를 통하여 선사의 운항스케줄에 부합하는 터미널운영이 가능한 항만을 제공하여 물동량의 증대를 기하고 있다.

또한, 고베항에서는 종래의 컨테이너터미널인 PC-11, 12번을 국제유통센터로, PC-7, 8, 9번을 자동차 물류거점으로 각각의 기능을 재편성하고 있다. 또한 항만기능 재편성이 완료된 PC-1～5는 유통센터 및 도시기능용지로 개발하고 있다. 기타 항만터미널에 대해서는 한국, 일본 등의 아시아 역내 및 근해항로에 이용할 계획이다.

오사카항의 유메시마에서는 연속하는 3선석을 운영하는 메가 오퍼레이터를 설립하고 연간 120만 TEU의 화물을 유메시마에 확보하여 오사카항의 국제경쟁력을 제고하는 전략을 추진중이다. 설립초기에는 시설정비 등에 오사카 부두공사도 참여하나, 연간 취급량이 일정 규모에 도달하여 터미널운영이 본궤도에 접어들면 메가 오퍼레이터회사는 오사카 부두공사와 함께 오사카항 전체업무를 관리하는 것을 기본원칙으로 하고 있다.

유메시마지구는 기간항로를 중심으로 하는 선사의 배선을 촉진하고 기존의 사키시마지구는 피더항로 중심으로 개발하는 등 항만기능을 재편성한다. 그리고, 비교적 규모가 작은 공공터미널은 선박대형화가 진행중인 일본연안항로의 RO/RO선 항만으로 기능을 재편하여, 신규로 수요가 증가하고 있는 자동차전용운반선(PCC)을 수용한다.

표 4-18 오사카 부두공사 전용 컨테이너터미널

선석	연장 (m)	수심 (m)	기항선박 (G/T)	야드면적 (m²)	냉컨용 전원(기)	G/C (기)	관련시설/(m²)	공용개시일
C-1	350	13.5	40,000	104,152	378	2	CFS 1동/8,300	1969. 8. 30.
C-2	350	13.5	40,000	105,044	324	2	CFS 1동/7,000	1969. 12. 26.
C-3	350	13.5	40,000	104,610	168	2	CFS 2동/15,576	1973. 3. 1.
C-4	350	13.5	40,000	119,999	144	2		1974. 8. 21.
C-8	350	14.0	40,000	126,062	263	3	CFS 1동/6,546	1991. 3. 1

표 4-19 오사카항 공공 부두 컨테이너터미널

선석	연장(m)	수심(m)	기항선박 (G/T)	야드면적 (㎡)	냉컨용전원 (기)	G/C (기)	공용개시일
R-2	240	12.0	20,000	42,600			1979. 11. 10.
R-3	240	12.0	20,000	42,600	143	4	1978. 5. 1.
R-4	185	10.0	10,000	31,200			1980. 4. 1.
C-6	300	12.0	35,000	60,000	96	4	1992. 7. 1.
C-7	300	12.0	35,000	60,000			1991. 1. 10.
C-9	350	13.0	45,000	112,000	154	2	1993. 10. 1.

한편, 유메시마도 고베항과 마찬가지로 4단계에 걸쳐 관리의 일원화를 추진중이며, 제 1 단계는 2003년까지 메가 오퍼레이터의 설비준비위원회를 설치하고, C-10의 부분적인 공용을 개시하였다. 제 2 단계는 2004년까지 메가 오퍼레이터회사를 설립하고 연속하는 2개 선석에 대한 터미널 일체화 운영을 개시하였다. 또한 항만물류정보 플랫폼의 구축 및 야드 내 하역작업의 반자동화를 실행하였다. 제 3 단계는 2007년까지 C-12번을 정비하였고, 마지막 단계인 2008년에는 메가터미널 오퍼레이터가 C-10, 11, 12번 선석을 안정적으로 통합운영하고 있다.

표 4-20 유메시마 컨테이너터미널

선석	연장 (m)	수심 (m)	야드면적 (㎡)	냉컨용 전원(기)	G/C (기)	항로	정비상황
C-10	350	15	175,000	102(440V)	2	동남아시아	부분공용
C-11	350	15	175,000	360(440V)	2	유럽, 북미, 동남아시아	전면완성
C-12	350	15	175,000	-	-	-	미착공

한신항은 컨테이너터미널의 통합을 통하여 취급물량의 증가를 도모하고, 고베항에 대한 중앙정부의 지원을 근거로 하여 터미널임대료의 산정기준을 낮추어 항만의 사용료원가를 절감하는 정책을 추진중이다. 그리고, 항만간에 통용되는 정보 시스템을 통합하여 물류정보비를 절감하고 고베항과 오사카항에 통일된 컨테이너 물류 IT 시스템을 도입하여 하주, 해운화물취급업자, 트럭사업자 등에 컨테이너 반출입 정보를 제공하는 등 물류의 효율화를 지원하는 환경정비를 추진하고 있다.

6. 요코하마/동경항

요코하마항과 동경항은 30km밖에 떨어지지 않은 근접성으로 동경항 내의 다른 항만들과 함께 동경만 지역항(Tokyo Bay Area Port)이라는 협력체제를 구축하여 왔다.

요코하마항은 국제적 관문항일 뿐만 아니라 일본 최대의 석유화학공업지대가 주변지역에 위치해 있기 때문에 국내화물의 대부분은 석유제품이며 이들은 사설부두에서 처리되고 있다.

동경항은 일본의 수도인 동경을 중심으로 하는 수도권의 산업활동과 주민생활에 필요한 물자의 유통을 담당하고 있으며, 수도권에서 생산·소비되는 화물을 국내·외 각지로 수송하는 광역적 컨테이너터미널 역할을 담당하고 있다. 취급화물은 잡화제품과 식료품, 종이류, 건설자재 등 도시생활과 직결되는 품목의 비율이 높은 것이 특색이며, 1960년대 말 수송혁명에 발빠르게 대처하여 컨테이너 부두, 페리 부두 등 화물별 전문 부두를 기능적으로 개발하여 항만의 효율성이 높다. 그리고, 각 부두 배후매립지에 부두기능을 보완하기 위한 창고와 물류센터가 입지하고, 물류의 원활화를 위한 간선도로 및 교통망이 잘 정비되어 있는 것이 특징이다.

○ 면적
  - 항만구역 면적(수역) : 5,292ha
  - 임항지구 면적(육상) : 1,033ha

○ 방파제길이 : 8,781m

○ 계류시설
  - 안벽·잔교 : 23,059m, 182선석(컨테이너 4,479m, 15선석)
  - 부표 : 3기, 2선석
  - 돌핀 : 31기, 19선석
  - 물양장 : 2,094m
  - 상옥 : 209,487㎡, 40동
  - 야적장 : 1,010,595㎡, 59개소
  - 원목야적장 : 999,213㎡, 6개소
  - 컨테이너크레인 : 35기

그림 4-15 동경항의 컨테이너터미널

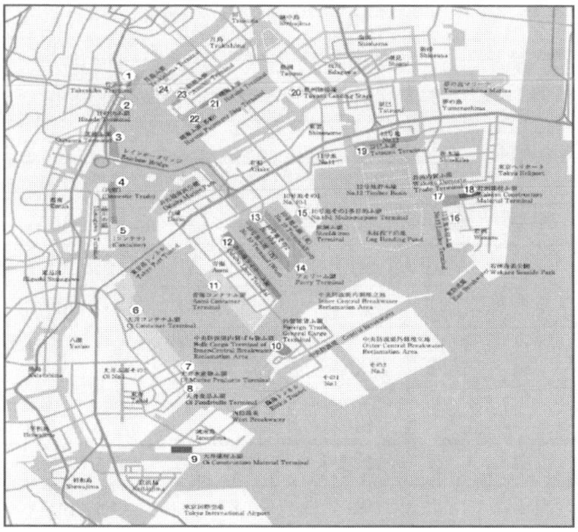

	외항 잡화 부두		외항 컨테이너 부두
	외항 화물별 전문 부두		연안 잡화 부두
	연안 화물별 전문 부두		다목적 부두
	페리 부두		여객선(화물포함) 부두
	고속도로		일반도로 및 통로

표 4-21 동경항 부두별 현황

번호	부두명	선석	연장(m)	수심(m)	대상선박(D/W)	비고
(1)	Takeshiba 부두	3	465	-7.5	5,000	농작물, 잡화
(2)	Hinode 부두	6	564	-6.7	3,000	비철금속, 식료품
(3)	shibaura 부두	6	780	-7.5	5,000	식료품, 시멘트, 종이
		1	90	-5.5	2,000	
(4)	Shinagawa 부두(연안)	3	476	-8	6,000	종이, 자동차, 북해도 정기항로 포함
		2	380	-10	15,000	
(5)	Shinagawa 부두(컨테이너)	3	555	-10	15,000	외항 컨테이너화물
(6)	Oi 컨테이너 부두	7	2,354	-15	50,000	
(7)	Oi 수산물 부두	2	450	-12	30,000	수입수산물

(8)	Oi 식품 부두	1	230	-12	30,000	수입식품 (밀가루, 청과물)
		2	380	-11	15,000	
(9)	Oi 건축재 부두	4	280	-5	1,000	사리, 모래
(10)	중앙방파제 내측 부두	1	240	-12	30,000	석탄, 비철금속
(11)	Aomi 컨테이너 부두	2	520	-13	35,000	외항 컨테이너화물
		1	350	-15	50,000	
		2	700	-15	50,000	
(12)	Odaiba Liner 부두	9	1,800	-10	15,000	외항 재래선화물
(13)	No. 10 부두	11	1,500	-7.5	5,000	철강, 자동차, 오키나와 정기항로
		13	920	-5	1,000	
(14)	페리 부두	4	902	-7.5～-8.5	6,000～13,000 (G/T)	자동차, 종이
(15)	No. 10-1 다목적 부두	1	180	-7.5	5,000(G/T)	수입제재
(16)	No. 15 목재 부두	3	720	-12	25,000	
(17)	Wakasu 연안 부두	1	190	-11	15,000	연안 컨테이너
(18)	Wakasu 건축재 부두	4	370	-5.5	2,000	사리, 모래, 석재
(19)	Tatsumi 부두	13	1,040	-5	1,000	잡화, 철강
(20)	Toyosu 물양장	-	283	-4	500	
(21)	Harumi 부두	3	477	-9	10,000	비철금속, 종이, 외항 및 연안
		1	190	-10	15,000	
(22)	Harumi 부두(여객선)	2	456	-10	20,000(G/T)	여객선터미널 (외항 및 연안)
(23)	Asashio 부두	-	385	-5	700	물양장
(24)	Tsukishima 부두	2	266	-7.5	5,000	철강, 물양장
		-	1,085	-3～-4.5	300～500	

제 5 장

항만물류 시스템 개요

제 1 절 항만물류와 항만물류 시스템

오늘날 항만은 중요한 물류기초시설의 하나로 인식되고 있으며, 터미널기능을 통해 생산과 소비를 연결하는 물류활동을 수행하고 있다. 그러므로 항만물류란 터미널기능을 포함한 물류기초시설활동을 통하여, 항만을 경유하는 재화에 대하여 공급자로부터 소비자에 이르기까지 존재하고 있는 시간적, 공간적인 간격을 효과적으로 극복하기 위한 물리적인 경제활동이라고 할 수 있다.

1. 항만물류의 특성

항만물류의 성질은 항만이 수행하는 중개적인 기능과 밀접하게 연계되어 있으며, 항만물류는 항만 그 자체에 미치는 영향보다 항만배후지의 경제발전과 물가안정, 그리고 궁극적으로는 기업의 효율적인 성장 및 국민경제의 번영에 미치는 영향이 크다는 점에서 기업물류와는 그 차원이 근본적으로 다르다.

항만물류는 기본적으로 운송, 보관(또는 저장), 포장, 하역(이송 포함), 정보 및 관리(항해지원 포함)의 6가지 기능으로 구성되며, 그 활동형태는 해상운송과 내륙운송의 결합으로 이루어진다. 이러한 결합의 중추적인 역할을 수행하는 부분이 운송, 하역 및 보관이며 포장기능은 하역, 보관 또는 운송활동을 원활하게 수행할 수 있게 하는 부수기능으로서의 역할을 담당하고 있다.

일반적으로 기업물류에 있어서는 하역이 부수적인 기능을 수행하는 경우가 많으나 항만물류에 있어서는 하역의 중요성이 크다는 점이 가장 큰 특징 중의 하나이다. 항만물류에 있어서 하역 다음으로 중요한 기능은 보관이라고 할 수 있다. 보관에 의하여 재화의 시간적인 간격이 극복되므로 시간적인 효용을 창출한다는 면에서 매우 중요한 의미를 지닌다. 특히, 보관기능은 해상운송의 불규칙성과 일시적인 대량성에 대처하여 육상운송기능과의 조정역할 및 배후지역에 대한 창고기능으로서도 상당히 중요한 역할을 맡고 있다. 정보기능은 부분적으로는 다른 기능의 부수적인 기능으로 작용하는 경우가 많으나, 정보 자체가 의사결정에 커다란 영향을 미친다는 점에서 매우 중요하다. 이상의 개략적인 고찰로부터 항만물류의 특성을 요약하면 다음과 같다.

1) 항만물류의 제약성

항만은 공공단체에 의하여 공공의 목적을 위해 관리되는 경우가 많기 때문에 공공성이 강하여 여러 가지 제약이 따른다. 이러한 제약은 결국 시설, 장소, 노동력 및 요금 등에 커다란 영향을 미치고 있다.

2) 항만물류의 불규칙성

항만에 있어서의 재화의 움직임은 해상운송, 특히 선박의 불규칙한 입출항 패턴과 밀접한 관계가 있기 때문에 어느 정도 불규칙적인 특성을 지니고 있다. 따라서 이러한 불규칙성에 대응하는 일이 중요한 과제이다. 그러나 정기선의 경우는 주간지정일서비스(fixed days of weekly service : FDWS)체제가 상당부분 보편화되어 가고 있는 추세에 있다.

3) 노동집약적인 특성

항만물류의 주체는 하역이며, 유입되는 재화의 다양성 때문에 하역은 아직도 인력에 의존하는 경우가 많다. 최근에는 하역장비의 기계하 또는 자동화가 많이 진전되어 노동집약적인 특성이 많이 개선되고 있다.

4) 항만물류의 수동성

항만물류는 기본적으로 항만을 경유하는 재화의 움직임을 대상으로 하며, 이러한 재화의 유통은 상행위에 의해 발생되기 때문에 상류에 수반되는 물류를 전담하는 파생적 수요(derived demand)특성을 지니고 있다. 그러나 최근에는 항만을 하나의 상품으로 인식하여, 항만의 능력을 극대화하고 세일즈를 강화하여 능동적으로 재화를 흡인하려는 움직임이 강하게 일어나고 있다.

5) 항만물류서비스의 비저장성

항만물류서비스는 무형적이며 생산과 동시에 판매되어 소비되는 즉시성 및 비저장성을 본질로 하고 있다. 따라서 일반상품이 생산, 보관 및 판매과정을 거쳐 매매되고 있는 것에 비하여 매우 다른 특성이라고 할 수 있다.

한편, 항만에 있어서 재화는 입항－하역(이송)－보관－내륙운송이라는 경로를 따라 움직인다. 이러한 항만물류를 시스템[1)]적인 관점에서 다룰 경우, 하위 시스템으로는 항만기초시설, 하역(이송) 시스템, 보관(저장) 시스템, 연계운송(복합운송) 시스템, 정보 및 관리 시스템 등으로 나눌 수 있다.

항만물류의 특성상 포장은 유닛로드 시스템에 포함되는 것으로 생각할 수 있으며, 관리 시스템의 요소인 항해원조 시스템은 선박의 항내 이동에 필요한 항해 원조시설(항로표지), 교통관제, 예선, 도선사 등을 구성요소로 하여 입출항을 지원하는 기능을 담당하고 있다.

앞에서 설명한 것처럼, 항만물류는 불규칙성과 일시적인 대량성이 주요한 특성이나 불규칙성은 유입되는 재화의 유입시기 및 양에 관한 정보부족으로 발생하는 경향이 있다. 그러므로 이러한 불규칙성을 최소화하기 위해서는 구체적인 물류정보 시스템을 구축하는 것이 필요하며, 정확한 정보를 파악할 수 있다면 비록 서비스가 저장할 수 없는 특성을 지니고 있다고 하더라도 효과적으로 대응할

1) 시스템(system)이란 하나의 구역(boundary) 또는 기능(function) 단위로 이루어진 여러 개의 독립된 구성인자나 개체(component)가 전체적인 목표 달성을 위하여 유기적으로 결합되어 만들어진 독립적인 성격의 개체를 의미한다.

그림 5-1 항만물류 시스템의 개념도

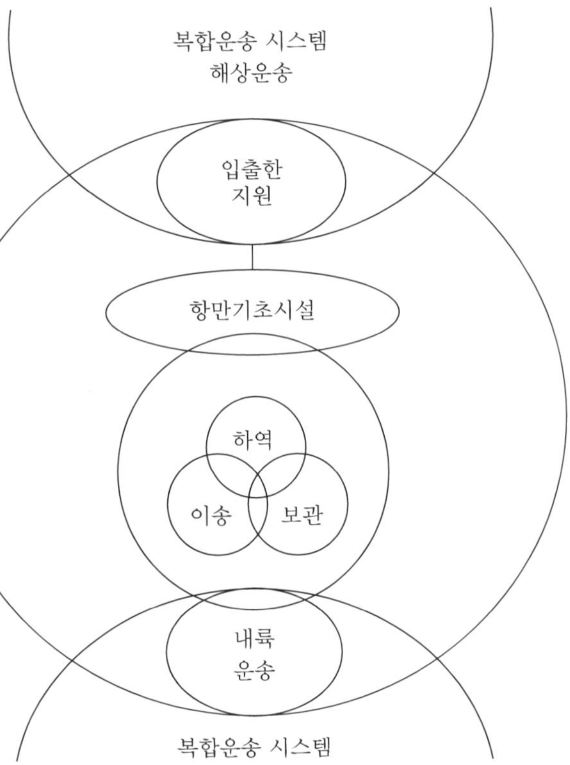

수 있을 것이다. 아울러 시스템은 의사결정에 의해 움직이므로 이러한 의사결정에 관련된 움직임을 다루는 부분으로서 관리 시스템이 필요하며, 이 부분은 항만물류 시스템의 중요한 기능 중의 하나이다.

2. 항만물류 시스템의 구성요소

지금까지 항만물류 시스템을 구성하는 요소에 대하여 간단히 살펴보았으나, 이들이 시스템으로 존재하기 위해서는 각 요소간의 유기적인 결합을 바탕으로 저렴한 비용으로 양질의 서비스를 창출할 수 있도록 상호 긴밀하게 연계 구성되어야 한다.

그 이유는 첫째, 항만에서의 화물 유통과정은 입·출항 지원 시스템, 부두하역 시스템, 보관(저장) 시스템, 내륙운송 연계 시스템과 같은 하위 시스템(subsystem)으로 구성되어 있고 하위 시스템들도 그 자체가 여러 가지 요소로 구성된 복잡한 시스템이므로 항만에서의 화물유통과정은 바로 시스템의 전형적인 예의 하나이기 때문이다.

둘째, 항만화물유통과정은 구성요소 상호간의 기능이 구체적으로 정의되어 있고 각 하위 시스템이 어떤 기능을 행하는지도 분명하게 파악되고 있기 때문이다.

셋째, 항만에서의 화물유통과정은 분명한 목적을 가지고 있다. 즉, 항만 내외에서의 원활한 화물유통을 통하여 이용자와 관리자에게 모두 비용절감을 기하는 동시에 신속, 안전 등 높은 질의 서비스를 제공한다는 뚜렷한 목적이 있으며, 서비스의 질이 구체적으로 또한 정량적으로 표현될 수 있다는 특징이 있기 때문이다.

넷째, 항만에서의 화물유통과정은 단순히 상태로서 존재하는 것이 아니고 시간적인 흐름이 지정되어 있다. 즉 해상운송에 의하여 선박이 항만에 도착하면 열거한 각 하위 시스템의 순서를 시간에 따라 거쳐야 하기 때문이다.

마지막으로, 위에서 열거한 네 가지 조건을 만족한다 할지라도 이 시스템이 환경에 적응할 수 없다면 시스템으로 성립할 수 없다. 그러므로 항만물류 시스템은 가능한 현실과 조화를 이룰 수 있도록 구현되어야 한다.

1) 입출항 지원 시스템(navigation aids system)

선박의 항행에 도움을 주는 다양한 제반시설을 항로표지라 하는데, 여기에는 등대, 부표, 무선설비, 항만 레이더(radar), 도등(leader) 및 지도선(leading lines) 등이 포함된다. 그리고, 항만 내에서의 배송부분을 담당한다는 점에서 도선사 및 예인선 운영, 항만관제 시스템이 중요한 요소로 작용하며 이는 항만운영의 전반적 합리화를 위하여 필수불가결할 뿐만 아니라 항만의 재항시간에도 중대한 영향을 미친다.

2) 부두하역 및 이송 시스템(quay handling and transfer system)

하역 시스템은 해상운송과 내륙운송간의 실질적인 접속영역이며, 항만물류 시스템의 관문 및 유일한 통로라고 볼 수 있다. 이러한 하역 시스템의 효율은 부두에서의 하역뿐만 아니라 이 시스템과 관련 시스템과의 사이에 이루어진 연결의 정도에 의존하게 된다. 피상적으로 여겨지는 것과 달리 관련 시스템의 동시적인 향상이 수반되지 않는다면 하역능률의 향상은 항만의 전반적인 생산성 증진에 거의 도움이 되지 않는다. 한편 이송 시스템은 하역 시스템과 불가분의 관계로서 선측에서부터 부두 출입문까지의 제반화물 이동활동을 포함하여, 노동력 및 이송 차량의 배분, 이송능력 그리고 화물의 최적 배치 및 분포 패턴이 주요한 문제로 등장하게 된다.

3) 보관 시스템(storage system)

보관 시스템은 상옥, 창고, 야적장, 곡물 사일로, 컨테이너 야적장 등의 다양한 서비스 제공시설이다. 이 시스템에 화물의 보관 유무를 결정하는 기준, 그리고 보관에 소요되는 가격이 항만이용자의 의사결정 및 항만하역 처리장에 미치는 영향, 보관능력, 보관시설의 분산 및 집중관리체계, 보관시설의 적정성 등의 문제를 야기시킨다. 그러므로 가능한 대안의 선택은 보관 시스템이 해상운송과 내륙운송 사이에서 일종의 "완충작용"을 잘 수행토록 해야 할 것이다.

4) 내륙운송 연계 시스템(inland transport system)

내륙운송은 생산지 또는 국내 시장과 항만을 연결하는 파이프라인이라고 할 수 있다. 내륙운송은 항만의 처리능력과 밀접한 관련이 있다. 효과적인 내륙 연결 수단이 없이는 어떠한 항만이든 제기능을 발휘할 수 없기 때문이다. 따라서 어떻게 내륙운송 시스템이 항만으로부터 화물을 지체 없이 운송할 수 있는가에 특별한 관심이 주어져야 한다. 이에는 운송수단의 조합 및 적정화, 도시 교통체증 문제, 해송 및 육송과 철송 연계방법 등이 주요한 문제로 등장한다.

5) 항만정보 시스템(port management information system)

이미 지적한 것처럼 불규칙성 등의 항만물류 특성은 정보의 부족에 기인하는 것이며, 정확한 정보의 파악은 각각 고유한 기능을 가진 여러 개의 하위 시스템을 관리하는 의사결정에 기본적인 요소로서 작용한다.

제 2 절 컨테이너 물류

국제간의 교역에서 항만물류 시스템을 거치게 되는 화물은 컨테이너화물과 살화물로 구분된다. 최근 급속한 기술발전으로 상당부분의 화물이 컨테이너화되어 가고 있는 점을 고려하여 본 절에서는 컨테이너화물을 중심으로 살펴보기로 한다.

컨테이너(container)란 화물의 운송과 하역에 사용되는 상자형 용기를 말하며, 국제 해상운송에 있어서는 폭, 높이, 길이의 규격이 표준화된 용기를 지칭한다. 컨테이너화는 개품화물을 단위화(unitization)하여 육상, 해상 그리고 공로(公路)를 통한 화물운송을 신속·안전·경제적으로 수행하게 하며, 물적유통(physical distribution)에 있어서 포장, 운송, 하역, 보관 등의 전 과정을 일관운송할 수 있게 하는 혁신적인 운송체제이다.

컨테이너 해상운송은 미국의 Sea-land사가 1956년경 뉴욕~휴스턴항로에 처음 도입하였으며, 1966년 full container선을 최초로 뉴욕~유럽항로에 취항시켰다. 태평양 연안에서는 Matson navigation사가 1958년에 태평양항로에 컨테이너운송을 시작하였다.

컨테이너 자체는 화물을 unit load화하는 하나의 방법에 불과하지만 용기를 규격화함으로써 국제운송에 있어서 각국 법규의 통일, 통관절차의 간소화 등을 가능하게 하고 신속, 정확한 일관운송을 실현하여 정기선 화물운송에 일대 혁명을 일으켰다 할 수 있다.

컨테이너선은 조선기술이 발달하고 선주들이 규모의 경제를 추구함에 따라 섬자 대형화되어 1988년 말부터 post panamax 또는 over panamax로 불리는 선박이 급속히 증가하였으며, 최근에는 10,000TEU 이상의 초대형 선박들이 운항되고 있는 상황이다.

컨테이너운송에 있어서 중요한 역할을 담당하는 항만터미널 역시 선박의 변화에 따라 그 규모와 운영에 있어서 많은 변화를 겪어 왔다. 터미널의 전용화 및 대형화가 이루어지고 터미널간 경쟁이 치열해지면서 터미널운영의 자동화가 빠르게 이루어지고 있다.

컨테이너화는 다양한 형태로 포장된 다종의 화물들을 단위화하고 포장을 표준화함으로써 신속한 하역과 운송을 도모하는 것이 주목적이다. 이것은 복합일관운송의 주목적이기도 하며, 컨테이너화가 이를 촉진하였다고 할 수 있다. 컨테이너화의 주요 의의를 정리하면 다음과 같다.

① 포장의 표준화
② 법규의 통일화
③ 통관절차의 간소화
④ 신속, 정확한 일관운송 실현
⑤ 육상운송과 해상운송을 통합하는 일관운송체계 구축
⑥ 항만터미널의 기능(환적) 강조
⑦ 컨테이너선의 대형화
⑧ 터미널의 전용화 및 대형화

1. 컨테이너 물류 시스템의 형태

1) 항만에서의 컨테이너 물류

항만에서 컨테이너터미널은 육상운송과 해상운송을 연결하는 접속점으로서 양자를 효율적으로 결합하여 체계화시킨 물류 시스템(logistics system)을 유지하고 있다. 컨테이너 항만의 물류 시스템은 복합일관운송체계 내의 해상운송 시스템과 육상운송 시스템을 연결하는 종합운송 시스템(total transportation system)에 속하며, 항만에서의 컨테이너 물류는 내륙연계, 선박하역에 따른 이송 및 보관, 통관 등으로 구분할 수 있다.

2) 컨테이너 내륙연계 물류

컨테이너터미널의 내륙연계 물류는 도로운송 및 철도를 주로 이용하나, 내륙수로가 발달한 곳이나 연안해송이 가능한 곳은 선박으로 이송하기도 한다. 이동의 형태는 터미널측에서 보면 반입과 반출로 단순 구분되나, 국가별 제도에 따라 이동되는 컨테이너화물의 성격은 다르다.

우리나라에서는 LCL인 경우에도 컨테이너터미널 내의 CFS를 이용하는 경우와 off-dock CY를 이용하는 경우로 나뉘어진다. 외국에서는 일반 부두에서 직접 통관하는 것을 우리나라에서는 부두통관이라는 별도의 물류형태로 취급하기도 한다. 반출인 경우 선사의 요청에 따라 컨테이너를 지정한 선별반출과 임의의 컨테이너를 요청하는 임의반출이 있다.

3) 본선하역

기본적으로 육상의 컨테이너를 선박에 적재하는 적하와 선박에 적재된 컨테이너를 육상으로 이동시키는 양하가 있다. 이 외에 양하를 위해 선박 내에서 양하할 컨테이너보다 상부에 적재된 컨테이너를 일시 다른 위치로 이동시키거나 육상에 양륙시켰다가 다시 적재시키는 2가지 작업으로 구분되는 선내 이적도 있다. 또한, 양하된 컨테이너를 장치 후 다른 선박으로 적하하는 환적도 있다. 이 경우 동일 부두 내에서 처리하는 것이 일반적이나 다른 부두로 반출하여 적하하는 경우도 있다.

4) 터미널 이송

터미널 내의 컨테이너 이동은 단순하다. 장치장을 중심으로 볼 때, 양하나 반출된 컨테이너를 특성별로 분류하여 이송장비로부터 하역시켜 장치하는 작업과 장치된 컨테이너를 적하 및 반출을 위하여 이송장비에 상차하는 작업과정이 있으며, 또한 터미널 구내에서 장치 위치를 변경하는 구내 이적이 있다. 터미널에서 처리되는 물류는 무역의 관점에서 보면 수출과 수입의 양대 활동으로 크게 나누어지며, 부수적으로 무역 외 활동인 이선적(환적)과 빈 컨테이너의 단순조작이 있다. 국내 연안운송을 위한 연안운송 피더선의 적양하도 무역 외 활동이다.

5) 컨테이너 통관

외국 화물에 대하여 각국은 수입 통관제도를 두고 이를 관리·통제하고 있다. 수입화물을 국내 물품화되기 위해서는 보세구역에 반입하기까지의 과정과 통관지 보세구역에 반입된 수입물품이 수입신고에 의거, 세관의 서류심사, 현품검사를 거쳐 관세를 납부한 후 면허되어 내국 물품으로 반출되는 과정을 거친다. 이러한 과정은 시간과 비용을 추가로 발생시키기 때문에 전체 컨테이너운송 소요시간과 운송비용에 영향을 미친다.

2. 컨테이너화물의 유통경로

컨테이너운송은 대량운송이 목적이기 때문에 운송량을 보다 큰 단위로 묶어서 컨테이너 전용열차 또는 컨테이너 전용선 등의 대량운송에 적합한 운송수단에 의해 수행된다. 이는 재래방식과 같이 항만만을 접점으로 하는 것이 아니고, 내륙에 데포를 설치하여 화물 집배의 거점으로 삼아 이루어진다.

컨테이너 1개 분량의 단일하주의 화물은 FCL(full container load) 화물이라 하여 하주의 공장 또는 창고 등에서 바로 컨테이너에 적입되어 내륙데포에 반입된다. 컨테이너 1개 분량이 안 되는 여러 하주의 소량화물은 LCL(less than container load) 화물이라 하여 내륙데포에서 목적지 및 적입의 적합성 등을 고려하여 다른 화물과 혼재(consolidate)된다. 이처럼 내륙데포에 집하된 화물은 컨테이너 전용열차로 터미널에 운송된다.

본 시스템은 대량운송에 의해 규모의 경제를 누리기 위한 것이므로 종래 트럭, 철도 등으로 항만에서 반출입 하던 화물을 내륙데포에서 컨테이너 전용열차를 편성할 수 있을 정도의 단위로 묶어서 내륙데포와 컨테이너터미널까지 대량운송하는 방식이다. 이 시스템이 도입되기 전에는 철도의 컨테이너운송은 철도역에서 화차조작에 많은 시간이 소요되어 순발력 있는 트럭보다 효율성이 떨어졌다. 그러나 내륙데포와 항만간에 컨테이너가 정기적 왕복운송을 할 경우 종착역 또는 중간역에서의 화차조작이 완전히 배제되어 열차의 회전율이 크게 높아지고 대량·고속·염가운송이 가능해지게 되었다.

그림 5-2 컨테이너화물의 유통경로

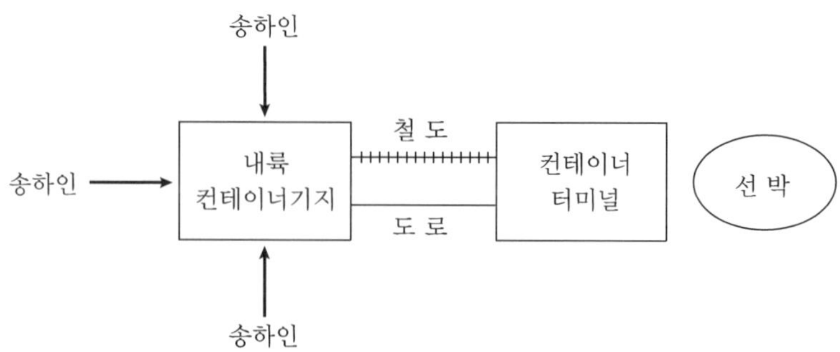

1) 컨테이너화물의 운송형태

컨테이너운송은 재래선과 달리 화물의 양과 목적지, 집하방식 등에 따라 그 운송형태가 다르며, 이에 따른 운임구조, 책임한계 등에 차이가 있다. 컨테이너의 주요 운송형태는 다음과 같다.

(1) CY→CY(FCL→FCL)

수출지 CY에서 수입지 CY까지 FCL 형태로 운송되며, 컨테이너 장점을 최대로 살릴 수 있는 방식이다. 수출지의 공장 또는 창고에서 컨테이너에 만재한 화물을 그대로 선적항 및 양륙항을 거쳐 최종 목적지인 수입상의 창고까지 컨테이너 개폐 없이 운송 가능한 방식이다. 이는 대수출상과 대수입상간에 이용되며 운송의 3대 요소인 신속성 · 안전성 · 경제성을 충족시킬 수 있는 방식이다.

(2) CFS→CFS(LCL→LCL)

수출지 CFS로부터 수입지 CFS까지의 운송방식이다. 운송인(통상 포워더)이 다수의 송하인으로부터 LCL 화물을 모아 수출지 CFS에서 행선지별 컨테이너에 혼재하고 수입지의 CFS에서 다수의 수하인들에게 분류 · 인도하는 방식이다. 통상 포워더를 이용하므로 forwarder's consolidation이라 한다.

그림 5-3 CFS→CFS(LCL→LCL)

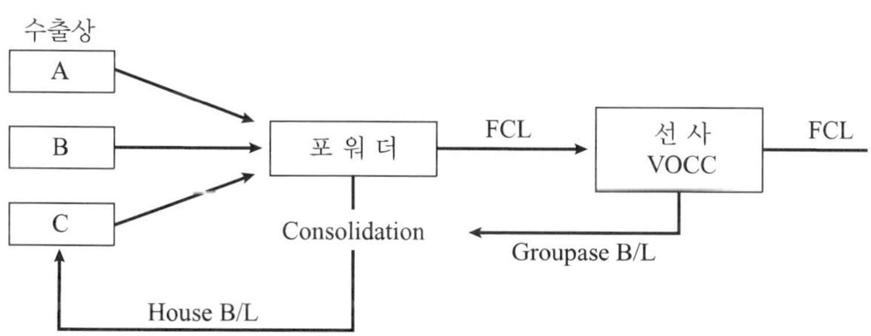

(3) CFS→CY(LCL→FCL)

운송인(통상 포워더)이 다수의 송하인으로부터 화물을 모아 CFS에서 컨테이너에 혼재한 후, 수입지 CY에서 수입상에게 인도하는 형태이다. 대형 백화점 또는

그림 5-4 CFS→CY(LCL→FCL)

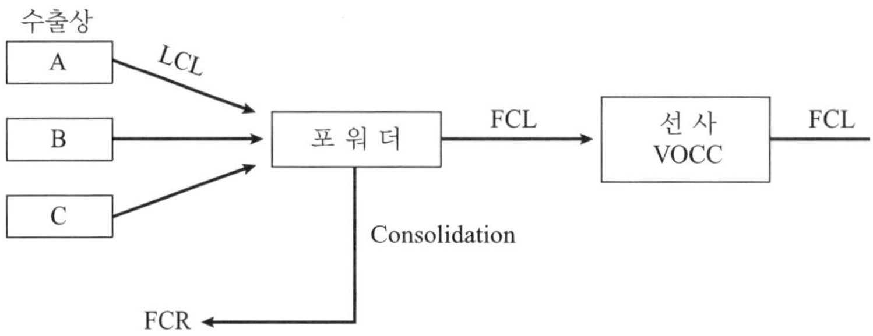

종합무역상사가 다수의 수출상으로부터 물품을 수입할 때에 이용하며, 통상 수입지의 포워더에게 운송을 의뢰한다. buyer's consolidation이라 한다.

(4) CY→CFS(FCL→LCL)

CFS→CY 방식이 뒤바뀐 형태로 수출지 CY로부터 수입지 CFS까지의 운송방식이다. 1인의 송하인, 다수의 수하인 구조를 갖고 있으며, shipper's consolidation이라 한다. 선적지에서 수출상이 FCL을 보내면 수입지 CFS에서 화물을 인출(devanning)하여 다수의 수하인들에게 배분하는 방식이다. 그러나 실무에서는 거의 이용되지 않고 있다.

2) 컨테이너화물의 수출입 업무 절차

컨테이너화물에 있어서 수출입 업무의 흐름을 〈그림 5-5〉에 보인다.

ⓐ 수출상과 수입상간 통상 inquiry offer-counter offer-acceptance 순서를 거쳐 매매계약을 체결- ①

ⓑ 수입상이 거래은행에 신용장의 개설을 의뢰하면- ②, 개설은행은 수출상을 수익자(beneficiary)로 하여 신용장을 개설하고 통지은행에 송부- ③

ⓒ 통지은행은 신용장을 수취하고 수출상에게 신용장도착을 알림- ④

ⓓ 수출상은 직접 제조 또는 구매하여 수출품을 확보하고 선사에 선적을 예약- ⑤

ⓔ 수출품의 검사를 받고 세관에 수출신고(export declaration)를 하고, 신고필 날인을 받은 후 CY 또는 CFS에 화물을 반입- ⑥

그림 5-5 컨테이너화물의 수출입 흐름도

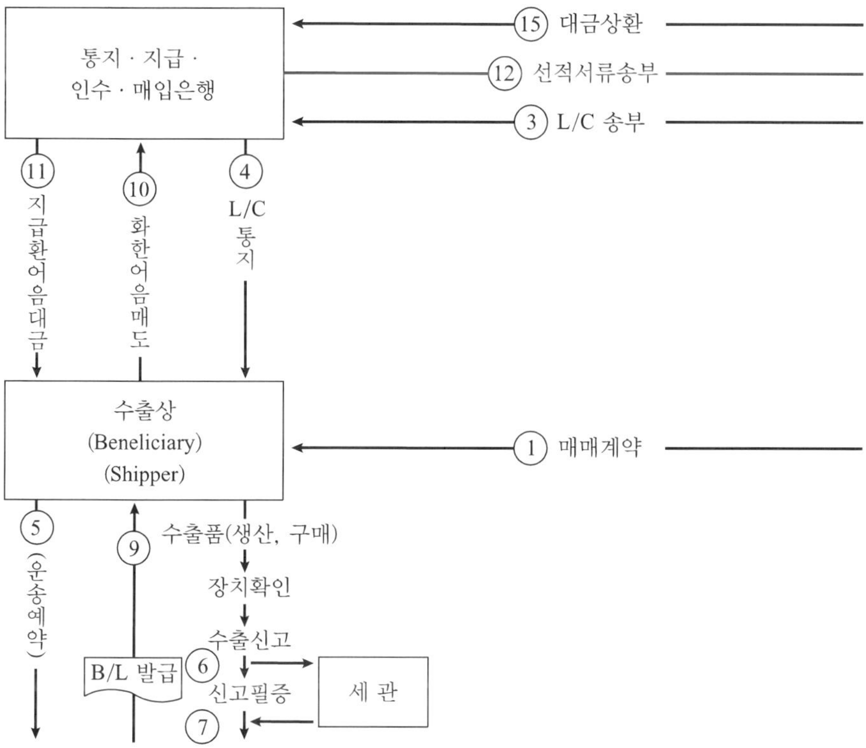

ⓕ 선사는 본선에 화물을 적재하고 선하증권을 교부- ⑦

ⓖ 수출상은 환어음을 첨부한 선적서류를 거래은행에 매도(nego)- ⑧, 은행은 선적서류를 매입한 후- ⑨, 대금을 지불- ⑩, ⑪

ⓗ 매입(지급)은행은 수입지의 개설은행에 선적시류를 발송- ⑫

ⓘ 개설은행은 수입상이 상품대금을 지불하면, 선적서류를 인도- ⑬, ⑭

ⓙ 개설은행은 매입(지급)은행에 대금을 상환(reimburse)- ⑮

ⓚ 선사(또는 대리점)는 수입상으로부터 선하증권 원본을 회수- ⑯, 화물인도지시서(D/O, delivery order)를 교부- ⑰

ⓛ 수입상은 관세사를 통해 수입신고(import declaration)를 하여, 관세를 납부하고 신고필증을 받음- ⑱

ⓜ 수입상은 D/O를 CY 또는 CFS에 제출- ⑲, 화물을 인수- ⑳

제 6 장

하역 시스템

제 1 절 하역의 의의

1. 하역의 개념

하역(Handling)이란 물품의 운송 및 보관과 관련하여 발생되는 부수적인 작업으로, 구체적으로는 각종 운반수단에 화물을 싣고 내리기, 보관을 위한 입출고, 창고 내에서의 쌓기와 내리기, 또는 그에 부수되는 분류 및 정돈 등의 모든 작업을 말한다.

미국에서는 하역을 운반활동(Material handling)으로 표현하여 창고 내에서의 수화(受貨), 이동, 분류, 적하 등 4가지 기능을 수행하는 것을 말하며, 일본에서는 물류과정에 있어서 물자의 적하, 운반, 적부(積付), 반출, 분류, 정돈 등의 작업 및 이에 부수되는 작업으로 정의하고 있다.

한편, 항만하역은 항만에서 항만하역업자(항만운송면허 사업자)가 하주나 선박운항업자로부터 위탁을 받아 선박으로 운송된 화물을 인수받아 하주에게 인도하는 행위로 정의하고 있다.

그리고 하역의 범위는 수출의 경우 선적항에 입항한 때로부터 선박에 선적이 끝난 시점까지, 수입의 경우에는 선박이 입항하여 선창의 뚜껑을 연 때로부터 양륙된 화물이 보세구역에 들어갈 때까지의 모든 작업을 말하며 장치, 검사, 처리, 운반, 선적, 양륙, 적부로 분류된다.

일반적으로 하역은 물품이 생산자로부터 소비자까지에 이르는 유통과정 중 포장, 보관, 운송에 전후하여 행해지는 활동으로서, 일반물류에 있어서는 운송과 보관의 일부를 이루고 있어서 하역 자체의 기능보다는 운송 또는 보관기능을 지원하는 경우가 많다.

그러나 항만하역은 노동집약적인 특성을 바탕으로 항만물류의 불규칙성에 대응하여 비저장성의 서비스를 생산하는 항만물류의 가장 핵심적인 요소이다. 그러므로 하역 시스템에서 발생하는 체증현상은 전체 시스템의 효율성에 지대한 영향을 미치게 된다. 이러한 특성에 비추어 볼 때 하역 시스템에 대한 분석의 초점은 자연스럽게 서비스 능력 즉, 생산성을 대상으로 할 필요가 있다.

일반적으로 하역 시스템의 생산성은 시설물, 기계장비 및 노동력 등을 투입하여 각 하역단계에 있어서 단위 투입당, 단위 시간당 하역한 양으로 정의할 수 있다. 이때 고려해야 할 요소로는 선박의 화물량, 화물적재패턴, 하역장비의 성능과 신뢰성, 야드의 배치와 장치공간, 하역노동력의 인력계획 및 숙련도, 야드장비 및 이동장비의 성능과 신뢰성 등을 들 수 있다.

2. 하역의 기본원칙

하역은 물류의 기본이며 재화의 이동에는 반드시 필요한 작업이다. 그리고 작업횟수를 줄이거나 화물의 파손이나 분실을 최소화함으로써 하역과 관련된 물류비를 절감할 수 있다는 점에서 물류의 구성요소 중 하역이 차지하는 비중은 매우 크다고 할 수 있다.

따라서, 하역작업 시에는 항상 이동거리 및 시간을 최소화하는 방향으로 관련된 작업을 조합하여 능률적으로 운용하여야 한다. 특히 화물을 단위화하여 팔레트 등과 조합함으로써 화물의 손상이나 분실을 없애고 하역작업의 능률화와 효율화를 촉진시킬 수 있다.

하역기능을 합리화 또는 능률하하는 데에는 몇 가지 기본원치이 있으며, 그 내용은 다음과 같다.

(1) 하역의 경제성 원칙

불필요한 하역작업(단계)의 생략, 즉 가능한 한 환적작업의 횟수를 줄이거나 운반거리를 짧게하는 것을 말하며 이러한 생략을 통하여 화물의 오손과 분실을 최소화할 수 있다.

(2) 이동거리(시간) 최소화 원칙

재화의 이동에는 반드시 하역작업이 필요하므로 하역작업이 존재하는 한 기본이 되는 것은 이동거리(시간)를 최소화하는 일이다. 이동거리(시간)의 최소화 원칙은 운송, 보관은 말할 것도 없고 재화의 이동을 수반하는 시스템 즉, 하역의 기본 원칙이다. 이것은 물류의 설계 또는 계획단계에 있어서도 중요한 요소이다.

(3) 운반의 활성화 원칙

물류과정에서는 항상 장치된 물품을 다시 옮기게 된다. 따라서 다음 단계로 편리하게 옮길 수 있도록 물품을 놓아 둘 필요가 있다.

(4) 단위화의 원칙

단위화는 하역합리화의 중요한 요소 중의 하나이다. 단위화를 통하여 화물의 손상 및 분실을 줄일 수 있고 수량을 확인할 수 있으며 팔레트 및 컨테이너 등과 조합하여 하역작업의 능률화 또는 효율화를 촉진할 수 있다

(5) 전용화의 원칙

품목별로 하역장소를 지정하고 전용장비를 설치하여 하역의 신속성, 정확성 및 안전성을 높이는 것으로 전용터미널에 의한 하역이 여기에 속한다.

(6) 기계화의 원칙

인력작업을 기계작업으로 대체하는 것으로 단순한 기계화뿐만 아니라 인간과 기계의 조화로운 결합을 배려하는 것까지도 포함한다.

(7) 중력이용의 원칙

화물은 중력의 법칙에 따라 위에서 아래로 움직이는 것이 쉽다. 따라서 이러한 중력이용의 원칙을 이용한 경사면(Ramp)이나 래크 등의 기계를 사용하는 것이다.

(8) 흐름의 원활화 원칙

하역작업 공정간의 계면 또는 접점을 원활히 하는 것이다. 예를 들어, 자동창고에서 팔레트 상태로 반출시킨 화물을 트럭으로 싣는 경우 자동적재장치 등에 의해 직접 트럭에 싣는 것 등이 이에 해당된다.

(9) 시스템화의 원칙

개개의 하역활동을 종합적인 관점에서 다루는 원칙이다. 즉, 일관서비스의 진전에 따라 물류 시스템이라는 종합적인 관점에서 시스템 전체의 균형을 염두에 두고 하역을 설계하는 것 등을 말한다.

3. 항만하역의 개요

항만하역은 하역장소, 하역단계 또는 하역방법에 따라 구분되며 그 내용은 아래와 같다.

1) 하역장소

하역장소는 해상과 육상으로 나눌 수 있으며 육상에는 부두와 창고(야적장)가 있다. 부두는 다시 일반 부두와 전용 부두로 구분되며 일반 부두에서는 잡화, 전용 부두에서는 대량화물이 주로 하역된다. 하역장소를 중심으로 한 잡화의 하역 시스템은 〈그림 6-1〉과 같다.

한편, 부두는 화물 부두와 여객 부두로 구분할 수 있고 화물 부두는 일반 부두, 전용 부두 및 연안 부두로, 여객 부두는 연안 및 국제여객 부두로 나눌

그림 6-1 하역 시스템의 개요

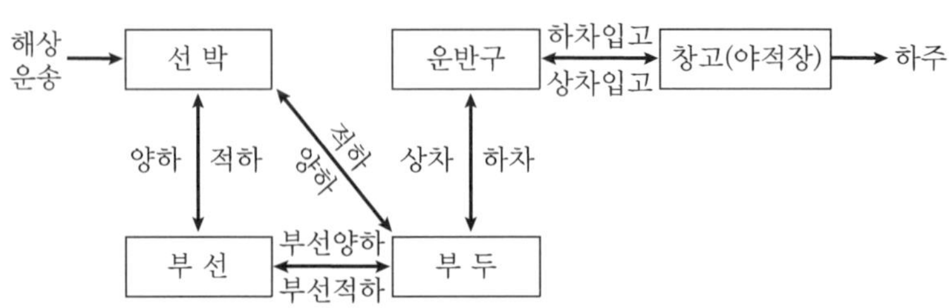

수 있으며 이들 부두에서의 하역작업에는 다음과 같은 특징이 있다.

(1) 일반 부두

일반 부두에 접안하는 선박은 살물선, 일반잡화선이 주종을 이루며 크기는 살물선의 경우는 15,000톤급, 일반잡화의 경우는 5,000톤급 내외이다. 일반 부두에서 하역되는 품목은 주로 잡화로서, 하태로는 규격화물, 포장화물, 유태화물 등 다양하다. 그 외에도 전용 부두에서 처리되지 못하는 살화물도 상당부분 일반 부두에서 처리되고 있다.

(2) 전용 부두

전용 부두는 특정화물에 대하여 전용하역기기를 설치하여 하역하는 부두로서 대부분의 경우 대량화물을 취급할 수 있도록 설계되어 있으므로 일반 부두에 비해 대형선이 접안할 수 있다.

(3) 기 타

연안 부두에서는 소량잡화 등 연안화물을 주로 취급하며, 국제(연안)여객 부두에서는 국제(연안)여객 수송 및 소량 탁송화물을 취급한다.

2) 하역작업 단계

항만에서 이루어지는 하역작업의 단계를 순서별로 살펴보면 다음과 같다.

(1) 선내작업

㉠ 양하 : 본선 내의 화물을 부선 내 또는 부두 위에 내려놓고 고리(Hook)를 풀기 전까지의 작업

㉡ 적하 : 부선 내 또는 부두 위의 고리가 걸어진 화물을 본선 내에 적재하기까지의 작업

(2) 부선 적양하 작업

㉠ 부선 양륙작업 : 안벽에 계류된 부선에 적재되어 있는 화물을 양륙하여 운반구 위에 운송가능한 상태로 적재하기까지의 작업

㉡ 부선 적재작업 : 운반구에 적재되어 있는 화물을 내려서 안벽에 계류되어 있는 부선에 운송가능한 상태로 적재하기까지의 작업

(3) 육상작업

㉠ 상차 : 선내작업이 완료된 화물의 고리를 푼 다음 운반구 위에 운송가능한 상태로 적재하기까지의 작업

㉡ 하차 : 운반구 위에 적재되어 있는 화물을 내려서 본선측에 장치하여 선내작업을 할 수 있을 때까지의 작업

㉢ 출고상차 : 창고 또는 야적장에 장치되어 있는 화물을 출고하여 운반구 위에 운송가능한 상태로 적재하기까지의 작업

㉣ 하차입고 : 운반구 위에 적재되어 있는 화물을 내려서 창고나 야적장에 보관가능한 상태로 장치하기까지의 작업

(4) 예 · 부선 운송작업

㉠ 본선선측 물양장 작업 : 본선선측에 계류된 부선에 운송가능한 상태로 적재된 화물을 운송하여 물양장에 계류하기까지의 작업, 또는 물양장에 계류된 부선에 운송가능한 상태로 적재된 화물을 운송하여 본선선측에 계류하기까지의 작업

㉡ 물양장 작업 : 물양장에 계류된 부선에 운송가능한 상태로 적재된 화물을 운송하여 물양장에 계류하기까지의 작업

㉢ 일괄작업 : 전용 부두에 설치된 특수장비를 사용하여 ⓐ 선박에서 창고나 야적장까지의 하역작업, ⓑ 일반 부두에서의 선내작업, ⓒ 이송작업 및 창고나 야드에 장치되기까지의 과정이 연속적으로 이루어지는 작업

3) 품목별 하역작업

(1) 일반잡화

㉠ 규격화물 : 규격화물이란 규격화되어 있어 취급하기 쉬운 화물로서 팔레트 화물, 컨테이너화물 등이 이에 속한다. 컨테이너화물을 제외한 규격화물의 하역은 보통 본선 데릭의 카고 폴(Cargo fall) 끝에 달린 고리에 규격화물을 쌓은 슬링(Sling)을 걸어서 선내에 적양하하게 된다.

㉡ 정량화물 : 정량화물이란 다른 화물에 손상을 입히지 않는 화물을 말하며, 일반 포장화물, 포대물 등 포장품과 개별 포장된 상품 등이 이에 해당된다. 정량화물의 하역방법은 규격화물의 하역방법과 동일하나 중량 50kg을

기준으로 소중량은 인력으로 대중량은 포크리프트로 하역된다.

(2) 살 화 물

살화물은 포장하지 않고 그대로 적양하하는 곡류, 석탄, 소금, 광석, 비료, 목재, 원유, 시멘트 등을 말한다. 이들 화물은 주로 특수 설비를 갖춘 전용 부두에서 하역된다.

㉠ 양곡하역 : 양곡의 하역작업은 전용 부두 접안작업, 일반 부두 접안작업, 해상 바지작업으로 구분되나 거의 대부분 전용 부두에서 작업된다. 또한 작업은 접안작업 시 언로더(Unloader), 즉 공기흡입장치에 의해 화물을 흡입하여 컨베이어벨트를 통해 사일로(Silo)에 입고되는 과정과 직상하차되어 야적되거나 직송되는 과정이 있고, 해상작업 시는 선내에서 부선 적양하 후 물양장으로 예인되어 보관 또는 이송된다.

그림 6-2 양곡의 하역과정과 양회의 하역과정

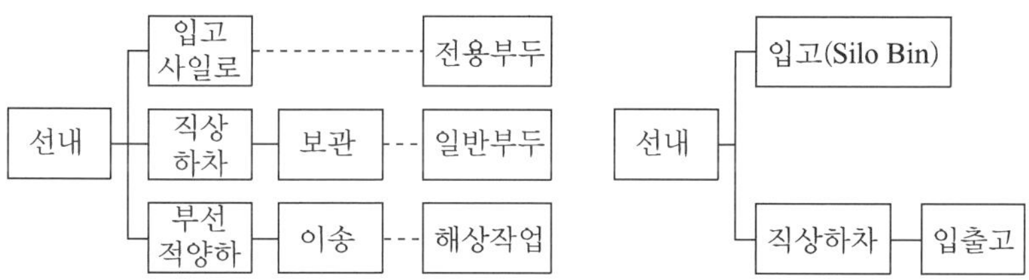

㉡ 양회하역 : 양회의 하역작업은 포장형태에 따라 다르며 살물인 경우는 전용사일로에 입고되고, 포장의 경우는 일반잡화와 같다. 또한 작업과정은 전용 부두 접안 시는 공기흡입장치로 하역되어 컨베이어벨트를 통해 사일로(Silo)에 입고되며, 일반 부두 접안 시는 직상하차되어 입출고 또는 직송된다.

㉢ 석탄 및 광석하역 : 석탄류의 하역작업은 광석류와 거의 비슷하며 전용 부두에 접안작업 시는, 선내에서 포크레인, 페이로더 등 기계력이 투입되어 언로더나 그래브(Grab)로 하역하여 컨베이어벨트를 통해 야적되거나, 선측에서 직상하차 후 야적되고, 해상작업 시는 부선 적양하 후 부두 및 물양장에 예인되어 작업된다. 또한, 야적된 화물은 스태커(Stacker), 리클레이머(Reclaimer), 트랙호퍼(Track hopper) 등을 이용하여 상차되어 반출된다.

㉣ 원목하역 : 원목의 하역작업은 화물종류에 따라 작업형태가 다르고 침목과 부목에 따라 차이가 있으며, 침목은 접안작업으로, 부목은 해상작업으로 수행된다. 또한 접안 및 해상작업 시 선내작업은 거의 인력에 의존하며 접안 시는 직상하차 후 야적 또는 직송되고, 해상작업은 벤딩바아 및 원형으로 편성하여 저목장에 저장하거나 부선 적양 후 물양장에 예인하여 하역한 후 야적 또는 직송된다.

그림 6-3 석탄류의 하역과정과 원목의 하역과정

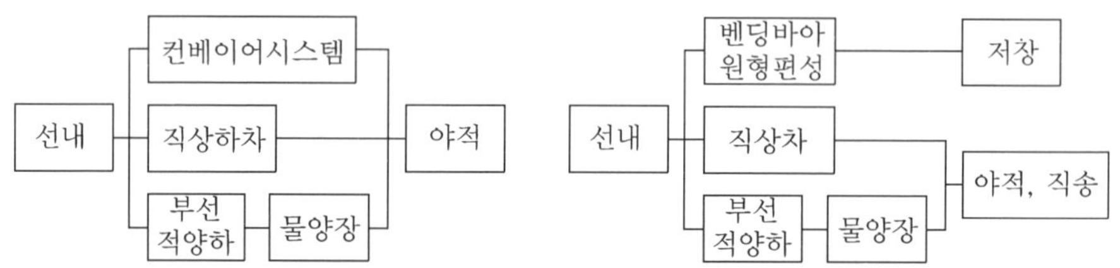

㉤ 철재 및 기계류 하역 : 철재 및 기계류와 같은 중량물의 하역은 접안 및 해상작업 시에는 거의 기계력에 의존하며, 작업과정은 선내에서 직상하차 후 입출고되거나 예부선에 적양하 후 물양장으로 예인하여 하역한다.

㉥ 고철하역 : 고철전용 부두에서는 육상크레인을 설치하고 크레인 끝에 자석을 부착하여 하역하며, 고철은 크기 및 중량이 다양하기 때문에 하역 초기부터 엑스커베이터(Excavator)를 투입하여 자석에 고철이 많이 붙을 수 있도록 하고 있다.

㉦ 기타화물 : 잡화 및 기타 화물은 점차 규격화되고 있으며, 하역작업은 품목별, 포장형태, 규모 등에 따라 각각 다른 과정을 보이고 있으나 대부분

그림 6-4 철재 · 기계류 하역과정와 잡화의 하역과정

선내에서 직상하차 후 입출고되거나 예부선에 적양 후 물양장으로 예인되어 하역한다.

(3) 특수화물

특수화물이란 화물 자체가 특수한 성질을 지니고 있기 때문에 하역하는 데에 특별한 취급과 주의를 요하는 화물을 말한다.

㉠ 냉동화물 : 냉동화물은 그 특수성 때문에 냉동차에 직상차되어 냉동창고에 보관한다.

㉡ 중량화물 : 중량화물은 기관차, 자동차 등과 같이 단위화물의 중량이 과대한 화물을 말하며, 헤비 데릭(Heavy derrick)을 장치한 특수선박 또는 육상의 용량이 큰 크레인을 동원하여 하역한다.

㉢ 용적화물 : 용적화물은 단위화물의 용적이 크거나 특히 긴 장척화물로서 선창에 적부하는 데 특별한 주의가 필요하거나 또는 불가능하기 때문에 갑판이나 기타의 장소에 적부하는 화물을 말한다.

(4) 컨테이너

컨테이너는 전용 부두와 일반 부두에서 하역되며, 전용 부두의 경우 부두 내 CY 또는 CFS에서 나온 컨테이너는 야드배치계획에 따라 마셜링야드(Marshalling yard)에서 선적 대기하다가 본선적부계획에 따라 선내작업에 들어간다. 일반 부두에서의 컨테이너하역은 CY/CFS가 없기 때문에 ODCY(Off-Dock Container Yard)에 반입 후 직상차되어 부두의 크레인을 사용하여 선내작업이 이루어진다. 컨테이너의 하역효율은 컨테이너터미널의 크레인 및 기타 하역기기의 대수와 사양을 기초로

그림 6-5 컨테이너터미널 내의 컨테이너 하역과정

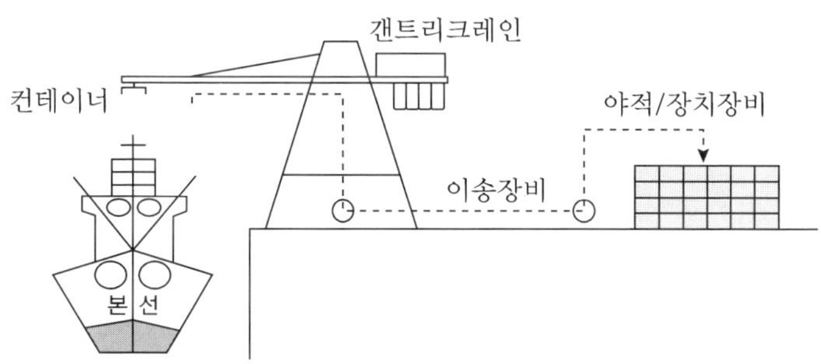

작성한 야드작업계획과 적부계획이 얼마나 훌륭한가에 따라 달라진다. 즉, 훌륭한 작업계획은 터미널의 제활동을 극히 원활하게 하고 작업의 안전성을 높일 뿐 아니라 하역비용도 절감시킨다.

일반적으로 작업계획은 컨테이너의 반출입과 장치시점에서의 일련의 작업과 깊은 관계가 있기 때문에 하역계획의 시스템화가 급선무이다. 그러나 여러 가지 복잡한 요인을 고려해야 하기 때문에 중요한 부문의 업무는 플래너(Planner)의 경험과 기술을 필요로 한다.

한편, Lo/Lo 방식의 하역에 있어서 가장 중요한 부분은 컨테이너크레인의 하역사이클이며, 사이클은 컨테이너크레인의 종류에 따라 다르나 횡행 → 권하 → 위치고정 → 컨테이너 고정(Twist lock) → 권상 → 횡행 → 권하 → 위치고정 → 컨테이너 고정해제(Twist lock off) → 스프레더(spreader) → 권상 → 횡행 순으로 이루어진다.

따라서 이들 각 동작의 속도 특히, 횡행, 권하·상 부분의 고속화와 위치고정 등에 따르는 시간손실을 줄이기 위한 노력이 지속적으로 추진되어 왔다. 그리고 컨테이너하역전용 안벽크레인은 터미널능력 및 효율에 결정적인 영향을 미치는 가장 중요한 장비이며 스트래들 캐리어 등의 터미널 하역기기는 보조적인 역할을 하는 데 지나지 않는다.

또한, 하역방식에 따라 다르나 기존의 컨테이너하역에는 선석당 보통 2대의 G/C(Gantry Crane)이 사용되고 있으나 2대의 G/C간의 거리가 37m(120ft) 이내에 접근하면 작업효율이 떨어지는 것으로 알려져 있다.

제 2 절 하역장비

하역장비는 적양하작업, 이송작업 및 내륙으로의 운송방식에 따라 그 형태가 다르며, 선박측 하역장비로는 데릭, 크레인, 엘리베이터, 컨베이어, 램프 및 액화펌프 등을 들 수 있다. 육상측 장비도 이러한 유형에 따라 동력식 및 수동식 산업차량, 컨베이어(Conveyor), 크레인(Crane), 엘리베이터(Elevator) 및 호이스트(Hoist) 등 다양한 형태의 하역장비가 있다. 그리고, 전체적으로는 화물의 물리적인 모양뿐만 아니라 화물의 크기 및 이동장소에 따라 자유롭게 동작할 수 있도록 동적인 형태를 지니고 있다.

예를 들어, 데릭과 같은 하역장비는 매우 역사가 오래된 일반화물 적양하 하역장비이나 오늘날에는 다각도 가이드형으로 그 형태가 발전하여 동적으로 화물을 처리할 수 있도록 기능이 강화되어 있다. 그리고 하역장비들은 화물의 전용화 현상으로 항만의 특성에 따라 분산되어 설치되는 경우가 많다.

우리나라에 있어서는 울산, 삼일항의 유류화물, 평택의 LNG, 삼척, 묵호항의 석탄, 포항의 철광석, 부산의 컨테이너화물 등을 취급할 수 있는 하역장비가 관련 항만에 비치되어 있으며, 부산항은 곡물 등의 살화물을 취급할 수 있는 설비도 갖추고 있다.

한편, 일반적으로 컨테이너터미널에 설치되어있는 (이송)하역장비는 다음과 같다

(1) 갠트리크레인(G/C : Gantry Crane, Container Crane, Quay Crane)

컨테이너 하역용으로 특별히 설계된 크레인으로서 에이프런에 부설된 레일

표 6-1 우리나라 항만의 하역장비

취급화물	장비명	수 량
컨테이너	컨테이너크레인 트랜스퍼크레인	26(27) 78
양곡/곡물	언로더 벨트컨베이어	12 (1)
고철	크레인	5
석탄/유무연탄/철광석 광석/인광석/CTS	언로더 스태커/리크레이머 십로더	32 4 (1)
크링크/시멘트/비료 원염/석고	언로더 선적기	28(1) 3
철재류/석회석/강재류	지브크레인 BTC LLC 십로더 마크네트크레인	3 9 8 (2) 1
잡화/컨테이너	다목적크레인 갠트리크레인 BTC LLC	1 6 (2) (3)

주 : ( ) 속은 설치중인 숫자를 나타낸다.

위를 주행하고, 유압으로 신축하는 스프레더(Spreader)에 의해 후크에 메달린 컨테이너를 감아올림으로써 적양하작업을 수행한다.

갠트리크레인의 양하 및 적하속도는 선박의 회항시간에 커다란 영향을 미칠 뿐 아니라 터미널 전체의 처리능력을 결정하는 중요한 요소이다.

(2) 야드 트랙터(Y/T : Yard Tractor)

야드 내에서 트레일러를 이동하는 데 쓰이는 견인차량으로 보통 HEAD라고 부르며 일반 컨테이너트럭과 동일하다.

(3) 윈치크레인(Winch crane)

윈치크레인은 차체를 이동 및 회전시키면서 컨테이너트럭이나 플랫 카(Flat car)로부터 컨테이너를 적양하하는 기기이다.

(4) 지게차(Forklift)

컨테이너터미널 내에서 트럭이나 플랫 카(Flat car)로부터 컨테이너를 적양하하는 차량을 말한다.

제 3 절 하역의 자동화

1. 하역의 기계화

하역 시스템의 높은 생산성과 경제성 및 질 좋은 서비스를 얻기 위해서는 하역의 기계화는 필수적이다. 일반 물류활동에 있어서의 하역활동은 인력의존도가 매우 높으나 항만하역에 있어서는 자동화가 급속하게 진행되고 있다.

1) 컨테이너 하역

최근의 컨테이너크레인은 선박의 대형화추세에 따라 갑판상 16열 5단적까지 처리할 수 있고, 아웃리치 40m～50m, 인장높이 28m～35m, 그리고 취급중량은 40～50톤 정도이며, 70톤 이상을 취급할 수 있는 크레인도 있다.

그리고, 하역시간을 단축(적양하 사이클타임 단축)하기 위하여 크레인 작동속도를 빠르게 하거나 Dual Hoist Crane(DHC)도 설치되고 있다. DHC는 하역의 작업경로

그림 6-6 컨테이니디미널의 하역(이송)장비

컨테이너크레인(Container Crane)

트랜스퍼크레인(Transfer Crane)

리치스태커(Reach Stacker)

톱 핸들러(Top Handler)

스트래들 캐리어(Straddle Carrier)

야드 트랙터(Yard Tractor)

(Cycle Path)를 분할하여 고속화, 고능률화 및 자동화를 실현한 장치로서 작업구간을 엘리베이터와 플랫폼, 선박과 플랫폼의 두 개로 분리함으로써 작업경로를 단축시킨 것이다.

또한, 컨테이너선박의 초대형화 추세에 대비하여 새로운 하역 시스템의 개발이 진행되고 있다. 예를 들어 로테르담 ECT터미널의 항만 확장계획은 6천~7천 TEU급 컨테이너선박이 기항한다는 전제 아래 수립되어 있으며, 6,500TEU급 선박의 제원은 길이 433m, 폭 41m, 적양하 컨테이너수는 4천~5천 TEU 정도로 예측되고 있다.

따라서 이러한 선박을 24시간 이내에 출항시키기 위해서는 새로운 하역 시스템이 필요하며, 대응방안으로 선박 양측에 4~6개의 크레인을 배치하여 하역능률을 높이는 방안이 검토되고 있다.

또한 장래에는 컨테이너를 한꺼번에 대량으로 하역할 수 있도록 여러 가지 연구가 진행되고 있다. 그 예로서 스웨덴에서 개발하고 있는 LUFF 하역방식은 16개의 컨테이너를 한 단위로 하여 동시에 하역할 수 있도록 개발되고 있으며, 연속하역장치로서 모노레일을 이용한 회전하역장치(Merry-go-round)나, 차량 등을 이용한 선측하역장치 등도 연구되고 있다.

2) 살화물 하역

살화물은 버킷(Grab bucket)을 이용하여 하역해 왔으며, 광석이나 석탄 등은 분말을 물과 혼합한 액체상태(Slurry type)로 파이프로 선적하고 하역하는 방법도 많이 이용되고 있다.

최근에는 활차 버킷(Bucket-wheel) 등을 장착한 연속하역장비(Quayside continuous ship unloader)를 이용함으로써 하역효율을 높이고 있고, 버킷에서 저장소까지의 운반경로도 밀폐된 컨베이어 시스템으로 되어 있어 분진 등 환경오염의 염려가 없을 뿐만 아니라 누출을 방지할 수 있도록 되어 있다.

연속하역장비는 곡물을 비롯한 광석, 석탄 등 대부분의 살화물에 이용할 수 있으며, 활차 버킷(Bucket-wheel)형, 스크루(Screw)형, 엘리베이터 버킷(Bucket-elevator)형 등 여러 종류가 있다.

스크루형 중에는 진공흡입식(Pneumatic) 하역장비도 사용되고 있으나 최근에는 연속하역장비를 많이 설치하고 있는 추세이며, 서로간의 단점을 보완하여 스크루(Screw)형 언로더와 진공흡입식 이송 및 분배 시스템을 결합하여 사용하는 방법도 검토되고 있다.

3) 포장화물 하역

건조한 분말형태의 화물, 특히 밀가루, 설탕, 시멘트 등의 포대화물은 일차적으로 팔레트, 슬링 등으로 단위화한다. 그리고 시간과 비용을 동시에 절감할 수 있도록 선적은 컨베이어(Spiral conveyer)를 이용하며, 커다란 슬링(Presling)에 넣은 채로 바로 선적하여 운송할 수 있게 하고 있다.

예를 들어, 프랑스의 제포르(Gefor)사는 종래 19명 단위의 1갱이 포대작업으로 시간당 30톤을 선적하였으나, 현재는 9명 단위의 1갱이 커다란 슬링(Presling)에 넣어 하역하는 방식으로 시간당 100톤을 처리하고 있다.

또한, 포대화물 하역에 있어서 포대에 주입하는 일을 자동화한 시설을 이용하고 있으며, 곡물 등 일부 품목은 컨베이어로 사일로 등에 보관할 때 포장 개봉 및 포장지 제거를 자동화하고 있다.

4) 유류하역

유류하역은 선박에 설치되어 있는 파이프라인을 통하여 이루어지므로 보다 능률적이면서도 환경보호에 적합하고 유지보수도 간단한 하역 시스템이 필요하다. 이러한 필요에 따라 최근에 건조된 4만 6,087DWT급 원유 및 화학제품선 플라멩코(Flamenco)호와 판당고(Fandango)호에는 통합 하역 시스템(Integrated Cargo Dis-charge System)이 설치되어 있다.

이 시스템은 계산기 관리 시스템에 의해 화물선적, 양하, 발라스트탱크 조절, 선박안전성 제어 등을 자동화함으로써 하역능률의 증대(86%) 및 사용전력의 절감을 실현할 수 있다.

5) 특수화물 하역

(1) 임 산 물

캐나다 밴쿠버항의 Gold River터미널에는 부두에 인접한 제지공장의 대형창고와 부두 사이에 2개의 트랙을 따라 움직이는 전동트롤리가 왕복운송하는 임산물(신문용지) 선적이송 시스템(Side Loading Cargo Transfer System)이 시설되어 있다. 부두측에는 플랫폼이 설치되어 있어 엘리베이터, 컨베이어 등에 의해 이송되고, 포크리프트에 의해 선적되며 날씨에 관계없이 시간당 420톤을 선적할 수 있다. 그리고 정확한 시설 작동을 위해 CCTV 등을 연결한 컴퓨터 제어기술을 채용하고 있다.

(2) 냉연강코일

일본 NYK그룹은 새로운 Ro/Ro시스템(The New Integrated Ro/Ro Transport System)을 개발하여 운용하고 있다.

이 시스템은 100톤 능력의 자체 추진 팔레트에 냉연강 코일을 싣고 선적하여 지역분배센터까지 운송한 뒤 하역하며, 철강소에서 분배센터까지의 크레인 이용횟수를 7차례에서 3차례로 감소시켰다. 선적작업시간은 6분으로 시간당 냉연강코일 1천톤을 선적할 수 있고, 재래식 Lo/Lo선보다 운송효율을 3배 이상 높이고 있으며, 후쿠야마에서 시가마 사이의 화물 인도시간을 절반으로 단축시키고 있다.

(3) 석탄 컨테이너운송

석탄은 자연 발화성이 있으며 특히, 연질의 석탄일수록 자연발화가 심하여 운송 시에 주의가 필요하다. 또한 염분을 함유한 물에 젖으면 품질이 저하된다.

이와 같은 위험성을 극복하고 운송비를 절감하기 위하여 영국과 벨기에 사이에 컨테이너운송이 개시되었다. 즉 영국 국영석탄공사는 벨기에 제철회사에 수출하는 석탄(Coking coal)을 상부개방(Open top) 살화물 전용컨테이너에 적재하여 운송하고 있으며, 마일/톤당 15%의 운임을 절감하고 있다.

(4) 활 어

생선의 선도를 유지하거나 활어상태로 운송하기 위한 기술이 개발되고 있다. 저온상태에서 운송하는 기술은 NYK의 빙온운송과 MOL의 한온운송이라는 이름으로 서비스되고 있다. 빙온운송은 온도를 0도 이하로 유지시켜 야채, 과일, 어패류, 생화, 육류 등을 운송하는 것이다. 한온운송은 Cool-Tech라고도하며 품목별로 ±5도 정도로 유지시키는 저온보존기술로 온도제어, 산화방지, 제균 등 최적조건을 설정하여 운송하고 있다.

한편, MOL은 피시테크(Fishtec) 기술을 개발하여 활어를 해외로부터 수입하고 있는데 이는 ISO 규격 20피트 컨테이너에 최신장비(수조설치, 수온제어장치, 수면유지장치, 정화 및 순화장치, 산소공급장치, 살균장치, 조명장치 등)를 탑재하여 2주 이상의 해륙일관수송이 가능하도록 하고 있다.

2. 자동화 컨테이너 하역(이송)장비

자동화 컨테이너 하역 시스템은 수동의 하드웨어 또는 자동화된 컨테이너 하역 시스템과 계산기 제어를 바탕으로 하는 운영소프트웨어로 구성된다.

아래에서는 자동화 컨테이너 하역(이송)장비에 대하여 살펴보기로 한다.

1) 안벽용 컨테이너 하역장비

(1) 트래버서(Traverser)가 있는 컨테이너크레인

안벽과 야드 사이의 컨테이너 이송작업에 차량을 사용하지 않고 크레인으로 대체할 수 있도록 개발된 것으로는 분리 또는 통합형 트래버서를 장착한 컨테이너 크레인을 들 수 있다. 그 대표적인 예는 아래와 같다.

㉠ Matson's Moustrap(컨테이너 컨베이어/분리형/LA항)

㉡ Matson's Moustrap(통합형/리치몬드항)

㉢ La Spezia's(2단 통합형)

그림 6-7 Matson's container crane with traverser, separated type

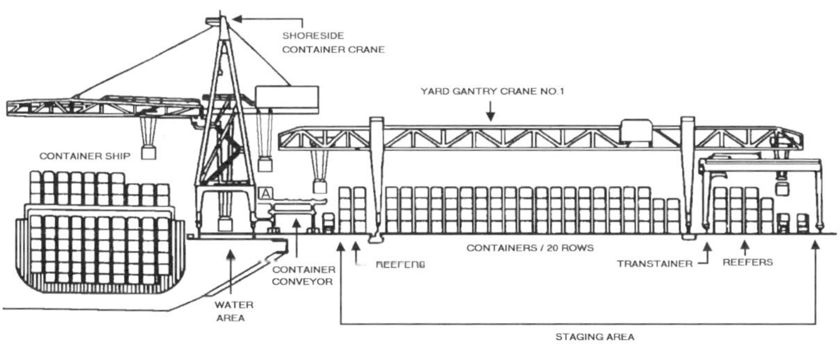

이 시스템은 다음과 같은 장점이 있다.

첫째, 차량 위보다는 트래버서 위에 컨테이너를 쉽게 Spotting 할 수 있다.

둘째, 만일 야드가 취급장비의 충분한 지원이 있으면 효율적으로 컨테이너를 조작할 수 있는 잠재력이 크다.

그림 6-8 La Spezia's container crane with traversers of two layers, integrated type

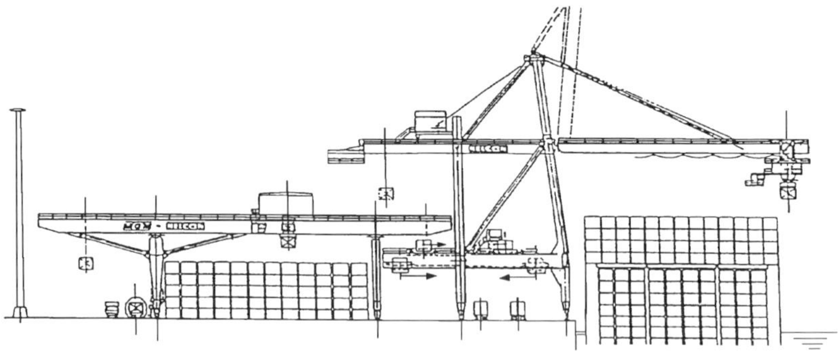

(2) 트래버서 고정 2차 Hoist 및 Chassis-loader가 있는 컨테이너크레인

컨테이너 하역 및 안벽과 야드 사이의 이송작업을 효율적으로 수행할 수 있고 차량 위에 빠르고 쉽게 spotting할 수 있도록 설계된 시스템이며, Chassis-loader를 조작하기 위한 노동력이 필요하다. 대표적인 시스템으로는 ECT's second trolley system(ECT/DELTA, 로테르담)을 들 수 있다.

그림 6-9 ECT's container crane with second trolley system

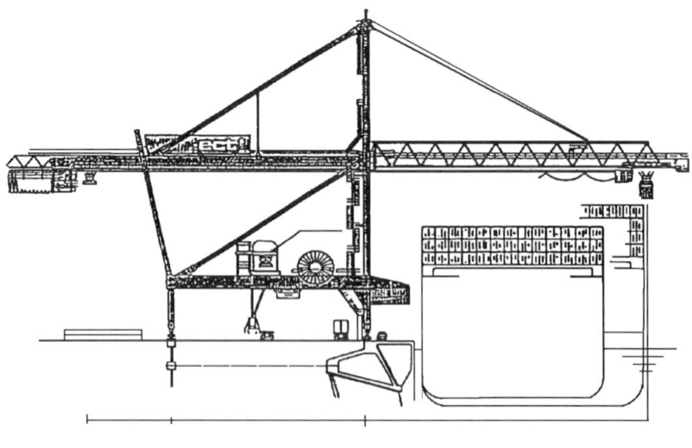

그림 6-10 Operational procedure for ECT's second trolley system

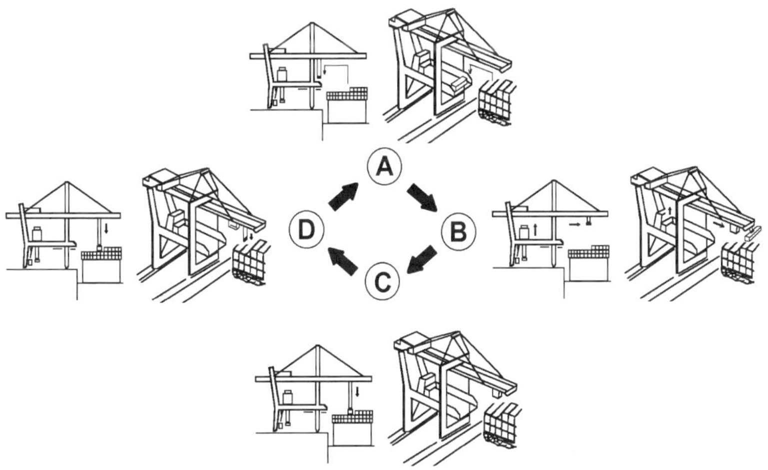

이 시스템은 다음과 같은 장점을 지니고 있다.

첫째, 안벽과 야드 사이의 이송작업 시에 컨테이너를 차량에 효율적이고,

그림 6-11 Cycle time diagram of ECT's second trolley system

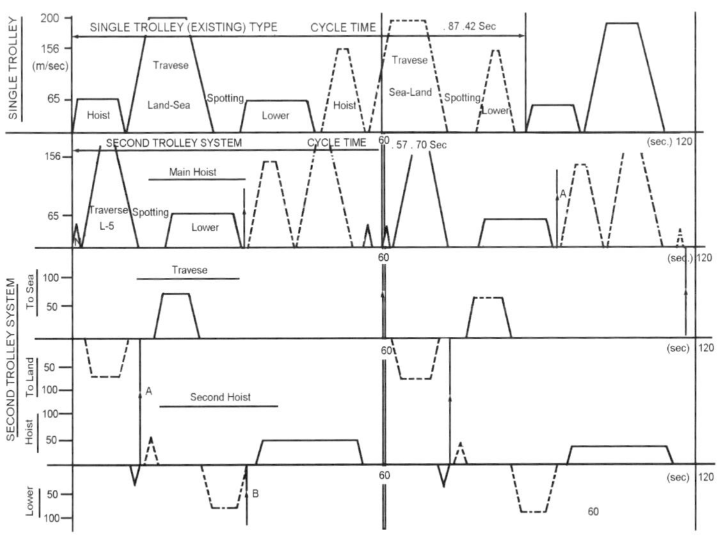

그림 6-12 VIT's container crane with an elevatable frame

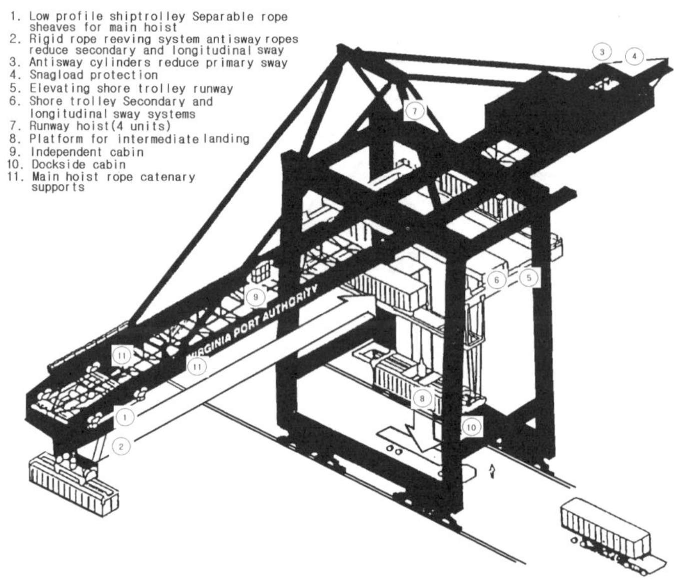

정확하게 spotting할 수 있다.

둘째, 안벽과 야드 사이의 이송작업에 완충역할을 할 수 있도록 차량을 사용함으로써 안벽에서의 컨테이너 취급작업을 효율적이고 정확하게 수행할 수 있다.

(3) 고정플랫폼과 수평이동형 2차 Hoist로 구성된 승강형프레임을 장착한 컨테이너크레인

선박의 갑판 위에 적재된 컨테이너의 높이에 맞추어 프레임의 높이를 조정할 수 있는 시스템(Container crane with an elevatable frame consisting of a fixed platform & a traversable second hoist)이며, 여기에는 부가적인 노동력이 필요 없다.

대표적인 예로는 핀란드의 Kone에서 제작한 VIT(Virginia International Terminal)의 Container crane with elevatable frame(Norfork항)(〈그림 6-12〉 참조)을 들 수 있다. Liftech, Inc.의 컴퓨터 시뮬레이션에 의하면 이 승강식 DHC가 고정식 DHC보다 처리속도가 더 빠른 것으로 알려져 있다. 그 이유는 Midplatform이 선상에서 스프레더(Spreader)가 작업하고 있는 수준의 높이에 맞추어 정확하게 위치를 잡아줄 수 있어서 Bay에서의 이동시간을 줄여주기 때문이다.

현재 사용중인 DHC의 주요 명세는 〈표 6-2〉와 같다.

표 6-2 Dual Hoist Crane의 주요 명세

자료 \ 터미널	Virginia 국제터미널	ECT Delta터미널
제작자	Kone	Nelcon
설치대수	3대	6대
정격하중(MT)	40.6	55.9
속도(mpm)		
부하 시 인양/인하 속도	51.8/59.4	50/50
비부하 시 인양/인하 속도	111.0/111.0	120.0/120.0
횡행(trolley) 속도	152.0	210.0
운전중인 바퀴형식	8바퀴식	8바퀴식
해측바퀴 륜중	68	69.9
육측바퀴 륜중	55	60
아웃리치(m)	45.7(16열)	50.0(16열)
백리치(m)	22.9	14.9
레일 간격(m)	15.24	35
인양 높이(m)	33.5	30.5
교각간 간격(m)	17.7	16.2
전자장치 및 자동화 정도	G.E. Digital semi-automated	Siemens analog manual

그러나, 이 크레인은 다음과 같은 단점이 있다.

첫째, 취급해야 할 컨테이너의 높이에 맞추어 프레임의 높이를 조정하는 메커니즘이 매우 복잡하고 저속이다.

둘째, 트래버서와 고정 2차 Hoist를 조합한 시스템보다 생산성이 낮다.

셋째, 수평이동 Hoist를 자동조작하기가 어렵다. 즉, Hoist가 수평이동되는 주기동안 그 위치가 변하기 때문에 컨테이너를 정확하게 Spotting하기가 어렵기 때문이다.

(4) 승강형 트롤리 Girder가 장착된 컨테이너크레인

VIT가 개발중인 Container crane with an elevatable trolley girder는 부가적인 작업 없이 선박의 갑판상에 적재된 컨테이너의 높이와 프레임의 높이를 조정할 수 있도록 되어 있다. 그러나, 이 형태의 크레인은 비록 개발중이기는 하지만 고정플랫폼과 수평이동 2차 Hoist로 구성된 승강형프레임을 장착한 크레인에서 지적한 것과 같은 이유로 그 효율성은 의심스럽다.

그림 6-13 VIT's container crane with an elevatable trolley girder

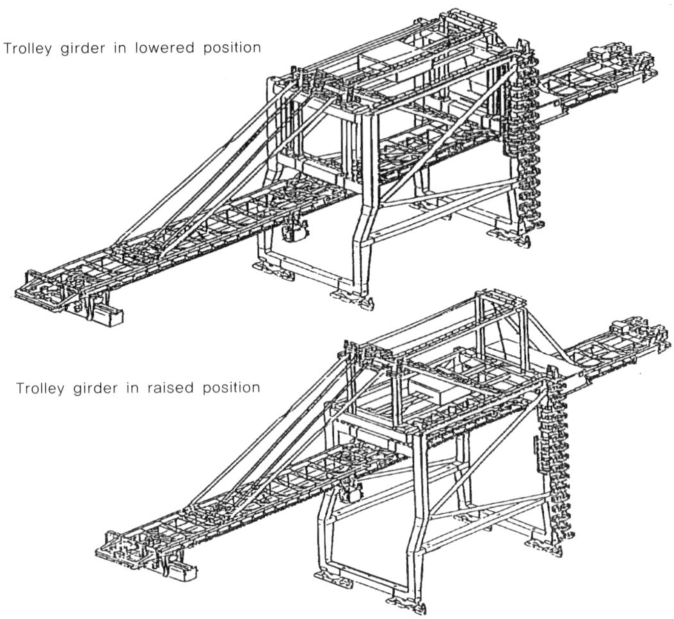

(5) Girder상에 2개의 트롤리를 장착한 컨테이너크레인

주 Girder에 2개의 트롤리를 장착한 컨테이너크레인은 수평 이중인양 또는 2차 트롤리에서와 같은 비슷한 조작을 통하여 탄력적으로 컨테이너를 취급할 수 있다. 대표적인 것으로는 PACECO Supertainer(2차 트롤리 시스템과 유사한 조작이 가능하도록 샤시가이드와 Girder에 부착된 Traverser를 장착), MHI 평행 Twin-lift(포터블 범위에 설치된 Traverser 장착) 등이 있다.

그림 6-14 PACECO Supertainer

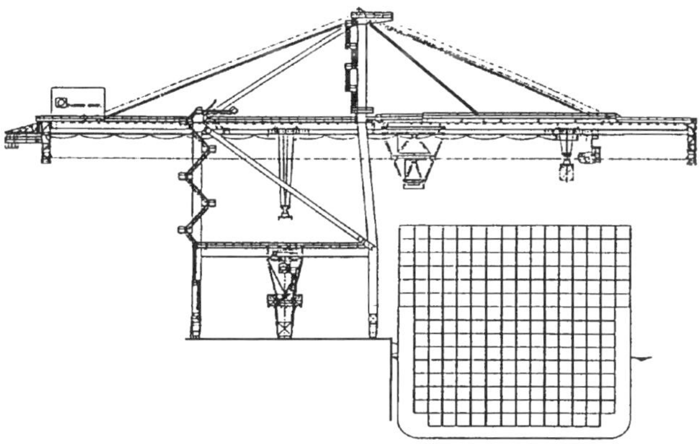

그림 6-15 MHI's Parallel-lift container crane

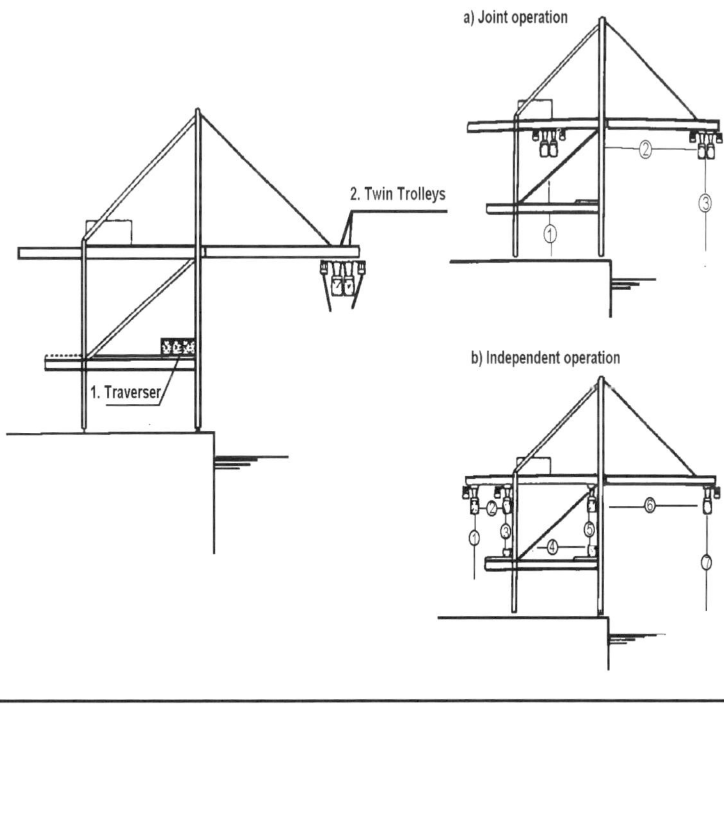

(6) 차량적재 컨테이너를 조작할 수 있는 엘리베이터 장착 컨테이너크레인

AGV의 일종인 ACC(Automated Cross Car)의 컨테이너를 취급할 수 있는 엘리베이터를 장착한 컨테이너크레인으로서 Delft 대학에서 연구하고 있는 시스템이다.

그림 6-16 Elevator crane, Delft University

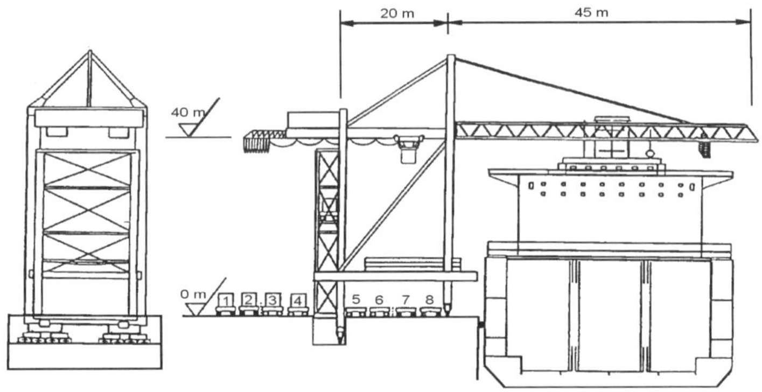

그림 6-17 Loading cycle of elevator crane

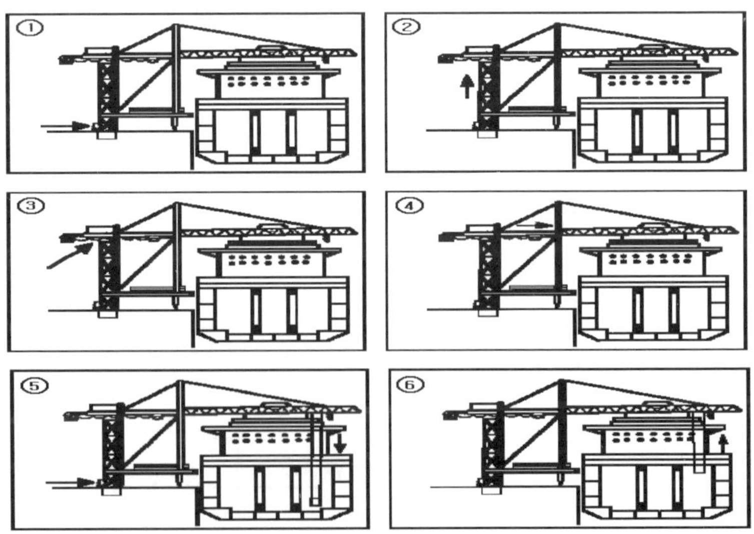

이상에서 살펴본 것처럼, 오늘날 대부분의 자동화 갠트리크레인은 고속회, 작업경로(cycle path)의 분할에 따른 고능률화, 자동운전 및 작업중지시간의 감소 등을 실현한 DHC(Dual Hoist Crane)형이다. 즉, DHC는 post-Panamax선의 출현으로 인한 선복량 및 하역량의 증대에 대응하여 Trolley의 이동거리를 둘로 나누어 Cycle time을 줄임으로써 효율을 높인 것이다.

2) 이송장비

(1) Multi-trailer system

ECT에서는 노동력 절감과 터미널의 효율적인 운영을 위하여 40/45피트 또는 2개의 20피트 컨테이너를 적재할 수 있는 트럭 트랙터와 여러 개의 풀 트레일러로 구성된 Multi-trailer system을 사용하고 있다. 이 시스템은 예인되는 풀 트레일러가 트랙터와 같은 궤적을 따라 움직이도록 설계되어 있다.

그림 6-18 ECT/Busicar's multi-trailer system

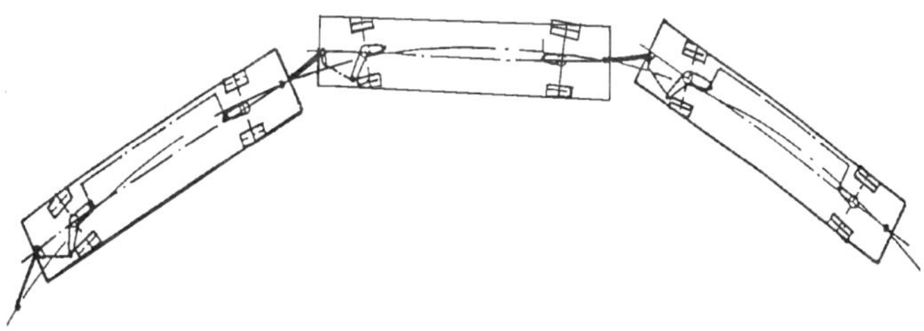

(2) Double stack trailer system

효율적인 항만운영과 노동력절감을 위하여 트럭 트랙터와 2개의 40/45피트 컨테이너 또는 4개의 20피트 컨테이너를 적재할 수 있는 세미 트레일러로 구성된 Double stack trailer system이 PSA에 의해 개발되어 있다. 이 시스템은 비록 생산성 향상 및 노동력 절감에는 매우 유용하나 자동화 터미널에서는 사용되기 어렵다.

그림 6-19 PSA's double stack trailer system

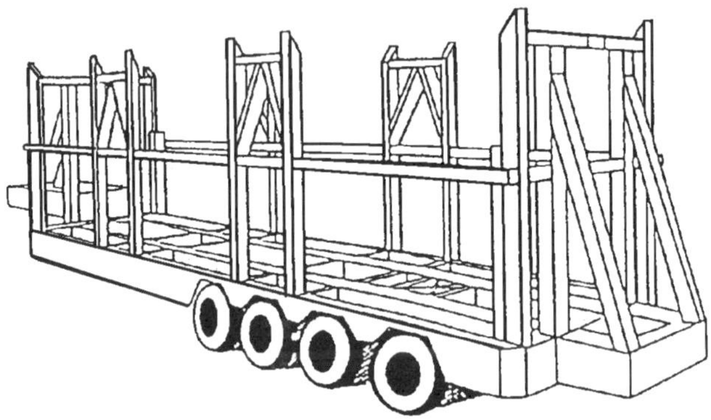

(3) AGV(Automated Guided Vehicle)

AGV는 자동화 터미널의 바다측 에이프런 1개 게이트, 즉 Interchange Spot과 마셜링야드 사이의 컨테이너 이송작업용으로 개발된 것으로 전 세계적으로 여러

그림 6-20 AGV by Mitsui Engineering & Shipbuilding

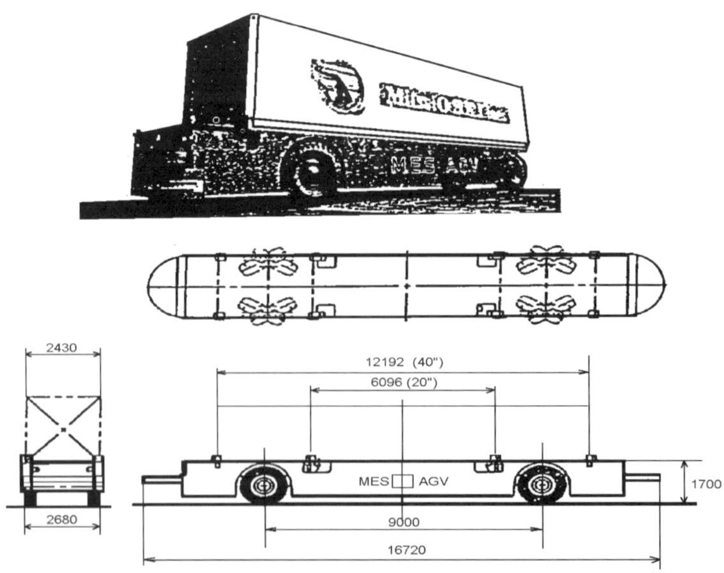

가지 형태의 AGV가 개발되거나 현재 개발중이다.

AGV의 운용기술은 두 부분 즉, 하드웨어 부분인 AGV의 몸체와 소프트웨어 부분인 주행 시스템으로 나눌 수 있다. 이론적으로는 하드웨어와 소프트웨어를 기술적으로 결합한 형태의 AGV를 생각할 수 있으나, 개발 자체가 한정된 하드웨어와 소프트웨어 제작자들이 결합하여 수행하기 때문에 실용화하는 데에는 많은 어려움이 있다.

AGV는 일반적으로 40/45피트 컨테이너 1개, 또는 20피트 컨테이너 1~2개를 시간당 12~25kts로 이송하고, 정확한 정지동작과 효율적인 가속성능을 발휘할 수 있도록 4개의 Rubber-tyred 바퀴 위에 장착되어 있으며, 주행경로를 정확히 유지하고 충돌을 방지할 수 있는 제어 시스템이 구비되어 있다.

AGV의 주행 시스템에는 고정경로, 반고정경로 및 자유경로의 3가지 형태가 있다. 고정경로의 경우, AGV는 지하에 매설된 유도케이블 또는 보도상의 페인팅경로를 따라 주행한다. 반고정경로의 AGV는 페인팅경로 또는 유도케이블을 따라 주행하는 것이 원칙이나 지하의 지정위치에 매설된 Tag로부터 경로의 번지수를 파악함으로써 주행경로의 조합을 자유롭게 선택할 수 있다.

자유경로형은 일반적으로 레이더/비콘 또는 DGPS를 채용하고 있어서 야드 내를 자유롭게 주행할 수 있으나 충돌을 방지할 수 있는 최적경로의 선택제어가 어렵다. 현재 유일하게 사용중인 ECT의 AGV는 Gottwald가 제작한 것으로 지하에 유도케이블 그리드와 Tag로 구성된 FROG(Free Range On Grid) 주행 시스템이 채용되어 있다.

제 7 장

보관 시스템

제 1 절 보관의 개념

1. 보관의 원칙

보관이란 물품을 저장하고 물리적 관리를 행하여 물품의 가치를 유지시키는 물류의 한 단계로서 물자의 생산과 소비의 간격을 조정하여 시간적 효용(Time utility)을 창조하는 기능을 지니고 있다.

보관은 과거에는 저장과 같은 의미로 사용되었으나 기업활동 중에서 마케팅 지향이 강해지고 재고투자에 대한 인식이 높아짐에 따라 단순한 생산제품 또는 원료품의 저장이라는 정태적이고 수동적인 위치에서 벗어나 동태적이고 적극적인 위치로 탈바꿈하여 "시속 0km의 운송"이라는 말로 표현될 정도로 경영관리면에서 그 중요성이 커지고 있다.

그리고 보관은 비용과 서비스의 트레이드 오프를 전제로 운송과 배송간의 윤활유 역할을 할 뿐만 아니라 생산과 판매와의 조정 또는 완충기능과 함께 집산,

분류, 검사, 가공 등의 역할도 수행하고 있다.

보관활동은 주로 창고에서 이루어지지만 창고 이외의 배송센터 같은 곳에서도 행해진다. 그러나 창고에서는 포장, 물품분류, 유통가공활동 등 보관활동 이외의 활동도 수행되고 있어서 보관과 창고는 활동내용상 일치하지 않는다. 이러한 점에서 창고는 보관보다 더 넓고 능동적인 개념이라 할 수 있으며 보관은 창고에 비해 수동적이다. 그러나 보통 양자는 불가분의 관계에 있으므로 일반적으로 동일한 개념으로 간주하고 있다.

한편, 보관은 관련 설비, 재고관리, 그리고 보관 전체를 유기적으로 조화시키는 시스템의 세 가지 측면에서 파악할 수 있다. 즉 보관설비기기란 보관과 관련된 하드웨어를 말하며, 재고관리는 소프트웨어에 해당하는 관리기법을 의미한다. 그리고 시스템이란 설비기기와 재고관리를 유기적으로 결합하여 하나의 통합된 체계로서 보관활동을 다루는 것을 말한다. 보관의 기본원칙은 다음과 같다.

(1) 통로대면의 원칙

물품의 창고 내 입고와 출고를 용이하게 하고 창고 내의 원활한 화물의 흐름과 활성화를 위하여 통로에 면하여 보관하는 것으로 이것은 창고설계의 기본이다.

(2) 높이쌓기 원칙

창고 전체의 용적효율을 높이기 위해서는 입체효율을 향상시키는 것이 바람직하다. 이를 위하여 평평하게 쌓는 것보다 팔레트 등을 사용하여 높이 쌓는 것이 용적효율이 높다. 그러나 선입선출 등 재고관리상의 제약조건이 강한 경우에는 래크(Rack) 또는 층층대 등 다른 보관시설을 보완하여야 한다.

(3) 선입선출의 원칙

선입선출(FIFO : First In First Out)이란 먼저 보관된 상품을 먼저 출하하는 것으로 감광지, 필름, 식품 등 상품의 수명이 짧은 경우에 적용된다. 재고관리의 수단으로써 선입선출은 필수적이지만 상품의 형식변경이 적거나 수명이 길거나 마모나 파손이 적은 경우에는 선입선출의 원칙을 지킴으로써 얻어지는 이익과 비교하여 적용 여부를 결정해야 한다.

(4) 회전대응보관의 원칙

보관할 물품의 장소를 회전할 수 있는 정도, 즉 입출하 빈도에 따라 정하는 것을 말한다. 예를 들어 출입구가 동일한 창고의 경우 입출하 빈도가 높은 화물은 출입구에서 가까운 장소에 보관하고 낮은 경우에는 먼 장소에 보관하는 것이 이에 해당된다.

(5) 동일성 및 유사성의 원칙

동일물품이 산재해 있으면 물품의 입출고 및 재고조사, 작업원의 재고파악 등이 어려워 작업생산성의 저해요인이 된다. 따라서 동일품종은 같은 장소에 두거나 유사한 상품은 한 곳에 인접시켜 보관하는 것이 효율적이다.

(6) 중량특성의 원칙

중량에 따라 보관장소, 특히 장소의 높낮이를 결정하여야 한다. 중량물과 대형물은 하층부에 보관하고 경량물과 소형물은 상층부에 보관하도록 한다.

(7) 형상특성의 원칙

형상에 따라 특성에 맞도록 보관해야 한다는 것으로 표준품은 래크에 보관하고 자동차 부품, 타이어 등 비표준품은 특수한 보관기기나 설비를 사용하여 그 형상에 따라 보관해야 한다.

(8) 위치표시의 원칙

보관품의 장소, 선반번호 등의 위치를 표시함으로써 입출고작업을 단순화하고 위치확인에 소요되는 불필요한 시간 및 경비를 줄일 수 있다.

(9) 명료성의 원칙

시각적으로 보관품을 용이하게 식별할 수 있도록 보관하는 원칙으로 위치표시, 동일성 및 유사성의 원칙, 높이쌓기 원칙 등을 고려하더라도 창고 내 작업원의 시각으로 보관품의 장소나 보관품 자체를 쉽게 파악할 수 있도록 하여야 한다.

(10) 네트워크(Network)보관의 원칙

관련 품목을 한 장소에 모아 보관하는 원칙으로 출하품목의 다양화에 따른 보관상의 어려움을 예상하여 물품정리가 용이하도록 보관하는 방식이다.

이상에서 보관의 기본적인 원칙을 살펴보았으나 이들 원칙 사이에는 서로 상호연관성이 있으므로 보관을 할 경우에는 물품의 성격이나 창고 내 상황에 따라 적절히 배합하여 적용하여야 한다.

2. 창고의 종류 및 기능

좁은 의미의 창고란 물품을 보관하기 위한 건물을 말하며 넓은 의미로는 물품을 보관하기 위한 시설이라 할 수 있다.

창고업법에 의하면 창고는 물품의 멸실 또는 훼손을 방지하기 위한 공작물과 이를 시설한 토지 또는 수면으로서 물품을 보관하는 데 사용되는 것을 말하며, 창고업은 타인을 위하여 창고에 물품을 보관하는 것을 영업으로 하는 것을 의미한다.

표 7-1 창고의 분류

운영형태	자가창고, 영업창고, 공공창고(공립창고, 관설상옥, 관설보세창고)
입 지	항만창고, 내륙창고, 도시(소비지)창고, 산지창고, 철도역창고, 터미널창고
건물형태	단층창고, 다층창고, 입체자동창고
건축자재	철근 콘크리트창고, 콘크리트 블록창고, 철골창고, 목조창고
기 능	저장창고, 보세창고, 유통창고

화물을 보관하기 위해서는 기탁자는 기탁신청서에 필요사항을 기입하고 날인한 후 제출한다. 신청을 받은 창고회사는 창고에 수용능력이 있고 신청된 물품이 보관에 적당하면 반입해야 할 창고와 날짜를 기입한 입고 지시서를 발행하여 기탁자에게 통지한다. 물품이 창고에 반입되면 현장담당자는 수량과 중량 등을 감정하고 확인한 후 입고시킨다. 입고 후 창고회사는 기탁자에 대하여 입고통지를 교부하며 기탁자의 청구가 있으면 입고통지서 대신 창고증권, 화물보관증서, 보관화물통장을 발행한다.

기탁한 화물을 출고하는 경우 기탁자는 화물수령증을 작성하고 요금과 함께 창고회사에 제출한다. 입고 시 창고증권이나 화물보관서가 발행되는 경우에는 수령란에 필요사항을 기입하고 날인하여 제출한다. 또한 보관화물통장이 발행되는 경우에는 그 출고란에 기입하고 날인한 후 제출한다.

창고회사에서는 제출된 서류를 확인한 후 출고전표 또는 출고지시서를 발행하며 이를 창고의 현장담당자에게 제출하고 화물을 인수하게 된다. 이때 보관화물

중 일부만 출고하는 것도 가능하다.

창고는 〈표 7-1〉과 같이 분류할 수 있고, 창고업법에 의한 창고유형별 보관물품의 종류는 〈표 7-2〉와 같다.

표 7-2 창고종류와 보관물품의 종류

창고유형	보관물품	물품내용
1급창고	제 1 종 물품	제 1 종 물품, 제 3 종 물품, 제 4 종 물품, 제 5 종 물품, 제 6 종 물품(포장되지 않은 곡물류 제외), 제 7 종 물품 이외의 물품
2급창고	제 2 종 물품	밀, 보리, 녹말, 사료, 소금, 야채류, 과실류, 건어물 및 염장어물, 가죽, 비료, 제철류, 기타 금속제품, 시멘트, 석고, 백묵, 석면, 석면제품
3급창고	제 3 종 물품	판유리, 유리관, 유기그릇, 도자기, 타일, 질그릇, 숯, 조개류, 해면류, 기타 위의 물품에 유사한 제품
야적창고	제 4 종 물품	지금, 선철, 철재, 연관, 연판, 동판, 시멘트제품, 광물, 흙, 돌, 자동차 및 차량, 목재, 빈 컨테이너, 빈 드럼통, 고철, 깨진 유리, 중고타이어 등 야적이 가능한 물품
수면창고	제 5 종 물품	원목 등 수면보관이 가능한 물품
저장창고	제 6 종 물품	포장되지 않은 곡류, 분말 또는 액체로 된 물품
위험물 창고	제 7 종 물품	소방법 제 2 조 규정에 의한 위험물 및 고압가스
냉장창고	제 8 종 물품	생농산물, 생축산물, 생수산물 또는 냉동가공품으로서 10℃ 이하에서 보관함이 적당한 물품

자료 : 교통개발연구원, 「화물수송체계개선에 관한 연구」, 1995.

한편, 창고의 일반적인 기능은 다음과 같다.

(1) 시간기능

시간기능은 창고의 본질적 기능으로서 이로 인해 재원 및 자원의 확보 또는 수급이 가능하며, 시간의 변화에 따른 재화의 상태변화 또는 소비지에서의 상태의 저하를 막을 수 있다. 특히 긴급사태 시의 물자통제, 군수물자의 배급거점으로서의 창고역할은 이 기능에 의한 것이다.

(2) 매매기능

창고업자가 발행하는 창고증권은 위탁화물을 대표하는 것으로서 이 증권의 양도는 위탁화물의 양도와 같은 효력을 지닌다. 그러므로 위탁자가 위탁화물을 매매할 경우 이 증권을 양도함으로써 매매행위에 대신할 수 있다. 따라서 상거래가 신속하게 이루어질 뿐만 아니라 재화의 이동에 소요되는 비용을 절감할 수 있다. 또, 창고업자는 위탁자의 요구에 따라 매매를 위한 중개행위를 통하여 위탁자에 대한 편의를 제공할 수도 있다.

(3) 수급(가격)조정기능

재화가 한꺼번에 시장에 유입되면 공급과잉으로 인해 가격이 하락하므로 이를 방지하기 위해 창고에 보관하거나, 가격이 폭등할 경우에는 대량으로 시장에 방출하여 물자의 수급 또는 가격을 조정한다. 또한 재고를 조정함으로써 생산과 판매와의 조정 또는 완충기능을 한다.

(4) 신용기능

보관화물을 대표하는 창고증권을 담보로 자금을 대출하는 경우가 이에 해당된다. 이러한 신용조성형태는 경제적으로는 이른바 대물신용에 속하며, 이 경우 창고에서의 대상화물은 바로 생산 또는 유통단계에 있는 재화이다.

창고업에 있어서 증권발행은 매우 긴 역사를 지니고 있으며 창고업은 이러한 증권발행과 유통에 의해 발전해 왔다고 할 수 있으나, 최근에는 증권발행이 법적으로 엄격하게 규제되고 있다.

(5) 연락기능

연락기능이란 연락서비스, 즉 해 · 육 · 공 교통기관의 접속점에서 접속점과 창고 또는 공장간의 화물의 연락 및 조정을 목적으로 이루어지는 서비스를 말하며, 이로 인해 재화의 운송이 더욱 원활해진다.

해 · 육 · 공 운송에 있어서의 접속점은 터미널이며, 이러한 접속점이 바로 운송경로에 있어서의 재고점(Stock point)기능을 지니고 있어서 물류비에 미치는 영향이 매우 크다. 특히 최근에는 터미널의 합리화가 매우 중요한 과제로 떠오르고 있으며 이러한 접속점에 있어서의 연락 및 조정기능을 총칭하여 창고의 연락기능이라 한다.

(6) 집하, 분류 및 가공기능

창고는 화물을 집산, 분류, 구분, 조합, 검사 및 가공하는 기능을 지니고 있다. 즉, 배송센터 등에서는 화물을 집하 또는 배송하는 기능과 함께 도착한 화물을 출하하기 위하여 화물을 분류, 구분 또는 검사 및 조합을 하며, 이러한 기능 외에도 물류 복합단지 등에서는 부가가치를 높이기 위한 가공작업도 이루어지고 있다.

이상에서 창고의 일반적인 기능에 대하여 살펴보았으나 항만창고의 기능도 항만창고 자체가 입지에 따른 분류에 지나지 않으므로 강조되는 부분이 다를 수는 있으나 일반창고의 기능과 큰 차이는 없다. 그러나 최근에는 창고의 기능에 커다란 변화가 일어나고 있으며 그 중요한 내용을 살펴보면 다음과 같다.

첫째, 신용, 가격조정 및 매매기능의 저하를 들 수 있다. 먼저, 신용기능의 경우, 과거에는 증권을 이용하는 화물이 많았으나, 오늘날에는 경제 및 유통구조의 변화로 인하여 이러한 화물이 급격히 감소하고 있다.

또한, 가격조정기능도 경제구조의 변화에 따라 점점 약해지고 있다. 즉, 오늘날의 경제체제에서는 기업가가 상품의 가격차익을 얻기 위하여 대량으로 상품을 보관하는 일은 매우 드물어졌다. 바꾸어 말하면, 근대 경영에 있어서 기업가가 과대한 재고를 안고 있다는 것은 일반적인 경우 기업경영의 침체를 의미한다.

즉, 근대 기업에 있어서는 자본구성의 변화, 상품의 생산에서 소비까지의 유통속도의 변화, 기술혁신에 따른 신제품의 등장 또는 상품의 개량, 금융사정의 변화에 따른 자금 회전속도의 변화, 기업간의 경쟁에 따른 기업이윤의 저하와 이에 따른 물류비 절감노력 등으로 인해 과도한 재고량을 유지하는 것은 거의 불가능하기 때문이다.

둘째, 시간기능의 성격이 변하고 있다. 물론, 시간기능은 기본적인 창고기능으로서 아직도 이러한 기능을 지니고 있다. 그러나, 최근 경제의 고도성장과 산업구조의 고도화로 인해 창고는 화물을 저장하는 것뿐만 아니라 물류과정의 일부로서 재화의 재고점이 되고 있다. 이러한 경향은 특히 도시창고에서 강하나 항만창고에 있어서도 잡화 등 정기선화물이나 자동차전용선의 출현으로 이러한 경향이 현저하게 나타나고 있다.

셋째, 창고기능 중 가장 중요한 연락기능에도 커다란 변화가 일어나고 있으며, 특히 수출입 상품의 대부분을 취급하고 있는 항만창고기능을 크게 변화시키고 있다.

항만과 밀접한 관계가 있는 해운업의 경우, 운항비용의 약 30%(정기선의 경우)를 항만경비가 차지하고 있기 때문에 해운수익이라는 면에서 항만은 커다란 애로가 되고 있다. 또한 운임면에서도 선형이나 선종에 따라 약간 다르기는 하지만 운임수익에 대한 항만경비는 20～40%를 차지하고 있다. 이처럼 항만경비의 비중이 큰 것은 항만기반시설의 부족뿐만 아니라 항만시설의 관리운영 및 항만관련 기업의 비근대성이 중요한 요인이 되고 있다. 따라서 항만창고는 시설의 확충과 운영의 합리화를 통해 물류과정에 있어서 운송기능과 보관기능간의 연락 및 조정을 원활히 할 수 있도록 기능의 변화가 요청되고 있다.

또한 오늘날의 창고는 새로운 부가가치를 창출하는 장소로 변모하고 있다. 특히 항만을 비롯한 거대한 터미널 부근에 입지하는 복합물류센터는 수출입상품을 보관, 분류 및 검사하는 기능뿐만 아니라 보관된 화물을 부분적으로 가공하여 고부가가치를 창출하는 생산장소로 탈바꿈하고 있다.

제 2 절 항만물류관련 보관시설

1. 보세구역

사내창고나 물류센터에서 출고된 수출품의 선적을 위해 거치게 되는 곳이 보세 장치장이나 보세창고이다. 일부의 수출상품은 항만에 위치해 있는 상옥, 일반창고 및 야적장 등의 국유 보세창고에 의존하고 있으며, 보세구역은 일반창고와는 달리 기업의 영역 밖에 속한다. 그러나 보세구역은 물류합리화에 커다란 영향을 미치기 때문에 관세청에서는 1989년부터 수입화물 관리의 전산화를 추진하는 등 업무개선에 나서고 있으며 창고의 기계화 및 자동화의 추진과 고층래크 및 자동창고 시스템을 도입하여 운영중에 있다.

또한, 관세청과 관세협회의 주도로 보세창고의 전산화를 추진중이다. 보세창고가 전산화되면 선하증권번호만으로도 입고상황을 알 수 있으므로 장치장에 입고된 화물의 확인시간 및 반출까지의 통관절차를 단순화할 수 있어 물류합리화에 크게 기여할 것으로 전망된다. 보세구역의 종류는 다음과 같다.

(1) 보세 장치장

통관하고자 하는 물품을 장치하기 위한 구역을 말하며 장치장에는 자가 장치장, 타소 장치장, 영업용 장치장 등이 있다. 현재 부산지역에는 부두 외곽지역에 37개소의 ODCY(Off-Dock CY)가 산재되어 운영중에 있으며, ODCY에는 영업용

보세 장치장의 면허를 취득하여 내륙운송, 통관, 컨테이너 장치보관 및 컨테이니운송과 관련된 특별 간이보세운송, 철도운송업 등이 참여하고 있다.

(2) 보세창고

보세 장치장과 마찬가지로 외국물품을 장치하기 위한 창고를 말하며 세관장의 허가를 받은 경우에는 통관을 하지 않은 내국 물품도 장치할 수 있다. 특허기간은 10년 내로 하며 부패할 염려가 있는 물품 또는 생동물이나 식물은 장치할 수 없다. 보세창고의 물품장치기간은 외국물품이 2년, 내국물품은 6개월로 규정되어 있으나 세관장이 인정하는 외국물품의 경우에는 1년의 범위 안에서 연장이 가능하다.

(3) 지정 보세구역

지정 보세구역은 지정 장치장이라고도 하며 통관을 하고자 하는 물품을 일시 장치하기 위하여 세관장이 지정한 구역이다. 지정 보세구역의 물품장치 기간은 6개월의 범위 안에서 관세청장이 정하며, 내국물품의 경우 세관의 허가로 10일 내에 반출할 수 있고 반출된 물품에 대해서는 하주가 그 보관의 책임을 지게 된다.

2. 컨테이너야드(CY)와 컨테이너 프레이트 스테이션(CFS)

우리나라의 경우, 컨테이너화물은 부두의 컨테이너터미널 내에 별도로 마련된 컨테이너 야적장 내에서 선적대기를 하며, LCL화물인 경우는 컨테이너야드에서 선적대기 하기 전에 창고형 작업장인 CFS에서 동일 목적지로 향하는 여러 송하인의 소량화물에 대해 혼재작업을 한다.

일반적으로 현대 항만에 있어서는 CY와 CFS가 원칙적으로 부두 내에 위치해야 하지만 우리나라의 경우 항만공간이 협소하여 부두 밖의 지역에 산재해 있다.

우리나라의 컨테이너터미널에 있어서 CY 및 CFS의 규모를 살펴보면, 다음과 같다.

자성대 부두는 현재 3개의 CFS를 운영하고 있고 총면적은 25,617㎡로서 수출 LCL화물을 위한 CFS 2동과 수입 LCL화물을 위한 1동이 있으며, CFS의 장치량은 1,179TEU이다. 그리고, 신선대 부두는 장치장 면적이 모두 470,000㎡로서 모든

CY기능을 터미널 내에 처리할 수 있도록 계획되어 있으며, 일시장치능력이 33,600TEU로서 HBCT의 21,188TEU보다 훨씬 많은 수의 컨테이너를 장치할 수 있다. 특히, 자성대 부두는 장치장이 불충분하여 하역기능만을 수행하기 때문에 ODCY가 그 기능을 대행하고 있는 실정이다.

3. 내륙 컨테이너기지

1) 내륙 컨테이너기지의 기능

내륙 컨테이너기지(ICD : Inland Container Depot)는, ㉠ 항만이나 공항이 아닌 내륙시설로서 공적권한(Public authority)을 지니고 있으며, ㉡ 고정설비를 갖추고 여러 내륙 운송수단에 의해 미통관된 상태로 이송된 여러 종류의 화물(컨테이너 포함)을 일시적으로 저장하거나 취급에 대한 서비스를 제공하고, ㉢ 세관의 통제하에 수출 및 연계운송을 위한 일시적인 장치, 창고보관, 재수출(Re-export), 일시상륙(Temporary admission) 등을 담당하는 단체들이 있는 장소를 말한다.

ICD는 본래 내륙통관기지(Inland Clearance Depot)를 뜻하는 것이었으나 화물유통에 있어 컨테이너화의 급속한 확산과 복합운송의 발달에 따라 내륙 컨테이너터미널 또는 내륙 컨테이너기지로서 성장 발전하였으며 통관기능을 그 주요 기능의 하나로 하고 있다.

따라서 오늘날의 ICD는 항만이 아닌 내륙에 설치되어 있는 시설로서 운송기지

그림 7-1 ICD의 주요 기능

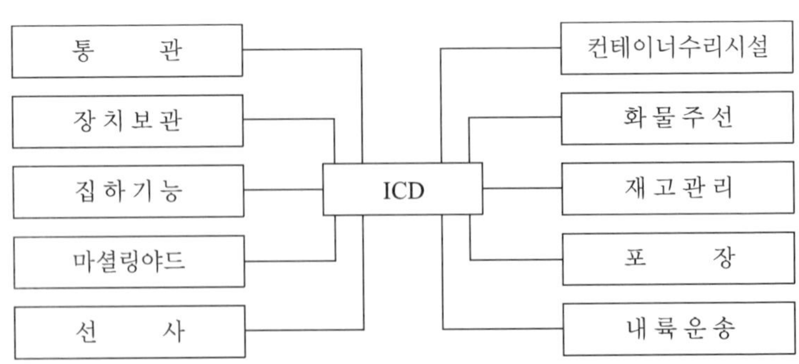

자료 : Yehuda Hayut, Inland Container Terminal-Function and Rationle, Maritime Police and Management 1980.

또는 운송거점으로서의 역할이 강조되고 있으며 컨데이너화물의 통관, 적재 및 하역, 배송, 보관, 집하, 컨테이너의 수리, 화물주선, 재고관리, 포장, 내륙운송 등의 기능을 수행하며, 세관을 비롯하여 선사, 운송회사, 운송주선인, 은행, Maintenance shop, 포장회사 등이 위치하고 있다.

ICD에서는 항만에서 반드시 담당해야 할 본선작업과 마셜링기능을 제외한 장치 · 보관기능, 집하, 분류 등과 같은 전통적인 항만기능이 수행되고 있으며 또한 항만지역에 위치한 많은 관련 서비스시설을 포함하고 있기 때문에 "내륙항만"이라고 불리기도 한다. 위치적으로는 주로 항만터미널 및 내륙운송수단과의 연계가 편리한 주요 산업지역 등에 위치하고 있다.

ICD의 기능을 물류합리화 측면에서 살펴보면 운송의 거점으로서 대량운송의 실현, 공차율의 감소, 운송 회전율의 증가 등을 통해 운송비와 시간을 크게 감소시키고 신속한 통관을 가능하게 한다. 또한 화물유통을 위한 정보 시스템 구축의 한 거점으로서 수출입 화물유통에 요구되는 복잡한 서류와 통관을 간소화시키는 데 크게 기여하고 있다. 그 밖에 ICD 내 물류 시스템은 정보 시스템을 기반으로 하여 항만과 국내수입지 및 생산지를 연계시키는 시스템으로 운송, 하역, 보관, 포장, 통관 등의 기능도 수행한다.

2) 우리나라의 ICD

최근 수출입화물의 운송 적체 및 도로교통 체증현상 등으로 사회간접자본의 투자에 대한 논의가 활발하게 진행되었으며, 이러한 흐름의 일환으로 부산권과 경인권 ICD 건설이 적극적으로 추진되었다.

부사궈의 ICD는 부산지역에 산재한 ODCY의 비효율성을 극복하기 위하여 이들을 통합하고 운영을 활성화시켜야 한다는 관점에서 추진되었으며 경인지역 부곡기지의 활성화 방안에 대해서도 다양한 검토가 진행되고 있다.

(1) 양산 ICD

양산 ICD는 현재의 ODCY 역할을 고려하고 장래의 부산항 물동량수요에 대한 항만처리능력을 기초로 하여 양산군 물금면 증산리에 20만평 규모로 건설되었다. 양산 ICD는 국가부지에 민자를 유치하여 제 3 섹터 방식으로 조성되고 있으며 ICD운영은 조성법인이 직영하되 필요시 임대 운영하도록 되어 있다. 양산 ICD는 기본적으로 부산항 주위에 산재해 있는 ODCY의 기능을 대체하고 집하센터, 마케팅센터, 창고보관 및 재고조절기능 등을 비롯한 종합 물류센터로서의 역할을 할 것으로 기대된다.

(2) 의왕 ICD

경기도 의왕시 이동에 위치하며 오봉역을 거점으로 하고 있다. 이곳은 원래 1984년 7월 컨테이너운송뿐만 아니라 무연탄, 양회, 일반화물의 철도운송을 위한 종합 화물기지로 개발되었다. 이전까지는 수도권역(용산, 영등포, 수원 등)에서 이들 화물을 취급해 왔으나 물동량의 증가에 따른 교통혼잡과 장치장의 부족으로 의왕 ICD가 개발되었다.

3) 외국의 ICD

현재 세계적으로 ICD는 내륙운송의 기종점으로서 컨테이너화물의 통관과 장치기능을 위주로 항만기능의 보완적 역할을 담당하면서 복합일관운송체계의 필수적인 요소가 되고 있다. 즉, 컨테이너의 통관절차 및 소요시간을 고려할 경우 장치장 수요가 항만 또는 수출입업자의 시설만으로는 감당하기 어렵고 비효율적인 경우가 많기 때문에 항만 또는 하주의 인접지역에 ICD를 설치하여 장치장 또는 통관장소로서 활용하기 시작하였고 오늘날에는 운송거점과 화물의 집·배송센터로서 중요한 역할을 담당하고 있다.

특히, 최근에는 통관절차의 간소화와 전산 시스템의 도입으로 통관절차의 생략 또는 간소화가 추진되고 있는 반면 복합운송체계의 진전으로 ICD의 화물 집·배송 단지로서의 역할이 커지고 있어 유럽의 주요 ICD 회사는 보세창고시설 등을 갖추는 한편 일반 창고업까지 겸하여 생산업자가 집·배송센터로서 이용할 수 있도록 서비스를 제공하고 있다.

아래에서는 영국 및 대만을 중심으로 주요 ICD의 운영형태를 살펴보기로 한다.

(1) 영 국

① Containerbases사의 ICD

영국에는 전체적으로 20여개의 ICD가 있으며 National ICD Association이 구성되어 있다. 이들 중 Containerbases사는 Birmingham, Glasgow, Leeds, Manchester,

London(Barking) 등 다섯곳에 ICD를 가지고 있으며 이 회사의 ICD들은 통관기능을 위주로 하고 있어 ICD 발달의 전형이 되고 있다. Containerbases는 P & O, ACT, British Rail, National Freight Corp. 등이 컨소시엄을 형성하여 설립하였으나 현재는 P & O Group의 100% 소유로 되어 있다.

Barking의 ICD는 근처의 Tilbury, Felixtowe, South Hampton항의 컨테이너화물을 주로 취급하며 영국 전역을 연결하는 철송 시스템인 Freightliner가 항만과의 철송을 주로 담당하고 있다. 그리고 ICD에 철송된 컨테이너화물은 통관 후 트레일러, 또는 일반트럭 등으로 하주의 문전까지 운송되며, 수출화물은 ICD까지 운송된 후 항만으로 철송된다.

Containerbases ICD들은 1968년부터 주요 상공업센터들에 인접하여 건설되기 시작하여 컨테이너운송체계의 거점으로서, 통관장소로서 그리고 적 · 공컨테이너의 장치장으로서 크게 활용되고 있다. 이들 ICD는 Freightliner 시스템과 직 · 간접으로 연결되어 있으며 도로망과의 연계도 잘 되어 있어 화물의 집 · 배송이 편리하다. 철송 시스템과의 연결은 화물이 많은 곳은 단위열차 운행으로, 그리고 적은 곳은 중간역을 활용하고 있다.

이들 ICD에서는 LCL화물 취급이 활발하며 컨테이너 적재를 위한 포장기능도 수행한다. 통관을 위해 DTI(Direct Trader Input) 시스템이 도입되어 있으며 EC권역내의 교역화물에 대한 통관규제 완화로 인해 미주지역, 아시아, 아프리카 등지의 화물에 대한 통관업무도 수행하고 있다. 특히, Manchester와 Leeds에 있는 ICD에서는 보관창고를 운영하고 있어서 이용 하주들이 관세의 지불을 늦추는 데도 기여하고 있다.

또한, 이들 ICD는 항만시설 및 항만공간의 효율적인 활용, 컨테이너의 신속한 내륙운송, 신속한 통관처리 및 화물의 집 · 배송센터로서의 역할을 위한 LCL화물의 처리기능이 특히 강조되고 있으나, FCL화물의 운송거점과 이들의 통관처리를 위한 장소로서 ICD의 역할도 이에 못지않게 중시되고 있다. 그러나 최근 EC권역 내에서의 통관규제 완화로 LCL화물의 취급비중이 늘고 있으며 Barking에 CFS창고를 신축하는 등 LCL화물 처리시설을 확충하고 있다.

② Hay Distribution Services Ltd. 및 Lenham Storage Group

이 회사는 1651년에 설립된 회사로 영국 전역에 15개의 화물 처리단지(Maidstone, South Ockenden, Dagenham, Taeale(2곳), Milton Keynes, Chepstow, Minworth,

Walsall, Aldredge, Barnsley, Leeds, Hartlepool, Newcastle, Hillington)를 보유하고 있다. 이 회사의 특징으로는 ICD를 운영하는 한편 보세창고도 운영하여 ICD 내에서 통관된 물품을 보관창고로 옮겨 장·단기로 보관해 주며 하주의 요청에 따라 자사트럭으로 필요한 곳에 배달해 준다.

Hays는 회사전용 자체 철도노선(Siding)과 차량을 가지고 있으며 영국철도망인 Railfreight, Freightliner 등을 통하여 영국과 유럽의 주요 항만 및 집·배송센터와 연결되는 철도시설을 가지고 전용열차를 운행하고 있으며 Maidstone의 기지에는 거대한 냉동창고가 있어서 호주 등지에서 수입한 소고기, 어패류 등의 저장과 분배에 이용되고 있다.

Hays 그룹의 집·배송영업은 화학제품 집·배송, 특별 집·배송, 해양배송 등 다양하며, 특히 대규모의 보관서비스를 제공하고 있다. 즉, Hays Storage Services는 보관서비스 전담회사로서 Dagenham, Essex에 5만평 정도의 면적에 1만 2천평 정도의 창고와 10만㎡ 정도의 냉동창고를 보유하고 있으며 1만평 정도의 적·공컨테이너 장치장을 가지고 있다.

Lenham Storage Group은 1947년에 설립된 개인소유의 소규모 ICD 및 보관창고운영회사로서 체코슬로바키아와의 교역에 관련된 화물의 운송 및 보관을 주종으로 영업하고 있다. 즉 이 회사는 원료 또는 중간재, 부품을 체코 내 생산조립공장으로 운송하고 완제품을 영국 내로 운송하고 있다.

운송은 트레일러와 트럭을 이용한 Ro/Ro 시스템으로 이루어지고 있으며, 총소요시간은 하루 반 정도이고 선박 항해시간은 4~5시간 정도이며 운전기사는 체코인과 영국인 모두를 고용하고 있다.

이 회사는 Lenham에 2만 7천평 가량의 면적 외에 Southampton항 근처의 Andover에 약 1만평 가량의 기지를 가지고 있다. 또한, 보세창고는 약 1,800평으로 컴퓨터 정보 시스템에 의한 처리가 가능하며 일반창고 면적은 약 3천 5백평이고, 오랜 보관을 요하지 않는 신속한 집·배송을 필요로 하는 화물용으로 약 5천평의 집·배송창고가 있다.

Lenham과 Hays의 공통점은 단순히 ICD의 운영에서 한걸음 더 나아가 보세창고업 또는 통관된 일반화물의 장기보관, 화물의 집·배송업을 담당한다는 점이다.

(2) 대　　만

대만의 ICD는 1970년대 중반부터 대기업의 자회사 또는 민간기업형태로 설립되어 특정선사의 컨테이너 장치, 내륙운송, LCL화물의 혼재, 분류업무를 수행해 왔다. 현재 대만에는 23개 ICD가 운영되고 있는 것으로 알려지고 있으나 엄밀한 의미에서 일부지역의 ICD를 제외하고는 ICD라기보다 ODCY에 해당한다고 볼 수 있다.

그 이유는 이들 ICD가 공단지역이나 다량의 화물발생지역에서 LCL화물의 혼재 및 분류기능, 통관기능, 컨테이너 장치기능 등 내륙 항만기능을 수행하기보다는 항만보조기능을 수행하는 경우가 많기 때문이다.

특히 항만부지가 협소한 킬룽항 주위 20km 이내에 13개 ODCY가 위치해 있고 카오슝항 인접지역에도 5~6개 ODCY가 항만보조기능을 수행하고 있다. 본래의 ICD기능을 수행하는 곳으로는 공단지역이 밀집한 타오유안지역의 4개 ICD, 즉 UTU(United Terminals Ltd.), ACT(Associated Consolidation Terminal Co.), Tung Hai Terminal Co., EGCT(Evergreen Container Terminal Co.)를 들 수 있다.

대만에서 ODCY가 발달한 것은 킬룽항의 배후지가 산지로 둘러싸여 항만부지는 협소하지만 대만의 정치 및 경제 중심지인 타이베이 주변에 공단지역이 밀집해 있고 대만 화물발생량의 60% 이상이 이 지역에서 발생하고 있으며 킬룽항과 거리가 가깝기 때문이다.

킬룽항은 항만공간의 부족으로 본선입항 24시간 전부터 수출 컨테이너의 장치를 허용하고 본선 출항 후 24시간 이내에 입항 컨테이너의 대부분을 ODCY로 반출하여 통관수속 등을 행하도록 하고 있다. 결국 킬룽항으로 입출항되는 컨테이너는 킬룽지역에 위치한 13개 내륙 CY의 장치공간을 활용하여 장치, 통관, LCL화물의 혼재 및 분류작업을 행하고 있어서 부산지역의 ODCY처럼 엄밀한 의미에서는 ICD라고 할 수는 없다. 그러나 각 CY마다 컴퓨터를 갖추고 선사, 또는 항만당국과 긴밀한 정보체계를 구축하여 원활한 컨테이너운송체제를 구축하고 있다.

한편, 카오슝항은 항만의 개발여지가 많은 여건에도 불구하고 아래와 같은 이유로 5개 내륙 CY가 활발히 이용되고 있다.

첫째, 카오슝항은 제 1 컨테이너 부두만 공용 부두로 활용되고 나머지는 항만당국으로부터 터미널을 임대 받아 전용터미널로 이용되고 있다. 따라서 항만능력은 충분하더라도 선사별로 전용터미널을 이용하기 때문에 나머지 대부분의 선사는 공용터미널을 이용할 수밖에 없다. 따라서 항만공간을 이용하는 데에 제약이 있으므로 내륙 CY를 활용하게 된다.

둘째, 카오슝항은 주요 환적항이어서 환적화물을 위한 On-dock공간이 필요하기 때문에 상대적으로 수출입화물을 위한 장치공간은 줄어들 수밖에 없다. 따라서 내륙지역에서 수출입화물의 장치, 통관 또는 LCL화물의 혼재, 분류작업을 할 필요성이 커진다.

특히, 대만은 중소기업이 많아 소량 다품종의 LCL화물이 많고 카오슝항은 거점항으로서 LCL화물도 많이 취급하고 있다. 따라서 항만 내에서 LCL화물을 혼재분류하기보다는 내륙 CY에서 LCL화물을 처리하는 것이 항만공간을 충분히 활용할 수 있고 배후지의 교통혼잡을 완화시킬 수 있으며, 하주에게 신속하고 편리한 서비스를 제공할 수 있다.

셋째, 카오슝항에 전용터미널을 확보하고 있는 선사(Evergreen, APL 등)가 킬룽항 부근, 타오유안지역에 내륙 CY를 확보하거나 이용하는 이유는 (i) 공단지역에서의 집하기능을 강화하여 하주들의 운송비를 절감하고, (ii) 선사보다는 내륙운송업체가 Door to door 내륙운송에 전문성을 가지고 있으므로 내륙운송의 이점을 충분히 활용할 수 있기 때문이다.

넷째, Evergreen의 경우처럼 사업다각화 내지 토지투자의 일환으로 내륙 CY 운영에 참여하거나 전 세계적인 연계운송망 구축과 관련한 물류거점을 확보하기 위한 방안으로 내륙 CY를 확보하기 때문에 ICD에 대한 수요가 크다.

① Evergreen Container Terminal Corp.(EGCT)

Evergreen 컨테이너터미널은 타이베이, 타오유안, 타이중 3개 지역에 위치하고 있으며 타오유안지역의 컨테이너터미널은 1985년 9월에 설립하였다. 1989년 1월에는 타이베이지역의 Evernatin터미널을 흡수합병하여 Hsi Chin Cointainer Terminal을 설립하였고, 타이중지역에는 1989년 3월에 내륙 CY를 설립하였다.

타오유안지역의 CY는 약 35,000평 규모로 12,000TEU의 장치능력(3단적시)을 가지고 있으며 트랜스테이너 8대, 톱 핸들러 4대, 야드 트랙터 8대, 샤시 80대 등의 하역장비를 보유하고 있다. CFS 면적은 1만평 규모로 동시에 4만 R/T를 처리할 수 있도록 포크리프트도 35대 보유하고 있으며 CY, CFS 외에 컨테이너 정비소(1,140평)를 갖춰 100개 이상의 정비능력을 갖추고 있다.

타이베이지역의 CY는 약 3민평 규모로 10,000TEU(3단적시)를 장치할 수 있으며 9대의 크레인, 5대의 톱 핸들러, 70대의 샤시를 보유하고 있다. CFS 규모는 7,500평으로 3만 R/T를 동시에 처리할 수 있으며 포크리프트는 22대를 보유하고 있다. 타이중지역의 CY는 약 6,000평 규모로 2,000TEU를 장치할 수 있으며 CFS 규모는 650평으로 2,000R/T를 처리할 수 있다.

② United Terminals Ltd.(UTL)

1997년에 설립된 UTL은 타이베이 남쪽 43km, 킬륭항으로부터 70km 떨어진 곳에 위치하고 있으며 총터미널규모는 약 35,000평으로 그중 CY가 14,000평, CFS가 5,200평, 샤시 및 트럭장치장 약 1만평, 철도작업장 4,500평 등으로 구성되어 있다. 하역장비로는 트랜스테이너 3대, 철도용 갠트리크레인 1대, 포크리프트 24대, 트랙터 4대, 샤시 40대를 갖추고 약 160여명의 인원이 CY를 운영하고 있다.

대만의 내륙 CY 중 철도 인입선이 배치되어 있는 유일한 CY로서 컨테이너의 철도운송뿐만 아니라 LCL화물의 집하 및 분류, 창고기능, 포워더기능, 컨테이너 및 장비의 수리정비, 통관, 검수검정 업무, 내륙운송 업무 등 총괄적인 업무를 수행한다.

③ Asia Pacific Container Terminal Inc.(APCT)

APCT는 1975년에 설립되었으며, 카오슝항 제 3 컨테이너 부두 바로 후면에 위치하고 있다. APCT는 Asia Pacific Container Terminal Inc., New World Enterprise Corp., San Hai Transportaion Corp. 3사가 소유하고 운영하는 CY로서 전체 규모는 25,000평 정도이다.

그중 CY는 19,500평, CFS가 2,340평, 운영건물 13평, 컨테이너 정비소 130평 등으로 구성되어 있다. CY의 장치능력은 4,800TEU(3단적시), CFS 처리능력은 17,500R/T이다. 그리고, APCT 옆에 위치한 New World Container Services Co.는 11,200평의 컨테이너 제작, 개조 및 정비업체도 운영하고 있다. 하역장비로는 트랜스테이너 6대, 포크리프트 34대, 트랙터 35대, 샤시 100대 등을 갖추고 LCL화물의 혼재 및 분류, 컨테이너 장치, 정비수리, 통관, 내륙수리, 통관, 내륙수송, 장비대여 등 업무를 수행한다.

④ Associated Consolidation and Terminal(ACT)

1974년에 타오유안지역의 공단 중심부에 설립된 내륙 CY로서 대만에서 ICD기능을 수행하는 CY 중의 하나이다. 전체 CY규모는 26,000평, CY는 11,000평, CFS는

3,300평, 컨테이너 정비소 2,800평 기타 운영건물 및 주차장 등이 8,900평 등으로 구성된다. 하역장비로는 철도 갠트리크레인 2대, 포크리프트 24대, 트랙터 19대, 샤시 180대가 있다.

4) 물류센터

물류센터는 넓은 의미로는 대규모의 유통업무단지에 복합터미널 등과 같은 시설을 갖추고 운영되는 거대한 유통단지를 가리키며, 좁은 의미로는 개별기업이 자사제품의 유통을 원활하게 하기 위해 종래의 창고기능에서 벗어나 입출하의 흐름을 조절할 수 있도록 보관 외에도 입하품의 검품, 검수, 유통가공, 분류, 포장작업을 수행하는 곳을 말한다.

물류센터는 국제무역에 있어서 일시 또는 장기적으로 물품을 보관하거나 운송비를 절감하기 위한 배송기지로서의 역할을 수행하므로, 기업들은 국내외에 물류센터를 설치하여 물품을 원활하고 효율적으로 인도함으로써 물류비를 절감하고 있다.

(1) 국내물류센터

국내물류센터는 적정하고 적격한 물품을 확보하여 공급과 수요의 완충 또는 조정역할을 수행하는 중심지라고 할 수 있다. 특히 배송기지로서의 역할과 운송비 절감을 위한 중계점으로서 물품을 적기에 납품할 수 있도록 집·배송을 원활하게 한다. 아울러 고객의 다양한 요구에 부응하기 위하여 각종 유통가공이나 조회 및 열람업무를 담당하여 납입물품의 품질이나 수량을 확인, 점검기능을 수행하기도 한다. 또한, 수주 시 재고의 품절이 발생하지 않도록 하고 쇼룸(Show room)으로서의 역할을 가미하여 판매거점으로도 활용할 수 있는 곳이다.

(2) 국제물류센터

국제물류센터는 수출자에게 해외의 특정지점에 상품의 보관창고를 보유하게 함으로써 다양한 목적지로 개별운송하는 방식에서 벗어나 비용을 절감하고 서비스를 개선하기 위하여 설치한다.

따라서 중·소하주들은 국제물류센터를 해외물류거점으로 이용함으로써 신용장 개설에 부담을 줄일 수 있으며, 수입자의 소량주문에도 제품을 인도해 줄 수 있는 장점이 있다. 특히, 중소기업 경우에는 대기업 또는 현지 경쟁업체에 비해 제품의 정시인도 통화유통, 언어유통, 신용거래 등에서 불리하므로 유통센터가 매우 필요하다.

국제물류센터의 입지는 특히, 해운, 육운 등의 연계운송이 원활하면서도 현지 공장과 함께 생산거점화할 수 있는 곳이 바람직하다. 이때 입지 대상국가의 관세제도, 세제, 배후지 등을 검토하여야 하며 단순보관 및 배송기능뿐만 아니라 보세창고, 국제 포워딩 업무, 수출입 업무, 사무실 임대 등 서비스업까지의 종합적인 물류기능을 수행할 수 있는 곳인가를 파악할 필요가 있다.

제 3 절 CY 생산성 지표

1. 토지이용률 및 장치능력산정

1) 야드기기의 장비율

장치장에 배치되어 있는 야드기기 한 대가 담당하는 장치장의 Ground Slot수(TGS) 또는 장치능력(TEU)을 장치장 장비율이라고 하며 다음과 같이 표현된다.

$$y_s = \frac{c_s}{n_s} \text{(TGS/대)} \tag{7.1}$$

또는

$$y_t = \frac{c_t}{n_s} \text{(TGS/대)} \tag{7.2}$$

단, y_s, y_t : 장치장 장비율
c_s : 터미널 내 총장치 TGS수
c_t : 터미널 내 총장치컨테이너수(TEU)
n_s : 장치장용 장비수

두 가지 장비율 중에서 S/C 방식의 경우에는, 매 장치작업 시 장비가 블록의 길이 방향으로 주행을 하여 하역사이클에 미치는 영향이 크므로 장비의 담당범위를 평면적으로 파악할 수 있는 y_s를 이용하는 것이 더 합리적이다.

T/S의 경우에는, 작업중에 T/C가 블록길이 방향으로 주행하는 것보다도 하역작업 자체가 하역사이클에 미치는 영향이 훨씬 크므로 담당범위를 입체적으로 파악할 수 있는 y_t를 지표로 삼는 것이 더욱 유효하다.

y_s, y_t의 값이 작아지면 장비당 담당면적이 줄어들어 전체적인 작업능률은 높아지나 장비 사이의 간섭효과로 인해 지체시간이 발생하므로 장비수의 증가에 따른 기대효과는 줄어든다. 그리고 장비의 능률은 장비 자체의 기계적인 능률 이외에도 취급하는 컨테이너 종류, 장치블록의 크기 및 위치, 에이프런상에서의 하역작업 등에 의해 영향을 받는다.

2) 토지 이용률(Land Availability)

컨테이너터미널의 정적인 기능, 즉 보관기능을 분석하기 위한 지표로써 터미널의 전 면적 또는 장치장(Marshalling Yard)에 대한 단위 면적당 Ground Slot수(TGS) 또는 장치수(TEU)로 표현된다.

① Transfer Crane 시스템의 컨테이너 1module당 장치면적

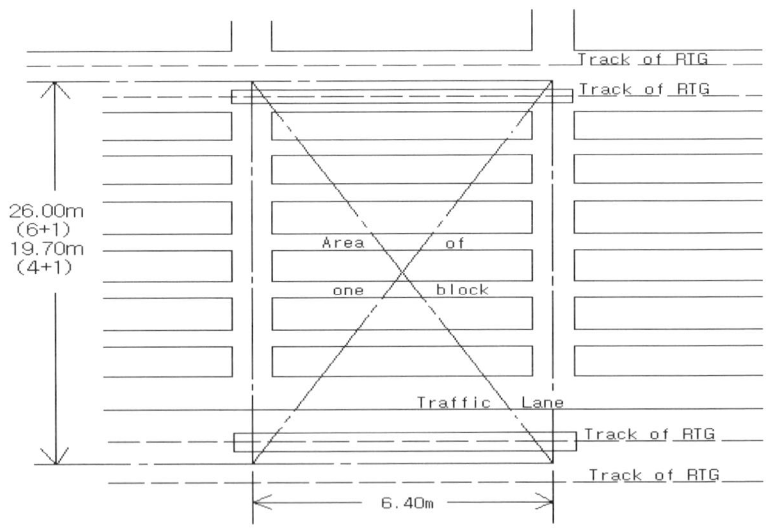

② Straddle Carrier 시스템의 컨테이너 1module당 장치면적

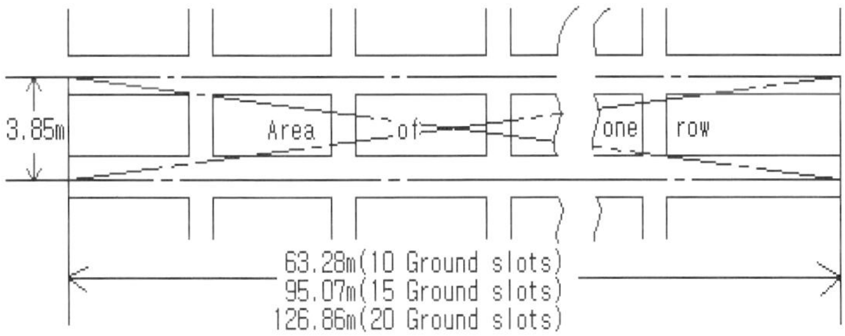

③ On-Chassis 시스템의 컨테이너 1module당 장치면적

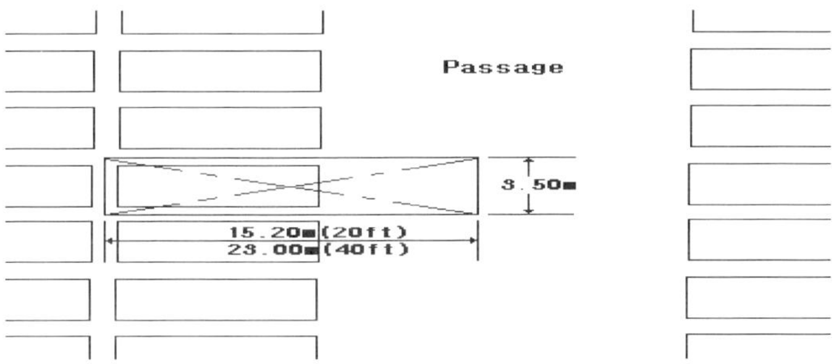

일반적으로 컨테이너터미널은 크게 세 부분(Gate · 관리동 · CFS동, Marshalling Yard, Apron)으로 나눌 수 있으며 마셜링야드는 장치 컨테이너가 점유하는 면적, 장비의 작업에 필요한 작업면적, 기기의 통행에 필요한 통로로 구분할 수 있다. 따라서, 토지이용률은 대상으로 하는 면적, 장비의 종류, 반출입 컨테이너수의 분포 및 단적수 등에 따라 달라진다.

〈표 7-3〉은 장치장(Marshalling Yard)을 대상으로 하역 시스템별로 1개의 컨테이너 장치에 필요한 면적을 1TGS당 소요면적으로 계산한 결과이다.

단위 면적당 TGS로 표현한 토지이용률에서 보면 S/C 방식이 제일 좋고 O/C (On-Chassis) 방식이 나쁘다. 이때 고려하여야 할 요소는 장비의 이동통로면적으로서 이는 컨테이너 장비블록의 크기 및 터미널의 형태(모양)와 관계가 있다. 따라서 터미널 계획 시 가장 좋은 토지이용률이 나오도록 블록사이즈를 조정해야 한다.

표 7-3 하역 시스템별 Ground Slot의 소요면적

방 식	분 류	Module 내의 컨테이너수 (TEU)	Module의 면적(m²)	Ground Slot (1TEU)의 소요면적 (m²)	Slot 소요면적 / 20′컨테이너 바닥 면적
		(1)	(2)	$a_0 = \frac{(2)}{(1)}$	$a_0/14.86$
Transfer Crane	Span 6+1	6	26.00×6.40=166.4	27.73	1.87
	Span 4+1	4	19.70×6.40=126.08	31.52	2.12
Straddle Carrier	1열로 10		63.28×3.85=243.63	24.36	1.64
	1열로 15		95.07×3.85=366.02	24.40	1.64
	1열로 20		26.83×3.85=488.41	24.42	1.64
On Chassis	20′	1	15.20×3.50=53.20	53.20	3.58
	40′	2	23.00×3.50=80.50	40.25	2.71

주 : 20′ 컨테이너 바닥면적 = 8′×20′ = 160 ft² = 14.86m²

그러나 대부분의 경우, T/C 방식과 S/C 방식의 통로면적은 비슷하다. 또한 컨테이너의 장치단적수를 고려한 전체 토지이용률을 계산할 경우, 터미널의 물리적인 형태뿐만 아니라 컨테이너 종류별 비율, 해당터미널이 기종점 항만인가 또는 환적항인가에 따라 장치단적수가 변하므로 이를 고려하여야 한다.

T/S 방식은 면적이 같을 경우 TGS는 작으나 단적수가 높기 때문에 장치량은 많다. 그러나, 이는 종합적으로는 취출률과 연계하여 검토할 필요가 있다.

3) 장치능력

컨테이너야드에서의 1일 장치량(P_s)은 다음 식과 같다.

$$P_s = \frac{A_c \cdot n_c}{a_c \cdot p_k \cdot d_m \cdot \sigma} \text{(TEU/일)} \tag{7.3}$$

단, A_c : 보관구역의 면적

n_c : 컨테이너 장치단수

a_c : 컨테이너 1TEU가 차지하는 면적(a_c=14.86m²)

p_k : 첨두율($p_k = 1.3$)

σ : 분리지수($\sigma = 1.2$)

d_m : 평균 체제일수

2. 컨테이너의 재고관리

컨테이너를 적시에 필요한 장소에 배치하는 것은 컨테이너 재고관리 시스템의 중요한 기능이며, 재고관리는 본질적으로 운송업자의 고유한 업무영역에 속한다. 그리고 운송수요에 따라 운송수단을 공급하는 문제와 관련하여 생각할 때, 컨테이너운송의 수요자인 하주들의 이질적이고 개별적인 운송수요에 대하여 컨테이너용기를 원활하게 공급할 수 있다면 운송비를 절감하는 데에 크게 기여할 것이다.

일반적으로 컨테이너 재고관리의 목적은 컨테이너의 현재위치를 파악하고, 과거의 기록을 조사하는 정적인 것이 아니고, 컨테이너의 수요가 있는 곳에 어떻게 하면 컨테이너를 효율적으로 준비하여 배치할 것인가라고 하는 동적인 계획수립에 있다.

따라서, 공컨테이너에 대한 수요의 발생상황(종류, 형태 및 분포), 비용관련 요소, 육상에서의 체류일수, 평균 배선간격 등에 대한 고려가 필요하다. 그러나, 이러한 요소들은 시간에 따라 변하며 선박의 척수단위, 기준기간(월, 계절 및 년)의 단위에 따라 파동성을 지니고 있다.

특히, 어떤 컨테이너가 선박에 탑재된 후 며칠 후에 이곳에 되돌아 올 것인가라는 문제는, 컨테이너 재고관리뿐만 아니라 컨테이너 1개당의 수익성을 결정하는 중요한 지표가 된다. 컨테이너의 체류일수에 영향을 미치는 요인으로는 적(공)컨테이너의 반출입 분포, 배선척수, 1항차당 항해일수 및 항만과 그 배후지와의 지리·경제적인 관계 등을 들 수 있다.

〈그림 7-2〉에 컨테이너터미널에 있어서 컨테이너의 흐름을 보인다. 그림에 있어서, 공컨테이너로 표시된 재고점은 컨테이너의 수요예측에 따른 컨테이너의 신조, 장단기 리스에 의한 재고의 소성을 의미하고 있다. 바꾸어 말하면, 화물을 확보하는 것이 어려워지면 단기리스 컨테이너를 반환함으로써 컨테이너의 재고를 축소하는 등의 방안이 있다는 것을 나타낸다.

또, 손상컨테이너로 표시된 재고점은, 최근 컨테이너의 노후화에 따라 보수 및 수리를 필요로 하는 개수가 증가하는 경향을 나타내는 것으로, 이로 인해 컨테이너의 회전일수가 늦어지게 된다.

이 그림으로부터 알 수 있는 것처럼 컨테이너터미널을 중심으로 하는 재고계 중에는 재고점(Stock point)이 여러 개 존재한다. 그리고, 하주의 수요에 부응하기

그림 7-2 컨테이너터미널을 중심으로 한 컨테이너의 흐름도

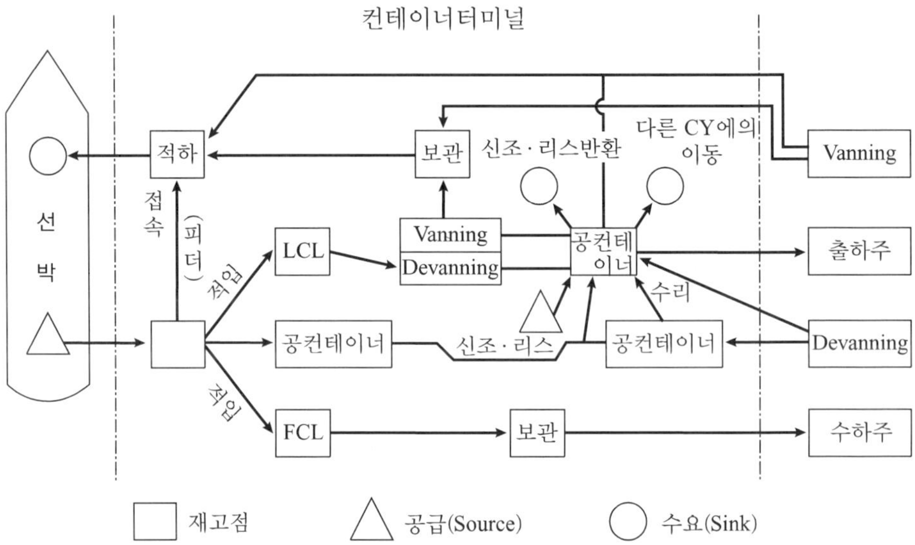

위해 컨테이너터미널 중에는 2개 이상의 상호관련이 있는 수요 및 공급부분을 포함하는 시스템이 있으며, 다계층(Multi-echelon) 재고 시스템을 형성하고 있다. 그리고 컨테이너의 흐름은 네트워크형에 가깝다.

따라서, 컨테이너 재고관리에 대한 일반적인 모델을 구성하는 것은 매우 어려우며, SD(System Dynamic)에 의한 시뮬레이션으로 해석한 연구결과가 보고되어 있다.1)

아래에서는, 실제의 재고 시스템을 공급-재고점-수요 형식으로 단순화한 모델을 대상으로 컨테이너 재고관리 문제를 살펴보기로 한다.

해운회사가 장기간에 걸친 컨테이너운송을 지속하기 위하여 필요한 컨테이너 운용규모를 결정하는 방법은 아래와 같다.

선박 1척이 운항할 경우에는, 컨테이너선에 적재된 컨테이너 외에 양쪽 항만에서 적입을 기다리는 컨테이너가 각 각 1척분이 필요하다. 이때 1척분의 적재개수에 해당되는 컨테이너개수를 1Set라 하면, 배선척수의 증가에 따른 1척당 소요 Set수는 〈표 7-4〉와 같이 감소한다.

1) 三木, 國際物流ミステムの 最適化に 關する硏究, 1984.

표 7-4 배선척수와 소요 컨테이너 Set수

배선척수	1	2	3	6	10
수출지	1	1	1	1	1
수입지	1	1	1	1	1
해상	1	2	3	6	10
합계 Set수	3	4	5	8	12
1척당 Set수	3	2	1.7	1.3	1.2

그러나, 배선척수가 증가하면, 대상으로 하는 터미널에의 기항간격이 짧아지므로, 양륙된 컨테이너의 내용화물을 취출하여 다음의 수출화물을 적입할 가능성이 줄어 든다. 즉, 배선간격이 큰 경우에는 〈표 7-5〉처럼 양륙된 컨테이너가 내륙으로 운반되어 화물을 취출한 후 다시 수출화물을 적입하여 전량이 재운송되나, 다음부터는 체류일수 때문에 전량을 활용할 수는 없으므로 이용률은 감소한다.

표 7-5 현실적인 체류일수분포를 이용한 배선척수와 소요 컨테이너 Set수

배선척수 v_s		1	2	3	4
배선간격 i_s		25	13	7	7
컨테이너 회전율	다음 선박적재	100%	80	40	20
	제 2 선박적재	−	20	53	60
	제 3 선박적재	−	−	7	15
	제 4 선박적재	−	−	−	5
평균 체류일수(t_s)		25	15.6	15.0	14.4
소요 컨테이너수(k_s)		1	1.2	1.7	2.1
1척당 Set수(n_s)		1	0.6	0.56	0.51

체류일수에 대한 이러한 효과를 고려하여 컨테이너 운용규모를 산정하는 공식을 정리하면 다음과 같다. 즉, 기본 Set는 평균 회전일수를 배선간격 일수로 나누면 얻어지므로, 컨테이너의 운용규모는 다음식과 같다.

$$n_s = l_s \cdot k_s = l_s \cdot t_s / i_s = l_s \cdot t_s \cdot v_s / r_s \tag{7.4}$$

단, n_s : 재고규모

l_s : 1척당 컨테이너의 평균 적재개수

k_s : 기본 Set수(T_s/I_s)

t_s : 컨테이너의 평균 회전(체류)일수

i_s : 평균 배선간격(R_s/V_s)

v_s : 배선척수
r_s : 1항차당 소요 항해일수

컨테이너가 본선으로부터 양륙되어 선적되기까지에는, 짧을 때는 3~4일, 길 때에는 수십일에 이르기까지 광범위하게 분포되어 있다. 이러한 체류일수의 분포를 사용하여 배선척수의 증가에 따른 평균 체류일수를 구할 수 있다.

항차당 항해일수 $r_s=25$일, 배선척수 $v_s=1\sim5$척에 대한 배선간격 i_s는 구할 수 있으므로, 평균 체류일수 t_s는 $v_s=2$인 경우, 15.6일(13×0.8+26×0.2)이 된다.

그리고 소요 Set수 k_s는 체류일수와 배선간격의 비율이며, 1척당 Set수는 k_s/v_s이다. 배선간격이 짧아지면 배선척수는 증가하더라도 1척당 Set수의 감소율은 매우 작아진다는 것을 알 수 있다.

한편, 대부분의 터미널에서는 반출입분포가 다음과 같은 Earlang분포를 따르는 경우가 많다.

$$y=[(1+\exp\{-a(b-x)\})]^{-1} \tag{7.5}$$

단, x : 평균 반출(입)일수
y : 반출(입)분포
$a,\ b$: 정수

이 분포를 기초로 시뮬레이션한 결과에 의하면 필요 Set수와 배선척수 및 소요 항해일수 사이에는 다음의 관계가 있다.

$$n_s=a_0+a_1v_s-a_2r_s \tag{7.6}$$

단, $a_0,\ a_1,\ a_2$: 정수
v_s : 운항(배선)척수
r_s : 1항차당 소요 항해일수
n_s : 육상 최적보유 Set수

일반적으로 특정항로에 있어서는 일정한 물동량의 수요에 따라 필요한 배선척수가 결정되지만, n_s와 t_s는 독립변수이며, 자료로부터 쉽게 얻을 수 있는 값이므로 식(7.6)은 실제로 매우 유용하다. 다만, 필요한 계수는 각 항만의 특성에 따라 결정되며 터미널의 자료를 이용하여 회귀분석으로 간단히 구할 수 있으므로 각 터미널별로 계산해 둘 필요가 있다. 왜냐하면, 식(7.6)을 알고 있으면 위에서 설명한 기준식 $n_s = t_s \cdot v_s / r_s$ 와 조합함으로써 육상체류일수 t_s 를 구할 수 있어서 관리상의 지표로써 활용할 수 있기 때문이다.

제 4 절 보관 시스템의 운영

1. 항만보관 시스템의 운영실태

항만보관 시스템은 선박운항의 불규칙성과 물동량의 피동성에 대응하여 내륙연계운송 시스템과의 조정역할 및 배후권역에 대한 창고로서 중요한 역할을 담당하고 있다. 따라서 하역된 화물을 원활히 유통시키기 위해서는 화물의 적정배분이라는 관점에서 운용할 필요가 있다.

아래에서는 화물의 배분문제와 무료 장치기간(Free Period) 및 보관시설 이용요금의 적정성을 중심으로 살펴보기로 한다.

수입화물의 경우, 일단 하역된 화물은 보관시설에 이송된 후 무료 장치기간을 포함하여 일정한 기간 동안 보관된 후 육로 또는 철도 등의 내륙운송로를 통해 최종 목적지까지 육송되는 간접경로, 항만 내의 보관시설을 거치지 않고 항만에서 직접 철도, 육로 등에 의해 상업적인 외부창고로 이송되어 일정기간 동안 보관된 후, 최종 목적지까지 간접경로와 마찬가지로 내륙운송되는 직접경로, 간접경로와 직접경로를 혼합한 방법으로 항만 내의 보관시설에서는 무료 장치기간 동안만 보관한 후 나머지 기간을 상업적인 외부창고에 장치하는 혼합경로 중 하나를 따르게 되며, 수출화물의 경우는 반대가 된다.

화물을 어떤 경로를 통하여 운송할 것인지는 하주의 영업적 판단에 따를 수밖에 없으나 보편적으로는 각 경로별로 발생하는 상대적인 비용수준 등에 따라 결정되는 경우가 많다.

일반적으로 항만 내에서는 보관 시스템을 이용하는 간접경로가 직접경로보다 물동량 흐름에 있어서 포화상태에 달하기 쉽다. 왜냐하면, 보관 시스템에 의해 제공되는 서비스는 항만 내 여타 다른 시스템이 그 기능을 대체할 수가 없기 때문이다. 따라서 보관 시스템을 개선할 수 없는 경우에는 직접경로의 물동량

그림 7-3 운송경로상의 항만보관 시스템

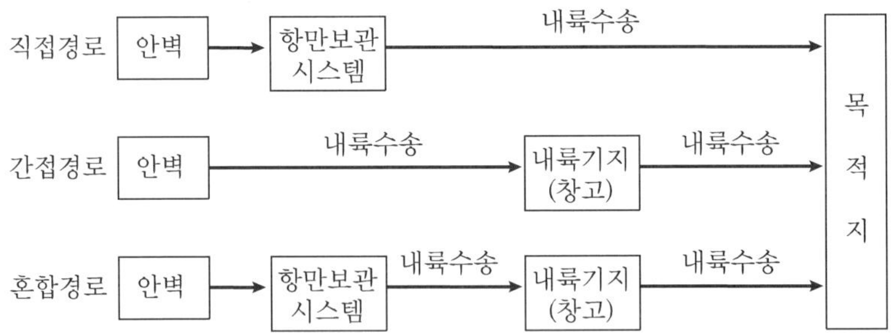

처리능력을 증가시키는 일련의 조치를 강구할 필요가 있다.

그러나 모든 운송체계가 포화상태일 경우에는 직접 또는 간접경로의 작업능력을 증대시킬 여지가 없으므로, 보관시간을 단축시킬 수 있는 사용료의 인상 등과 같은 행정적인 조치가 필요하다.

한편, 보관 시스템의 실질적인 보관능력에 영향을 주는 중요한 요인 중의 하나는 화물의 저장기간, 즉 보관기간이다. 그러나 단순히 평균 보관기간만을 고려하는 것은 보관 시스템의 정확한 능력을 측정하는 데 충분치 않다. 따라서, 보관 시스템의 능력을 좀 더 정확히 파악하기 위해서는 평균 보관기간의 분포를 살펴보아야 하며 가장 이상적인 분포형태는 전 기간에 걸쳐 일정량의 화물이 분포되는 형태라고 할 수 있다.

또한, 서비스시설이 제한되어 있을 경우, 항만보관 시스템을 효율적으로 활용하기 위해서는 일정한 형태의 보관서비스 배분정책을 수립할 필요가 있다.

일반적으로 상업창고에 비하여 항만보관 시스템을 선호하는 이유로는 항만보관 시스템에는 무료 장치기간이 있고, 보관료가 상대적으로 저렴하며, 이용이 편리할 뿐만 아니라 관행적으로 사용할 수 있다는 점을 들 수 있다. 따라서, 이용자의 입장에서는 항만보관시설을 선호하게 되므로 영업창고에 비해 폭주현상이 발생하기 쉽다.

항만보관 시스템이 항만물류 시스템의 생산성을 저해할 정도로 폭주하는 경우에는 시설확장, 경영방법의 개선, 효율적인 정보 시스템의 수립 등에 의하여 일시 보관능력을 향상시키는 방법과 보관 시스템 내에서의 화물 보관기간을 감소시키는 방법 등에 의해서 문제를 해결할 수 있다.

2. 컨테이너 장치기간

UNCTAD의 보고서에 의하면 항만보관 시스템을 남용하여 화물을 장치장에 장기간 보관하는 것을 방지하고 보관 시스템의 유효 저장능력을 증대시켜 생산성을 높이기 위해서는 보관시간과 비례하여 단위시간당 초과 보관료를 부과해야 한다고 강조하고 있다.

이 주장은 장치장에서의 장치기간을 단축함으로써 유효 보관능력을 증대시킬 수 있고, 또한 기항선박수나 취급 화물량이 증대되어 더 많은 수입이 생기기 때문에 합리적인 것으로 생각된다. 그러나 요율체계의 형태와 관계없이 무료 장치기간을 초과하여 보관된 화물에 대하여 높은 요율을 부가한다면 결과적으로 항만은 장기 보관화물보다 단기 보관화물을 우대하는 셈이 된다.

실제로 많은 항만들은 이미 어느 정도 누진적인 요율체계를 도입하고 있고, 산정단위는 항만마다 다르나 대부분의 항만이 하루단위로 하고 있으며 기준은 점용면적, 화물의 중량 또는 부피와 같이 화물의 특성에 의하는 것이 일반적이다. 그러나 컨테이너화물의 경우에는 대부분 거의 모든 항만에서 정률적인 요율체계를 채택하고 있다.

항만요율을 인상하였을 경우 화물의 보관기간은 감소하는 경향을 보일 것이며 이러한 경향은 장치기간의 변화율과 요금인상의 비율에 의해 정해질 것이다. 그러나 요율인상 비율이 더 저렴한 대안을 찾아야 할 정도로 크게 인상되지만 않는다면 장치화물의 변동은 없을 것이므로 보관 시스템의 생산성은 늘지 않더라도 항만수입은 늘어날 것이다. 그러나 인상의 정도가 너무 커서 항만보관 시스템이 더 이상 다른 대안들보다 매력적이 될 수 없다면 무료 장치기간의 이점에도 불구하고 상옥시설을 사용하지 않고 직접경로를 이용하게 되어 물동량은 현저하게 감소될 것이다.

1) 무료 장치기간(Free period)

일반적으로 무료 장치기간은 수입의 경우에는 하역완료시점, 수출의 경우에는 장치장에 입고완료된 시점부터 계산된다. 우리나라의 경우 무료 장치기간을 초과하는 화물에 대해서는 체화료를 징수하고 있다.

무료 장치기간은 화물마다 다르며, 개발 부두의 경우 컨테이너 부두를 제외하고는 관행적으로 인정되고 있는 기한은 15일이다. 그러나 일반 부두는 수입화물에 대해서는 5일, 수출화물에 대해서는 7일을 허용하고 있다.

컨테이너의 경우 무료 장치기간은 각국의 항만마다 큰 차이가 있다. 예를 들어 홍콩, 싱가포르 등은 수출화물에 대하여 수입화물보다 2일을 더 허용하고 있으나 대부분의 항만에서는 수출입 모두 같은 일수의 무료장치기간을 적용하고 있다.

2) 환적화물

우리나라의 경우 T/S화물은 10일 이내에 환적하면 무료이고, 그 이후는 T/S자격을 상실하여 보통 컨테이너화물과 동일하게 취급하고 있다. 그러나 홍콩, 싱가포르항 등은 〈표 7-6〉에 보이는 바와 같이 T/S화물에 대하여 우대조치를 취하고 있다.

3) 보관요율

우리나라 일반 부두에서의 보관요율(체화료)의 징수기준은 중량(10톤) 및 시간(1일)의 복합기준을 적용하고 있으며 10톤 미만은 10톤으로 계산하고 있다. 그러나 100톤의 화물이 같은 기간 보관된 경우에는 체화료가 동일하므로 총사용자원의

표 7-6 세계 주요 컨테이너터미널의 허용장치기간

(단위 : 일)

컨테이너터미널	수출	수입	환적 컨테이너화물 특별조항
Rotterdam항(ECT)	5	5	
Hamburg항(Eurokai)	3	3	
Bremenhaven	3	5	
Tokyo항			
MOL(OHI)	7	7	
K-Line(OHI)	10	10	
Yokohama항(NYK)	7	7	
Kobe항(NYK)	10	10	
Felixstowe항(MTL)	7	없음	
Kaohsiung항(공용부두)	없음	없음	처음 5일간 보관료는 요율에 포함
Hongkong항(MTL)	7	5	14일간 무료
Singapore항	5	3	29일간 무료

합리화라는 면에서 이러한 중량, 시간 복합기준을 개발 부두의 체화료 산정기준과 같이 일/톤의 징수기준으로 전환하는 것이 바람직한 것으로 생각된다.

일부의 경제학자들은 누진적인 요율체계는 이용자의 입장을 무시함으로써 시설의 효율적인 사용을 방해한다는 관점에서 비례요율의 부과가 정당하다고 주장한다. 그러나, 항만보관시설은 화물의 원활한 유통을 기하기 위한 시스템으로 보관을 목적으로 하고 있다. 따라서 하주가 보관창고로 생각하여 장기간 보관하게 되면 다른 화물은 합리적으로 배분될 수 없는 이송경로를 선택해야 하기 때문에 추가비용이 발생하게 되므로 당연히 누진적인 요율을 부과함으로써 효율성과 공평성을 동시에 추구하여야 할 것이다.

예를 들어, 현재 심각한 부족현상을 보이고 있는 부산항 양곡 사일로의 경우, 아직도 장기보관화물들에 대하여 상대적으로 싼 요율을 징수하기 때문에 하주가 자체창고나 여타창고를 확보하기보다는 항만보관시설을 남용하고 있다. 따라서 더욱 높은 요율을 부과함으로써 다양한 경로에 의해 항만 내의 하역된 화물이 유통될 수 있도록 하거나 시설사용자와 항만당국간의 협정에 의하여 요금에 탄력성을 부여할 수도 있을 것이다.

4) ODCY

1970년 3월 시랜드사에 의해 개조된 풀컨테이너선인 비취버그호가 부산항에 입항한 이후 1978년에 완공된 부산항 컨테이너 전용 부두인 5부두가 개장될 때까지 컨테이너화물은 컨테이너 장치시설이 전혀 없는 재래 부두에서만 처리되었고 컨테이너 물동량의 장치보관을 위해 부산항 내륙 배후지에 ODCY(Off-Dock CY)가 임시적으로 형성되기 시작하였다.

부산항 제1, 2차 개발 부두인 자성대 부두가 완공된 이후에는 컨테이너 전용 부두에 On-Dock CY가 확보되기는 하였으나 용량이 부족하였기 때문에 ODCY는 계속적으로 존재할 수밖에 없었다. 그리고 컨테이너 물동량을 효율적으로 처리하기 위하여 자성대 컨테이너 전용 부두의 CY를 장치보관기능에서 마셜링기능으로 전환하는 한편 On-Dock CY의 장치능력 부족으로 인해 컨테이너화물을 국적 풀컨테이너선사와 임대차 계약을 체결하여 국적선사가 컨테이너 물동량을 장치 조작하도록 허용하였다.

또한 외국 선박회사의 컨테이너화물에 대해서는 일부 직반출 물동량을 제외하고는 거의 전부 자성대가 본선 선내하역 및 마셜링만 담당하고 장치와 조작은 부산지역 내 사설 ODCY에서 처리하게 되어 ODCY의 규모는 지속적으로 증가해 왔다.

부산항 컨테이너화물의 장치보관을 위한 On-Dock CY의 공급이 충분하지 못한 상황하에서 생겨난 ODCY는 자연적으로 장치보관기능, LCL화물의 집하분류기능, 내륙수송터미널기능, 통관기능, 컨테이너 및 장치의 정비보수기능을 담당하고 있다.

ODCY의 CFS에서 수행하는 LCL화물의 집하, 분류기능은 전국에서 운송된 LCL 수출화물을 혼적하여 FCL화하며 LCL 수입화물을 적출, 분류하여 운송하는 기능을 의미하며 이 기능을 수행함으로써 LCL화물의 신속한 보관 및 운송을 가능하게 한다. 또한 CFS에서는 컨테이너화물의 반입과 반출 시 화물의 손상여부 점검, 검량 및 검수 작업을 동시에 수행하고 있다.

한편, ODCY는 컨테이너 유통체계에 있어서 해상운송과 육상수송을 연결시켜주는 내륙운송연계기능을 담당한다. 즉 ODCY는 컨테이너선에 적재하기 위한 컨테이너의 반출과 하역된 컨테이너를 반입하기 위한 트럭, 철도 등의 내륙운송수단을 통하여 컨테이너화물을 인수 및 인도하는 역할을 수행한다. 또한, ODCY의 통관기능은 ODCY가 수출입과 관련된 보세운송 및 통관절차 등 관세 추적업무를 수행하고 있는 것을 의미하며 컨테이너 및 화물의 장치확인, 보세 운송된 컨테이너화물의 도착확인과 선적완료증명 등의 업무가 포함된다.

그러나, 현재와 같이 ODCY가 컨테이너 부두로부터 15km 이내에 산재함으로써 발생하는 문제점은 다음과 같다.

㉠ 내륙운송효율의 저하 : 항만 물적유통의 중요한 기능 중 보관 및 내륙연계운송의 기능면에서 보면, ODCY가 산재함으로써 보관 및 내륙운송을 운용하는 데 어려움이 많다. 또한 경제의 측면에서는 폭주하는 컨테이너 물동량을 비효율적으로 보관 및 운송함으로써 컨테이너 복합운송 시스템의 구축 및 화물유통 근대화의 장해요소가 되고 있고 또한, 컨테이너화물의 공급자 사이에 존재하는 시간적, 공간적 제약을 효과적으로 극복하기 어렵다.

㉡ 물류비의 추가발생 : 우리나라 컨테이너화물의 대부분이 부산지역의 ODCY를 경유해야 한다. 따라서 컨테이너의 2중 조작과 셔틀에 관련된 비용을 하주가 추가적으로 부담함으로써 결과적으로는 수출상품의 국제경쟁력을

저하시킨다.

ⓒ 물적·인적 자원의 비효율적 운용 : CY 운영업체로서는 소규모 CY를 부산지역 내에서 분산하여 경영하는 실정이므로 시설장비 및 인력을 효율적으로 활용할 수가 없고, CY 업체간의 과당경쟁으로 인하여 유통질서가 문란해질 우려가 있다. 또한 물류산업 전체의 생산성 측면에서는 다수업체가 운영하는 ODCY의 산재로 인하여 유휴장비, 시설 및 인력을 최대한 활용하는 데 어려움이 있으므로 생산성과 부가가치의 증진을 도모하기 어렵다.

ⓔ 교통난 가중에 의한 도시기능의 저하 : ODCY와 부산항을 왕래하는 컨테이너 트럭 및 트레일러 교통량은 만성적인 교통체증을 야기시키는 주원인이 되고 있으며 교통혼잡 때문에 도시 전체의 생산성 및 기능이 저하되고 있다.

ⓜ 토지이용과 도시개발의 제약 : ODCY가 차지하는 면적이 약 39만평에 달하여 만성적인 주택난, 공업용지난에 직면해 있는 부산시의 입장에서는 토지이용과 관련하여 도시개발을 적기적시에 행하기가 힘들다. 그리고 ODCY가 집중적으로 위치하고 있는 수영 및 재송 CY는 부산지역 내에서 새로이 등장하는 주택지역에 위치하며, 부산진, 범일 CY는 부산시의 중심 상업지역에서부터 5km 이내에 위치하여 제한된 국토의 효율적인 운용이라는 측면에서도 부산지역 내에 ODCY가 계속 존재한다는 것은 문제가 있다.

ⓑ 항만통제기능의 약화 : ODCY는 기능면에서는 항만이 담당하여야 할 보관, 분류, 집하, 내륙연계수송기능을 전담하고 있으나, 법적으로 관세청의 허가에 의한 보세장치구역으로 운영되고 있으므로 항만관리청의 종합적인 운영통제기능이 미치지 못하고 있으며, 통관업무와 관련된 행정절차가 복잡하여 컨테이너화물의 신속한 운송을 저해하고 있다.

이상에서 살펴본 것처럼 우리나라 창고, 특히 항만창고의 기능은 단순히 저장 또는 보관의 기능에 치중하여 왔다. 그러나, 경제발전, 산업구조의 변화 등에 따라 종합관리할 수 있는 보관창고의 기능이 요청되고 있다.

이러한 관점에서 창고·보관의 합리화를 위한 개선방안을 살펴보면 다음과 같다.

㉠ 오늘날에는 대량생산, 다품종 소량생산 및 컨테이너화에 따라 보관 시스템의 효율성을 극대화 할 수 있는 고도의 자동화된 재고관리 시스템이 요구되고 있다. 재고관리의 전산화와 창고자동화를 통하여 종합적으로 관리함으로써 창고기능을 극대화할 수 있으며, 특히, 자동창고 시스템의 도입으로 재고 조사의 간소화 및 신속, 정확화를 기함으로써 인건비, 동력비, 자재비 등의 원가를 절감할 수 있어 경영합리화와 더불어 궁극적으로 물류합리화를 기대할 수 있게 된다.

㉡ 지금까지의 단순한 보관기능을 갖는 창고(Storage warehouse)에서 벗어나 재고품의 화물거점적 기능으로서 유통창고(Distribution warehouse)로의 전환이 시급하다. 유통창고는 보관은 물론 입하품의 검품, 검수, 유통, 가공, 분류, 포장작업에도 관여하는 다목적 물류기지로서 신속한 배송체계의 확립과 대량운송계획 및 운송비 절감, 효율적인 재고관리에 크게 기여할 수 있다. 특히, 선진국의 항만에서는 배후지에 거대한 물류복합단지(Distribution park)를 조성하고 유통가공을 통하여 고부가가치를 창출하고 있다는 점에 유의할 필요가 있다.

㉢ 현대항만에 있어서는, 낮은 물류비용으로 질 좋은 서비스를 제공하기 위해서 항만 내의 물류흐름을 일괄하여 처리하는 것(One stop service)을 원칙으로 하고 있다. 따라서, 우리나라의 항만에 있어서도 부두 내의 저장시설(On-dock CY)을 확장하고 야드장비를 자동화함으로써 ODCY 등으로 인하여 발생하는 물류애로를 해결하여야 하며, 특히 제 3 세대 항만의 특성이라고 할 수 있는 창고관리의 전산화를 추진함으로써 국제경쟁력을 제고하여야 한다.

제 8 장

포장 시스템

제 1 절 포장의 의의 및 기능

1. 포장의 의의

포장은 생산의 마지막 단계인 동시에 물류의 시발점으로서 운송, 보관, 하역, 정보 등과 함께 물류 시스템을 구성하는 주요 하위 시스템이다. 포장은 다른 하위 시스템과 밀섭한 관련을 맺고 있어서 포장을 어떻게 할 것인기에 따라 그 다음 단계의 물류형태가 정해지기도 하며, 또한 물류를 어떤 형태로 구성할 것인가에 따라 포장의 설계가 달라진다. 가령, 잡화의 수출 시에는 매우 단단한 나무상자에 화물을 넣는 것이 보통이나 컨테이너를 사용할 때에는 간단한 포장만으로도 충분하다. 일반적으로 포장과 하역 사이에는 밀접한 관계가 있다. 인력하역인 경우에는 사람이 취급할 수 있는 중량단위로 포장하지 않으면 안 된다.

그러나 전체의 운송과정에서 기계하역이 가능한 경우에는 중량단위에 특별한 제한이 필요 없다. 또한, 보관과 포장 사이에도 깊은 관계가 있다. 화물을 창고에 쌓아서 보관할 때에 맨 밑바닥의 화물에는 그 위에 쌓아올린 전체화물의 중량이 걸리게 된다. 따라서, 포장이 어느 정도 견고한가에 따라 화물을 쌓아올릴 수 있는 단수가 정해지므로 포장의 견고성은 창고의 용량을 결정하는 데에 직접적인 영향을 미친다.

일반적으로 포장(Packaging)이란 물품의 운송, 보관, 거래, 사용 등에 있어 그 가치와 상태를 보호하고 유지하기 위하여 적합한 재료 또는 용기 등을 시공한 기술 및 상태를 말하며, 그 종류에는 단위포장(個裝), 내부포장(內裝) 및 외부포장(外裝)의 3종이 있다. 단위포장이란 물품 개개의 포장을 말하며, 물품의 상품가치를 높이거나 물품을 보호하기 위하여 적절한 재료 또는 용기 등을 물품에 시행하는 기술 및 시행된 상태를 말한다. 내부포장이란 포장화물의 내부포장을 말하며, 물품에 대한 습도, 광열 및 충격 등을 고려하여 적절한 재료 및 용기 등을 물품에 시행하는 기술 및 시행된 상태를 말한다. 외부포장이란 포장화물의 외부포장을 말하며, 물품을 상자, 자루, 나무통, 금속, 캔컨테이너 등의 용기에 넣거나 또는 용기에 넣지 않은 채 결속하여 기호, 하인 등을 시행하는 기술 및 시행된 상태를 말한다.

2. 포장의 기능

포장을 기능면에서 분류하면 생산지로부터 목적지까지 이동하는 과정에서 예상되는 조작이나 외력으로부터 상품을 보호하기 위한 목적의 공업포장과 상품의 외형을 미화시켜 소비자로 하여금 구매 의욕을 불러일으키는 것을 목적으로 하는 상업포장으로 구분된다. 공업포장은 물품의 운송, 보관을 주목적으로 하는 포장으로서 외장(내장 포함)에 해당된다.

상업포장은 판매촉진과 매매의 편리성 및 작업의 효율화를 도모하는 것을 주목적으로 하는 포장으로서, 소매를 주로 하는 상거래에 있어서는 상품의 일부로서 또는 상품을 쉽게 정리하거나 취급하기 위한 판매포장으로서 소매포장 또는 소비자 포장이라고도 하며 개장에 해당된다. 이와 같이 상업포장은 내용물 보호기능(protective function)과 판매촉진(sales promotive function)의 두 가지 기능이 있다.

그리고 소매포장의 경우에는 주로 개별포장에 중점을 두기 때문에 판촉위주의 포장이 중요시되나, 항만물류에서 주로 다루는 포장은 장거리 운송에 있어서 목적지까지 물품이 안전하게 도착하게 하는 보호기능이 우위에 있기 때문에 외장이 중요하다. 물류 시스템에 있어서 포장은 하역, 운송, 보관 등과 관계가 있기 때문에 관련되는 총비용을 최소화하는 적정포장을 실현할 필요가 있다. 따라서 포장만을 위한 포장에서 다른 하위 시스템과의 관계를 고려한 포장으로 포장설계를 개선하여야 하며, 이를 위해서는 다음과 같은 검토가 필요하다.

(1) 보 호 성

보호성은 공업포장의 본질이며 품질의 유지를 위해서는 불가결한 요소이다. 포장의 보호성은 그 상품 본래의 품질보존과 외력으로부터의 품질보호라는 두 가지 의미를 내포하고 있다. 외력에는 습도, 수증기 및 가스, 방청 등의 화학적인 변화와 운송중의 진동, 하역 또는 운송중의 충격, 보관 또는 운송중의 (적재)압력에 의한 물리적인 변화, 기타 다른 물질의 혼입, 오염 및 미생물이나 벌레의 번식 등을 들 수 있다. 이러한 외력으로부터 상품 본래의 품질보존을 위해서는 그 상품의 성질에 적정한 포장용기 재료의 선택과 포장 디자인을 통해 소기의 목적을 달성할 수 있다.

(2) 하 역 성

포장단위는 거래처 또는 취급자의 요구에 의해 결정된다. 취급면에서는 단위가 인력에 의해 하역이 이루어질 때는 인력으로 취급할 수 있는 한계를 벗어나지 않도록 하역단위를 고려하여야 한다. 또한 팔레트, 컨테이너, 트럭, 화차 및 다른 운송기관과의 관계 등을 고려하여 표준규격에 따라 하역을 할 수 있도록 하여야 한다.

(3) 작 업 성

최근에는 포장작업의 기계화와 시스템화가 두드러지고 자동화도 진행되고 있다. 또한 용기의 사용재료도 기계화에 따라 복합재료의 사용이 늘어나고 포장공정도 일관작업 및 자동화가 이루어지고 있다.

(4) 편 리 성

운송포장은 유통과정에서 여러 차례 하역과정을 거쳐야 하므로 이로 인해 발생되는 충격을 완화하고 원활한 유통이 되기 위해서는 하역에 편리한 형태로 포장되어야 한다. 따라서 적절한 중량이나 크기의 포장이 되어야만 물류과정에서 하역으로 인한 손상을 줄일 수 있다. 편리성을 고려한 포장 시에 고려하여야 할 사항으로는 이용의 용이성, 운송, 하역 또는 보관작업의 용이성, 취급이 편리한 형태, 생산의 용이성, 사용한 후의 재생가능성 등을 들 수 있다.

(5) 표 시 성

화물의 취급이나 분류에 필요한 사항(품명, 수량, 중량, 운송자, 포장해체 방법, 제조로트번호, 화물취급지시 등)을 표시함으로써 하역의 자동화와 컨베이어 및 분류기(sorter) 등을 이용할 수 있다. 또한 액체, 가루 등 표시가 어려운 상품은 문자, 표지, 기호, 바코드 등의 표시가 용이하도록 포장하여야 한다.

(6) 운 송 성

운송기관에서의 하역작업이 원활하고 능률적으로 수행될 수 있도록 포장하여야 한다. 효율적인 작업을 위해서는 운송포장을 보다 큰 단위로 종합한 유닛로드형태가 바람직하다.

(7) 경 제 성

포장의 중요한 목적 또는 기능이 내용품을 보호하는 일이므로 무포장 상태로 유통이 불가능한 물품에는 어떤 형태이든 포장 또는 포장에 해당되는 수단이 가해진다. 포장은 물류를 위해 필요한 최소한도의 적정포장을 통하여 비용을 최소화할 수 있도록 체적의 최소화, 중량의 감소화, 수량의 축소화, 대량화물의 일관화가 이루어지도록 하여야 한다.

3. 포장의 종류

포장의 종류는 여러 가지 방법으로 분류할 수 있으나 주요 분류방법은 다음과 같다.

(1) 형태별 분류

포장의 형태를 기준으로 분류한 것으로 단위포장, 내부포장 및 외부포장의 3종이 있다.

(2) 기능별 분류

포장을 판매기능과 운송기능 측면에서 분류한 것으로 운송포장과 소비자포장이 있다. 운송포장은 운송을 목적으로 하는 포장으로 외장과 내장이 이에 해당되며, 소비자포장은 최종적으로 소비자의 손에 들어가는 포장으로 개장이 이에 해당된다.

(3) 포장방법별 분류

포장방법과 기법에 의한 분류로서 방수포장, 방습포장, 완충포장, 집합포장 등이 있다.

(4) 내용상태별 분류

내용상태에 의한 분류방법으로 액체포장, 분체(粉體)포장, 입체(立體)포장 등이 있다.

(5) 내용상품별 분류

포장된 내용물을 상품별로 분류한 것으로 식품포장, 약품포장, 기계류포장, 위험물포장 등이 있다. 이와 같은 분류방법 외에도 운송기관별, 목적지별, 사용처리별, 포장재료별 분류 등 여러 가지가 있다.

표 8-1 포장의 분류

운송기관별	철도화물포장, 자동차화물포장, 선박화물포장, 항공화물포장
기능별	수출포장, 저장포장, 분배포장, 집합포장, 보호포장, 판매포장
목적지별	국내포장, 수출포장
사용처리별	1회 사용포장, 재사용포장
포장재료별	목싱자포장, 지대포장, 골판지상자포장
내용품목별	식품포장, 약품포장, 의류포장, 기계류포장, 위험물포장
포장재료별	방수포장, 방습포장, 방청포장, 완충포장, 통풍포장, 밀봉포장, 진공포장, 압축포장

제 2 절 포장기법과 화물취급표시

1. 포장기법

화물은 유통과정에서 여러 가지 장애요인에 노출된다. 그 예로 충격, 진동, 압축, 뒤틀림 등 외력으로 인한 장애와 온도, 수증기 및 가스, 액체 등 기상변화에 따라 발생하는 장애 등을 들 수 있다. 따라서 화물의 성격을 고려하여 포장의 본래 기능인 보호기능을 만족시키기 위한 포장기법에는 여러 가지가 있으며 그 내용은 아래와 같다.

1) 방습 및 방청 포장기법

방습포장이란 물류과정에서 습기가 상품에 스며들지 않도록 방지하는 포장이며, 습기를 막는 포장재료로는 금속이나 유리 등이 있다. 한편, 방청포장은 물류과정에서 공기 속의 산소, 이산화탄소, 수분 등에 의해 제품의 표면에 녹이 생기는 것을 방지하기 위한 포장이다. 방청을 위해서는 일반적으로 그리스, 기화성 방청제, 플라스틱 등이 사용되고 있으나 이 외에도 진공포장, 특수 충전제 및 특수골판지 등이 개발되어 사용되고 있다.

2) 완충포장기법

물품이 물류과정에서 진동이나 하역의 충격에 의한 파손을 방지하고 외력이 물품에 직접 가해지지 않도록 외압을 완화시키는 포장기법을 완충포장기법이라고 한다. 완충포장을 하기 위해서는 물품의 성질, 유통환경, 포장재료의 완충성능 등을 고려하여야 한다. 완충포장의 설계에는 내용물의 중량, 허용가속도, 물류환경에 의해 예상되는 최대낙하높이, 내용물과 완충재료와의 접촉면적 등에 대한 검토가 필요하다.

3) 집합포장기법

집합포장은 운송포장 시 기계하역의 대상이 되는 비교적 대형화물의 집합체로서 단위화물을 형성하는 것을 말한다. 집합포장은 물류의 각 단계에서 집합체가 무너지지 않을 정도의 충분한 보호기능이 있어야 하며, 운송기관이나 보관설비에의 하역작업 시 지게차나 하역기계, 기구 등으로 쉽게 취급할 수 있어야 한다. 이처럼 기기취급이 용이하도록 하기 위해서는 설계 시에 적재공간을 고려해 용적과 중량을 기계하역에 적합하도록 포장할 필요가 있다. 한편, 집합포장기법에 있어서 팔레트의 집합적재방식에는 다음과 같은 것이 있다.

(1) 블록쌓기

가장 단순한 쌓기 방식으로 포장방향이 아래에서 위까지 같게 쌓는 방법으로 화물이 무너질 염려가 있고 안정감은 없으나 작업의 효율성은 높다.

(2) 교호열 쌓기

블록쌓기의 짝수층과 홀수층을 90도 회전시켜 쌓는 방법으로 화물이 무너질 염려는 없으나 정방형의 팔레트에서만 적용할 수 있다.

(3) 벽돌쌓기

벽돌을 쌓듯이 가로와 세로를 조합하여 일단을 배열하고 홀수층과 짝수층을 180도 회전시켜 쌓는 방법을 말한다.

(4) 핀홀(pinhole) 쌓기

풍차형으로 쌓고 중앙에 빈 공간이 생기게 하여 각 단에서 화물의 방향을 바꾸어 쌓는 방법으로 정방형의 팔레트 적재에 사용된다.

(5) 스플릿(split)쌓기

벽돌쌓기의 변형으로 가로와 세로를 배열할 때 크기의 차이에서 오는 홀수층과 짝수층의 빈공간이 서로 마주보게 쌓는 방법으로 화물이 무너질 염려가 없고 안정감이 있다. 이 중 장방형 팔레트에는 블록쌓기, 벽돌쌓기 및 스플릿쌓기 방식이, 정방형 팔레트에는 블록쌓기, 교호열쌓기, 핀홀쌓기 및 스플릿쌓기 방식이 많이 사용되고 있다.

4) 컨테이너 내의 화물 적입

최근 컨테이너운송이 일반화함에 따라 운임체계에도 변화가 일어나고 있으며, 종래의 화물기준 운임(commodity rate)이 화물박스기준 운임(commodity box rate)으로

그림 8-1 팔레트화물의 집합적재방식

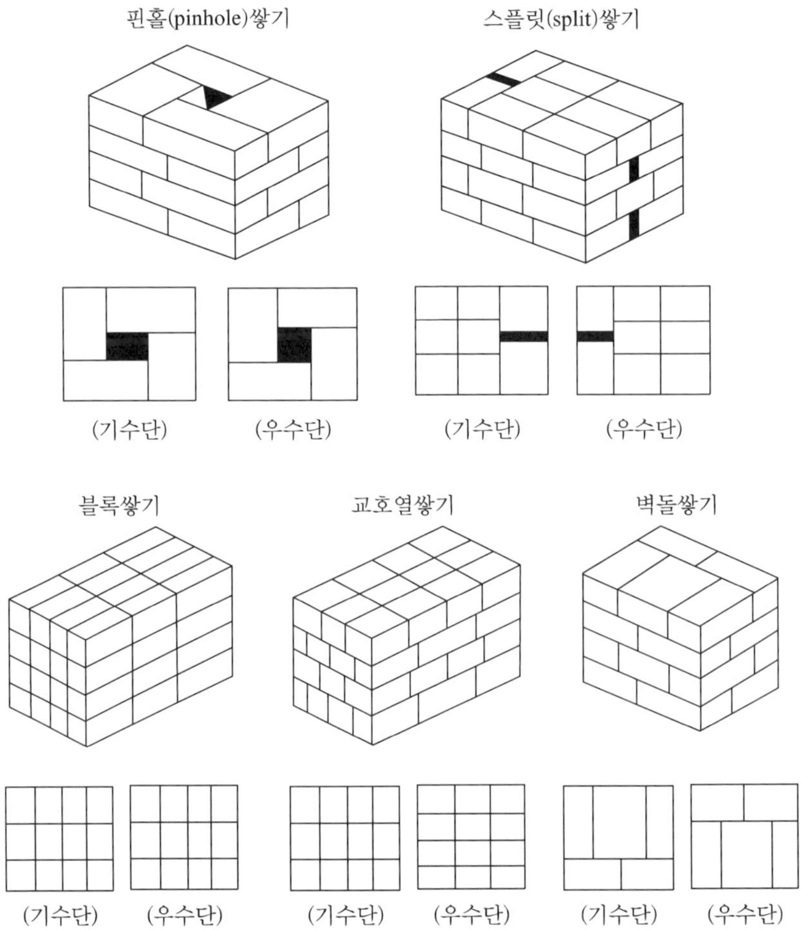

바뀌어 구주동맹에서는 이미 채용하고 있고, 더 나아가서는 보다 단순한 형태의 혼재운임제도로 바뀌려는 경향을 보이고 있다. 따라서 하주의 입장에서 보면 1개의 컨테이너 내에 효율적으로 화물을 쌓아 넣는 것이 운임면에서 매우 유리하다. 아울러 컨테이너 용기의 내부면적이 빈틈 없이 꽉 찰 수 있도록 각종 상품을 효율적으로 적입하는 일은 바로 컨테이너화의 중요한 목적 중의 하나라고 할 수 있다. 그러나 상품의 크기가 일정하다 할지라도 컨테이너의 내부면적이 일정하기 때문에 상품을 꽉 차도록 적입하는 것은 불가능하다.

따라서 나머지 면적(空積)을 최소화하는 컨테이너 적입 패턴을 결정할 필요가 있다. 컨테이너 적입에는 하주의 공장창고에서 적입하여 컨테이너터미널에 반입되는 경우와 운송업자 또는 항만의 CFS에서 적입하여 터미널에 반입되는 경우가 있다. 전자는 단일품목인 경우가 많고, 후자는 2종류 이상의 품목을 적입할 경우에 많이 이용된다. 단일품목의 컨테이너 적입에는 팔레트를 화물로 간주하여 집합적 재방식을 사용하더라도 큰 문제는 없다.

한편, 컨테이너 내에 화물을 적입하는 문제에 대하여 살펴보면, 일반적으로 화물의 종류가 다양할 경우, 적입과정은 무더기(stack)쌓기와 무더기배치과정으로 나누어 수행한다. 무더기쌓기는 컨테이너에 집어넣을 화물을 쌓아 올려 규격화된 무더기(stack)로 만드는 과정이며, 무더기 배치는 이들 무더기를 컨테이너 내부에 배치하는 과정이다.

첫째, 무더기쌓기는 컨테이너에 집어넣을 화물을 일정한 방법에 따라 큰 화물 위에 이 화물과 촌법이 같거나 또는 이보다 작은 화물을 컨테이너 높이에 맞도록 쌓아올려(이처럼 쌓여진 무더기를 stack이라 한다) 화물을 몇 개의 무더기(stack)로 정리하는 것이다. 일반적으로 무더기쌓기는 화물의 밑면크기(면적 또는 주위길이)가 큰 순서에 따라, 또한 밑면크기가 같은 화물은 높이가 큰 순서에 따라 화물을 쌓아 올린다.

둘째, stack배치는 무더기쌓기에서 만들어진 stack을 컨테이너의 어느 위치에 둘 것인가를 결정하는 2차원 배치과정이다. 이 과정에서는 무더기쌓기에서 생성된 stack 중 밑면길이가 가장 긴 순으로 컨테이너 내에 차례로 배치한다.

2. 화물취급표시

1) 화인의 의의

화인(貨印)이란 포장화물의 표면에 기입하는 특정한 기호, 번호, 목적지, 취급상의 문구 등을 총칭하는 것으로 화물취급자로 하여금 다른 물건과 구분하여 매수인의 사용편의 및 선적서류와 물품과의 대조에 편의를 제공하고자 함에 있다. 국제무역에 있어 화인이 부정확하면 다른 화물과 혼동을 가져와 하역착오, 화물의 인도지연 및 미도착 등의 직접적인 원인이 되며 통관 시 문제가 발생하는 등 확인과정에서 시간과 비용상 큰 손실이 생기므로 하인은 반드시 두 곳 이상에

그림 8-2 화인의 예

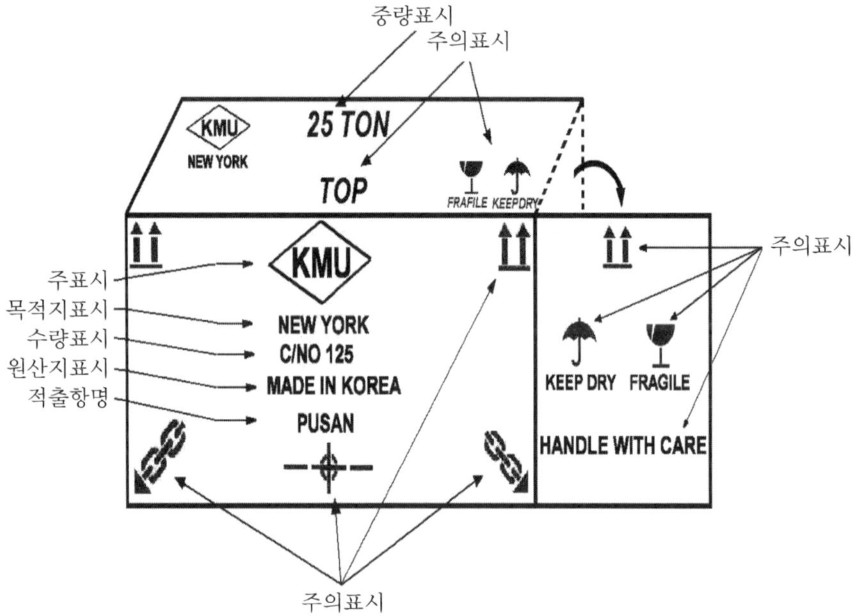

방수잉크를 사용하여 기입하여야 한다.

2) 화 인

(1) 주표시(main mark)

주표시는 화인 중 가장 중요한 표시로서 다른 상품과 식별을 용이하게 하는 기호이다. 이것은 송하인이나 수하인을 표시하는 특정한 기호에 대표문자를 넣어 만드는 것이 통례이며, 대개 회사의 상호를 넣어 표시하는 경우가 많다.

(2) 부표시(counter mark)

내용물품의 직접 생산자나 혹은 수출대행사 등이 붙이는 기호로서 주마크의 위쪽이나 밑쪽에 기재하며 생략하는 경우도 있다.

(3) 품질표시(quality mark)

내용품의 품질이나 등급 등을 표시하여 송하인과 수하인 당사자만이 알 수 있도록 사용하는 마크로서 주표시의 아래에 기재한다.

(4) 목적지표시(destination mark)

내용품이 도착하게 될 목적지를 표시하는 것으로 선박운송의 경우에는 항구명을 기재한다. 이 마크는 화물의 행방을 가리키는 것이므로 가장 주의하여 기재해야 한다. 보통 최종 도착지명을 크게 하고 경유지나 전송지는 작게 표시하기도 한다.

(5) 수량표시(case mark)

단일포장이 아닌 두 개 이상의 많은 수량인 경우 포장에 번호를 붙여야 한다. 이때 번호는 한 개씩 순서에 따라 기재하여야 하며, 표시방법은 포장수량 가운데 몇 번째에 해당되는지를 표시하도록 해야 한다.

(6) 주의표시(care mark)

화인 중 가장 다양한 것이 주의표시이다. 주의표시는 내용품의 성격, 품질, 형상 등에 따라 취급상의 주의를 표시하는 것으로 붉은색을 사용하여 표시한다. 주의표시 방법은 문자에 의한 방법과 그림으로 표시하는 방법이 있으나 최근에는 그림으로 표시하는 것이 일반적이며, 국제간의 물류활동이 활발해짐에 따라 주의표시의 국제적인 표준화를 위한 움직임이 일어나고 있다.

주의표시는 뜻의 내용에 따라 하역작업지시의 주의표시, 보관장소에 대한 주의표시, 개포장상의 주의표시 및 기타로 구분된다.

표 8-2 주의표시의 예

WITH CARE, HANDLE WITH CARE	취급주의
FRAGILE HANDLE WITH CARE	파손주의
OPEN IN DARK PLACE	암실에서 열 것
KEEP UPRIGHT	바로 세워 둘 것
DO NOT DROP	떨어뜨리지 말 것
KEEP DRY, GUARD AGAINST WET	습기를 피할 것
USE NO HOOK, NO GOOK	갈고리 사용 금지
THIS SIDE UP, THIS END UP	이쪽을 위로 할 것
TOP	위쪽 표시
POISON	유독성물
EXPLOSION	폭발위험물
CENTER OF BALANCE	무게 중심
INFLAMMABLE	가연물질
KEEP COOL, STOW COOL	찬 곳에 보관할 것
SLING HERE	줄을 걸치는 곳

그림 8-3 KS A 1008의 일반화물 취급주의 표시

1. 상방향 지시표시
2. 파손 가능성 지시표시
3. 젖음 방지 지시표시
4. 갈고리 사용금지 지시표시
5, 6. 거는 위치 지시표시
7, 8. 무거운 쪽 지시표시
9. 쓰러지기 쉬운 화물 지시표시
10. 무게중심 지시표시

(7) 원산지표시(origin mark)

정상적인 절차에 의해 선적되는 모든 수출품은 관세법에 따라 원산지명을 표시하도록 되어 있다. 대미 수출품인 경우에는 미국 관세법에 따라 원산국(country of origin)을 식별하기 쉬운 장소에 표시하는 것을 의무화하고 있다.

(8) 기 타

위에서 설명한 7가지 표시 외에도 특정한 경우 매수인의 요청에 따라 상품명(nomenclature), 내용품번호(stock No. or item No.), 총중량(gross weight) 또는 순중량(net weight), 용적(cubic feet) 및 신용장번호(L/C No.) 혹은 수입허가번호(I/L No.)를 추가하여야 한다.

3) 컨테이너 번호

컨테이너 번호란 컨테이너 용기의 측면에 기입하는 컨테이너 소속회사, 컨테

이너 고유식별번호, 체크 코드, 국가 코드 및 컨테이너 사이즈와 종류 코드 등을 총칭하며, 컨테이너 취급자로 하여금 컨테이너 용기를 구분하여 매수인의 사용편의 및 관련 서류와의 대조에 편의를 제공하는 데 그 목적이 있다 .

그림 8-4 컨테이너 번호(ISO number)

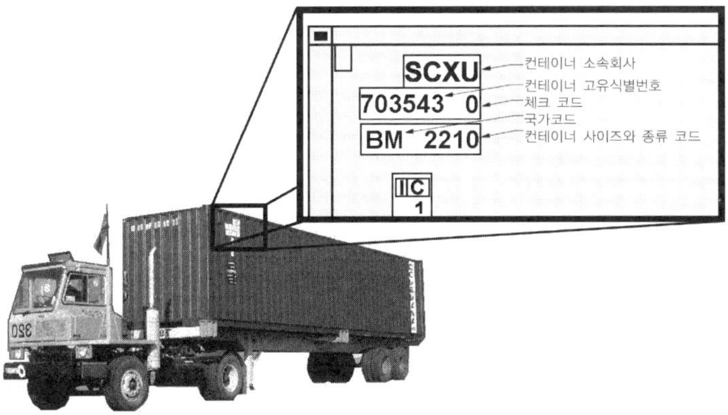

제 3 절 포장의 합리화와 유닛로드 시스템

1. 포장합리화

1) 적정포장

적정포장이란 상품의 품질보존, 취급상의 편이성, 판매촉진, 안정성 등 포장 본래의 기능을 만족시키는 가장 경제적인 포장을 말한다. 즉, 유통과정에서 발생하는 진동, 충격, 압축, 온·습도 등에 의해 물품에 파손 및 손상이 발생하지 않도록 화물을 보호하여 원상태 그대로 운송될 수 있는 포장을 말한다. 적정포장에서는 과대·과잉포장을 피하고 결함포장을 배제하여야 하며, 이를 위하여 설계 시에 보호성, 안정성, 단위, 표시, 용적, 내포장, 폐기물처리 등을 고려하여야 한다. 그리고, 적정포장은 포장과 관련되는 생산자, 물류업자, 판매자 및 소비자의 입장에서 적정성을 검토하여 제조건을 충족시킬 수 있도록 하여야 한다.

표 8-3 적정포장의 조건

적정포장을 위한 제조건	
생산자 측면	제품의 적절한 보호 포장비 절감을 통한 원가절감 기업 및 제품광고의 효율성 제고 작업의 라인화 및 자동화를 위한 포장설계 재생의 활용성 제고
물류업자 측면	하역의 용이성과 위험성을 고려한 중량과 용적단위 포장 유닛로드의 적합성 고려 포장강도의 표준화 표시마크, 물품의 구분, 행선지, 취급방법 등의 명확한 표시 운송수단과 하역수단의 적합성 고려 유통과정에서의 도난방지
판매자 측면	개장과 재포장의 용이성 간단명료한 내용표시 판매시점에 효과 여부 소비자 감각에 부합되는 디자인
소비자 측면	만족감의 제공 개장 및 재포장의 용이 포장의 처리나 재이용의 용이

2) 포장합리화의 원칙

적정포장을 통한 포장의 합리화를 위해서는 다음을 고려하여야 한다.

㉠ 포장의 합리화를 위해서는 그 크기를 대형화할 수 있는지 여부를 검토하여야 한다. 또한 다수의 업체와 거래하고 있는 경우에는 대량화를 통하여 비용을 절감할 수 있는지도 함께 검토하여야 한다.

㉡ 집중화와 집약화를 통하여 관리수준을 향상시킴과 동시에 대량화의 추진이 가능하여야 한다.

㉢ 비슷한 길이, 넓이, 깊이를 가진 포장화물에 대해서는 되도록 같은 크기로 통일한다. 규격화 및 통일화를 통하여 1회당 발주단위가 커지고 이를 통하여 규모의 이익을 가져올 수 있으며 표준화함으로써 유통을 합리화할 수 있다.

㉣ 포장의 보호성에 벗어나지 않는 범위에서 사양의 변경을 통한 비용절감이 이루어질 수 있도록 검토하여야 한다.

㉤ 재질의 변경을 통하여 비용절감이 가능하므로 재질의 등급을 낮출 수

있는지 검토하여야 한다.

ⓗ 컨테이너나 기중기, 팔레트, 보관창고 등의 발전에 따라 유통 시스템의 본격적인 발전이 기대되고 있다. 따라서, 팔레트화나 컨테이너화를 효과적으로 실시하기 위해서는 그 기본요소인 팔레트와 컨테이너의 규격, 구조, 품질 등을 공동으로 사용할 수 있도록 표준화하고 운송, 배송, 보관, 하역 등 물류의 제활동이 유기적으로 연결되도록 시스템화할 필요가 있다.

한편, 단위화의 형태는 ① 팔레트류, 컨테이너류 등 기재를 사용하지 않고 포장화물 자체를 결속자재 등을 사용하여 단위화하는 집합포장, ② 팔레트류를 사용하는 팔레트화물 및 ③ 컨테이너류를 사용하는 컨테이너화물의 세 가지 형태로 분류할 수 있다.

3) 포장의 문제점

(1) 포장의 표준화 및 규격화의 미비

포장의 모듈화는 유닛로드 시스템인 팔레트화나 컨테이너화를 가능하게 하여 하역 및 보관을 용이하게 하고 나아가 협동일관운송을 이룩하여 물류합리화에 기여할 수 있다. 그러나 화물의 크기에 따라 구매자의 요구, 또는 회사에 의해 임의로 제품의 치수를 결정하는 경우가 많아 유닛로드 시스템의 도입에 장애요인이 되고 있다. 이러한 포장규격의 상이는 제품의 유통과정 중 파손율의 증대 및 물류비의 절감을 어렵게 하여 운송비의 상승요인이 되고 있다.

우리나라 기업에서 사용하는 포장규격은 대부분이 회사 내부에서 정한 포장규격을 사용하고 있어서 상대적으로 KS규격의 이용률이 특히 저조하다(〈표 6-4〉 참조). 따라서, KS 및 ISO규격을 기준으로 표준규격을 설정하여 실정에 맞게 운영함으로써 국제적인 호환성을 갖추어 운송, 하역 및 배송이 원활히 이루어질 수 있도록 하여야 한다.

(2) 포장의 자동화 및 현대화의 미비

공장의 생산라인은 자동화 또는 반자동화되어 있으나 포장라인은 아직까지도 수작업에 의존하는 경우가 많아 자동화율이 낮다. 이는 제조업체들이 포장기계화를 위한 설비투자에 소극적이고, 또한, 현대적 화물유통에 필요한 합판 등을 이용한

표 8-4 우리나라 기업이 사용하는 포장규격

(단위 : %)

항목 \ 업종	음식료품 제조업	석유 및 의복제조업	가죽, 가방, 마구류 및 신발제조업	목재 및 나무제품 제조업	종이, 종이 제품 및 인쇄출판업	화합물 및 화학제품 제조업
· KS포장규격 사용	6.7	11.7	13.6	-	7.5	8.4
· 회사 내부에서 정한 포장규격 사용	64.4	53.2	54.6	100.0	47.5	56.2
· KS규격과 회사규격을 같이 사용	15.6	22.5	9.1	-	15.0	22.2
· 일정한 규격이 없음	13.3	12.6	22.7	-	30.0	13.2
합 계	100.0	100.0	100.0	100.0	100.0	100.0
항목 \ 업종	**비금속 광물제품 제조업**	**제 1 차 금속제품 제조업**	**조립금속, 기계 및 장비제조업**	**가구 및 기타제조업**	**도소매 및 소비자물품수리업**	**합 계**
· KS포장규격 사용	16.7	14.6	7.0	21.7	7.9	9.5
· 회사 내부에서 정한 포장규격 사용	38.8	27.1	53.3	26.1	43.8	50.9
· KS규격과 회사규격을 같이 사용	13.0	27.1	20.7	39.2	15.7	19.9
· 일정한 규격이 없음	31.5	31.2	19.0	13.0	32.6	19.7
합 계	100.0	100.0	100.0	100.0	100.0	100.0

대형 외부포장이나 컨테이너화가 이루어지지 않고 대부분 상업포장수준에 머물러 있기 때문이다. 따라서 외부포장의 결여로 운송 시 파손율이 높고 하역 및 보관단계에서도 비효율이 초래되고 있어 물류의 효율화에 나쁜 영향을 미치고 있다. 그리고, 포장라인의 자동화를 위해서는 포장자동화 설비기기의 다양한 기술개발이 필요하며, 컴퓨터를 이용하여 자사제품의 유통구조에 적합한 운송수단, 포장치수, 기법, 강도, 재료 등을 쉽게 얻을 수 있는 방법을 개발하여야 한다. 특히 소프트웨어의 개발은 단계적으로 포장치수 중심에서 포장기법, 강도, 재료로 영역을 확대하여 포장라인의 기계화, 자동화 및 창고 자동화에 연결되도록 하여야 할 것이다.

2. 유닛로드 시스템

유닛로드를 기본으로 한 시스템으로는 일관팔레트화(palletization), 컨테이너화(containerization) 및 국제복합운송 등이 있다. 유닛로드 시스템의 대표적인 운송방법으로는 팔레트를 사용하는 방법과 컨테이너를 사용하는 방법으로 대별할 수 있다.

1) 팔 레 트

팔레트는 유닛로드 시스템의 대표적인 용구로서 물품을 하역, 운송, 보관하기 위하여 단위수량을 적재할 수 있는 적재 깔판인 하역대를 말하며, 일정단위의 화물을 팔레트 위에 적재하여 이를 하나의 단위로 문전에서 문전까지 일관운송할 수 있다. 또한, 운송수단에 관계없이 운송도중에 인력을 사용하지 않고 다른 운송기관에 중계하거나 적재작업을 하역기계를 통해 팔레트 적재상태로 복합운송할 수 있는 특징을 갖고 있다.

팔레트를 사용하는 방법은 1940년경 미국이 처음 개발하였다. 그 후 1947년 스웨덴, 1949년 일본, 1952년에는 스위스로 전파되었으며, 우리나라는 문헌상 팔레트 운송에 관한 기록은 찾기 어려우나 한국전쟁중 미군의 군수물자운송 시 도입된 것으로 추정되고 있다. 팔레트는 공장 또는 영업소 내에서 운송합리화의 수단으로 사용되었으며, 포크리프트(forklift)가 개발된 후에는 화물의 전 운송과정을 팔레트 적재상태로 일관하여 운송하는 일관팔레트화(palletization for through transit)가 도입되었다.

(1) 규격 표준화

선진국에서는 팔레트의 규격을 표준화하여 사용하고 있으며, 우리나라에서도 KS규격을 제정하였다. 각국에서 주로 사용하는 표준 팔레트의 규격을 보면 한국, 일본 및 대만은 1,100×1,100mm, 미국은 1,219×1,016mm, 유럽은 1,200×800mm을 사용하는 등 나라마다 사용하는 규격이 서로 조금씩 다르다.

팔레트규격이 표준화되어 있지 않으면 일관팔레트 시스템의 구축이 불가능하여 물류의 효율성을 추구하기 어려울 뿐만 아니라, 목재 등의 자원낭비라든가 폐기 팔레트로 인한 산업공해의 원인이 되기도 한다. 이러한 여러 가지 문제점을 해결하기 위해서는 유닛로드 시스템의 필요성을 인식하고 포장치수의 표준화와 함께 팔레트의 표준화를 시급히 추진하여야 할 것이다.

그러나, 팔레트의 표준화는 70년의 긴 역사를 가지고 있는 미국에서도 아직 비표준 팔레트가 범람하고 있으며, 이웃 일본의 사정도 마찬가지이다. 우리나라는 1960년대 이후 팔레트를 사용하기 시작하여 1970년대에 들어와 산업부흥과 함께 수요가 급속히 신장하였다. 현재 국내에서 생산 또는 수입 판매되고 있는 팔레트의 종류는 재질별로 목재, 플라스틱, 철재 등이 있으며, 용도로는 수출용(일회용), 야적창고(CY)용, 운반용, 자동창고용 등이 있다. 앞으로 경제발전과 물류합리화에 따라 팔레트의 수요는 급신장할 것으로 예상된다.

한편, 표준 팔레트가 갖고 있는 장점은 다음과 같다.

- 경제적이며 국제적으로 공인을 받고 있다.
- 공로 및 철도운송에 적합하다.
- 하역기기에 적합하게 설계되어 있다.
- 환적(transshipment) 시에 비용절감 효과가 있다.

그림 8-5 팔레트의 형식

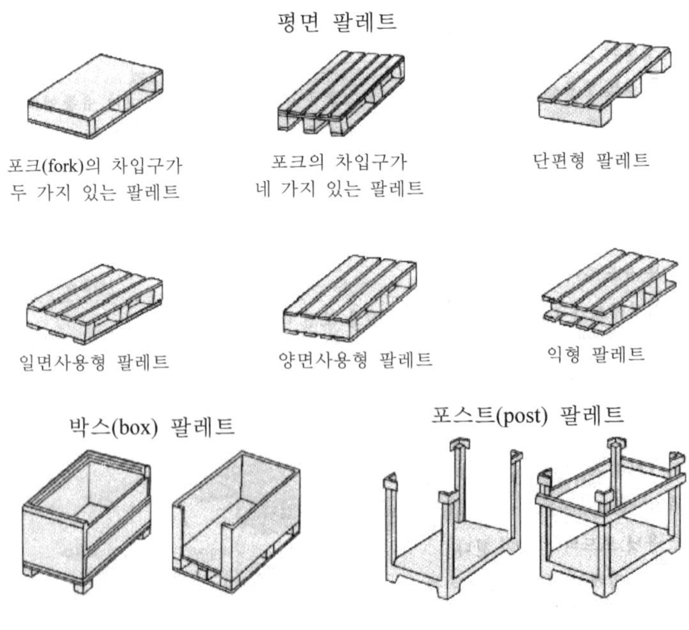

- 표준 유닛로드의 기본이 된다.
- 대부분 기업에서 비용절감의 이유로 장려하고 있다.
- 상호교환(interchange arrangements)을 촉진한다.
- 수출과 하역 등의 유닛로드 형성을 단순화할 수 있다.

(2) 팔레트의 종류

일반적으로 팔레트의 종류에는 평면 팔레트(flat pallet), 박스 팔레트(box pallet), 포스트 팔레트(post pallet) 등이 있다. 이를 용도별로 구분하면 장내용 팔레트(captive pallet), 비장내용 팔레트(non-captive pallet), 1회용 팔레트(expendable pallet), 재사용 팔레트(reusable pallet), 스키드(skid, stillage), 세미리브키드(semi-live skid) 등이 있다. 팔레트의 제작에는 여러 가지 재료가 사용되지만 가장 널리 쓰이는 재료는 활엽수로 된 단단한 목재이다. 그 외에도 강철, 플라스틱, 알루미늄 그리고 다양한 합성재료가 있기 때문에 재질의 결정은 비용과 화물의 특성에 맞게 선정되어야 한다.

2) 컨테이너

컨테이너는 화물의 단위화를 목적으로 하는 운송도구로서 육·해·공을 통한 화물운송에 있어서 경제성, 신속성, 안전성의 이점을 갖고 물류부문의 운송, 보관, 포장, 하역 등의 전 과정을 가장 합리적으로 일관운송할 수 있게 하는 혁신적인 운송용구이다.

컨테이너용기는 상당히 오랜기간 사용되어 왔기 때문에 그 정의가 다양하다. 그중에서 국제표준화기구(ISO : International Standardization Organization)의 정의와 우리나라의 국세청 고시를 중심으로 한 컨테이너의 정의를 살펴보면 다음과 같다. ISO의 정의에 의하면 "컨테이너란 다음 조건을 만족하는 수송설비의 용구를 말한다"라고 규정하고 있다.

- 내구성을 지니고 반복사용에 적합한 충분한 강도를 유지할 것
- 운송도중 내용물의 이적 없이 하나 또는 그 이상의 운송형태에 의해 화물의 운송이 용이하도록 설계할 것
- 운송형태의 전환시 신속한 취급이 가능한 장치를 구비할 것
- 화물의 적출입이 용이하게 설계할 것
- 내용적이 1입방미터($35.3ft^3$) 이상일 것

한편 관세청의 “컨테이너 및 내장화물 통관요령”에서는 “컨테이너란 화물의 단위화를 목적으로 한 운송용 용기로서 이질적인 운송기관에 대한 적합성에 중점을 두고 필요한 용적을 가지며, 용도에 적응하는 강도를 구비하고 있어 반복사용할 수 있는 용기”라고 정의하고 있다.

컨테이너는 1920년경부터 미국 철도회사들이 육상운송에 컨테이너를 활용하기 시작하였으며, 해상컨테이너운송은 1956년 미국의 시랜드 선박회사(Sea-Land Service Inc.)가 국내화물의 연안운송을 개시한 것이 그 시초로 알려지고 있다. 우리나라는 1968년경부터 컨테이너선이 입항하기 시작하였으며, 풀컨테이너선의 본격적인 입항은 1970년 3월 시랜드 선박회사가 한진상사와 대리점 계약을 체결한 이후부터이다. 현재 컨테이너운송은 해륙복합운송뿐만 아니라 항공운송에도 널리 이용되고 있다.

컨테이너는 유닛로드 시스템의 핵심적인 방법 중의 하나로서 팔레트와 달리 처음부터 운송에 활용되도록 고안되었다. 컨테이너를 공로운송에 이용할 경우에는 트랙터(tractor)에 의해 견인되는 연결차량인 세미 트레일러(semi-trailer)로 운반되며, 철도운송의 경우에는 컨테이너전용화차인 무개화차에 의해 운송되고 있다. 해상운송에서는 세미 컨테이너선(semi-container ship)과 풀컨테이너선(full container ship)에 의해 운송되며, 항공운송에서는 보잉 747기와 같은 대형화물전용기에 의해 운송되고 있다.

컨테이너운송은 컨테이너를 이용하여 화물이 적재된 상태로 일관운송이 가능하다. 그러나, 과거에는 컨테이너운송 시 국내운송과 국제운송간의 운송단위의 차이로 하역작업과 운송수단에 일관성이 결여되고 인력과 시간이 낭비되어 추가적인 물류비의 지출이 많았다. 이러한 문제를 해결하기 위하여 ISO에서는 컨테이너의 종류와 규격을 정하여 해륙복합용 컨테이너를 표준화하였으나, 항공기의 경우에는 기체의 특성 때문에 기종에 따라 사용하는 컨테이너가 달라서 각 기종에 적합한 컨테이너가 제작되어 사용되고 있다.

컨테이너의 종류는 다음과 같다.

(1) 건화물 컨테이너(dry container)

온도조절이 필요 없는 일반잡화를 운송하기 위한 표준 컨테이너로 주로 최적상품 및 적합상품을 운송하는 데 이용된다.

(2) 냉동 컨테이너(reefer container)

냉동화물이나 과일, 야채 등의 보온 및 보냉이 필요한 화물을 운송하기 위한 컨테이너로서 -28℃에서 +26℃까지 임의로 온도를 조절할 수 있다.

(3) 천정개방형 컨테이너(open top container)

특수컨테이너의 일종으로 일반 건화물 컨테이너의 지붕과 측벽의 상부가 개방되어 있어서 상부로부터 하역이 가능하며, 개구부는 방수가 될 수 있도록 캔버스(canvas) 등으로 싼 컨테이너이다. 중량물이나 장척물을 크레인으로 컨테이너의 위쪽으로부터 적재 및 하역할 수 있도록 되어 있다.

(4) 플랫 래크 컨테이너(flat rack container)

승용차, 기계류 등과 같은 중량화물을 운송하기 위한 컨테이너로 전후좌우 및 상방에서 하역할 수 있는 특징을 갖고 있다.

(5) 동물용 컨테이너(pen container)

라이브 스톡 컨테이너(live stock container)라고도 하며 소나 말과 같은 동물을 운송하기 위하여 만들어진 컨테이너로서 통풍과 사료를 넣어 주기 편리하게 만들어져 있다.

(6) 탱크 컨테이너(tank container)

유류, 술, 화학품 등과 같은 액체상태의 화물을 운송하기 위해 특별히 고안하여 만들어진 컨테이너이다.

(7) 플랫폼 컨테이너(platform container)

중량물이나 부피가 큰 화물을 운송하기 위한 컨테이너로서 길이 6.75m, 너비 4.10m, 높이 4.50m, 중량 40톤까지의 화물을 적재할 수 있다.

(8) 솔리드 버크 컨테이너(Solid buck container)

몰드, 소맥분, 가축사료 등과 같은 화물을 운송하기 위해 제작된 컨테이너로 대개 직경 50㎝ 정도의 맨홀이 세 개 있으며, 컨테이너의 내부는 청소하기가 쉽고 외부 기온에도 견디도록 강하게 만들어져 있다.

(9) 행거 컨테이너(hanger container)

일반건화물을 천정에 매달 수 있도록 만들어진 컨테이너이다.

한편, 컨테이너는 운송수단의 종류에 따라 철도 컨테이너, 해상 컨테이너, 항공 컨테이너 등으로 분류하는 경우도 있으며 여러 가지의 규격이 있다. 그러나 최근에는 복합일관운송에 사용할 수 있도록 ISO에서 그 규격을 통일하여 규정하고 있다.

제 9 장 운송 시스템

제 1 절 운송의 개념

1. 운송의 의의

운송[1]은 경제활동에 있어서 생산과 용역 중 생산에 포함되는 경제기능으로서 장소적 효용(Place utilities)을 창출한다. 즉, 상품의 생산지와 수요지 사이에는 언제나 거리(공간)가 존재하며 이러한 공간적 격차를 조정하기 위해서 상품의 장소적인 이동을 담당하는 기능이 운송이다.

운송의 중요한 경제적 기능으로는 경제권의 확대(시장 등의 확대), 경제권에 있어서 물가의 균등화 등을 들 수 있으며, 이들 기능은 산업발전에 커다란 영향을 미치고 있다.

또한, 종래의 운송이 단순히 생산지와 생산자간, 생산지와 소비지간, 소비지와

1) 운송과 유사한 의미로 사용되는 용어들의 뜻은 다음과 같다. ① 운송 : 재화의 이동을 서비스의 공급이라는 측면으로 해석, ② 교통 : 재화의 이동을 현상적으로 파악, ③ 운수 : 행정상의 운송이나 상법 등 법률상의 운송과 동의어, ④ 수송 : 운송과 같은 뜻으로 사용.

소비자간에 재화의 장소적 이전이나 공간적 거리의 극복이란 기능에 주안점을 둔 반면, 오늘날 물류개념상의 운송은 수주, 포장, 보관, 하역 등을 포함한 총물류비의 절감과 고객서비스의 향상이라는 관점에 주안점을 두고 있다. 그리고, 운송은 유닛로드 시스템의 핵심이 되고 있는 일관팔레트화와 일관컨테이너화를 통하여 협동일관운송 및 국제복합운송으로 발전하고 있다.

일반적으로 운송은 육상, 수상, 공중 등의 세 가지 종류의 운송로에 의해 이루어지며 운송을 담당하는 주체인 운송수단으로는 철도, 자동차, 선박, 바지(Barge), 항공기 등을 들 수 있다. 그리고, 물류활동의 운송분야에 있어서는 여러 가지 운송수단을 어떻게 적절히 결합하게 선택하여 운송업무를 수행할 것인가를 결정하는 일은 매우 중요하다. 따라서, 운송수단을 결정할 때에는 운송비, 운송거리, 화물의 중량, 안정성, 제품의 납기 등의 각종 운송수단의 장단점을 다각적으로 비교, 검토하여 결정하는 것이 물류합리화의 지름길이라고 할 수 있다.

표 9-1 운송수단별 장단점

내용	철도	자동차	선박	항공기
화물중량	대량화물	소중량화물	대중량화물	소경량화물
운송거리	원거리	중근거리	원거리	원거리
운송비용	중장거리운송 유리	단거리운송 유리	원거리운송 유리	운임이 가장높음
기후영향	별로없음	조금받음	많이받음	아주많이받음
안정성	높다	조금낮다	낮다	낮다
일관운송체계	미흡하다	용이하다	어렵다	어렵다
중량제한	없다	있다	없다	있다
화물수취의 용이성	불편	편리	불편	불편
하역 및 포장비용	보통	없다	비싸다	보통
운송지역의 제한	보통	없다	많다	많다
운송시간	길다	길다	매우길다	아주짧다

2. 복합운송의 개념과 특성

1) 복합운송의 개념

육·해·공을 연결하는 복합운송(Combined transport)은 하나의 운송수단에서 다른 운송수단으로 신속하게 화물을 환적할 수 있는 새로운 운송기술로서, 1960년대에 본격화된 컨테이너운송에 의해 비약적인 발전을 이룩하였다.

복합운송이란 복합운송인이 자기의 책임하에 인수한 물품을 어떤 국가의

한 지점에서 다른 국가의 지정된 인도지점까지 복합운송계약에 따라 해상, 내륙수로(Inland waterway), 항공, 철도, 도로 등 여러 운송 방식 중에서 2가지 이상의 운송방식을 이용하여 운송하는 것을 의미한다.

복합운송이란 개념은 1929년 바르샤바조약(국제항공운송에 관한 규칙의 통일조약)에서 인정되었으나, 이동 운송수단을 효율적으로 접속시키는 방법이 없었기 때문에 경제적 효용은 거의 기대할 수 없었다. 그러나 운송용구인 컨테이너의 출현으로 여러 가지 운송방식을 연결하는 일관수송, 즉 복합운송 방식이 발달함에 따라 국제운송의 이상적인 목표라고 할 수 있는 문전에서 문전까지의 운송이 가능해졌다.

컨테이너운송과 복합운송은 전혀 다른 별개의 개념이다. 즉, 전자는 컨테이너라는 용기에 의한 운송을 뜻하기 때문에 하드웨어이고, 후자는 재래식 단편운송(Segment transport)체제를 일관운송(Door to door transport)체제로 바꾼 소프트웨어에 관한 분야라는 점에서 차이가 있다. 그러나 오늘날 컨테이너화가 가장 효과적으로 적용되고 있는 시스템이 복합운송제도이고, 또한 복합운송의 장점을 극대화시킬 수 있는 운송수단이 컨테이너이기 때문에 컨테이너운송과 복합운송은 같은 의미로 쓰이고 있다.

복합운송은 다수의 운송인이 참여하는 운송방식이라는 점에서 통운송(Through carriage)개념과 유사하다. 통운송은 이용하는 운송수단의 종류에 따라 동일한 운송수단에 의한 단순통운송과 서로 다른 운송수단에 의한 복합운송으로 구별되며, 송하인과의 운송계약 관계에 따라 다음과 같은 특성을 가지고 있다.

첫째, 복합운송에 관계하는 운송인 가운데 1인의 운송인이 전 구간의 운송을 인수하고 그 일부 혹은 전부를 다른 운송인에게 맡기는 하청운송으로서 송하인과 운송계약을 체결한 운송인만이 책임의 부담의무가 있다.

그림 9-1 운송의 구분

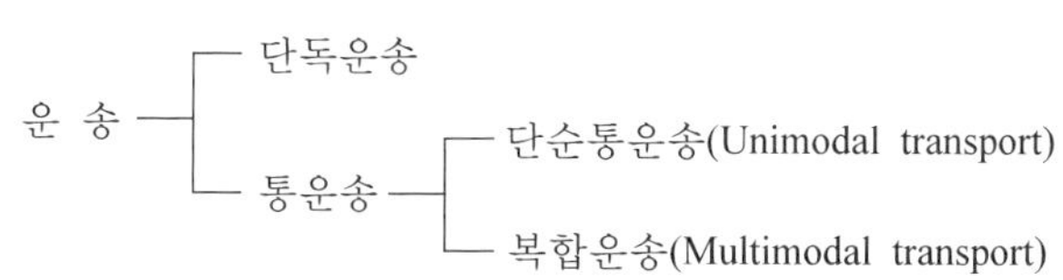

둘째, 공동운송으로서 다수의 운송인이 공동으로 전 구간의 운송을 인수하고 각각 운송인의 분담구간을 상호협의에 의해 결정한다. 이 경우에는 상사채무의 원칙에 의하여 모든 운송인은 적하 이해관계인에 대하여 연대채무를 지게 된다.

셋째, 다수의 운송인이 공동으로 전 구간의 운송을 인수하나 각 운송인의 담당 구간을 처음부터 송하인에게 명시하는 순차운송이다. 운송물에 대한 손해가 어느 구간에서 발생했는지 입증하기 어려운 경우에는, 각 운송인에게 연대채무를 인정하고 있다.

따라서, 복합운송이 되기 위해서는, ① 국제간의 운송(이국간의 운송), ② 운송수단의 이종복수성을 포함해야 하므로 운송구간을 단순히 두 번 이상 반복하는 통운송과 구별된다.

그러나 통운송 중 하청운송인 경우, 제 1 의 운송인은 통선하증권(通船荷證券)을 발행하여 하주에 대해 전 구간의 책임을 부담하나, 공동운송 및 순차운송은 전 운송인이 연대책임을 지므로 ① 동일 목적물에 다수의 운송인이 관여하고, ② 첫 번째 운송인과 체결한 운송계약으로 전 구간의 운송이 이행되며, ③ 운송수단이 바뀔 때마다 별도의 운송계약을 체결할 필요가 없다는 점에서 통운송과 복합운송은 동질성을 가지고 있다.

2) 복합운송의 특성 및 이점

컨테이너화 및 국제 물품운송의 고속화 등에 따라 생겨난 복합운송의 특성은 다음과 같다.

(1) 운송책임의 단일성(Through liability)

복합운송인은 전 운송구간에 대해 하주에게 단일책임을 져야 한다. 즉, 복합운송은 여러 구간의 운송행위가 하나의 계약에 의해 수행되며, 이때 복합운송인은 자기명의와 계산으로 송하인과 복합운송계약을 체결하는 계약 당사자가 된다. 따라서, 전체 운송을 계획하고 여러 운송구간을 적절히 연결 및 총괄하여 운송이 원활하게 이루어지도록 조정하고 감독할 책임이 있다.

(2) 복합운송서류(Combined transport B/L)

복합운송인은 하주에 대하여 전 운송기간을 대상으로하는 유가증권으로서의 복합운송서류를 발행하여야 한다. 복합운송서류는 하주로 하여금 금융기관에서 금융의 편의(Negotiation)를 제공받을 수 있는 매개역할을 하며, 이것이 불가능하다면 복합운송이 하주에게 부여하는 편익은 크게 줄어들 것이다.

(3) 단일운임의 결정(Through rate)

복합운송인은 운송구간이 분할되어 있다고 하더라도 운임에 있어서는 전 운송구간에 단일화된 운임을 설정한다. 전 운송구간에 대한 책임이 복합운송인에게 집중되어 있으므로 이에 대한 반대급부도 하나로 통합되는 것은 당연한 결과라고 할 수 있다.

(4) 운송구간의 다양성

복합운송은 반드시 두 가지 이상 서로 다른 운송방식에 의하여 이행되어야 한다. 즉, 복합운송에서 문제가 되는 것은 운송인의 숫자가 아니라 운송수단의 종류이며, 각 운송방식은 각각 다른 법적규제를 받는 것이어야 한다.

그러나 이러한 내용이 반드시 계약상에 명시적으로 표시되는 것은 아니며, 운송구간의 제반 여건으로 보아 여러 가지 운송수단을 사용하는 것이 불가피할 경우에는 복합운송으로 취급된다. 따라서 내륙수로, 철도, 도로 모두에 같은 육상운송법이 적용되는 우리나라 상법하에서 행해지는 운송은, 서로 다른 종류의 운송수단이 사용되었다 하더라도 복합운송개념에는 포함되지 않는다.

(5) 위험부담의 분기점

복합운송에 있어서 위험부담의 분기점은 해상운송에 있어서 선박의 난간(Ship's rail)이라는 개념과는 달리 송하인의 물품을 내륙운송인에게 인도하는 시점이 된다.

한편, 복합유송의 최대효과는 문전에서 문전까지 운송서비스를 제공하는 데 있다. 복합운송은 수출입화물에 대하여 혁신적인 운송기술을 도입한 합리적인 협동운송체제로서, 적합한 운송경로를 제공하고 신속한 화물정보를 전달하며 총비용을 절감할 수 있기 때문에 그 활용도는 날로 높아지고 있다.

3. 복합운송의 일반적인 형태

1) 복합운송계약에 따른 분류

복합운송은 하주와의 계약관계에 따라 하청운송, 공동(동일)운송 및 순차운송으로 나눌 수 있으며, 그 내용은 위에서 설명한 바와 같다.

2) 운송주체에 따른 분류

복합운송인으로서 국제 복합운송서비스를 제공할 수 있는 주체자에는 자기가 운송수단을 직접 보유하고 있는지의 여부에 따라 운송인(Carrier)형과 운송주선인(Freight forwarder)형의 두 가지 형태가 있다.

(1) 운송주선인형 복합운송인

선박, 트럭, 항공기 등의 운송수단을 직접 보유하지 않고, 자신은 다만 계약운송인으로서 운송책임을 지는 형태이다. 이러한 유형의 복합운송인으로는 해상운송주선인(Ocean freight forwarder), 항공운송주선인(Air freight forwarder), 통관인(Custom's clear), 컨테이너 임대인 등이 있으며, 이들 중 가장 대표적인 유형은 해상운송주선인이다.

(2) 운송인형 복합운송인

자신이 직접 운송수단을 보유하면서 복합운송인의 역할을 수행하는 형태로서 실제운송인(Actual carrier)형 복합운송인을 말한다. 이 범주에 속하는 것으로는 선박회사, 철도회사, 트럭회사, 항공회사 등이 있으며, 복합운송기간 중 해상구간이 차지하는 비중을 고려할 때, 선박회사가 가장 대표적인 운송인형 복합운송인이라 할 수 있다.

제 2 절 공로운송

1. 공로운송의 특성

공로운송은 각국의 도로망 확충, 운송차량의 발달 및 대형화 추세에 따라 종합운송체계의 핵심적인 역할을 맡고 있다. 또한, 대부분의 화물운송은 화물자동차에 의한 공로운송을 이용하지 않고는 그 활동을 완결하기 어려운 경우가 많다. 이처럼 공로운송은 자체완결성이 강하고 문전처리능력이 우수하며 화물의 인수 및 배분과정에 있어서도 철도운송에 비해 신뢰성, 기동성, 편리성 등에서 우위를 차지하고 있다.

표 9-2 육상운송수단의 질적요인 평가

질적요인 \ 운송수단	공로운송	철도운송	
		일반	전용임대
신속성(Speed)	매우 높음	낮 음	높 음
문전처리 능력(Door-to-door potential)	매우 높음	낮 음	매우 낮음
신뢰성(Reliability)	매우 높음	높 음	매우 높음
안전성(Safety)	높 음	매우 높음	매우 높음
편리성(Availability)	매우 높음	낮 음	낮 음
탄력성(Flexibility)	매우 높음	낮 음	낮 음
에너지 효율성(Energy efficiency)	낮 음	높 음	매우 높음
환경 친화성(Ecological friendliness)	매우 낮음	높 음	높 음

자료 : UNCTAD, Multimodal Transport Handbook for Officials and Practioners, 1996.

또한 공로운송은 다양한 중량의 화물을 취급할 수 있는 탄력성을 지니고 있다. 즉, 철도운송의 최소운송단위는 차량인 반면 화물자동차운송은 운송량에 맞추어 소형, 중형, 대형트럭 등 다양한 크기의 운송수단을 선택할 수 있어서 단위의 경제를 추구할 수 있다.

더욱이, 철도운송은 전용으로 사용하는 철도건설에 소요되는 비용을 부담해야 하는 불리한 점이 있다. 그러나 도로는 대부분 정부예산에 의해 건설되므로 공로운송에서는 건설비를 유류세 및 공과세 등의 형태로 간접적으로 부담하고 있고, 이 비용도 도로의 사용횟수에 의존하는 가변비용이 차지하는 부분이 크다.

특히, 화물자동차는 철도의 운영단위에 비해 수명주기가 짧기 때문에 경기변동에 유연하게 대응할 수 있는 장점이 있다. 이러한 장점 때문에 공로운송은 퇴조하는 철도운송을 대체하여 육상 운송수단 중에서 가장 큰 비중을 차지하고 있다.

한편, 운송의 합리화에 따라 육상운송에서도 차량의 기술적인 발전과 더불어 운송 시스템 자체의 조직화와 효율화가 진행되고 있다. 트레일러(Trailer) 운송방식, 정보처리의 컴퓨터화, 일관운송망의 형성 등은 그 대표적인 예이다. 특히, 트레일러

운송방식은 트랙터(Tractor)와 트레일러를 자유로이 결합 또는 분리할 수 있는 구조를 지니고 있어서 운송회전율의 향상, 하역의 기계화 및 일관운송체제의 구축을 가능하게 하고 있다.

또한, 일관운송체제가 급속히 진전되고 있는 해상컨테이너운송의 발전에 발맞추어 육상컨테이너운송의 역할도 커지고 있으며 궁극적으로는 육·해·공 일관운송을 하나의 운송업자가 전담하여 효율성을 최대화할 것으로 기대되고 있다. 그러나, 운송업계의 현실 및 법적 측면 등의 문제점 때문에 일관운송은 주로 육상컨테이너운송업자와 해상운송업자의 제휴, 협동 또는 간접적인 통합의 형태로 이루어지고 있다.

현재 일관운송체제하의 운송업자형태는 (i) 해상운송업자에게 종속적인 형태, (ii) 독립적인 형태, (iii) 대규모 운송업자의 하청형태, 그리고 (iv) 외국 운송업자의 대리업무와 연결된 형태 등을 들 수 있다.

2. 화물자동차의 종류

우리나라 화물자동차의 종류는 도로운송차량 기준법, 도로교통법, 차량등록번호, 구조 등에 따라 분류할 수 있으나, 이 중 구조를 기준으로 분류하면 보통(평보데)트럭, 트레일러, 전용특장차 그리고 합리화특장차의 4가지 종류로 구분할 수 있다.

보통트럭은 평보데트럭이라고도 부르며 트럭 중에서 가장 일반적인 자동차이며, 차종은 적재량 1톤 미만의 소형차로부터 12톤의 대형차에 이르기까지 그 종류가 다양하다. 미국에서의 보통트럭은 상자형 보데의 밴형차량을 가리키며 평보데차와 구분하고 있다.

트레일러는 자동차의 동력부분(견인차 또는 트랙터)과 적재부문(피견인차)을 분할한 경우, 자체의 동력을 갖추지 않은 적재부문을 말하며, 일반적으로 세미트레일러, 풀 트레일러, 폴 트레일러의 3가지로 나눌 수 있으며 그 종류와 형태가 다양하기 때문에 운송화물에 따라 적합한 트레일러를 선택하여야 한다.

전용특장차는 자동차의 동력을 사용하여 적하작업 및 기타의 작업을 수행하는 기계장치를 설치한 차량을 말한다. 또한, 자동차에 화물을 적재하거나 하역할 때, 작업을 보다 합리적으로 수행할 수 있는 설비기기를 차량 자체에 설치하는 자동차를 합리화특장차라고 부른다.

표 9.3 화물자동차의 구조에 의한 분류

자동차종류	세부종류	특 징
보통트럭		1톤 미만에서 12톤까지 보통트럭
트레일러	세미 트레일러	트레일러 하중의 일부를 트럭이 부담
	풀 트레일러	트랙터 자체에 보데가 있고 트레일러로 견인
	풀 트레일러	장척물 운반용 트레일러
	기 타	세미 트레일러 2량을 연결한 더블 트레일러
전용특장차	덤프카	평보데나 밴형차가 일반적
	믹서차	생콩믹서차 등
	분립체운송차	벌크차, 음료나 곡물 등을 자연상태로 운반
	액체운송차	탱크롤리차 등
	냉동차	단열보데에 차량냉동장치를 장비
	기 타	컨테이너운송차, 행거차, 가축운반차 등
합리화 특장차	실내 하역기기 장비차	리프트 플로어 차량(화물대 마룻바닥에 로더용 레일을 장비)
		팔레트 로더용 레일장치 비치차 (화물대 마루 위에 레일을 장비)
		팔레트 라이더 장치차(팔레트 라이더를 장비)
		오터컴 부착차(화물대 마룻바닥에 컨베이어를 장비)
	측면전개차	밸런스보데차(보데의 측면 상하분할 및 전개)
		걸윙보데차(화물칸 천정의 중앙지점으로 유압되고 열리는 차)
		토터라이너 (측면에 있는 특수한 셔터를 장착하여 전개하는 차)
		측면 전면 셔터밴(측면에 셔터를 장착하여 전개하는 차)
		아코디언 시트차
	적하·하역 합리화차	리프트 게이트 설치트럭(후부에 리프트 게이트를 장비한 차)
		하이드로 오토(체인 컨베이어를 장치한 차)
		승강 2단마루 보데차 (화물칸 내의 윗층마루가 승강하는 구조차)
		크레인 설치트럭(크레인이 장비되어 있는 트럭)

제 3 절 철도운송

1. 철도운송의 특성 및 운송형태

1) 철도운송의 특성

철도운송은 장거리운송 및 대량화물의 취급에 편리하고 비용이 저렴하고 가장 안전하며 속도면에서도 선박은 물론 트럭에 비해 크게 떨어지지 않는다. 그리고 다른 운송수단과 달리 악천후에도 별 영향 없이 정시성을 유지할 수 있어서 서비스의 신뢰성이 높다.

또한 철도는 자동차, 비행기에 비하여 톤 km당 에너지 소모량이 훨씬 적어 에너지효율성이 높고 공해가 적어서 환경친화적인 운송수단으로 각광을 받고 있다. 그러나 도로운송에 비해 자체 완결력이 부족하여 운송시간, 운송빈도 등에서 탄력성이 떨어진다.

철도운송서비스는 전형적인 비용체감형 서비스이므로 거의 모든 국가에서 철도부문에 대한 투자의 중복을 피하기 위하여 진입을 규제하고 일종의 공익서비스로 간주하여 운임에 대한 규제도 엄격하다. 이런 점 때문에 철도운송서비스는 환경변화에 유연하게 대응하지 못하여 합리적이고 효율적인 운송과 유통 시스템의 발전에 방해가 되는 경우가 발생하기도 한다.

그러나 오늘날은 모든 운송수단이 철도와 연계하여 복합운송을 전진시키고 있는 추세이므로 복합운송의 발전에 중요한 역할을 담당할 것으로 기대된다.

2) 철도운송의 종류

우리나라 철도운송은 화차를 기준으로 한 차취급, 컨테이너를 기준으로 한 컨테이너취급으로 구분되는 대량화물용 운송과 혼재차취급, 화물취급으로 구성되는 소량화물용 운송으로 구분된다.

(1) 차 취 급

차취급이란 화물을 대절한 화차에 싣고 운송하는 것을 말하며 일반적으로 대량, 장거리 운송에 많이 이용된다. 대절 시 통상 1대 단위를 원칙으로 하나

2대 이상의 화차에 걸쳐서 운송할 때에는 사용화차를 1단위로 간주하고 있다. 일반적으로 철도화물운송은 차취급을 많이 이용하며 화차는 유개차, 무개차 또는 특수화물운송에 적합한(형상, 특성, 중량 등) 형태 등 여러 가지가 있다. 현재는 특수화차와 함께 하주가 직접 운영하는 기업화차도 증가하고 있다.

(2) 컨테이너취급

컨테이너취급이란 철도와 자동차를 결합하여 문전에서 문전까지 일관운송함으로써 종래의 철도운송이 지닌 약점을 극복한 운송형태로서 대량운송을 위한 최적의 운송방법이다. 컨테이너를 전용으로 운송하는 무개화차의 종류는 〈표 9-4〉와 같다.

표 9-4 컨테이너전용 무개화차의 종류

오픈 톱 카 (Open top car)	콘도라(condola)와 같이 생긴 화차로서 보기(bogie)가 없으며 ISO 표준규격 컨테이너를 적재하는 데 편리하다.
플랫 카 (Flat car)	장척화물이나 대형화물 운송용으로 상면이 편평하며, 옆기둥도 장치할 수 있는 ISO 표준규격의 대형컨테이너 적재용이다.
컨테이너 카 (Container car)	컨테이너전용형으로 제작된 화차로서 상면 위에 여러 개의 컨테이너를 적재할 수 있으며, 고정장치가 붙어있는 화차이다.
2단적 열차 (Double stack train)	미국의 Rudd사가 1980년에 개발한 2단적재화차로서 제 3 세대형 화차라고도 부른다. 그러나 우리나라에서는 터널 높이의 제한 때문에 이용이 불가능하다.

(3) 혼재차취급

통운업자가 일반하주들로부터 소화물의 운송을 위탁받고, 이를 행선지별로 차취급 또는 컨테이너단위로 재취합하여 철도의 차취급이나 컨테이너취급으로 운송함으로써 그 운임의 차액을 수익으로 하는 운송제도이다. 보통 하주는 통운업자와 계약을 체결하며 통운업자는 철도회사와 운송계약을 맺는다.

(4) 화물취급

화물취급은 소화물을 그 목적물로 하며, 객차편으로 운송하는 방식인 소화물취급과 여객이 출발역에서 운송을 위탁하는 방식인 수화물취급이 있다.

3) 철도복합운송방식

컨테이너취급과 관련하여 트럭운송의 기동성과 철도가 갖는 대량운송의 이점을 결합한 철도복합 운송방식은 다음과 같다.

(1) Piggy-back 운송방식

Piggy-back 운송방식은 화물열차의 대차 위에 트레일러나 트럭에 컨테이너를 적재한 채 운송하는 TOFC(Trailer On Flat Car)와 컨테이너를 트레일러로부터 분리하여 직접 철도대차 위에 적재하는 COFC(Container On Flat Car)의 두 가지 방식이 있다. 초기의 Piggy-back 운송방식은 모두 TOFC 방식이었으나 오늘날에는 오히려 COFC 방식이 주류를 이루고 있다.

TOFC에 있어서는 철도터미널에서 대차 위의 트레일러에 트랙터만 연결하여 경사면을 오르내리는 방법이 사용되고 있다. 그러나 길게 연결된 화차 가운데 특정한 트레일러를 양하하는 것이 매우 불편하므로 미국 등지에서는 트레일러를 적재상태에서 양하할 수 있는 대형 리프트카인 Piggy packer가 사용되고 있다.

TOFC 방식은 컨테이너와 트레일러가 하나로 되어있기 때문에 총중량이 클 뿐만 아니라 철도터미널에서 다단적이 불가능하여 많은 공간이 소요된다. 따라서 오늘날의 철도터미널이나 항만여건을 고려할 경우, 이 방식을 도입하는 데에는 적지않은 어려움이 따른다. 반면 COFC 방식은 터미널에서 다단적이 가능하여 TOFC보다 공간은 적게 소요되는 장점이 있으나 트레일러나 컨테이너를 처리하기

그림 9-2 TOFC와 COFC

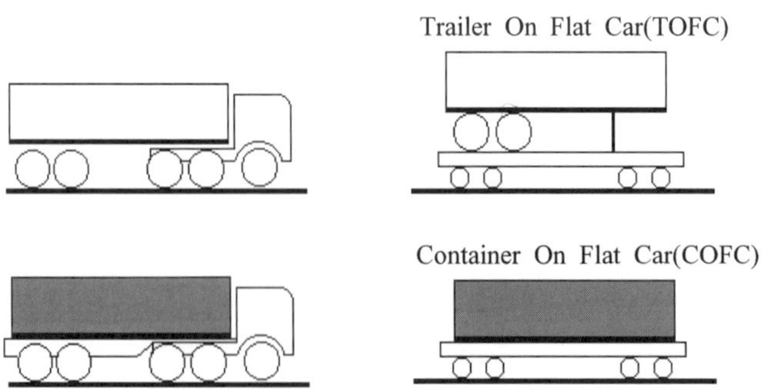

위해 낳은 장비를 갖추어야 하는 단점이 있다.

(2) 2단적 열차(Double stack train)

2단적 열차운송은 철도회사가 트럭과의 중장거리 경쟁에서 우위를 차지하고자 도입한 시스템으로, 한 화차에 컨테이너를 2단으로 적재하여 운송량을 2배로 증가시킨 혁신적인 운송방법이다

그림 9-3 2단적 열차의 종류

종류	적재형태	차체중량
Thrall car	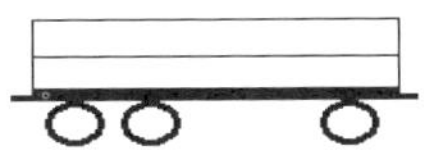	30,200파운드(15톤)
Gunderson	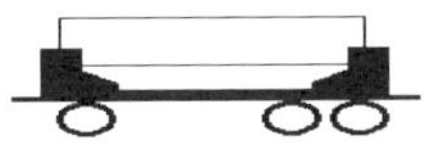	34,500파운드(17톤)

2단적 열차서비스의 개척자는 Southern Pacific Transportation사와 Sea-Land사로서 1982년 LA~Gulf 만간에 처음으로 운송서비스를 시도하였다. 그러나 철도화차의 중량이 너무 무거워서 TOFC에 비해 기대한 만큼의 비용절감이 이루어지지 못해 포기하였다. 그 후 1983년에 해운회사인 APL사가 LA~Chicago 구간에 2단적 열차를 시범운행한 후 1984년에 본격적으로 정기운행을 시작하였고, 이어 1985년에는 Sea-Land사를 위시하여 NYK, K-Line 및 OOCL 등의 해운회사들도 전용 2단열차를 운행하였다.

지금은 여러 철도회사가 선사와 공동 또는 단독으로 2단적 열차를 운행하고 있다. 2단적 열차서비스의 초기에는 선사가 전용계약한 임대열차(Unit train)에 의한 서비스만 이루어졌으나 1985년에 Burlingtion Northern사가 Common user 서비스를 도입하면서 2단적 열차의 경제성과 유연성을 크게 향상시켰다.

2단적 열차는 재래열차보다 대차의 중량을 50~54%나 감소시켜 연료비를 41% 절감할 수 있으며, 재래식열차는 200TEU를 운송하는 데 4대의 기관차가 필요하나, 2단적 열차는 대차의 중량감소로 인해 400TEU를 운송하는 데 5대의 기관차로 충분하다.

세계적인 경영자문회사인 Temple Barker & Sloane에 의하면 2단적 시스템은 종래의 TOFC 방식에 비하여 20~25%의 비용절약이 가능한 것으로 조사되었으며, 화물손상 및 도난을 줄이는 등의 안전운송으로 인해 마케팅상으로도 상당한 장점을 발휘하고 있는 것으로 평가되고 있다.

그림 9-4 2단적 열차의 구성형태

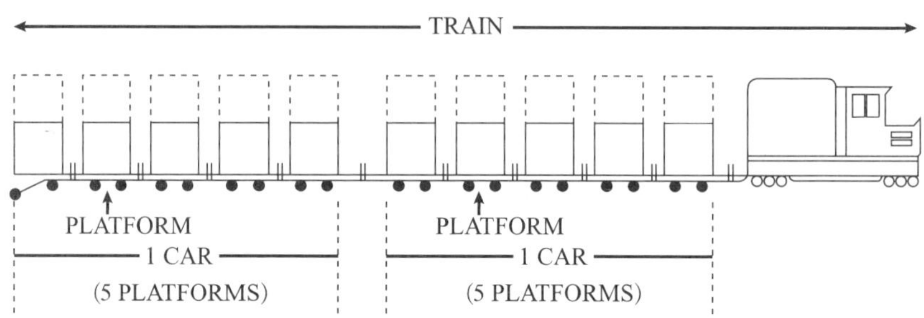

(3) 철도/도로 겸용 운송 시스템(Bimodal system : Roadrailer)

Roadrailer사가 새로이 개발한 이 운송방식은 철도차륜 및 도로주행용 타이어를 겸비한 차량을 이용하여 철도에서는 화차로, 도로에서는 트레일러로 사용하는 철도/도로 겸용 시스템이다.

Roadrailer는 터미널 비용 및 트레일러 견인료(Drayage)가 거의 발생하지 않는 장점을 가지고 있다. 그러나 이 시스템에서 사용되는 트레일러는 일반트레일러에 비해 차체의 중량이 커서 적재량이 줄고 연료효율이 떨어지는 단점을 가지고 있다. 미국의 Conrail사가 Roadrailer로 Buffalo시와 New York시 사이를 운행한 결과에 의하면 운행비용이 단거리구간에서는 15% 절감되었고 2,000마일 구간에서는 19~21%나 절감된 것으로 나타났다.

또한, Roadrailer사의 연구결과에 의하면 Point-to-point의 장거리 간선수송에서는 2단적 열차서비스가 가장 경제적이나, 수송거리가 짧고, 철도터미널로부터 2차적 수송이 필요한 네트워크운송의 경우에는 Roadrailer가 비용면에서 가장 효율적인 운송수단으로 나타나고 있다. 그리고 Roadrailer 시스템은 General Motors와 같은 대규모 제조업체들이 부품의 즉시조달체제와 연계하여 이용하는 등 보급이 확산되고 있으며 호주, 뉴질랜드, 영국, 독일, 프랑스, 스페인, 덴마크, 그리스 등에서도 도입되어 운영중에 있다.

4) 항만연계철송

오늘날 항만의 배후지가 국가 또는 대륙단위로 확대되고 운송 시스템이 국제화됨에 따라 항만과 철도운송의 연계성은 항만의 경쟁력을 결정하는 중요한 요소로 인식되고 있다. 따라서, 전 세계 주요 항만은 철도회사와 협력하여 수준 높은 철송서비스를 제공함으로써 항만간의 경쟁에서 우위를 차지하기 위해 노력하고 있다.

실제로 Tacoma항에서는 해상운송과 육상운송간의 원활한 연계를 위하여 항만 내에 2개의 철도기지를 건설하고 운영함으로써 1985년에 Sea-Land사, 1988년에 K-Line사를 유치하는 데 성공하였다.

이 항만에서는 모든 컨테이너터미널과의 직접 철송이 가능하며, On-dock터미널에서 각기 10개의 40피트 컨테이너를 싣는 20~28개의 차량을 연결한 3편의 2단적 열차를 운행함으로써 터미널생산성을 40% 향상시킬 수 있었다.

또한, 선박과 철도간의 트럭운반(Drayage)의 제거, 이동거리의 단축, 그리고 야드장비의 복합적인 사용 등에 의해 Tokyo에서 Chicago간의 컨테이너운송에서 발생하는 전체 이윤의 30% 정도에 해당하는 비용을 절감할 수 있는 것으로 보고되고 있다.

선박과 철도간의 컨테이너연계운송에는 4가지 방법이 있다. 이들 중, On-dock터미널에서 철도화물을 처리하는 방법이 연계운송 측면에서 효율적이다. 즉, On-dock터미널에서 컨테이너를 조작하고 선적·양하 및 운송할 경우 시간과 비용면에서 유리할 뿐만 아니라 출입과정에서 발생하는 각종 서류처리 및 점검업무를 간소화할 수 있고 컨테이너를 터미널 밖으로 이동시키는 데 있어서 도로운송을 배제할 수 있기 때문이다.

일반적으로 On-dock터미널의 건설은 각 항만의 지형조건 및 터미널배치(layout), 그리고 재정기반 등에 따라 다르다. 그러나 최근 미국의 많은 항만들은 철도화물의 처리문제, 타항만과의 경쟁문제, 경제적인 측면 등을 종합적으로 고려하여 On-dock터미널에 철도시설을 확충하고 있다.

LA항은 이미 1985년에 Operations Facility and Infrastructure study(OFI)를 수행하여 장래 LA항의 경쟁력을 제고시킬 수 있도록 2단적 On-dock 복합운송터미널을 계획하였다. 220에이커 규모의 이 시설은 하루 6개 열차에 의해 1,540개의 컨테이너가 운송 가능하므로 연간 55만개 이상의 컨테이너를 처리할 수 있다.

그림 9-5 선박과 철도간의 컨테이너연계운송방법

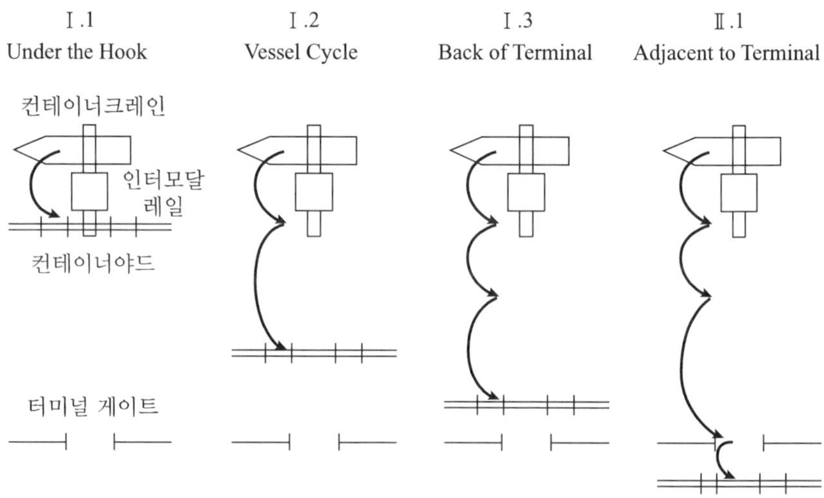

표 9-5 철도와 선박간의 컨테이너연계운송방법

방법	복합운송 야드위치	철도에의 상하차	복합운송야드까지의 트럭운송	게이트 통과
Ⅰ.	On-terminal	–	–	–
Ⅰ.1	Under the hook	불필요	불필요	불필요
Ⅰ.2	Vessel Cycle	필요	불필요	불필요
Ⅰ.3	Back of terminal	필요	거의 불필요	불필요
Ⅱ.	Off-terminal	–	–	–
Ⅱ.1	Adjacent to terminal	필요 –	부분적으로 불필요	부분적으로 불필요
Ⅱ.2	Near terminal	필요	필요	필요
Ⅱ.3	Remote	필요	필요	필요

주 : 1) Under the hook : 컨테이너크레인을 이용하여 컨테이너를 선박과 철도간에 직접연계 하는 방법.
2) Vessel Cycle : 처음부터 철도 상하차 지점으로 이동하여 추가적인 이동이 불필요.
3) Back of Terminal : 복합운송야드가 적재지역으로부터 분리되어 터미널 내에서 추가적인 이동이 요구됨.
4) Adjacent to Terminal : 터미널 밖이나 야드장비의 이동범위 내.
5) Near Terminal : 반경 5마일 내로 drayage를 위한 도로장비 소요.

자료 : A. Ashar, "On-off terminal vessel-to-rail intermodal transfer and the case of Long Beach Port," Maritime Policy and Management, 1990.

또한 New York/New Jerscy(NY/NT)항도 1991년 12월에 새로운 On-dock 철도터미널을 건설하였다. NY/NJ항은 1990년 철도화물을 유인하기 위해 NY/NJ항의 주운송업자인 Conrail사와 광범위한 조사를 수행한 결과 복합운송을 위한 철도터미널이 필수적임을 파악하고, Elizabeth터미널 부근에 시험적으로 On-dock시설을 운영하기 시작했다.

이 시험시설은 여러 가지 제약에도 불구하고 신뢰성 및 복합운송에 따르는 이송비용 등의 면에서 상당한 성과를 거두었으며, 그 결과 1988년에 약 2만개이던 철도복합운송 처리량이 1993년에는 8만개 이상으로 증가하였다.

그리고, 처리물량의 급속한 증가에 고무된 NY/NJ항은 이 임시시설을 대체할 완전히 새로운 영구적인 시설을 건설하기로 결정하였다. 신규 철도터미널의 초기 규모는 12만 5천개를 처리하는 것으로 되어 있으나 수요의 증가에 따라 5만개 단위로 규모를 확장시킬 수 있도록 계획되었다.

제 4 절 해상운송

1. 해상운송의 특성

해상운송(Marine transportation)이란 화물선을 운송수단으로 하여 원양항로와 연안항로를 따라 운항하는 운송 시스템이며 그 특성상 항만물류와의 관련성이 가장 높다. 원래 해운은 하천, 호수, 운하 등의 내륙수로운송에서 시작하여 해양에 진출하게 되었으며, 국내운송이 공로운송이라면 국제운송에서는 해상운송이 주도하고 그 외 운송수단이 보조하는 복합운송이 중심이 되고 있다.

해상운송의 급속한 발전은 1차 대전 후 디젤의 발명, 조선기술과 운항기술의 발전 등에 따라 부정기선 분야에서는 탱커와 살화물선(Bulk carrier)으로 특화되었으며, 중화학공업의 발전에 따라 화물을 자가선박이나 용선으로 운송하는 인더스트리얼 캐리어(Industrial carrier)가 등장하게 되었다. 그리고 정기선 해운분야는 1960년대 후반 컨테이너선의 등장으로 기존의 해상운송이 지닌 문제점을 해결함으로써 국제복합운송 시대의 주역으로 등장하고 있다.

아래에서는 국제복합운송에 있어서 정기선해운의 특성을 중심으로 살펴보기로 한다.

먼저, 정기선해운에 가장 큰 영향을 미친 요인으로는 정기선 화물의 컨테이너화를 들 수 있다. 컨테이너화 이전의 재래 정기선서비스는 출항빈도와 스케줄의 정확성, 기항지수, 운송일수, 화물의 손상정도, 특수운송설비 등의 요소에 의해 차별화되어 있었고, 각 선사의 서비스에도 특색이 있었다. 그러나 컨테이너화로 모든 화물이 동일한 방법으로 운송됨에 따라 정기선의 특징(Individual identity)은 그 의미를 상실하였다.

이로 인해 여러 항로에서 맹외선사를 비롯하여 철도나 항공 등의 여타 운송수단은 물론 선박을 직접 운용하지 않는 복합운송업자 등이 경쟁자로 등장함으로써 정기선운영에 있어서는 비용경쟁력이 과거보다 더욱 중요하게 되었다.

또한 정기선해운은 컨테이너화의 궁극적 목표인 국제복합운송분야로 서비스의 영역을 확대하여 서비스의 차별화를 도모하는 방향으로 발전하고 있다. 국제해상운송에 컨테이너화가 도입된 이래 1970년대까지만 하더라도 선사간의 경쟁은 대부분 특정항만간(Port to port)의 해상운송서비스에 한정되어 있었다.

그러나 국제복합운송서비스에 대한 수요가 증대하면서 선사간의 서비스경쟁 영역은 내륙운송분야로까지 확대되고 있으며, 복합운송의 진전으로 종래 해상 컨테이너운송으로 인해 사라졌던 서비스경쟁이 재등장함으로써 제품차별화의 가능성이 커지게 되었다. 즉, 복합운송이 본격화됨에 따라 선사간 주요 경쟁영역이 육상부문까지 확대되었고, 그 결과 해상운송과 내륙운송과의 효율적인 연계성과 해·육 일관운송서비스의 제공능력 여부가 선사의 경쟁력을 좌우하는 중요한 요인으로 작용하게 되었다.

이러한 경향 때문에 1980년대 중반부터 선사들은 서비스를 특화시키고 있으며 일례로 북미항로에 취항하고 있는 선사들의 정기선서비스형태도 다음의 세 가지 그룹으로 특화되어 있다. 첫 번째 그룹은 미국의 내륙운송에 중점을 두고 내륙복합운송서비스를 적극적으로 실시하는 선사들로서 미국의 APL사와 Sea-Land사 등이 이에 속한다. 두 번째 그룹에는 해상운송분야에 보다 역점을 두면서 미국의 내륙복합운송을 제한적으로 실시하고 있는 일본 및 아시아 신흥해운국의 선사와 유럽의 일부 선사들이 이에 속한다. 세 번째 그룹으로는 미국의 내륙복합운송에 관심을 두기보다는 여전히 해상운송분야에만 전념하고 있는 대부분의 유럽선사와 대만의 Yang ming사, 중국의 COSCO사 등을 들 수 있다.

결과적으로 복합운송이 진전되면서 정기선시장에 미친 중요한 영향은, 차별화가 거의 없는 해상부문에서의 운임경쟁보다는 해·육을 포함한 광범위한 영역에서의 서비스 차별화 전략을 추진하는 새로운 경쟁이 시작된 점이라고 할 수 있다.

그리고, 생산 및 유통의 세계화로 종합적인 물류서비스에 대한 요청이 커짐에 따라 정기선사들은 하주에 대한 서비스 및 가격경쟁력을 높이기 위해 대규모의 협력체제를 구축하고 있다. 현재 세계적으로 전개되고 있는 정기선사간의 전략적 제휴는 이제까지의 선사간 협정이나 컨소시엄과는 달리 시장 지배력을 유지하기 위한 방법으로 확산되고 있는 추세이다.

전략적 제휴의 주된 내용은 선박의 공동사용이지만 이 외에도 컨테이너터미널, 컨테이너 및 샤시 등 장비의 공동사용, 내륙운송체제의 공동이용 등도 포함된다. 그리고, 일부그룹은 선박의 유지 및 관리분야뿐만 아니라 선박의 신조발주를 위한 합작기업설립 등 점차 제휴의 강도를 높여나가고 있다.

지금까지 이들의 제휴는 아직까지는 운송부문에 한정되어 있고 대리점망의 구축이나 마케팅에 있어서는 독자적인 영업권도 보유하고 있다. 그러나, 전략적 제휴의 강도가 높아지면 대리점망 등 영업활동의 공유를 포함한 합병의 형태로 발전될 가능성도 매우 높다.

또한, 최근에는 정기선사간에 합병 및 인수(M & A : Merge and Acquisition)가 활발히 추진되고 있다. 즉 단순한 제휴만으로는 자원의 효율적인 이용이 어렵고 내부적으로 여전히 존재하는 선사간의 경쟁을 해소하기 어렵기 때문에 대상선사의 자원과 서비스망을 결합하여 효율적이고 광범위한 서비스를 제공하기 위하여 잇따른 합병과 인수가 이루어지고 있다. P & O사와 Nedlloyd사가 합병함으로써 세계 제 1 위의 대형선사로 부상하였고 한진해운도 독일선사인 DSR-Senator사를 인수하였으며, NOL도 APL사를 인수하였다. Maersk사와 Sea-Land사도 합병할 계획으로 있다.

따라서, 향후 세계 정기선 해운업계는 소수의 범세계적인 거대선사그룹 또는 합병 흡수 등에 의한 거대단일선사 중심으로 구조가 개편되어 시장을 선도하는 핵심선사군과 주변선사군으로 이원화되어 운영될 것으로 전망된다.

선사들간의 이러한 제휴 및 합병, 인수는 당연히 항만운영에도 많은 영향을 미치게 될 것이다. 즉, 제휴 및 합병, 인수에 따라 특정항만의 터미널을 공동운영하거나 폐쇄하는 등의 현상이 생길 수 있으며, 이 경우 항만간에는 공동운영터미널을 확보하기 위한 경쟁이 심화될 가능성이 크다.

2. 선박의 종류 및 해상운송방식

1) 선박의 종류

선박은 화물선과 여객선으로 구분되며, 화물선에는 일반화물선, 전용선, 겸용선, 특수선으로 세분되는 건화물선과 유조선 및 특수액체 운반선을 포함하는 탱커선으로 분류된다. 또한 선박은 적재방법에 따라 다음과 같이 분류한다.

(1) 로로(Lo/Lo)방식

갠트리크레인 등을 이용하여 선박에 화물을 수직으로 적재 또는 양륙(Lift-on Lift-off)하는 방식이다. 이 방식을 도입하는 선박은 창구가 넓기 때문에 선창의 양현에 상자형탱크를 설치함과 동시에 크로스덱 벡빔(Cross deck beck beam, sponson beam)을 설치하고 있다.

(2) 로로(Ro/Ro)방식

자동차나 철도화차를 운송하는 페리보트(Ferry boat) 등에서 사용해 오던 방식(Roll-on Roll-off)이며 최근에는 컨테이너에 샤시를 부착한 채로 육상 전용의 트레일러를 선미와 현측의 현문에 설치된 경사판(Ramp)을 거쳐 트랙터를 수평으로 끌어들이거나 끌어내릴 수 있도록 설계된 선박도 있다. 또한 선창에 컨테이너 이외의 팔레트화물을 포크리프트로 하역할 수 있게 설계된 선박도 있다. Ro/Ro방식은 Lo/Lo방식에 비하여 공적(Broken space)이 3~5배나 필요하기 때문에 적재량면에서는 불리하나, 근거리운송 시 하역시간의 단축으로 하역비를 절감할 수 있으므로 피더(Feeder)서비스에 많이 이용되고 있다.

(3) LASH방식

LASH(Lighter Aboard SHip)방식은 압항식(Pusher barge)으로 부선을 이동시켜, 여러 척의 대형부선을 전후로 주행하는 250~500톤의 갠트리크레인으로 선미에서 들어올려 선상에 적재한다. 이 선박은 싱글 덱(Single-deck), (전부)거주구역, 선미 또는 세미 애프트(Semi-aft) 기관 등으로 구성되어 있고, 각 선창은 1~3의 바지셀(Barge cell)로 구성되어 있다.

그림 9-6 선박의 종류

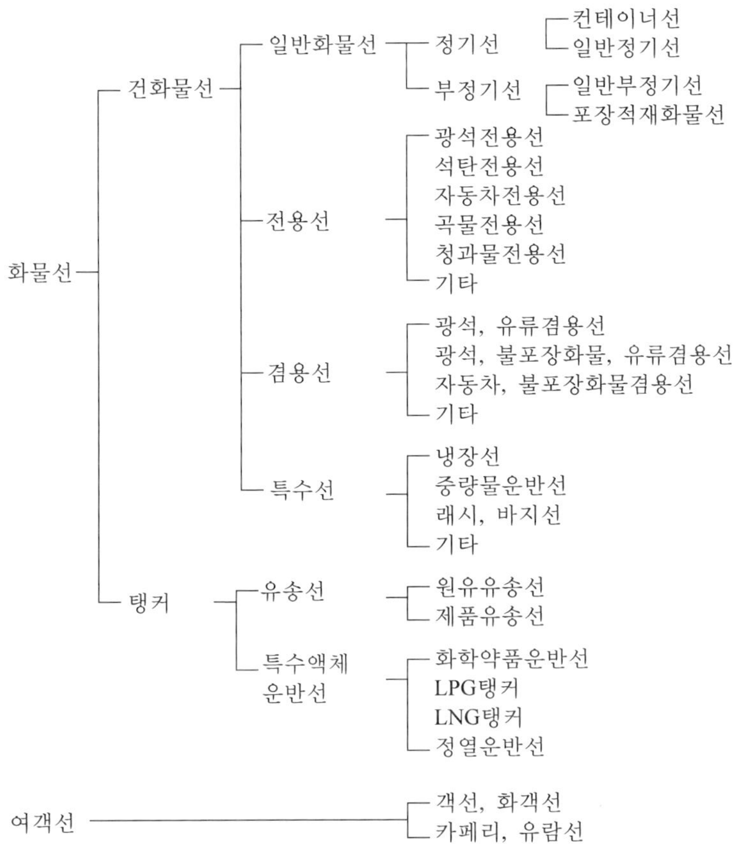

2) 해상운송방식

선박의 운항은 크게 정기선과 부정기선으로 대별할 수 있고, 선박운송은 화물선으로 화물을 운송하는 화물운송과 항만에서 화물을 운송 및 하역하는 항만운송 등 2가지 종류가 있다.

(1) 정기선의 운항

정기선은 항로, 기항지, 발착일시, 취항척수, 취항수가 거의 일정하고 정해진 항로를 정기적으로 운항하며 주로 완제품 및 중간재 등 가공화물의 운송에 이용된다. 따라서 정기선은 ㉠ 항해일정의 공시, ㉡ 화물량에 관계없이 정기적인 취항, ㉢ 소화물 및 단위당 컨테이너화물의 취급, ㉣ 공정운임표(Tariff)의 공시 등이 특징이다.

(2) 부정기선의 운항

부정기선은 운항일수나 항로가 일정하지 않고 필요에 따라 운항하며 주로 광석, 곡류, 목재 등 살화물의 대량운송에 이용되고 있다. 화물이나 항로에 관계없이 채산성에 따라 배선하는 특징을 가진 부정기선의 운송은, 탱커와 전용선이 출현하면서 화물을 자가선박으로 운송하는 Industrial carrier와 채산성에 따라 배선되는 Common carrier로 양분된다.

한편, 해상운송법에서는 선박운송사업을 선박운항사업, 선박대여업, 해상운송취급업, 해운중계업 및 해운대리점업으로 구분하여 그 사업내용을 다음과 같이 규정하고 있다.

㉠ 선박운항사업 : 선박의 운항을 주된 업무로 하며 선박으로 인적 및 물적운송을 담당하는 운항업자(Operator)의 업무를 수행한다. 이 경우 선주와 별개로 운영되는 경우도 있으며 정기노선사업과 부정기노선사업의 2종류가 있다.

㉡ 선박대여업 : 선박의 화물인수도나 운항의 위탁을 주된 사업으로 하며 일반적으로 선주(Owner)라고 불리고 있다. 통상적으로 중·소 선주의 대부분이 선박대여업을 하고 있다.

㉢ 해상운송취급업 : 해상운송의 취급을 주된 업무로 하며 하주에 대해 자사의 이름으로 해상운송을 인수하고 운송 자체는 운항업자에게 넘겨주는 사업이다.

㉣ 해운중계업 : 해상운송, 선박임대 또는 매매, 운항의 위탁 등을 하주와 운항업자 사이에서 중계하는 사업을 말한다.

㉤ 해운대리점업 : 거래를 대리하는 업무를 하며 선박회사와의 대리점 계약에 따라 그 사무수속을 대행하는 사업이다.

3) 연안해송의 방식

연안화물은 내항화물선 또는 장거리 카페리 등에 의해 수송되는 방식을 취하고 있다. 그러나 최근에는 연안해송의 경쟁력을 높이기 위한 초고속 수송선(TSL :

Techno Super Liner) 등이 등장하여 연안해송의 형태에 커다란 변화가 일어날 것으로 예고되고 있다.

아래에서는 장거리 카페리에 의한 운송방식과 현재 시험운행중인 TSL에 대하여 살펴보기로 한다.

(1) 장거리 카페리 운송방식

최근, 장거리 카페리(Car ferry)가 동일항로에서 내항컨테이너선의 중요한 경쟁상대로 등장하고 있다. 이 두 운송수단은 모두 협동일관운송, 즉 해륙복합운송에 의해 운송의 합리화를 도모한다는 점에서 공통성이 있으나, 내항컨테이너선은 규격화된 컨테이너를 조직화된 운송체계에서 운송하지만 카페리는 불특정 다수 및 다양한 종류의 여객이나 화물(자동차 및 공산품)을 운송한다는 점에서 차이가 있다. 카페리는 내항컨테이너선에 비해 구성이 용이하며 특별한 터미널을 필요로 하지 않기 때문에 최근에는 장거리운송에 많이 이용될 것으로 기대되고 있다. 카페리의 화물운송 방법을 살펴보면 다음과 같다

㉠ 트럭으로 발송지에서 도착지까지 직송하는 방식이며, 해상운송로에서는 장거리 카페리로 환적 없이 트럭 자체를 운송(운전기사 탑승)하는 가장 간편하고, 트럭의 주행에 비해 운행비와 상각비를 절약할 수 있는 운송방식이다.

㉡ ㉠과 동일한 방법이나 카페리 운송 시 무인으로 운송하여 인건비를 절약할 수 있는 운송방식이다.

㉢ 트럭대신 세미 트레일러로 카페리까지 운송하고 트레일러만 카페리로 무인운송하는 방법으로 트럭에 대한 고정비나 카페리 운송비를 절감할 수 있다.

㉣ 카페리 발착기지에 화물터미널을 설치하고 발송지에서 화물을 화물터미널까지 세미 트레일러로 운송한 후, 트레일러만 카페리로 무인운송하고 도착지 터미널에서는 일반트럭으로 목적지까지 화물을 중계하여 배송하는 방법이다. 이 방법은 발착 양단기지에서 화물을 중계, 분류, 배송할 수 있으므로 장거리 노선트럭과 같은 기능을 갖는다.

그림 9-7 장거리 페리 이용에 의한 운송방식

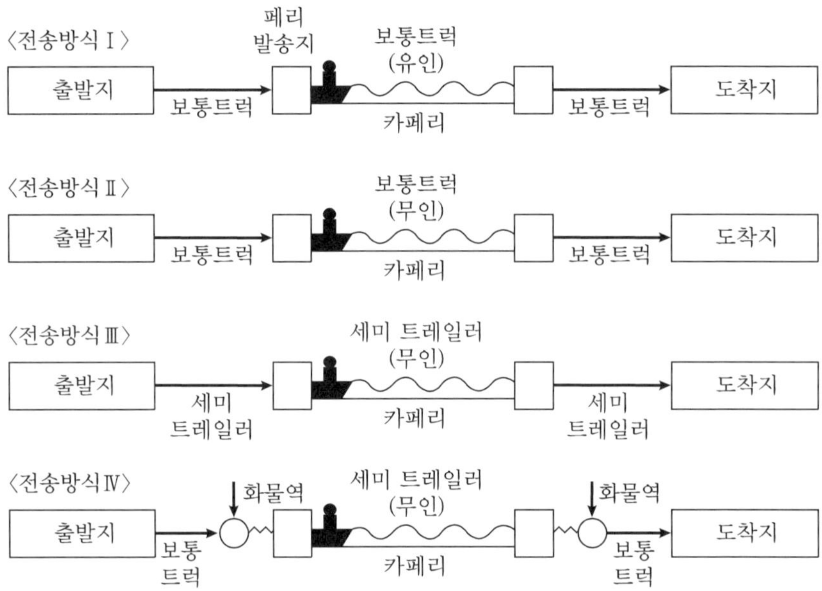

(2) TSL(Techno Super Liner)

TSL은 일본에서 개발된 고속선으로 이 선박은 적재화물중량 1천톤, 속력 50kt로 500마일을 파랑계급 6정도의 황파에서도 연속적으로 항해할 수 있는 능력을 지니고 있다. 비용면에서는 국내적으로는 트럭, 국제적으로는 항공기의 1/10수준이며, 예상되는 운송효율은 〈그림 9-8〉에 보이는 위치에 있는 것으로 알려지고 있다.

TSL의 선형으로는 공기압력식 복합직선형(TSL-A)과 양력식 복합지지선형(TSL-B)이 있으며, 선수에서 선미에 이르는 공간에 공기를 불어넣거나(A형), 수중익의 양력으로(B형) 선체를 부양시켜 수면하에 침수되는 부분을 적게함으로써 비교적 작은 마력으로 고속으로 항해할 수 있도록 설계되어 있다.

또한, TSL의 고속성을 충분히 활용하기 위하여 시간당 150개의 컨테이너를 적하 또는 양하할 수 있는 하역 시스템이 제안되어 시뮬레이션이 완료되었으며, 운송권역은 초기에는 250~300km, 장래에는 동북아시아를 겨냥한 500마일 정도가 될 것으로 예상되고 있다.

그림 9-8 TSL의 속력과 운송효율의 상관도

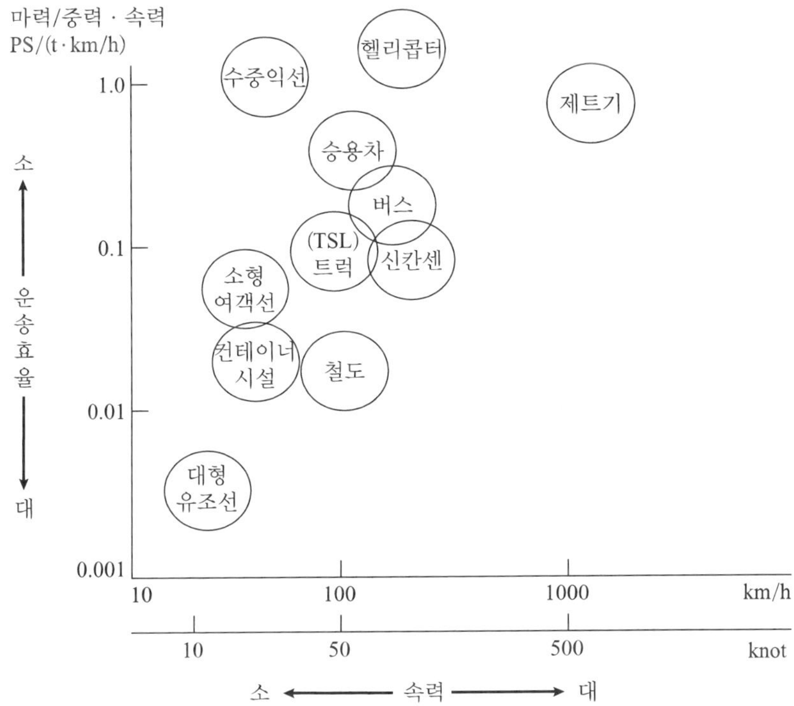

자료 : 松橋幸一, 各種運送機關の競爭力評價基準の硏究, 海事産業硏究所報 No. 354, 1995.

제 5 절 항공운송

1. 항공운송의 특성 및 운송형태

1) 항공운송의 특성

항공운송의 가장 큰 장점은 고속성이며, 이로 인해 운항시간을 단축시킬 수 있을 뿐 아니라 내륙지역으로의 운송에 있어서는 접근성도 탁월한 편이다. 또한, 항공운송은 계절적인 시장, 긴급수요, 소량화물 등에 신속히 대응할 수 있는 탄력성을 지니고 있으며 화물의 집하, 인도, 화물추적, 특수화물 취급, 그리고 통관절차를 포함한 수속절차의 처리 등에서도 탁월한 서비스를 제공할 수 있다.

전통적으로 고가화물이 항공운송을 선호하는 이유는 세심한 화물취급 및 안전한 운송 등으로 화물의 멸실, 훼손의 위험성이 다른 어떤 운송수단보다 낮아 서비스의 신뢰성이 가장 높기 때문이다. 그 결과 항공화물의 하주들은 통상 해상운송에서 사용되는 전 위험담보(All risks)보다 매우 싼 전손(Total loss)보험에 가입하므로 항공화물 보험요율은 해상화물의 보험요율에 비해 매우 낮다.

한편, 항공운송은 높은 자본비와 연료비 때문에 다른 운송수단에 비해 운임이 매우 높으며, 특히 국제간의 화물운송에 있어서는 해상운송 운임보다 월등히 비싸다.

그러나, 운송시간이 짧기 때문에 화물의 이동중 잠겨 있는 자본비용을 절감할 수 있고 상품 판매대금의 회수기간도 단축시킬 수 있다. 그 외에도 항공운송의 신속성과 안전성으로 인해 간단한 포장만으로도 안전한 운송이 가능하므로 노동, 자재, 화물총중량 등을 줄일 수 있어 총운송비를 절감할 수 있다. 따라서 고가화물의 경우, 고속성을 고려할 때에는 국제운송의 총비용 관점에서 항공운송이 오히려 경제적일 수도 있으므로 운송수단의 선택에 있어서는 면밀한 분석이 필요하다.

(1) 항공운송의 종류

오늘날 항공화물의 운송은 벌크 로딩(Bulk loading)에서 컨테이너에 의한 유닛로드 시스템으로 이행되고 있으며, 화물전용기의 적재 및 하역의 기계화를 통한 합리화도 추진되고 있다. 일반적으로 항공기는 여객기, 화물혼재기, 화물전용기의 3종류로 구분된다. 그중에서 화물혼재기란 하부의 화물실 이외에 상부의 객실 일부를 화물실로서 이용하는 항공기를 말하며 B747, DC-10-30, A300-B 등이 있다.

그리고 화물전용기는 상하부 및 전후방에 화물실이 있어 통상 상부에는 유닛로드화된 화물을 적재하고, 하부에는 벌크화물을 실을 수 있도록 설계되어 있으며, 중형기로서 DC-8F와 B707F가 있고 대형기에는 B747F가 있다.

(2) 항공운송의 형태

항공운송의 형태에는 소량취급과 혼재취급의 2가지 종류가 있다. 소량취급은 항공회사 또는 대리점이 화물을 직접 취급하며, 운송범위는 일반적으로 공항에서 공항까지이며 그 구간에서의 사고의 책임은 항공회사가 부담한다. 그리고 혼재취급은 이용항공 운송사업자가 집하 및 화물의 배분을 담당하고 사고에 대해서는 운송계약에 따라 혼재사업자가 책임을 진다.

화물의 운송경로는 직접화물과 혼재화물로 구분되며 직접화물은 항공대리점이 중심이 되어 항공회사를 경유, 도착지의 통관업자, 수하인에게로 화물이 인도되고 있으며, 혼재화물은 발송지에서는 송하인과 항공대리점 사이에 혼재취급 대리점 또는 혼재업자가 개입하고, 도착지에서는 항공회사와 통관업자 사이에 구분대리점이 개입하고 있다.

항공화물운송의 사업형태는 항공운송사업, 이용항공운송사업, 항공화물운송대리점업, 항공운송취급업 등의 4종류(항공법)가 있다.

제 6 절 컨테이너운송

1. 컨테이너운송의 개념

1) 컨테이너운송의 의의

컨테이너운송이란 컨테이너에 미리 화물을 적입하여 운송하는 유닛로드 시스템의 일종으로 송하인으로부터 최종 수하인에 이르기까지 컨테이너로 화물을 운송하기 위해 물류의 전 구성요소를 결합하는 것을 말한다.

따라서, 컨테이너운송은 송하인의 문전에서 수하인의 문전까지 컨테이너에 적입된 내용물을 운송수단이 바뀌더라도 재적입이나 적출 없이 그대로 운송이 가능하므로 이에 따른 경제적 이익을 얻을 수 있다.

그러나, 컨테이너운송을 실시하기 위해서는 ㉠ 많은 자본이 소요되고, ㉡ 컨테이너선의 운항관리와 경영이 재래선에 비해 복잡하고 고도의 전문지식과 기술이 필요하며, ㉢ 컨테이너에 적입할 수 있는 화물에 제한이 있고, ㉣ 컨테이너 처리 시스템을 갖춘 항구에서만 작업할 수 있다는 한계점도 동시에 지니고 있다.

2) 컨테이너운송의 발전

현대산업은 기술혁신에 의해 생산활동을 합리화 또는 근대화하여 생산성을 향상시키고 나아가 대량생산체제를 확립하였다. 그리고 이를 바탕으로 시장기능이 확대됨으로써 국가간의 활발한 교역이 이루어져 해상 물동량이 급증하였고, 이에 따라 외항 선복량의 수요가 크게 늘어나 항만시설의 부족과 기능의 저하를 초래하

표 9-6 컨테이너운송에 따른 하주 및 운송업자의 이익

경제성(총비용의 절감)	㉠ 운송비의 절감 ㉡ 포장비의 절감 ㉢ 하역 및 보관비의 절감 ㉣ 재고관리비 절감 ㉤ 장비의 효율적 이용 ㉥ 자금의 원활한 회전 ㉦ 보험료, 인건비 등의 감소
신속성(고객서비스의 향상)	㉠ 운송기간의 단축 ㉡ 하역시간의 단축 ㉢ 선적서류의 간소화
안전성	㉠ 하역작업 시 안전성 제고 ㉡ 운전과정상 화물의 안전성 확보 ㉢ 기후상의 안전 ㉣ 기타(도난, 변질 등) 안전

게 되었다.

특히 하역의 대부분이 인력에 의해 수행되는 재래선의 경우, 체화에 따른 하역부진으로 운항능력이 급속히 떨어져 정기선 운항업자들의 경영상태를 압박하게 되었고, 이를 극복하기 위한 운송방식의 개선이 적극적으로 검토되기 시작하였다. 그 결과 신속한 하역을 위해서는 하역의 기계화 및 단위화를 통해 극복할 수 있다는 결론에 도달하여 컨테이너 시스템이 도입되게 되었다. 특히, 해상운송에 있어서 컨테이너화에 의해 개선된 점은 다음과 같다.

(1) 운송의 신속성

종래 가장 경제적인 화물운송으로 간주되던 1항해 13,000톤급의 재래정기선의 경우 하역에만 5일 이상의 시간을 필요로 했으나 오늘날의 컨테이너선에서는 6시간에 하역을 완료할 수 있다. 컨테이너선의 이와 같은 하역능률의 향상은 선박의 재항시간을 1/20 이상 단축시켜 화물의 흐름을 20배 이상 빠르게 할 수 있다. 더욱이 내장화물이 컨테이너용기에 의하여 보호되고 기계하역이 가능하며 화물을 싣고 내리는 일에도 눈, 비, 바람 등의 영향을 거의 받지 않는다. 이에 따라 과거에는 재항시간이 선박운항시간의 절반을 차지했으나 오늘날에는 10~20%로 감소하게 되었다.

(2) 물류비의 절감

항만업무의 표준화, 기계화, 현대화 및 인력의존도의 감소 등에 따라 총 비용

중 하역비의 비중이 과거 일반잡화신의 경우에는 55%에 달했으나 1980년대 초에는 15%까지 하락하게 되었다. 또한, 컨테이너화에 의해 운송화물의 손상, 도난, 분실 등이 감소하여 보험료 및 포장비용이 절감되고 화물의 혼재가 가능하여 문전에서 문전까지(Door-to-door)의 일관서비스를 실현할 수 있으므로 재래의 운송방법에 비해 물류비용을 절감할 수 있다.

근대적 의미의 컨네이너운송은 1920년 최초로 미국의 철도운송에서 도입되어 트레일러와 무개화차(Flat car)에 의해 피기 백(Piggy-back)운송으로 시작되었다. 그 후 1929년 영국에서 민간용 컨테이너화물을 유럽대륙에 운송하기 시작하였고, 제 2 차 세계대전중에는 미군의 군수품운송에, 그리고 대전 후에는 유럽대륙의 철도운송에 컨테이너가 본격적으로 이용되기 시작하였다.

컨테이너운송의 혁명은 미국의 Malcom Mclean이 1956년 4월 26일 T-2탱커를 개조하여 58개의 Trailer van을 New Jersey의 Newark에서 Texas의 Houston으로 운송하면서 시작되었다. Ideal X라고 명명된 이 항해에 성공한 후 미국의 Sea-Land Service, Inc.의 전신인 팬 아틀란틱 선박회사(Pan Atlantic Steam Ship Co.)는 1957년 6척의 재래선을 8′×8′×35′규격의 컨테이너 25톤을 적재할 수 있도록 개조하여 하역비가 종전의 $5.83에서 $0.15로 대폭 절감되는 효과를 가져왔다.

시험적인 컨테이너운송에 크게 고무된 팬 아틀란틱 선박회사는 1960년 회사이름을 시랜드사로 개명하고 1961년 뉴욕과 로스앤젤레스, 샌프란시스코간의 정기컨테이너운송을 개시하여 본격적인 연안 정기선시대를 열었다. 1966년 4월에는 미국 동안에서 구주까지 35피트짜리 컨테이너 226개를 실은 풀컨테이너선인 퍼얼랜드호를 투입하여 세계 최초로 연안 컨테이너서비스를 시작함으로써 전 세계 해상운송에 컨테이너화를 도입하는 데 선구적인 역할을 담당하였다.

한편, 태평양항로에서는 미국의 Matson Navigation Co.가 시랜드사 뒤를 이어 1958년 하와이~태평양 연안간의 운송을 계기로 해상운송의 컨테이너화를 꾸준히 시도한 결과 1967년 일본~북미간의 컨테이너서비스를 시작하였다. 시랜드사도 1968년에 태평양항로에 진출하여 컨테이너서비스의 영역을 극동항로까지 확장하게 되어 영국, 일본, 호주를 연결하는 중요항로에 컨테이너선이 대대적으로 취항하기 시작하였다.

컨테이너운송은 높은 경제성과 이상적인 운송서비스의 이점으로 세계 주요 항로에 도입되어 1970년대에는 모든 선진국에서 일반화되었다. 그리고, 이러한 발전을 거친 컨테이너화는 여러 가지 내부적인 자극으로 부단한 기술혁신과 합리화를 추구한 결과 협동일관운송체제로 본격화되었으며, 나아가 컨테이너정기선분야에 세계일주서비스(Round the world service, Worldwide service)라는 새로운 운송체제를 출범시켰다.

세계일주서비스는 1984년 7월 대만의 Evergreen Line사가 최초로 시작하였으며, 이어 United States Lines, Neptune Orient Line, Scandutch, Overseas Container Ltd. 등도 업무를 개시함으로써 세계일주서비스의 붐을 일으키고 있다.

세계의 대형 컨테이너선사들이 세계일주서비스를 개시하게 된 배경을 요약하면 다음과 같다.

㉠ 새로운 선박을 염가로 발주할 수 있었으며 건조자금의 조달이 용이했다.

㉡ 세계를 일주하는 시간과 거리는 일정항로를 왕복하는 시간 및 거리와 비슷했다.

㉢ 왕복서비스는 왕항(往航)과 복항(復航) 각 1회의 컨테이너 적취(積取)가 가능했다.

㉣ 성인력형, 성에너지의 초대형 선박을 투입함으로써 운항원가를 낮추고 생산성을 향상시킬 수 있었다.

우리나라의 컨테이너운송은 6.25동란중 미군에 의해 시작되었다고는 하나 실제 컨테이너운송은 1970년 당시 한진상사가 시랜드사와 총대리점의 계약을 체결하고 운송업무를 개시한 시점으로 볼 수 있다. 그 이후 부산과 인천에 컨테이너 전용 부두가 건설되고 국적선사의 컨테이너선 취항으로 급속하게 컨테이너 운송량이 증대되었다.

3) 컨테이너화물의 유통체계

일반적으로 컨테이너화물의 유통경로는, FCL화물인 경우에는 하주의 공장이나 창고 또는 영업소 등에서 화물을 컨테이너에 적재하여 내륙데포(Inland depot) 또는 터미널로 운반되며, LCL화물은 내륙데포에서 화물을 집결하여 목적지나 환적 등을 고려하여 하나의 컨테이너에 다른 화물과 혼재하여 FCL화물과 마찬가지로 육상운송수단에 의해 컨테이너터미널로 운송된다.

또한, 컨테이너터미널은 내륙데포의 기능도 겸하고 있어 FCL화물은 이곳에서 직접 받아들이기도 하고, LCL화물을 컨테이너터미널에 부설되어 있는 CFS에서 혼재업무를 수행하기도 한다. 이렇게 컨테이너터미널에 집결된 화물은 컨테이너선에 의해 목적항까지 운송되며 그곳에서 다시 내륙운송수단에 의해 최종목적지까지 운반된다. 컨테이너화물의 운송형태는 화물의 양, 목적지, 집하방식 등에 따라 다르며 컨테이너화물의 운송형태별로 그 내용을 살펴보면 다음과 같다.

(1) CFS/CFS(LCL/LCL)운송

CFS/CFS운송은 가장 초보적인 운송형태로 선적항의 CFS에서부터 목적항의 CFS까지 컨테이너를 운송하는 방법으로, 부두에서 부두까지(Pier to Pier) 운송 또는 LCL/LCL운송이라고 말하기도 한다. 이 방법은 운송인이 여러 하주로부터 LCL화물의 운송을 위탁받아 이를 목적지별로 분류하고 한 개의 컨테이너에 혼재하여 운송한 후, 목적항 CFS에서 다수의 수하인에게 화물을 인도하는 운송방법이다. 그러므로 LCL화물의 운송형태는 다수의 송하인과 수하인으로 구성되며 운송인은 선적항과 목적항간에 해당 해상운임만을 징수하고 이에 따른 운송책임만 진다.

(2) CFS/CY(LCL/FCL)운송

CFS/CY운송은 운송인이 지정한 선적항의 CFS로부터 목적지의 컨테이너야드까지 컨테이너화물을 운송하는 형태로, 운송인이 다수의 송하인으로부터 LCL화물을 선적항의 CFS에서 집하하여 한 개의 컨테이너에 적입한 후, 최종목적지인 수하인의 공장이나 창고까지 운송하는 형태로 CFS/CFS운송보다 진일보한 방법이다. 일반적으로 대량 수입업자가 다수의 송하인으로부터 각각의 LCL화물을 주문하여 일시에 자기의 창고까지 운송하는 경우에 많이 이용한다.

(3) CY/CFS(FCL/LCL)운송

이 운송방법은 선적지의 운송인이 지정한 CY로부터 목적항의 지정 CFS까지 컨테이너화물을 운송하는 형태로, 1인의 송하인이 동일 목적항을 갖는 다수의 LCL화물을 FCL로 혼재하여 목적항의 CFS까지 운송한 후, 이곳에서 다수의 수하인에게 화물을 인도하는 경우에 이용되는 운송형태이다. 즉, 한 수출업자가 동일한 지역의 여러 소규모 수입업자에게 동시에 화물을 운송할 경우에 많이 이용한다.

(4) CY/CY(FCL/FCL : Door to door)운송

송하인의 공장이나 창고에서 수하인의 영업소나 창고까지 육·해·공을 연결하여 컨테이너화물을 운송하는 이 방법은 복합운송의 가장 대표적인 운송형태로 신속성, 경제성, 안전성 등의 운송의 3대 원칙을 최대한 충족시켜주는 운송형태이다.

2. 컨테이너 복합운송의 주요 경로

1) 극동-구주간 복합운송 형태

극동-구주간의 국제복합운송의 대부분은 LBS(Land Bridge System)에 의해 수행되고 있다. LBS는 대륙횡단철도를 가교(Bridge)로하여 해운→육운→해운으로 화물을 운송하는 복합운송의 한 형태이며 2 Span Land Bridge와 3 Span Land Bridge의 두 가지 형태가 있다.

컨테이너를 극동에서 유럽까지 운송할 경우, 수에즈운하 또는 파나마운하를 경유하지 않고 직접 대륙을 횡단하여 운송하는 구체적인 예로는 시베리안 LBS가 있으며, 그 이점으로는 운송시간의 단축(재고량의 감소), 운송비의 절감, 투자자본효율의 상승(현존하는 시설의 전적인 이용 가능)을 들 수 있다.

극동지역을 중심으로 전개되고 있는 복합운송의 주요한 형태로는 TSR(Trans Siberian Railway), TCR(Trans China Railway), ALB(American Land Bridge), CLB(Canadian Land Bridge), 구주항로 경유 일관운송의 포워드서비스 등이 있다.

그림 9-9 랜드 브릿지의 2가지 형태

3 Span Land Bridge

극동 —(해운)— 북미서해안 —(landbridge)(육운)— 북미동해안 —(해운)— 구주

2 Span Land Bridge

극동 —(해운)— 북미서해안 —(landbridge)(육운)— 북미동해안

북미서해안 —(landbridge)(육운)— 북미동해안 —(해운)— 구주

(1) TSR(Trans Siberian Railway)

① TSR의 개념

TSR(또는 SLB : Siberian Land Bridge)은 시베리아철도를 이용하여 극동·유럽 및 중동간의 수출입화물을 운송하는 방법으로 육·해·공을 연결하는 대표적인 복합운송 시스템으로 경로는 다음과 같다.

- 극동에서 유럽 및 중동행 화물을 집하하여 일본을 경유하거나 또는 직접 소련의 나홋카(Nakhodka)항과 보스토치니(Vostochny)항으로 해상운송을 한 다음,
- 구소련의 통과화물공단(SOTRA : vio SOfuz TRAnsit)인 유라시아 트랜스(Eurasia Trans)사와 한국, 일본, 유럽의 NVOCC(Non-Vessel Operating Common Carrier)들이 제휴하여 철도로 시베리아를 횡단, 중동 근접지역이나 동구제국의 국경지역까지 운송하고,
- 여기에서 다시 동·서구, 스칸디나비아반도, 지중해, 이란, 아프카니스탄 등지로 철도, 컨테이너선, 트럭 등으로 연결하는 국제복합운송이다.

TSR은 19세기 말 시베리아철도가 부설된 초기에는 여객만 운송하였으나 1930년대 초부터 화물운송이 시작되었다. TSR을 이용한 본격적인 컨테이너운송이 시작된 것은 1971년 3월 구주운임동맹이 컨테이너선을 취항시키고 화물운송 주선인을 설정하여 운영하면서부터이다. TSR을 관장하는 구소련의 최고정보기구는 대외무역부(Ministry of Foreign Trade)이나 실질적인 TSR의 운영은 SOTRA가 독점해 왔다.

현재 극동과 유럽을 연결하는 여러 가지 운송서비스 경로(부산·로테르담 구간)를 비교할 경우, TSR은 약 13,000km, 북미대륙을 경유하는 ALB는 약 20,000km, 수에즈운하 경유 전 구간 해송 시는 약 20,700km, 파나마운하 경유 전 구간 해송 시는 약 23,000km, 케이프타운 경유 전 구간 해송 시는 약 27,000km이다.

과거 TSR은 거리의 단축에 따른 비용의 저렴성 이외에도 유럽 내륙지점으로의 양호한 접근성, 체선이 심한 중동항만을 피할 수 있는 중동항로의 대체경로로서의 장점 등으로 인해 무한한 잠재력을 갖고 있는 것으로 평가되었으나, 다음과 같은 문제점이 지적되고 있다.

첫째, 극동지역의 대유럽 교역은 수출이 70%, 수입이 30%인 까닭에 양방향 화물의 불균형에 따른 공컨테이너의 환수가 계속적인 문제점으로 대두되었다.

둘째, 동절기에는 액체화물이 결빙하는 어려움이 있었다.

셋째, 화물운송의 안전성, 확실성, 신속성 확보 및 화물의 추적을 위한 커뮤니케이션에 어려움이 있었다.

넷째, 극동/유럽간 화물운송의 경우 철도시설의 노후화, TSR 운영관리비의 비효율성 등으로 인해 화물인도 날짜가 제대로 지켜지지 않았다.

다섯째, 보스토치니항에서의 선박과 철도간의 화물환적 및 유럽 접경지역에서의 화물환적이 원활하지 못하여 시간낭비가 크게 발생하였다.

TSR의 운임은 복합운송인에 의한 일관공통운임으로서 품목별, 행선지별로 컨테이너 1개당의 운임(Box rate)이 설정되어 있다. 즉, 구소련 국철의 운임체계가 화물별 기준(품목별 7단계)으로 되어 있어서 FCL화물은 20피트 1개, 40피트 1개당의 화물종류를 기준으로 하여 그룹별로 운임이 설정되어 있다. 또한 LCL화물은 별도로 m^3당 요금이 설정되어 있다.

한편, TSR의 운송방식에는 크게 4가지 경로가 있다. 예를 들어, 극동지역의 항만으로부터 소련의 나홋카, 보스토치니항까지는 해상으로 운송하고, 소련 영토 내는 전용열차로 각각 유럽, 중근동의 국경까지 화물을 운송하며, 이곳에서 환적한 후 각 운송수단의 결합에 따라 철도운송, 해상운송, 해상/항공운송 경로로 나누어진다. 전 구간 운송을 완료하는 데는 23~30일, 보스토치니항에서 주요 국경까지는 약 15일이 소요된다.

㉠ 철도운송(Trans-rail) : 구소련/유럽/중근동의 국경지역으로부터 각각의 목적지까지를 철도로 연결한 것으로 6개의 경로가 있으며 유럽 각국의 국철이 가맹한 인터컨테이너(Intercontainer)에 의해 운송되며, 철도인입선을 이용하여 창고까지 운송되는 경우도 있다.

㉡ 해상운송(Trans-sea) : 구소련 서측항인 레닌그라드(Leningrad), 탈린(Tallin), 리가(Riga) 그리고 남측항인 주다노프(Zhdanov), 일리체브스크(Iljichevsk)와 아프가니스탄 국경 테르메스(Termez)로부터 각각 해로(하천)로 목적지 근교의 항만이나 도시로 운송되며, 이때 선박은 소련해운성(MORFLOT) 산하의 국영해운회사의 것을 이용하고 있다.

㉢ 트럭운송(Tracons) : 구소련, 폴란드 국경의 브레스트(Brest)의 동쪽에 위치한

그림 9-10 시베리안 랜드 브릿지 노선

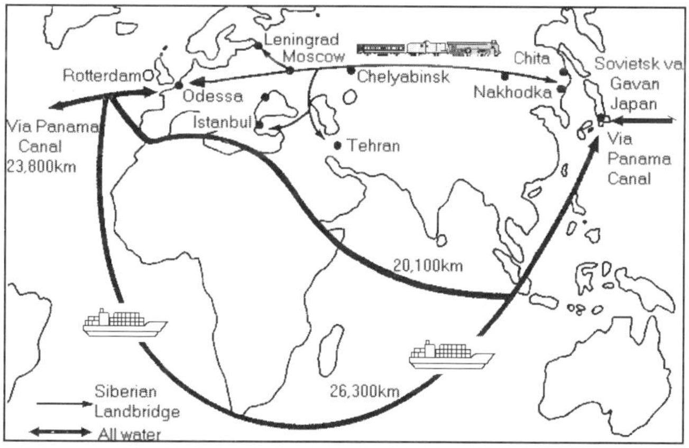

비소코-리토브스크(Vysoko-Litovsk)까지 철도로 운송된 화물은 스위스, 프랑스 이북 등의 서비스지역까지 트럭으로 운송된다.

㉣ 해상/항공운송(Sea & Air) : 일본 등으로부터 화물을 보스토치니-나홋카항까지 해상으로 운송하고, 블라디보스토크까지 육상으로 운송하며, 유럽까지는 항공으로 운송하는 형태이다.

㉤ 기타 : 컨테이너에 적입할 수 없는 중량물 또는 부적합한 산업용 차량, 플랜트류는 별도의 운송경로를 이용하여 보스토치니 북쪽에 위치한 BAM(Baikal Amur Magistral)철도와 연결된 바니노항에서 양륙되어 여기서 철도를 통하여 각 목적지로 운송된다.

② TSR의 운송실태

TSR 경로의 운송은 1971년 3월 구소련 극동선박공사(FESOC)의 선박이 일본/나홋카간에 투입됨으로써 본격적으로 개시되었으며, 그 후 발전을 거듭하여 1981년에는 운송량이 13만 8천 TEU를 넘어서는 등 극동/유럽 전 구간 해상운송의 강력한 경쟁상대로 등장하기에 이르렀다.

그러나, SOTRA의 독점관리로 인한 비효율적인 운영으로 서비스의 신뢰성을 상실하면서 물동량은 1980년 후반부터 계속 감소하고 있다. 이를 개선하기 위해 32개 지역철도들의 연합체인 ASR(The Association of Soviet Railway)은 일본의 NVOCC

인 Jeuro Container Transport사와 합작한 Eurasia Trans사를 설립하여 TSR운영에 참여함으로써 SOTRA와 경쟁체제를 갖추게 되었다.

Eurasia Trans사의 서비스 특징은 ㉠ Shuttle block train의 정시운항, ㉡ 특별전용화물열차(3,000량)에 의한 정기서비스, ㉢ 운항정보서비스(Real time trace 방식), ㉣ 운송일수 보장(구소련 내 11일간), ㉤ 대량하주의 우대계약(Service contract)에 의한 운임정책 등이다.

그러나 무엇보다도 Eurasia Trans사가 실시하는 서비스의 최대 특징은 보스토치니항에서 유럽의 각 국경역까지 종전에 14일 걸리던 것이 전용 특급열차 도입에 따라 11일로 단축된다는 점이다.

1980년대 후반에 유럽/아시아간의 전 구간 해상운송서비스에 대한 대안으로서, TSR의 가능성에 대해 주목한 미국의 Sea-Land사는 구소련 철도성(그 후 구소연방 해체로 합병 상대는 러시아 철도성으로 변경)과 50 대 50으로 투자한 합병회사인 Trans Siberia Express Service(TSES)사를 설립하였다. TSES는 TSR의 일반운영자로서 복합운송인과 계약하여 서비스를 제공하고 있으며, Sea-Land사는 TSES에 대해 경영, 마케팅, 복합운송기술 등을 제공하고 있다.

또한 유럽지역 내 운송에 대해서는 Sea-Land Intre Europe(SLIE)사가 고속도로, 철도, 내륙수로 등을 이용한 문전에서 문전까지(Door-to-door)의 서비스를 담당하고 있다. TSES는 1992년 3월부터 TSR에서 동향, 남향 각각 주 3편의 Shuttle block train의 정기운행을 개시하여 서비스의 충실을 도모하고 있다. 이 서비스는 1편성이 50량(100TEU)으로 Vostochny/Brest, Luzaika간을 운행하고 있다.

1993년 11월에는 러시아 철도성의 요청으로 TSR서비스에 종사하는 실제 운송인, 선사, 철도관계자, 터미널운영자, 극동 및 관련 Forwarder들이 Moscow에 모여 TSR서비스 및 운임체계의 대폭적인 개선을 목적으로 Coordinating Council을 설립하고 분야별로 전문부회를 설치하여 구체적인 방안을 모색하기 시작하였다.

현재 TSR서비스의 경로 중 핀란드, 동유럽 등은 어느 정도 호응을 받고 있다. 또한 이란 및 아프가니스탄의 경우에는 TSR로 연결되어 있는 내륙부가 최종목적지인 경우가 많아 다른 경로로 대체될 수 없기 때문에 나름대로 독점성을 유지하고 있었으나, 최근 들어 TCR의 운행개시로 인해 경쟁이 불가피해졌다.

우리나라는 1990년 9월 러시아와 정식으로 수교가 이루어지면서 Eurasia Trans 등과 직접계약을 통해 실질적으로 TSR서비스에 참여하고 있다.

(2) TCR(Trans China Railway)

TCR은 한국, 일본, 대만, 홍콩, 동남아제국 등의 극동지역을 기점으로 선박을 이용하여 화물을 강소성 연운항(連雲港)까지 해상운송한 후, 철도로 중국대륙을 동서로 관통하여 구소련철도의 접점까지 운송하고, 여기서 구소련철도로 전환하여 유럽지역, 즉, 폴란드, 독일 등을 거쳐 네델란드 로테르담항까지 연계운송하는 복합운송경로이다. 이 계획은 1982년 2월 북경에서 중/소 철도화물 운송협정이 조인되면서 성립되었으며, 이로 인해 중국/유럽을 잇는 철도화물의 구소련영토 통과가 가능하게 되었다.

TCR서비스의 철도운영은 중국철로대외복무공사(中國鐵路對外服務公司)가 담당하며, TCR의 모든 노선에 대한 운송청부는 중국측에서는 중국대외무역운수총공사(中國對外貿易運輸總公司 : SINOTRANS), 중국대외운수대리총공사(中國對外運輸代理總公司 : PENAVICO) 등이 취급하는 것으로 되어 있다. 그리고 중국철로대외복무공사(中國鐵路對外服務公司)는 러시아 교통부, 카자흐스탄공화국 등의 국영철도회사와 계약하고 국제 컨테이너운송에 대한 상호대리업무를 수행하는 기관으로 지정되어 있다.

TCR서비스에서 가장 관심을 끌고 있는 운송경로는 중국 연운항을 거점항으로 하여 연운항/난주(連運港/蘭州)간의 용해선(龍海線/1,779km), 난주(蘭州)/아라산쿠간의 난신(蘭新)·북간선(北疆線/2,364km)을 연결하여 중국 서북단의 국경역인 아라산쿠까지 철도운송한 후, 여기에서 컨테이너 환적시설을 사용하여 카자흐스탄공화국을 통과하는 시베리아철도에 접속하여 유럽 또는 중동까지 일관운송하는 서비스망이다.

이 TCR은 중국대륙의 강소(江蘇), 산동(山東), 안철(安徹), 하남(河南), 협서(陝西), 감숙(甘肅) 등의 6개 성과 신강(新疆) 위그루자치구를 지나며, 주요 통과도시는 연운항을 기점으로 서주(徐州), 정주(鄭州), 낙양(洛陽), 서안(西安), 보헤(寶騤), 난주(蘭州), 무위(武威), 합밀(哈密), 우루무치, 아라산쿠 등이다. 중국지역 내의 TCR철도의 총연장은 4,131km(蘭州 동쪽 위회의 경우는 4,244km)에 달한다.

TCR의 기점인 연운항은 연간 2,000만톤의 처리능력과 연간 20만톤의 컨테이너 처리능력을 갖추고 있으며, 현재 계획중인 5만톤급 선박이 접안할 부두 및 2개 컨테이너 부두의 건설이 완료되면 연간처리능력은 5,000만톤으로 늘어날 전망이다. 한편, 중국 서북단의 국경역인 아라산쿠역은 역내에 450m×10m 플랫폼에 표준궤 10선, 광궤 8선을 갖추고 있다.

그림 9-11 중국횡단철도서비스의 운송경로

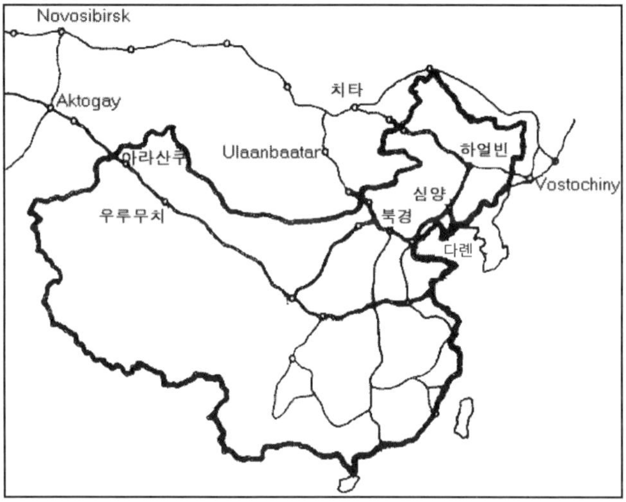

TCR서비스의 장점은 운송거리상 극동~유럽을 연결하는 최단코스로서, 요코하마와 로테르담간 운송거리는 약 11,000km로서 TSR보다도 약 2천 km 짧다. 따라서, 국경역에서의 환적에 1~2일이 소요되더라도, 극동/유럽간에 22~24일이면 운송이 가능할 것이므로 화물 운송일수와 운송 비용이 절감된다. 또한 시베리아지역이 동절기(1~3월)에는 평균 기온이 -20℃ 내지 -30℃ 정도로 매우 낮아 액체화물의 운송에 어려움이 많은 점을 고려할 때, TCR은 TSR보다 위도가 낮은 지역에 있으므로 동절기의 액체화물운송에도 유리하다.

그러나 중국횡단철도인 TCR은 아시아대륙과 유럽을 연결하는 내륙운송경로로서의 단점도 또한 많다.

첫째, TCR은 중국국경을 지나 구소련의 TSR과 연결되어야 하는데, TSR은 광궤(1,520mm)인 반면, TCR은 표준궤(1,435mm)이기 때문에 중국국경에서 운송화물을 환적해야 하는 애로가 있다.

둘째, 운송거리의 단축으로 TCR이 TSR보다 운송비용을 상당히 절감할 수 있을 것으로 예상되지만, TCR이 중국국경을 지나 구소련의 TSR에 연결되기 때문에 TCR의 전체 운임은 구소련측과의 협상여하에 영향을 받을 것으로 예상된다.

한편, 유럽대륙과 아시아대륙을 연결하는 TCR에는 이외에도 중국 동북지역에 위치하고 있는 다롄항(大連港)에서 출발하여 만주를 통과한 다음 TSR에 연결되는 철도와, 중국의 톈진항에서 출발하여 북경을 거쳐 러시아의 TSR에 연결되는 철도가 있다. 톈진항으로부터 유럽 및 중동으로의 운송경로는 3가지가 있다.

첫째는 톈진으로부터 만주리를 통과하는 경로이다.

두 번째는 톈진으로부터 국경역인 二連浩特까지 운송한 후 몽고철도에 환적, 몽고의 울란바토르를 통과하여 TSR에 연결하는 Trans MonGolia Railway(TMGR)이다. 몽고의 철도는 TSR과 같은 광궤이므로 二連浩特에서 환적으로 하게 된다.

세 번째는 톈진에서 중국 서북단 아라산쿠까지의 경로(중국 내 연장이 3,969km)로서 연운항보다도 오히려 162km가 짧다. 그러나 이 철도는 톈진에서 二連浩特까지의 철도운송능력이 포화상태이기 때문에, 동북아시아와 유럽을 연결하는 대륙횡단철도로 이용하기에는 부족한 것으로 평가되고 있다.

(3) ALB(American Land Bridge)

ALB는 화물을 극동지역으로부터 미국 태평양연안까지 해상으로 운송한 후, 미국 동부연안인 대서양연안이나 멕시코만의 항구까지는 철도로 운송하고 이곳에서 다시 제 2 의 선박에 환적하여 유럽의 각 항구까지 해상운송하는 시스템이다. 주로 미국계 선박회사에 의해 운영되는 이 운송경로는 운송일수가 비교적 안정적이기 때문에 유럽직항의 해상운송서비스와 경쟁관계에 있다.

(4) CLB(Canadian Land Bridge)

CLB는 ALB와 같이 한국이나 극동지역에서 캐나다 서해안에 있는 항구까지 해상으로 화물을 운송한 후, 캐나다철도를 이용하여 몬트리올 또는 캐나다 동부해안까지 운송한다. 그리고 다시 캐나다 동부해안의 항구에서 제 2 의 선박에 환적하여 유럽의 각 항까지 해상운송하는 시스템이다.

2) 극동/미국간의 복합운송형태

(1) MLB(Mini Land Bridge)

MLB운송은 선사가 개발한 것으로 극동지역에서 미국의 서부해안지역간은

그림 9-12 북미지역의 랜드 브릿지

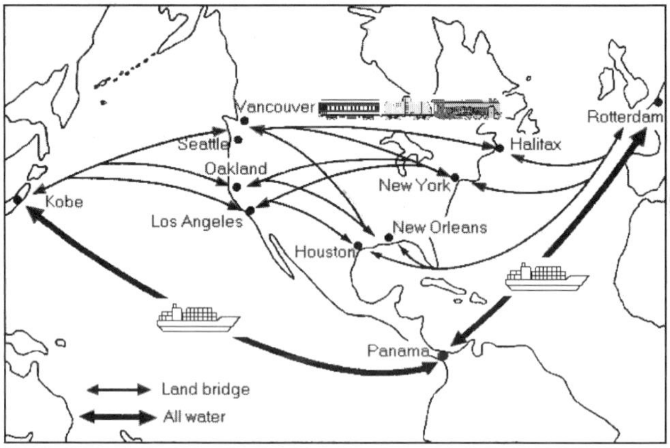

해상으로 운송하고, 여기서 미국의 동부해안 항만까지는 철도로 운송하는 것으로 주로 컨테이너 복합운송에 많이 사용되는 경로이다.

화물은 일반적으로 철도 화물터미널에서 인도되지만 경우에 따라서는 선사의 CY와 CFS에서 인도되기도 한다. 운송일수는 극동에서 북미 서부해안간(4800해리)이 9일, 북미 서부해안에서 동부해안까지는 5~7일로 총 14~18일이 소요되어 극동에서 뉴욕간(9700해리)을 컨테이너선으로 운송할 경우의 소요일수 약 16~20일에 비하여 짧다. 따라서, MLB를 이용할 경우에는 운송일수가 단축되므로 하주들의 이용이 증가하고 있다.

(2) IPI(Interior Point Intermodal)

IPI는 Micro bridge라고도 하며, 극동에서 북미 서부해안까지는 화물을 해상으로 운송하고 북미 내륙도시로는 철도나 트럭으로 복합운송하는 형태이다.

MLB가 미국 동부연안의 항구지역(Port to port)으로 운송경로를 채택하고 있는데 비하여, IPI는 미국내륙의 주요 도시까지 복합운송서비스를 제공하고 있으며, 화물은 내륙의 철도터미널이나 선사보유의 CY 또는 CFS에서 인도되고 있다.

한편, RIPI(Revised Interior Point Intermodal)은 극동에서 파나마운하를 경유하여 북미 동부해안 항구까지 해상운송한 후 그곳에서 철도 및 트럭으로 내륙지역까지 운송하는 선사의 서비스로 Reversed micro bridge라고 불리기도 한다. RIPI는 운송일수가 IPI보다 약 2일이 더 소요되기 때문에 운임이 IPI보다 낮게 설정될 수 있는 품목들에 많이 이용되고 있다.

3) 해/공시스템에 의한 복합운송형태

해/공 복합운송은 항공운송의 신속성과 해상운송의 장점인 저렴성을 결합시킨 형태로 운송거리가 길수록 해상운송에 비해 총운송일수가 단축되며, 항공운송에 비하여 운송비가 보다 절감된다. 따라서 해/공 복합운송에서는 운송일수와 운송비와의 트레이드 오프가 고려되어야 한다. 유럽행 운송의 경우, 해/공 복합운송 운임은 전 구간 항공운송의 1/2에 지나지 않아 운송수단으로서 존재가치를 지니고 있다.

해/공 복합운송을 이용할 수 있게 된 것은 해상운송의 컨테이너화의 진전과 항공기의 대형화 추세에 의한 것으로 볼 수 있다. 그러나 현실적으로는 해상운송으로 화물을 운송할 예정이였으나 납기 등의 지연사유가 발생한 경우, 이를 전 구간 항공운송으로 실행하기에는 약간의 여유가 있을 때 이용하는 경우가 많다.

4) 아주지역 복합운송형태

아주지역의 복합운송에는 ㉠ 부산에서 부관(釜關)페리 또는 컨테이너선으로 일본의 각 항구로 운송한 후, 트럭이나 철도 등에 연결하여 내륙지역으로 운송하는 한/일 복합운송, ㉡ 선박으로 텐진이나 상하이 등 중국의 여러 항만으로 운송한 후, 이 곳에서 다시 철도나 트럭에 연결하여 내륙지역으로 운송하는 한/중 복합운송이 있다.

한편, 우리나라에 포워딩(Forwarding)제도가 본격적으로 도입된 것은 정부가 수출입국정책을 주도하여 수출입 물동량이 크게 신상한 1970년대 초기부터라고 볼 수 있다. 그 당시 우리나라 화물 물동량에 커다란 변화가 발생하자 스위스, 독일 등의 세계적인 포워더들이 개별적으로 우리나라에 진출하였으며, 1973년 선박대리점에서 취급하던 포워딩업무가 별도의 독립법인체로 분리되면서부터 우리나라의 포워딩서비스도 개시되었다. 공식적인 포워딩업무는 1976년 정부의 일차 면허발급을 받은 9개 업체에 의해 시작되었으며, 1979년 말까지 모두 50개 회사가 해상운송주선업의 면허를 취득하였다.

1984년 1월 1일 신해운법의 시행으로 해상운송주선업이 등록제로 전환되었으나 정책당국이 업체수를 인위적으로 조절하여 업체수의 커다란 변화는 없었다. 그러나 1987년 7월 등록요건만 갖추면 누구나 해상운송주선업을 영위할 수 있도록 법령이 개정되자 업체수는 급속히 팽창하였다.

그리고 1988년 2월 10일 통관법인 자격취득을 위한 행정소송에 승소하여 해상운송주선업체가 통관업무를 수행할 수 있는 법적인 발판이 구축되었으며, 항공화물운송 대리점업의 면허개방이 이루어져 1989년 3월 초에는 31개 회사의 해상운송주선업체가 이 면허를 취득함으로써 본격적인 해/공 복합운송시대로 접어들었다.

"1986년 우루과이 라운드 선언" 이후 본격적으로 논의되기 시작한 서비스산업의 국제적 자유화 문제는 우리나라 해운산업에 대한 미국의 거센 개방압력으로 구체화되어 "1989년 개정 해운업법"에서 외국인의 국내 합작투자를 허용하게 되었다.

하주에게 복합운송서비스를 완벽하게 제공하기 위해서는 포장, 국내운송, 보관, 통관업무, CY영업, 하역, 해상 및 항공운송 등의 문전에서 문전까지의 일관운송 시스템을 갖추어야 한다. 그러나, 우리나라의 일관운송 시스템의 운영실태는 매우 미미한 수준이다.

따라서, 복합운송 시스템을 활성화하기 위해서는 복합운송을 종합적으로 관리하는 제도 및 법규가 필요하다. 우리나라의 경우 복합운송인이 복합일관수송을 하기 위해서는 상이한 규제에 따라 인·허가 및 등록절차 수속을 받아야 하기 때문에 실제로 신규 영업이 어려운 실정이다.

한편, 국제물류는 미국과 일본을 중심으로 그 구조와 내용에 많은 변화와 발전을 거듭하여 밀접한 관련을 맺고 있는 국제복합운송의 변화를 촉진하고 있다. 즉, 선진제국의 급속한 공업화와 국제교역에 의해 거의 모든 공업제품들이 공급과잉상태에 있으며 후발개도국의 급속한 기술발전과 값싼 노동력에 의한 생산력의 증진으로 향후 국제시장에서의 가격경쟁력은 치열해질 전망이다.

이는 국제교역면에서 물류비의 절감압력으로 나타나 대형 제조업체의 물류합리화의 관점을 변화시키고 있다. 즉, 종래에는 각 유통 구간의 원가절감을 위하여 주요 지점에 스톡 포인트(Stock point)를 설치하여 그곳을 중심으로 배송 시스템을 구성했었다. 그러나 지금은 무역환경의 변화로 시설, 보관, 배달 등의 효율화를 위하여 물류전문업자에게 전체 물류를 위탁하고 있다.

또한, 오늘날 선진국간의 교역은 경량화, 정밀화, 고가화한 상품이 주류를 이루어 항공운송이나 해/공 복합운송을 선호하는 경향을 보이고 있다. 따라서 종래의 소비재, 잡화류의 운송은 선진국 대 개도국간의 교역으로 이행되어 복합운송의 세계적인 네트워크 구축이 요청되고 있다. 그리고 국제복합운송의 주체인 NVOCC도 하주가 원하는 가장 합리적인 서비스를 제공해야 할 필요성에 직면하고 있다. 이러한 환경변화 속에서 우리나라 복합운송업체가 국제적인 물류기업으로 성장하기 위해서는 다음과 같은 전략이 필요하다.

㉠ 물류환경의 변화에 따라 전반적인 운송정책은 종합물류의 관점에서 추진되어야 하고 복합운송업도 대량집하 및 대량운송을 담당할 수 있도록 대규모 경영방식을 도입하여야 한다.

㉡ 각 지역마다 운송기관의 요금, 운송조건 및 제약, 세금, 기타 법의 규정 등 물류정보를 중점적으로 수집 관리하여 하주의 상담에 적극적으로 대응할 수 있는 체제를 갖추기 위해서는 정보관리 시스템의 정비가 필요하다.

㉢ 수출입화물의 운송과정에 있어서 효율성을 저해하는 절차 및 제도를 과감히 정비하여 합리화할 필요가 있다.

이와 병행하여 포워더는 복합운송업체간의 상호 협력관계의 구축, 수입화물운송권의 적극적인 확보, 복합운송경로의 다변화와 새로운 경로개설 등을 통하여 국제적인 복합운송인으로서의 위치를 정립해 가야 할 것이다.

3. 컨테이너 내륙연계운송

1) 컨테이너 내륙운송의 특성

컨테이너운송은 해상/항만 구간에서뿐만 아니라 항만/내륙 구간에서도 신속·정확한 일관수송을 필요로 한다. 따라서 항만/내륙 운송구간에서는 가능한 한 화물취급단계를 최소화하여 비용과 시간을 줄이기 위한 내륙운송체계의 합리화가 매우 중요하다.

또한, 컨테이너 내륙운송체계는 항만에서 항만까지의 해상운송체계와는 다른 특징을 가지고 있으며, 이를 요약하면 다음과 같다.

㉠ 컨테이너 내륙운송체계는 효율적인 해상운송체계의 출현에 따라 필연적으로 전개되었으며, 해상운송을 내륙으로 연결시키는 이른바 해륙연계운송체계로서의 역할을 수행하고 있다. 즉 화물의 컨테이너화를 계기로 컨테이너선박에 의한 해상 컨테이너운송이 먼저 시작되었으나 해상에서 내륙에 이르는 컨테이너의 일관운송체계가 도입되면서 신속하고 안전한 컨테이너 내륙운송의 필요성이 높아지게 되었다. 그 결과 내륙운송은 복합일관운송의 시발과 완결기능을 수행하면서 컨테이너 전 운송체계에 대한 영향력이 커지게 되었다.

㉡ 내륙운송에서는 LCL화물의 집하문제, 공컨테이너의 운송 및 보관문제가 컨테이너 총수송비에 커다란 영향을 미친다.

㉢ 내륙운송체계에서는 철도와 트럭이라는 보완적인 운송수단간의 직접적인 경쟁이 심하며, 그 결과 양 수단이 한계적인 운영을 하고 있다. 즉 두 운송수단은 상호 보완적인 관계에 있으면서도 각 운송수단의 경제적 특성 및 하부구조요건의 만족도에 따라 경쟁적인 관계에서 운영되고 있다.

㉣ 내륙운송체계에 있어서 ICD는 화물의 집배송에 있어서 핵심적인 역할과 기능을 담당하는 중요한 구성요소이다. 특히 ICD는 항만터미널 내 하역장비의 과부하를 경감시키면서 제조업체의 창고와 터미널간 또는 항만과 화물의 최종목적지간에 완충지대 역할을 할 수 있다. 또한 ICD는 선박에 대한 서비스를 최우선으로 하는 대형 항만에 비해 하주 우선의 다양한 서비스를 제공하고 복합운송을 촉진시킬 뿐만 아니라, 국가 또는 지역의 교역 및 산업활동에 있어서 구심적인 역할을 한다.

2) 컨테이너 내륙운송수단의 선택

한편, 앞에서도 지적한 것과 같이 물류의 합리화를 위해서는 적절한 운송수단을 선택하는 것이 매우 중요하며, 특히 항만/내륙 구간의 연계운송에 있어서는 수요자의 문전까지 소화물을 운송해야 하므로 컨테이너만을 운송해야 할 경우보다 고려해야 할 요소가 많다.

일반적으로 내륙연계운송에 있어서 고려해야 할 요소로는 ㉠ 비용과 시간, ㉡ 화물의 성질에 의한 시간적인 제약, ㉢ 운임부담력에 의한 제약, ㉣ 재고 및 반입빈도에 의한 제약, ㉤ 운송경로 등 기타 물리적인 제약 등이 있다.

또한, 운송수단의 선택에 있어서는 여러 가지 편익을 고려해야 하며 이들 편익의 내용은 다음과 같다.

㉠ 빈도편익 : 화물을 즉시 운송할 수 있는 편수의 편익(시간, 일, 요일, 주간, 월간 등)

㉡ 정보편익 : 화물운송에 필요한 서류 또는 수속절차의 간소화 등의 편익(정보화의 수준)

㉢ 노선편익 : 직접 수요자에게 운송할 수 있는 정기편 유무

㉣ 포장편익 : 부가적인 운송포장의 필요 유무 등의 편익

따라서, 이들 편익이 불충분하면 부가적으로 대기시간이 발생하므로 운송수단 간에 편익의 정도를 비교하고 이러한 편익의 수준을 평균적인 대기시간으로 환산하여 운송시간에 포함시켜 고려할 필요가 있다.

운송수단의 선택기준에는 비용요소 이외에 운송시간과 편익에 따르는 소요시간을 동시에 고려할 필요가 있으며 다음과 같은 기준(T_t)이 제안되어 있다.[2)]

$$T_t = (\sum_i C_i) \cdot (\sum_i k_i) \qquad (9.1)$$

여기서, C_i : 문전에서 문전까지 이용하는 운송수단 i의 운임

k_i : 문전에서 문전까지 이용하는 운송수단 i의 편익에 따르는 소요시간을 고려한 운송시간

식(9.1)에 제시된 기준은 시간과 비용을 고려하고, 동시에 정성적인 특성을 지닌 편익을 대기시간으로 환산하는 방법을 제시했다는 점에서 실제적인 운송수단의 선택에 있어서 하나의 시표로 활용되고 있다.

2) 松橋幸一, 各種運送機關の競争力平價の研究, 海事産業研究所報, No. 354, 1995.

그림 9-13 내륙연계운송의 운송패턴

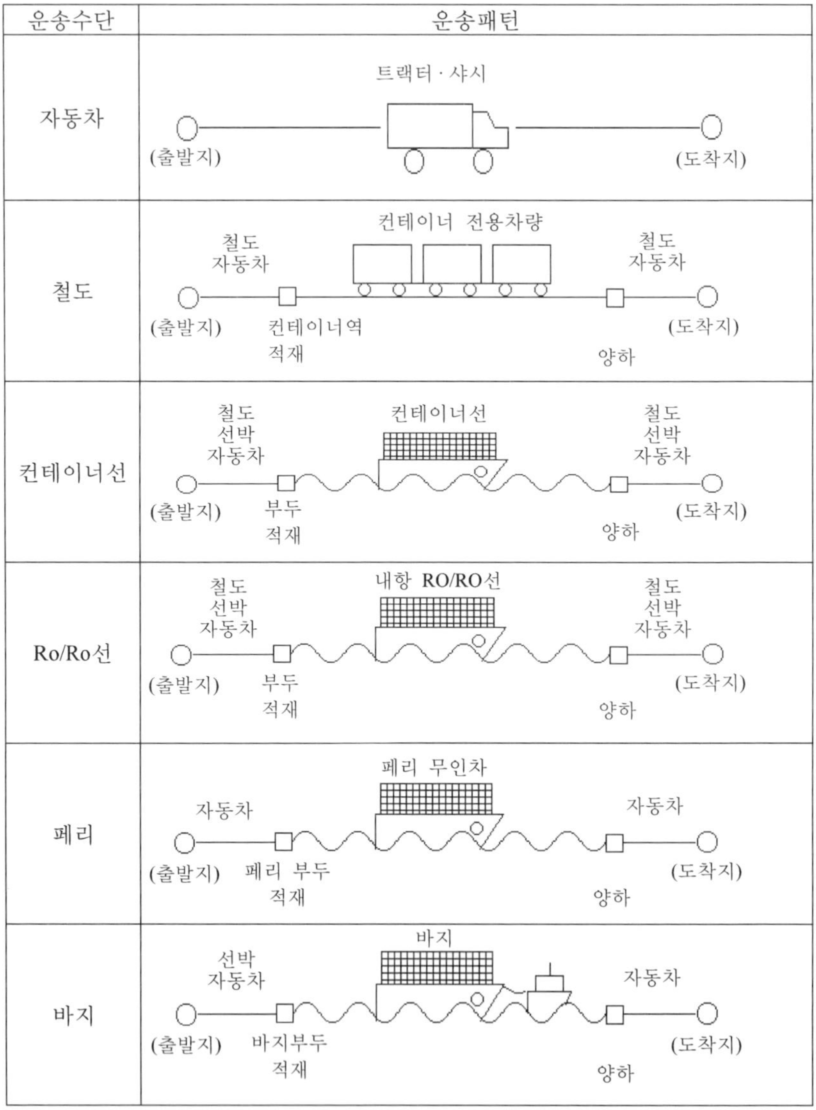

제 10 장

정보 시스템

제 1 절 물류정보 시스템의 개념

1. 물류정보 시스템의 의의

물류정보 시스템이란 물류활동을 구성하고 있는 여러 가지 기능과 관련된 정보를 수집 또는 처리하거나 유기적으로 결합함으로써, 물류 시스템이 가장 효율적으로 운용될 수 있도록 지원하는 정보 시스템을 의미한다.

특히, 최근에는 합리적인 물류활동을 통한 물류비의 절감이 국가적인 과제로 등장하고 있다. 따라서, 물류 시스템의 합리화를 지원하는 핵심기능이라고 할 수 있는 물류정보 시스템의 중요성은 더욱 커지고 있으며, 오늘날에는 컴퓨터에 의한 전산화와 컴퓨터와 통신회선의 결합에 의한 온라인 시스템(On line system) 등에 의해 높은 수준의 물류정보 시스템을 구축할 수 있게 되었다.

한편, 물류에 있어서 정보는 두 가지 기능을 가지고 있다. 즉, 상거래를 구체적으로 실현하기 위해 운송, 보관, 하역, 포장 등의 기능을 현실적으로 실행할 수 있도록 그 내용을 정확하고 신속하게 전달하는 기능과, 이러한 여러 기능을 통합된 시스템으로 구성하여 전체로서 효율을 극대화하는 기능이다.

물류정보 시스템화의 목적은 고객서비스의 향상과 물류비의 절약이다. 고객서비스의 향상이란 주문을 받은 상품을 신속하고 정확하게 고객에게 인도함으로써 고객이 만족할 수 있도록 하는 것을 말한다. 그리고 물류비의 절감이란 물류 시스템을 효율적으로 운용함으로써 물류의 제반활동에서 파생하는 비능률적인 요인들을 배제하고 개선함으로써 전체 물류비를 줄이는 것을 의미한다.

특히, 물류 시스템의 핵심인 일관운송체제는 화물의 집하, 배송, 운송, 보관, 하역 등 각 하위 시스템을 포함하는 복합 시스템이다. 따라서 효율적인 운영을 하기 위해서는 이를 전체적으로 관리할 수 있는 물류정보 시스템의 확립이 필요하다. 즉, 각 기능별 주체인 하주, 운송업자, 주선업자, 창고업자, 하역업자 등을 상호 연결하여 정보를 효율적으로 수집, 처리, 생산, 공급하고 관리함으로써 물류서비스의 목표인 효율성, 경제성, 신속성, 안정성 등을 촉진하는 데 기여할 수 있기 때문이다.

2. 항만물류정보 시스템

1) 항만물류정보 시스템의 특성

항만물류정보 시스템은 항만을 출입하는 화물의 이동에 수반되는 제반자료 또는 정보를 신속하게 수집하여 이를 효율적으로 보관 또는 처리하고 관리하여 이용자에게 적기에 관련 정보를 제공해 주는 정보 시스템이다.

항만물류에 관련된 정보는 매우 광범위하나 이를 요약하면 다음과 같다.

(1) 하주정보

하주의 성명, 전화 및 팩스번호, 화물의 종류, 중량, 용적, 적입장소, 발착지, 운송기간, 운송거리 등이 포함된다.

(2) 화물운송 기기정보

화물운송 기기정보는 화물자동차 운송정보, 철도관련정보, 선박관련정보, 항공관련정보, 컨테이너정보 등으로 구분된다. 각 종류별로 그 내용을 살펴보면 다음과 같다.

㉠ 화물자동자 운송정보 : 운송차량정보, 운송공급력정보, 용차정보, 공동수배송정보, 운송수요정보, 화물자동차 운송관리정보 등
㉡ 철도관련정보 : 화물열차 운행정보, 열차운행시간 통제정보, 철도보안정보, 철도컨테이너 관리정보 등
㉢ 선박정보 : 선박운항, 입·출항정보 등
㉣ 항공관련정보 : 항공기 운항정보, 항공화물 하역정보, 항공보세창고 관리정보, 항공터미널정보 등
㉤ 컨테이너정보 : 컨테이너 동정정보, 컨테이너 관리정보 등

(3) 화물운송정보

화물운송정보에는 화물집하정보, 개별창고 화물정보, 화물터미널정보, 특정화물 확인정보, 도로교통정보, 고속도로 관리정보 등의 종합교통정보와 항공 및 해상화물 운송정보, 국제화물(복합운송)정보가 있다.

(4) 항만정보

항만정보에는 항만관리정보, CY-CFS 관리정보, 컨테이너 추적정보, 항만작업관리정보, 화물유통 통제정보, 작업지시정보, 선박도착정보, S/O 정보, B/L 정보, 보세창고·장치장 정보, 컨테이너터미널 운영정보, 예선/도선사 정보, 선석배정정보, 기타 지원서비스(줄잡이, 물품공급)정보 등이 있다.

(5) 수출화물 검사정보

수출화물 검사정보에는 검량정보, 검수정보, 선적 검량정보 등이 있다.

(6) 화물하역정보

화물하역정보에는 하역업체정보, 하역진적정보, 하역실적정보, 자동차 상·하차정보, 철도 상·하차정보, 선적정보 등이 있다.

(7) 포장/보관 정보

포장/보관 정보에는 보관물류(ODCY, ICD, 유통단지)정보, 수출포장정보 등이 있다.

(8) 보험정보

보험정보에는 화물보험정보, 컨테이너보험정보, 자동차운송 보험정보, 철도

운송 보험정보 등이 있다.

(9) 화물통관정보

화물통관정보에는 수출입신고정보, 수출입면장 획득정보, 관세환급정보, 항공화물 통관정보 등이 있다.

(10) 이용자 정보

이용자 정보에는 운송업자(대리점), 화물주선업, 기타 물류관련업자 정보가 있다.

한편, 항만물류는 활동단계와 범위의 광역성(국제성) 및 연계성, 항만의 공공성 및 사회성, 재화이동의 불규칙성 및 기동성, 서비스의 비저장성 및 노동집약성, 관련 기업의 다양성 및 소규모성, 관련 서류의 복잡성 및 비표준성 등으로 인해 이에 대응하는 정보 시스템을 구축하는 것이 매우 어렵다.

아래에서는 항만물류정보의 시스템화에 필요한 내용을 화물 및 관리행정 부분으로 나누어 개략적으로 살펴보기로 한다.

(1) 화물관련정보 시스템

화물관련정보 시스템을 항만물류산업 및 하주로 나누어 살펴보기로 한다. 항만물류산업이라는 관점에서는,

첫째, 화물분야는 매우 노동집약적이고 생산성이 낮기 때문에 노동집약적인 분야를 합리화 또는 생략화함으로써 경영을 향상시킬 수 있는 정보화가 필요하다. 예를 들어, 트럭운송사업에 있어서의 화물집하 후 목적지별 분류작업, 철도 및 해운에 있어서의 하역작업, 창고의 장치 및 적출작업의 시스템화 등이다. 또, 운송에 관련된 사무작업에 있어서는 각종 전표 및 서류작성에 소요되는 시간과 경비를 줄이기 위하여 사무작업을 신속하고 정확하게 처리할 수 있는 시스템화가 필요하다.

둘째, 화물운송에 관련된 작업을 계획할 수 있는 정보화가 필요하다. 예를 들어, 화물운송의 경우 선박, 항공기, 화차 등의 최적 적재계획, 컨테이너의 최적 적부계획, 트럭의 집배를 위한 운송경로의 최적화 등을 위한 시스템화 등이다.

셋째, 경영면에 있어서는 기업경영의 방향, 방침 등을 기획하고 입안할 수

있도록 지원하는 시스템화가 필요하다. 예를 들어, 하주별 화물의 이동량, 물류비, 업태별 기업의 활동상황, 운송경비 등 각종 통계자료를 축적하여 회사의 경영 및 경제상황 등을 파악함으로써, 기업경영에 도움이 되거나 새로운 기업전략을 세우기 위한 시스템이다.

넷째, 물류분야는 다른 업종, 또는 같은 업종의 타 기업간의 연대가 매우 필요하기 때문에 기업간의 정보교환을 원활히 할 수 있는 정보화가 필요하다. 예를 들어 항만관계에 있어서는 무역 수속서류를 작성하기 위하여 검량, 검수업자, 화물주선업자, 해운업자, 은행, 보험회사, 세관과의 사이에는 다양한 정보가 복잡하게 전달되어 처리되고 있다.

따라서, 이들 관련 업계간의 시스템을 온라인망으로 결합함으로써 정보유통의 신속화와 서류의 감소를 통해 경제적이고 효율적인 업무를 수행할 수 있다. 또 트럭관계에 있어서도 창고, 하주, 은행 등 다른 기업간에 각종 전표 및 서류 등이 교환되므로 이들 기업간을 온라인망으로 연결함으로써 사무작업의 신속화가 가능하며 상황관리도 매우 편리하게 수행될 수 있다.

다음으로 하주의 관점에서는, 첫째, 화물운송은 문전운송이 바람직하므로 이러한 운송에 적합하도록 정보화할 필요가 있다.

둘째, 하주에 대한 운송실적, 재고관리 등 각종 정보를 제공하기 위한 정보화이다. 예를 들어, 창고 등에 있어서는 품목별 재고량, 월별 출하횟수, 목적지별 출하수 등 각종 통계정보의 제공 및 전표, 통계자료 등의 문서를 처리하기 위한 시스템이다.

화물에 대해서는 이상과 같은 분야를 시스템화할 필요가 있으며, 다른 산업과도 연관성이 크기 때문에 이들 산업과 보조를 함께하는 시스템화가 특히 필요하다.

(2) 행정관련정보 시스템

행정관련정보 시스템으로는, 첫째, 각종 통계를 신속하게 시스템적으로 수집, 분석, 축적함으로써 필요한 때에 언제라도 이들 데이터를 활용하여 정책의 기획 및 입안 등에 도움이 될 수 있는 정보화가 필요하다. 또, 각 관련 행정기관 사이에 필요한 데이터를 수시로 교환할 수 있도록 시스템화하는 것도 바람직하다.

둘째, 육 · 해 · 공 운송이 원활하고 효율적으로 운용될 수 있는 교통체계를 구축하기 위한 정보화가 필요하다. 예를 들어, 항공에 있어서는 통신위성을 이용한 항공관제가 가능해지고 있고 대양을 포함한 관제도 가능하도록 할 필요가 있다.

도로교통에 있어서는 각종 센서를 이용하여 교통체증을 해소함으로써 원활한 운송을 할 수 있는 시스템화, 운전자에게 교통안내 등을 제공하기 위한 시스템화가 필요하다. 그리고, 해상에 있어서는 항해중인 선박의 위치를 파악하기 위한 시스템화, 항내외에서 선박의 충돌, 좌초를 방지하기 위한 시스템화, 항행하는 데에 필요한 정보를 제공하기 위한 시스템화 등이 필요하다.

이상의 행정관련 시스템은 ㉠ 사무작업면에서 효율적인 운영을 위한 정보 시스템, ㉡ 이들 작업에서 발생하는 데이터를 축적하기 위한 시스템, ㉢ 각 행정기관과 물류업계를 연결하여 데이터를 수집하기 위한 네트워크 시스템, ㉣ 수집된 정보를 바탕으로 의사결정을 지원하는 의사결정지원 시스템 등이 유기적으로 결합하여 효율적이고 고도의 행정을 수행하는 데에 도움이 되는 정보화가 필요하다.

2) 항만물류정보 시스템의 체계

항만물류는 특성상 국제물류 및 국내물류와 연계되어 있기 때문에 독자적인 정보 시스템의 체계가 확립되어 있는 것은 아니다. 따라서 아래에서는 이러한 특성을 고려하고 EDI 등의 도입을 전제로 하여 항만물류정보 시스템의 체계를 개념적으로 살펴보기로 한다.

항만물류정보 시스템은 해상화물, 육상화물, 항공화물 운송정보망 시스템 및 기타 시스템(은행 및 보험회사 네트워크, 외국의 데이터교환 시스템과의 네트워크)을 하위요소로 하는 데이터교환 시스템이다. 또한, 하주, 운송업자(선박, 철도, 트럭, 항공), 창고업자 등 물류관련업자 및 관련 기관에서 발생하는 물류데이터를 상호교환하는 시스템이다. 이 시스템에서는 송장, 하도지시정보, 선적정보 등의 물류정보 데이터를 교환하고 화물의 추적관리 및 요금정산업무를 수행한다.

아래에서는 항만물류정보 시스템을 구성하는 중요한 하위 시스템에 대하여 살펴보기로 한다.

(1) 육상화물 운송정보망 시스템

이 시스템은 트럭 운송정보 및 트럭 공동운송정보망 시스템으로 구성된다. 트럭 운송정보망 시스템은 운송업무와 관련하여 하주, 창고, 철도, 선박 등의 사업자와 트럭 사업자간에 발생하는 물류데이터를 교환하며, 화물 추적관리, 연계운송, 운행지원정보의 제공, 조회 및 문의, 집하예약, 요금정산 등의 업무를 수행한

그림 10 1 항만물류정보 시스템의 구성도

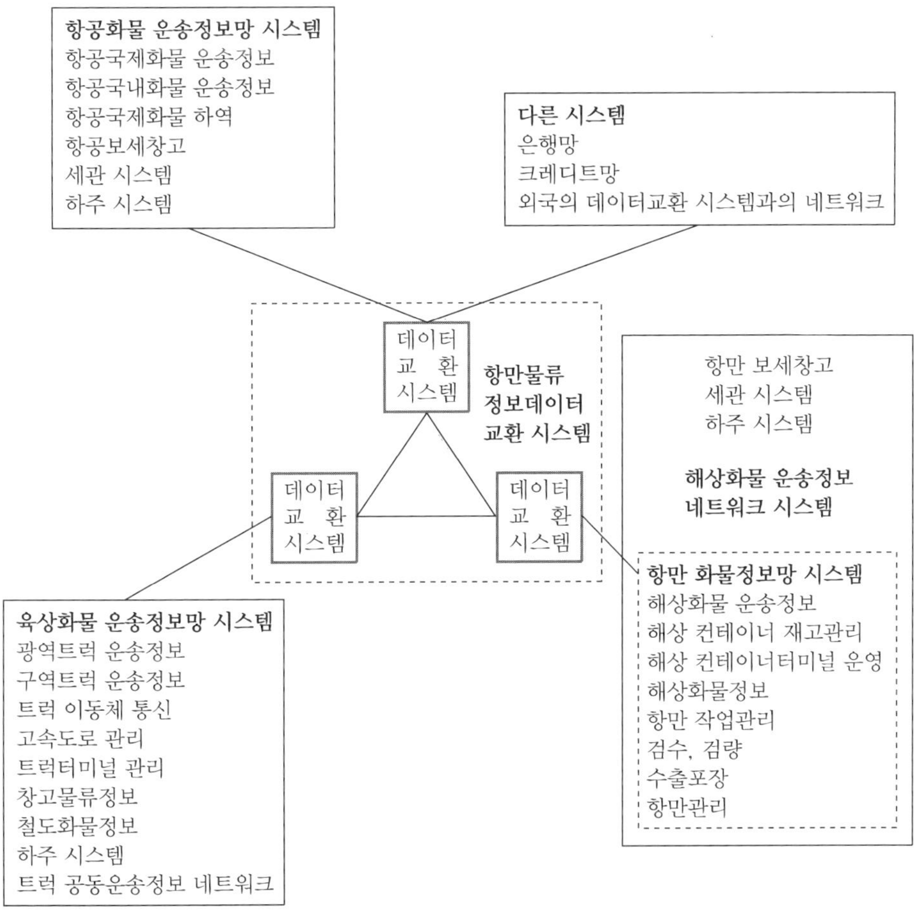

다. 하위 시스템으로는 창고물류정보, 철도화물정보, 해상화물 운송정보, 트럭터미널 관리, 트럭이동체 통신(도로교통정보), 용차관리 및 동업 타사 시스템 등이 있다.

(2) 항공화물 운송정보망 시스템

이 시스템은 항공화물 운송업무와 관련하여 항공회사와 하주, 항공화물 대리점, 운송업자 등의 사이에서 발생하는 물류데이터를 교환하며, 수입화물의 통관업무에 관련된 데이터교환, 화물 추적관리, 조회 및 문의, 대외수출입국과의 데이터교환 및 요금정산업무를 수행한다. 하위 시스템으로는 국내 항공화물정보, 국제

항공화물하역, 항공보세창고관리 시스템 등이 있다.

(3) 해상화물 운송정보망 시스템

국제 해상화물의 운송에 있어서 선사와 트럭 등의 운송회사, 창고회사 및 항만관련 사업자 등의 사이에서 발생하는 물류데이터를 교환하는 시스템이다. 이 시스템은 물류정보 데이터의 교환, 화물 추적관리, 조회 또는 문의, 대외수출입국과의 데이터교환, 요금정산 등을 수행한다. 하위 시스템으로는 창고물류정보, 철도화물정보, 트럭운송정보, 해상컨테이너 재고관리, 해상컨테이너터미널관리, 항만화물정보망, 외국의 네트워크 시스템 등이 있다.

그림 10-2 해상화물 운송정보망 시스템의 하위 시스템

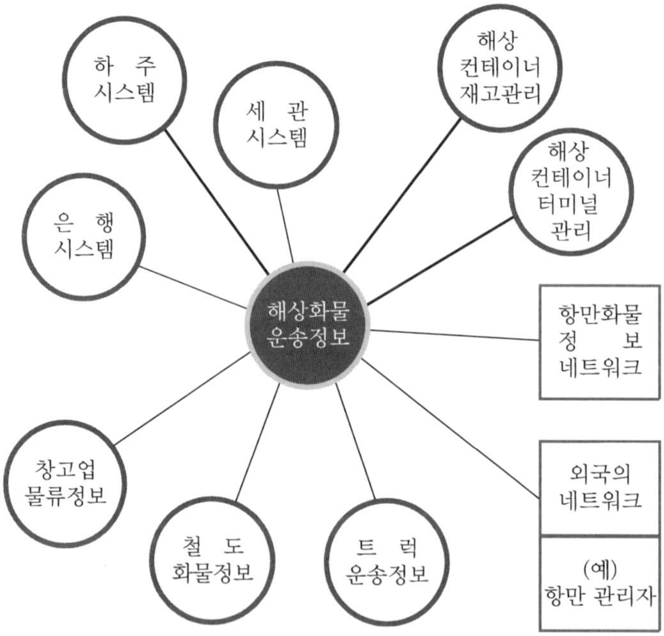

(4) 항만화물 정보망 시스템

수출입화물에 관련된 작업의 진행관리, 관세서류의 작성 등을 위해 데이터를 교환하는 시스템이다. 이 시스템은 물류정보 데이터의 교환, 작업 진행관리, 선박동정정보의 제공 등을 수행한다. 하위 시스템으로는 항만관리, 해상화물정보,

항만작업관리, 수출포장, 검수검량 시스템 등이 있으며 해상화물 서류작성 데이터 교환 시스템과 연결된다.

그림 10-3 해상화물 정보망 시스템

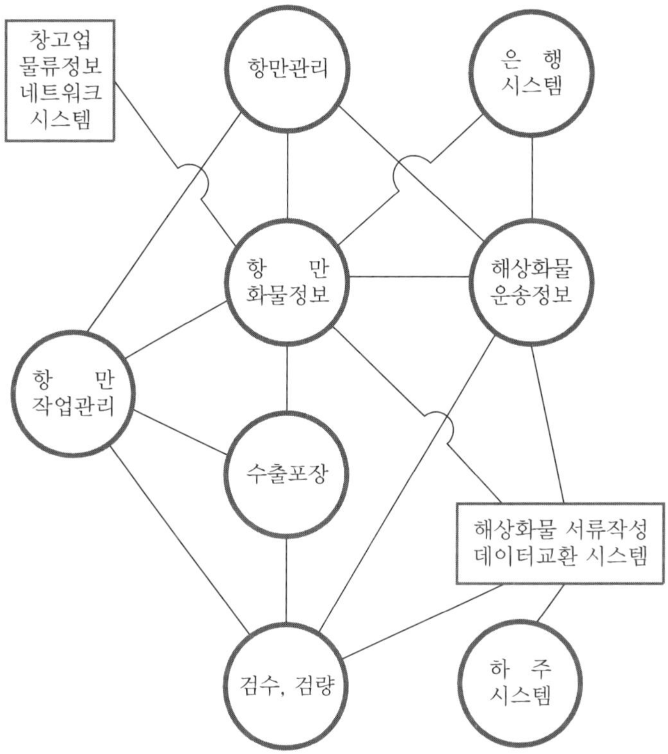

(5) 창고물류 정보망 시스템

광역부가가치 데이터전송 시스템을 통하여 창고회사와 하주, 운송기관 등의 사이에 발생하는 물류데이터를 교환하는 시스템이다. 이 시스템에서는 물류정보 데이터의 교환, 재고관리정보의 제공 등을 수행한다.

제 2 절 물류정보 시스템의 운용방식

1. 부가가치통신망(VAN)

부가가치통신망이란 제 3 자(데이터통신 처리업자 또는 회사)를 매개로 하여 기업간 자료를 교환하는 통신망을 말한다. 이러한 VAN(Value Added Network)의 목적은 제 3 자가 개재하지 않은 기업의 컴퓨터(혹은 단말기)간에 직접 통신회선을 연결하여 기업간 자료를 교환하는 통신망이라 할 수 있다. VAN이란 컴퓨터 사이에 단순한 데이터를 전달하는 것이 아니라 도중의 변환처리과정을 통하여 부가가치를 발생시킨다는 의미에서 부가가치통신망이란 이름이 연유되었다.

컴퓨터 이용의 초기에는 컴퓨터의 독립적인 정보처리기능에 만족하였으나 점차 온라인화에 의하여 정보의 입·출력 주체를 확대시킴으로써 하나의 네트워크로서 통신기능을 갖게 되었고, 이어 하나의 온라인 시스템과 다른 온라인 시스템이 연결되는 통합 온라인 통신체계 개념인 VAN이 등장하게 되었다.

VAN 시스템의 유형은 추진자의 주체에 따라 업계형, 거래계열형, 업계종합형 및 국제 VAN으로 구분할 수 있다. 이를 다시 세분하면 업계형 VAN은 기업의 수평공동형과 업계종합형으로 구분되며, 거래계열형 VAN은 단일기업형(수직형) VAN과 업계종합형 VAN으로 나눌 수 있다.

단일기업형 VAN이란 핵이 되는 기업이 중심이 되어 자사의 거래계열 전체의 VAN을 전개하는 방식이다. 그리고 기간 VAN이란 규모의 크기, 오픈 네트워크, 기업활동의 기본기능의 유무 등에 따라 결정된다. 즉, 규모로는 전국규모이며 각종 VAN과 자유롭게 연결되는 네트워크로서 금융, 상류, 물류 또는 정보에 이르는 기업활동의 기본기능에 공통된 자료에 대해서는 1회의 입력으로 모든 처리가 자동적으로 이루어질 수 있을 때 기간 VAN이라 할 수 있다.

기업이 VAN을 도입하면 다음과 같은 이점이 있다.

첫째, VAN으로 상업통신 제어절차운용에 관한 표준화가 가능해짐에 따라 불특정 다수의 기업간에 효율적인 자료교환 시스템을 구축할 수 있다.

둘째, 공동이용부문의 시스템개발에 있어서 비용을 대폭 절감할 수 있다.

셋째, 시스템을 스스로 만들 수 없는 기업도 자사의 설비 및 운용체제를 정비함으로써 VAN을 쉽게 구축할 수 있다.

넷째, 공통상품코드 정보데이터서비스 또는 POS(Point Of Sales) 데이터분석 공통프로그램 등을 공동으로 이용함으로써 개별기업의 POS 등 상품관리 시스템의 운용이 용이해진다.

컴퓨터의 네트워크화를 통하여 정보의 이용범위를 대폭 확장시키는 효과를 갖는 VAN의 등장은 물자의 흐름, 자금의 흐름 및 노동에 큰 영향을 미치고 있으며 앞으로 산업전반뿐만 아니라 각 기업의 성쇠에 큰 변화를 초래할 것으로 예상된다.

그림 10-4 VAN의 유형

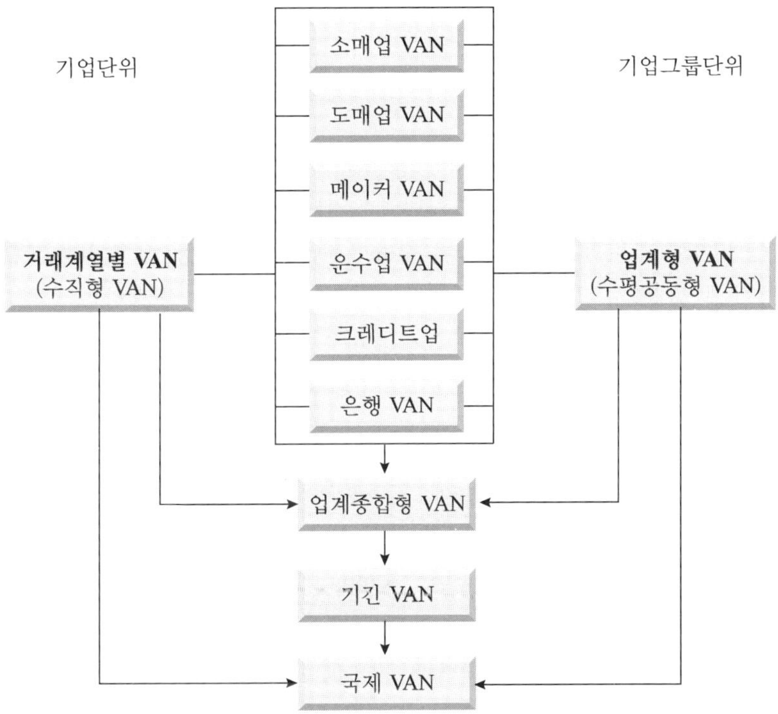

2. 전자자료 교환방식(EDI)

전자자료 교환방식(EDI : Electronic Data Interchange)이란 선적요청서(S/R), 주문서(Purchase order), 상업송장(Commercial invoice) 등 기업간에 교환되는 서식이나 수출입

허가서(E/L 및 I/L), 수출입신고서(E/D 및 I/D), 수출입면장(E/P 및 I/P) 등 기업과 행정관청 사이에서 교환되는 행정서식을 일정한 형태를 가진 전자메시지로 변환처리하여 상호간에 합의한 통신표준에 따라 컴퓨터와 컴퓨터간에 교환되는 전자문서 교환 시스템을 말한다.

EDI는 거래 당사자가 인편이나 우편에 의존하는 종이서류 대신 컴퓨터가 읽을 수 있는 표준화된 자료인 전자서류를 데이터통신망을 통해 컴퓨터와 컴퓨터간에 교환하여, 재입력과정 없이 직접 업무에 활용할 수 있도록 하는 새로운 정보전달 방식이다.

일반적으로 EDI의 구성요소에는, ㉠ 전자문서와 통신방법의 표준화에 관한 EDI 표준, ㉡ 전자문서를 전송하거나 수신하기 위한 사용자 시스템, 그리고 ㉢ 사용자간에 통신망서비스를 제공하는 제 3 자 네트워크인 서비스제공자 내지 VAN 사업자가 있다.

EDI는 단순한 기업 내부의 전산화 내지는 자동화가 아니라 전혀 다른 업무처리 시스템을 가진 거래 상대방과의 데이터통신이다. 따라서 EDI가 제기능을 다하기 위해서는 EDI로 처리할 전자문서 및 적용표준, 시스템운영, 오류 또는 분쟁발생시 해결절차 등을 규정한 EDI 거래당사자간 약정 등이 중요하다.

EDI 표준은 EDI 통신을 위해서 필요한 EDI 이용자간의 수칙이라고 할 수 있으며, 용도에 따라 전자문서표준과 통신표준으로 구분된다. 또한 적용범위에 따라 특정기업의 전용표준, 여러 기업이나 산업 또는 여러 국가의 사용자들이 함께 이용할 수 있는 공통표준이 있으며, 공통표준은 다시 산업표준, 국가표준, 그리고 국제표준으로 세분할 수 있다.

현재 사용되고 있는 국제표준은 1986년에 개발된 UN/EDIFACT(EDI For Administration Commerce and Trade)로 1987년 3월 ISO에 의해 EDI 국제표준으로 승인되어 각국에서 사용되고 있다. UN에서 승인한 EDIFACT는 미국에서 개발된 EBDI(Electronic Business Data Interchange)와 유럽에서 개발된 GTDI(Guidelines for Trade Data Interchange)를 하나로 통합한 국제표준으로, 1995년 11월 현재 UN/EDIFACT 국제전자문서는 메시지를 기준으로 189종이 개발중에 있으며, 이 중 통관 및 운송관련 부문은 59종에 이른다. 그리고, 이 중 42종은 국내외 교역에 있어서 기업의 요구사항을 충족시킬 수 있는 단계인 UN 표준서류(UN Standard Messages : UNSM)의 수준에 도달해 있다.

아직도 일부 국가에서는 자체의 지역직(Local) 표준을 가지고 있지만 유럽을 포함한 많은 나라들은 세계적으로 보편적인 EDI 표준인 UN/EDIFACT로 전환하고 있는 중이다. 미국에서는 아직도 ANSI(American National Standard Institute) X.12가 지역표준으로써 철도 및 자동차운송업계에서 많이 채택되고 있다. 그러나 미국세관을 포함한 많은 정부기구는 유럽과의 교역에 있어서는 UN/EDIFACT를 사용하고 있다.

또한, UN 유럽경제위원회(ECE)하의 무역절차간소화 회의를 중심으로 국제무역에서 EDI의 도입이 적극적으로 추진되고 있어 신용장거래도 국제은행간 금융통신조합(Society for Worldwide Interbank Financial Telecommunication : SWIFT) 시스템에 의한 전자화가 이루어졌으며, 종래의 선하증권도 EDI가 대체해 나가고 있다.

EDI를 도입하여 얻을 수 있는 효과는 다음과 같다.

첫째, 종전까지 서류형태로 전달되던 모든 거래자료가 컴퓨터와 컴퓨터 사이에서 전자메시지로 신속·정확하게 전달될 수 있어, 문서전달과정에서의 오류발생이 방지되고 수작업과 재입력에서 오는 시간절약 등의 효과가 있다.

둘째, EDI의 도입은 서류 없는 거래(Documentless trade)가 가능하게 되어 사무처리비용, 인건비, 재고관리 등 운영비의 감소에서 오는 직접적인 효과 외에 신속·정확한 주문 및 배달처리로 적정 재고관리가 가능하다. 또한, 고객서비스 증대와 경쟁력 우위확보, 분산된 정보의 신속·정확한 전달 및 처리·보관, 신속한 의사결정, 다른 정보망과의 다각적인 연결 등에 의한 간접적인 효과도 기대할 수 있다.

셋째, EDI의 도입을 통한 무역자동화가 이루어지면 신속·정확한 무역정보의 상호교환이 가능해지므로 무역정책수립 및 관리의 고도화와 함께 합리적인 생산, 보관, 운송 등을 통한 무역절차 비용과 시간을 대폭 절감할 수 있다. 또한 기업 내 사무자동화의 효과를 극대화함은 물론 정보화 시대에 부응하는 무역거래환경을 구축함으로써 고객에 대한 서비스의 질적수준을 높일 수 있다.

넷째, 무역자동화 시스템이 구축되면 화물도착에 앞서 무역정보 및 전자서류가 미리 입수되어 통관절차를 사전에 마침으로써 화물을 도착 즉시 반출할 수 있고 항만적체도 크게 해소할 수 있다.

또한 선적 및 화물정보가 신속하고 쉽게 파악되므로 내륙운송의 정시성과 효율성이 제고되어 불필요한 교통유발을 방지할 수 있고 나아가서는 항만, 내륙운송시설 등 물리적 사회간접자본에 대한 투자부담을 대폭 감소시켜 투자효과를 극대화할 수 있다.

이 외에도 지역에 관계없이 무역업무의 처리가 가능하게 됨에 따라 업체의 지방분산과 지역의 균형적인 발전에 기여할 수 있고, 각종 무역정보의 신속한 입수와 더불어 무역절차 비용절감, 업무처리 시간단축 등을 통하여 수출을 크게 촉진할 수 있다.

3. CALS

CALS는 미 육군이 최초로 개발한 것으로 유통, EDI, CAD/CAM 등을 복합하여 방대한 컴퓨터 네트워크로 연결한 것으로, 전 세계·전 산업적으로 자유로운 정보교환 및 조달을 가능하게 하는 시스템이다.

그림 10-5 CALS의 개념도

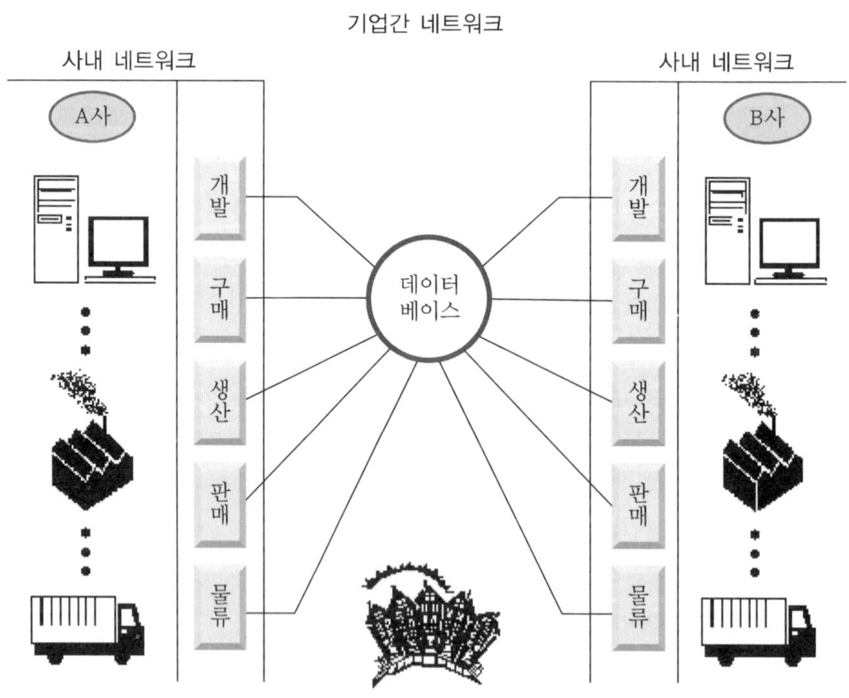

개발 초기의 CALS는 컴퓨터를 통한 조달과 물류의 지원(Computer-aided Acquisition and Logistic Support)에서 1990년대 초에는 지속적인 조달과 라이프사이클의 지원(Continuous Acquisition and Life-cycle Support)으로 변경된 후, CALS 회의에서 광속상역망(Commerce At Light Speed)으로 그 명칭이 바뀌었다. 앞으로도 명칭변경의 가능성이 있으나 생산·조달·운용지원 통합정보 시스템 또는 생산·조달·물류운용 통합 시스템으로서 이용범위는 더욱 넓어질 것으로 전망된다.

현재 미국에서는 CALS야말로 미국경제의 마지막 구명보트라는 인식하에 일본·유럽 등 여러 나라에 뒤져 있는 제조·품질 등 여러 분야의 경제적인 열세를 만회하기 위한 CALS 확립에 국가적인 총력을 기울이고 있다.

CALS는 원래 미 국방부의 Paperless 운동으로부터 시작되었으나 이러한 정보의 전자화가 병기매뉴얼 보관공간의 절약뿐만 아니라, CAD/CAM 등과의 밀접한 관계를 통해 병기의 개발·제조 전체에 혁명을 일으킬 가능성이 있어, 1984년 미국 방위분석연구소(IDA : Institute for Defense Analysis)를 중심으로 국방부와 민간 방위산업 관계자가 태스크 포스를 구성하여 CALS에 관한 각서를 발행했다.

같은 해, 국방부 내에 CALS 프로젝트의 방향을 결정하는 전문부서가 설치됨에 따라 민간기업은 미국 방위산업협회(NSIA : National Security Industrial Association) 안에 CALS/ISG(Industrial Steering Group)를 개설하고 품질향상, 코스트 절감, 리드타임 단축 등의 효과를 거두기 위한 전략으로써 CALS의 개발을 시작했다.

한편, 경영 측면에서 보면 CALS는 정보기술(IT : Information Technology)을 기반으로 하는 종합적인 경영혁신 전략이라고 할 수 있으며, 다음과 같은 3가지 요소로 구성되어 있다.

(1) 전자적인 표준화

제품의 생산설계도간 또는 매뉴얼간의 제품에 대한 정보기술을 표준화하여 어떠한 컴퓨터에 입력하더라도 정보처리가 가능하도록 하는 동시에, 정부 구매물품 등과 관련 산업의 표준화된 제품기술방식을 하나의 논리적 데이터베이스(데이터 라이브러리) 형태로 갖추는 것을 의미한다.

이처럼 표준화된 데이터를 CALS 시스템 기술로 실용화하기 위해서는 제품자료관리 시스템이 필요하며, 여기에는 ISO의 STEP(제품모델 자료교환을 위한 표준)[1)]가

1) Standard for the Exchange of Product Model Data로 제품모델 데이터교환규격, IGES의 데이터를 포함하여 제품의 사양, 기능, 구성, 구조해석 등 설계, 제조, 유지보수에 관련된 모든

있다.

(2) 정보통신망의 구축

CALS를 위해 표준화된 각종 제품관련 정보를 사내 및 기업간 정보교환 통신망을 통하여 신속·정확하게 주고받는 시스템이다.

네트워크를 통한 정보통신망이 하드웨어적인 하부구조라면 소프트웨어인 EDI 시스템의 구축도 필요 불가결한 구성요소가 되고 있다. 정보를 최소한의 분량으로 만들어 데이터를 교환하게 하는 즉, 사용자에게 쉽고 편리한 정보교환 시스템인 EDI는 네트워킹의 필수적인 개념이라 할 수 있다.

전자적으로 표준화된 데이터가 이러한 정보통신망을 통하여 모든 기업간에 신속히 교환되면 전자상류 또는 전자교역(Electronic Commerce)이 보편화될 수 있다.

(3) 리엔지니어링

전자적인 표준화와 네트워크가 구축되면 원·부자재 부품의 조달, 제품의 설계, 생산판매, 물류 및 시설이나 설비의 유지보수가 단축된 시간과 적은 비용으로 수행될 수 있을 뿐만 아니라, 상거래나 물류과정에서 상담이나 업무처리과정까지도 단축시킬 수 있다. 이러한 테크닉을 리엔지니어링이라고 볼 때 CALS는 리엔지니어링을 위한 강력한 수단이 될 것으로 보인다.

CALS에 의한 리엔지니어링은 동시공학(Concurrent Engineering)[2]을 가능케 하는 최대의 장점이 있다. 즉, 설계가 생산과 동시에 이루어지고 설계변경 역시 컴퓨터에 의해 동시에 추진됨으로써 컴퓨터 네트워크에 의해 사내에서나 관련 기업과의 업무추진에 있어서 시간절약, 원가절감, 품질향상, 물류합리화에 획기적인 기여를 하게 될 것이다.

데이터의 교환, 저장 및 공유를 위한 국제 데이터 표준(ISO 10303). IGES(Initial Graphics Exchange Specification)는 1979년부터 CAD 시스템의 2차원 및 3차원 데이터를 교환하기 위한 ANSI(American National Standard Institute : EDI를 위한 각 산업별 문서표준 및 구문 규칙) 표준으로써 형상 데이터만을 교환하기 위한 목적으로 제정된 것이다.

2) 제품의 개발, 생산 및 유통에 관련된 다양한 조직들 사이에 제품에 대한 정보를 공유함으로써 전체 제품의 개발비용 및 개발기간을 단축하기 위한 방법으로, 각각의 공정을 네트워크화하고 각 공정의 통합 데이터베이스를 구축하여 각 공정간의 상호진행상황을 공개함으로써 동시에 협조적으로 업무가 추진되도록 하는 것임. 즉, 제품에 대한 시장으로부터의 요구사항을 반영하여 제품기획, 기술설계, 시제품 생산, 유통 및 사후지원하는 전 과정을 정보시스템을 통하여 실시간으로 상호 전달하면서 동시 반복적으로 시뮬레이션하는 공정과정임.

현재까지 CALS는 제품개발을 위주로 하는 Boeing777 개발,[3] NTT, NASA 등 주로 제조업을 중심으로 도입되고 있으며, 우리나라에서도 몇 개의 기업에서 초기 단계의 CALS가 도입되고 있다.

한편, CALS는 신제품개발에 관한 데이터 등 고도의 기밀정보를 주고받기 때문에 정보보안유지를 위해 전용통신망을 주로 이용하는 경향을 보이고 있어서 초기 투자비용이 많이 든다는 단점도 있다. 그러나, 현재까지 CALS는 미국을 비롯한 선진 각국의 제조업을 중심으로 급속도로 확산되고 있다. 그리고, 제조업 이외에도 전 산업·전 세계를 단일로 할 수 있다는 네트워크적인 특성상 CALS는 물류산업에 커다란 영향을 미칠 것으로 전망된다.

3) 보잉777기 개발에 참여한 일본 가와사키 중공업의 경우 CALS의 도입으로 불량률이 50% 이하로 줄어들었음.

제 11 장

항만물류 시스템의 분석

제 1 절 시뮬레이션에 의한 생산성 분석

1. 대기행렬

일상생활에서는 서비스를 받기위해 줄을 서서 기다리는 일이 자주 있다. 마찬가지로 시스템에 있어서도 감당하기 어려울 정도로 많은 요구가 있을 때에는 이러한 일이 발생하며, 이러한 현상을 대기행렬(Queueing)이라 부른다. 이러한 대기행렬은 서비스를 받고자 하는 고객(또는 주문)을 미리 예측하기 어려운 경우, 즉 정보가 부족한 경우에 발생한다.

한편, 선박 및 화물의 도착에 대한 하역, 하역된 화물에 대한 이송, 이송된 화물에 대한 보관, 내륙으로 수송되는 화물에 대한 게이트 처리 등의 서비스를 제공하는 항만물류 시스템은 그 특성상 대기행렬이 발생하는 대표적인 시스템으로 인식되고 있다. 이러한 점에서 아래에서는 컨테이너터미널(하역, 이송, 보관, 게이트) 만을 하위 시스템으로 하는 간단한 항만물류 시스템을 대기행렬로서 모델링하고 시뮬레이션에 의해 생산성을 분석하는 문제를 다루기로 한다.

시뮬레이션을 대기행렬에 응용하는 방법은 〈그림 11-1〉에 보이는 것처럼 정량적으로 모델을 구성한 다음 조건이 단순하다면 방정식을 세워 해석적으로 풀 수가 있다. 그러나 , 실제문제는 조건이 복잡할 뿐만 아니라 간단하게 방정식을 세워서 풀 수 없는 경우가 대부분이다. 따라서, 이런 경우에는 도착측 및 서비스측을 프로그램(대부분의 경우, Monte Carlo법)하여 계산기로 시뮬레이션하게 된다.

그림 11-1 대기행렬의 시뮬레이션

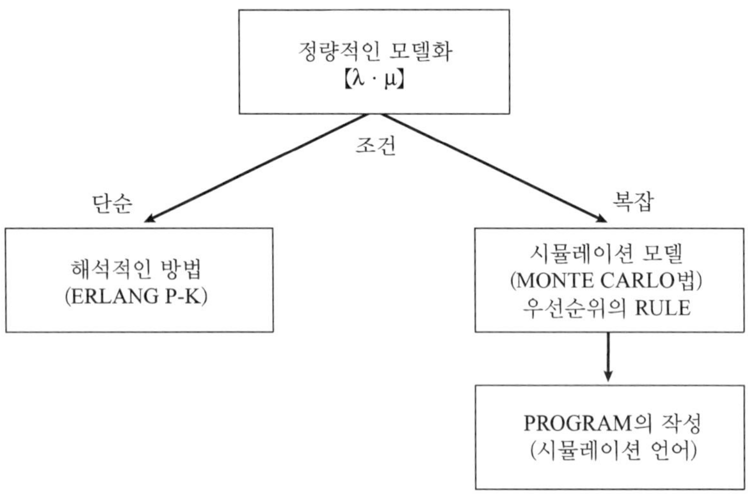

다음으로 대기행렬문제를 실제 시스템에 적용할 경우, 필요로 하는 수순과 검토내용 및 시스템의 개선방법에 대하여 구체적으로 살펴보기로 한다. 먼저, 실제 시스템에 적용할 경우, 그 수순은 다음과 같다.

① 예비조사

② 시스템의 변경에 대한 가능한 대안의 검토

③ 상세한 자료수집

④ 시스템변경(시뮬레이션)에 따른 다양한 효과에 대한 구체적인 연구

⑤ 실제상의 권고 작성

⑥ 소규모 변경의 시행

⑦ 전면적인 실시

위에서 설명한 내용은 매우 일반적인 것으로, 특정한 대상에 대해서는 생략하는 부분도 있을 것이며, 경우에 따라서는, 어떤 부분을 반복하여 시행해야 할 필요도 있다. 아래에서는, 이들의 구체적인 내용에 대하여 간단히 설명하기로 한다.

(1) 예비조사

예비조사의 중요한 내용으로는 다음을 들 수 있다.

- 복잡한 시스템에 대해서는, 대상의 흐름에 대한 흐름도(Flow chart)를 만들어 서비스에 대해 제약이 있는 곳을 추출한다.
- 기다려야 하는 중요한 곳에 대해 도착률, 서비스시간, 대기시간을 대략적으로 측정한다.

이러한 과정을 거쳐 심하게 기다려야 하는 곳이라든가, 대부분의 시간에 걸쳐 비어 있는 서비스시설에 대한 정보를 파악할 수 있다.

(2) 변경에 대한 가능한 대안의 검토

이론적으로는 시스템을 변경하기 위한 방법이 다양하게 있을 수 있으나, 이 단계에서는 실행가능하고 효율적이라고 판단되는 변경의 형태를 결정한다. 즉, 상세한 연구를 행하기 위한 일반적인 방침을 결정한다.

(3) 상세한 자료의 수집

이 단계에서는 입력과 서비스시간의 통계적인 성질을 충분히 그리고 상세하게 추정하여 적당한 모형을 만들 수 있는 준비를 하며, 또 모형을 구성하는 파라미터의 구체적인 값을 결정하도록 한다.

가령, 고객의 도착이 랜덤(Random)하다고 생각되는 단일창구 대기행렬에서는 도착률을 추정하고 도착의 랜덤성에 대해 대략적으로 검토하여 서비스시간을 추정하기 위한 자료를 구하면 될 것이다. 또한, 한정된 시간 내에서는 도착이 랜덤하나, 시간간격을 길게 잡으면 도착률이 계통적으로 변하는 일이 자주 일어난다. 이러한 경우에는, 반드시 이 계통적인 변화를 파악해야 한다. 도착률이나 서비스시간이 시스템 내의 손님의 수에 의해 변할 가능성이 있거나 또는, 우선권이 존재하는 더욱 복잡한 시스템에서는 시스템의 거동을 상세하게 기록할 필요가 있다.

(4) 변경으로 인한 다양한 효과

이 단계에서는 고려하고 있는 변경으로 인해 생길 여러 가지 효과를 예측하도록 노력해야 한다. 이것에는 대략 3가지의 방법 즉, 직접적 실험(보통은 요인분석), 이론적 계산 및 시뮬레이션이 있다.

이들 중 제 1 의 방법은 제외하는 경우가 많다. 왜냐하면 가령, 많은 비용을 필요로 하는 시스템 변경을 행하는 것이 좋은가 어떤가를 결정하는 것이 연구의 목적이라면, 보통은 직접적 실험방법은 제외하는 것이 마땅하기 때문이다.

또한, 이론적 방법과 시뮬레이션 모두 시스템의 어떤 종류의 파라미터 예를 들어, 도착률 등은 변경 후에도 바뀌지 않는 것으로 가정하여 변경 후의 시스템에 대한 예측을 하는 것이 일반적이다.

③에서도 설명한 것처럼 본래의 시스템에 대한 이론적인 행렬시간 등이 실측결과와 잘 일치하고 있는가의 여부를 확인하는 것은 연구방법을 검토하는 데에도 유익한 경우가 많다. 그리고 시뮬레이션과 수학적 분석을 대비시키면 매우 유익한 경우가 많다. 수학적 분석을 위한 단순화를 위한 여러 가지 전제조건을 검토하는 데에 시뮬레이션을 사용하는 것은 이러한 이유 때문이다.

(5) 실제상의 권고 작성

여기에서는 ④에서 검토한 몇 개의 실행가능한 변경 중 어떤 최적기준을 만족하는 것을 선택한다. 이 기준은 단순한 비용의 형태로 표시될 수도 있고, 손님의 대기시간이 어떤 값을 넘을 확률을 기준으로 그 이상이 되어야 한다는 조건하에서 비용을 최소로 하는 형태로 될 수도 있을 것이다. 그러나 그 형태가 어떤 것이든 최적기준은 충분히 검토하여 선택하여야 한다.

(6) 소규모의 시행

가능하다면 어떤 경우를 불문하고 ⑤에서 제안한 변경을 소규모적으로 시행해 보는 것이 바람직하다. 이것은 이론적인 분석에서 발견하지 못한 장애를 찾아내어 ④에서 행한 이론적인 예측이 어느 정도 정확한가를 검토하는 것을 그 목적으로 하기 때문이다.

(7) 전면적 실시

마지막으로 새로운 시스템을 전면적으로 도입한다. 그리고, 변경 후의 시스템은 철저하게 관측하는 것이 바람직하다.

다음에는, 이상의 검토결과로부터 대상으로 하는 시스템을 구체적으로 개선하는 방법에 대하여 살펴보기로 하자.

실제적으로는 시스템을 변경시키는 대안 중 실행가능하고 실질적으로 유리한 결과를 초래할 수 있는 안은 대체적으로 그 범위가 정해져 있는 경우가 많다. 따라서 아래에서는 극히 보편적으로 사용되고 있는 내용을 소개하기로 한다.

항만물류 시스템처럼 각 개체가 몇 개의 대기행렬 장소를 순차적으로 통과하고 있는 복잡한 시스템에 있어서는 흐름의 형태를 바꾸어야 할 것이나, 단 1곳에서의 대기행렬만이 문제가 될 경우에는, 도착 또는 서비스기구 및 대기행렬의 규칙을 바꾸는 것이 바람직하다.

① 도착에 관한 변경

- 예를 들어, 어떤 고객을 서비스에서 제외함으로써 전체의 평균 도착률을 변경한다.
- 시간예약(이것은 보통 일정한 간격으로 도착하도록 계획되어 있다)에 의해 각 고객의 도착시각을 관리한다.
- 각 고객의 도착시각을 관리하기보다는 일정기간 동안의 고객흐름을 더욱 균등하게 하여 도착률의 계통적 변경을 부드럽게 한다.
- 행렬중의 고객수에 따라 고객이 대기행렬에 참가하도록 유도하든가 거꾸로 참가하시 못하도록 설계한다.

② 서비스기구에 대한 변경

- 평균 서비스시간을 단축
- 대기시간이 긴 경우에는 평균 대기시간보다도 서비스시간을 줄이도록 노력한다.
- 많은 창구를 만들어 시스템의 용량을 증대한다.
- 매우 심하게 기다릴 경우, 평균수 이상의 손님이 도착할 것으로 예측될 때에는 일시적으로 용량을 증가할 수 있도록 시스템을 설계한다.

- 평균적으로 창구의 이용가능성을 높이거나, 또는 손님이 있을 때에 서비스가 더욱 잘 이루어질 수 있도록 설계하여 창구의 이용가능성을 증대

③ 대기행렬의 규칙에 대한 변경

- ‘중요한’ 손님, 예를 들어 대기시간 단위당의 비용이 큰 손님에게는 먼저 서비스를 받을 수 있는 우선권을 부여한다.
- 서비스시간이 짧을 것으로 예상되는 손님에게 우선권을 부여한다.
- ‘서비스는 선착순’이란 대기행렬의 규칙이 없는 시스템에 대해서는 연구와 검토를 통하여 긴 행렬이 생길 확률을 줄일 수 있는 규칙을 정한다.
- 복수창구 대기행렬에서는 특정창구에 손님을 나누어 기다리게 하는 방법을 검토하여 도입한다.

2. 통계자료의 분석

1) 하역 시스템

하역 시스템의 효율은 기본적으로 시스템의 유입률(Inflow)과 유출률(Outflow)이 어떻게 조화를 이루고 있는가에 달려 있으며, 부조화로 인해 발생하는 현상은 하역 시스템의 생산성에 커다란 영향을 미친다. 따라서, 하역 시스템을 분석할 경우에는 시스템의 용량에 초점을 맞추어 시스템의 효율에 영향을 미치는 요소들의 특성에 대하여 살펴볼 필요가 있다.

일반적으로 하역 시스템의 유(출)입 요소 중 중요한 것으로는 선박 및 화물을 들 수 있다. 그러나 항만에 입·출항하는 선박 및 화물은 그 특성상 도착패턴 및 적재톤수 등에서 매우 불규칙하다. 하역 시스템의 생산성은 이러한 유출(입) 요소의 불규칙성 즉, 통계적인 특성에 따라 많은 영향을 받으며 경우에 따라서는 하역 시스템의 생산성이 유출(입)요소들의 특성에 따라 좌우되는 경우도 적지 않다. 아래에서는 B터미널의 자료를 기초로 하여 하역 시스템의 효율에 영향을 미치는 불규칙 요소들을 통계적으로 분석하기로 한다.

(1) 선박의 도착패턴

컨테이너선박은 매주 특정한 요일에 입항하는 경우가 많으나 전체 입항선박들의 도착패턴을 살펴보면 특정한 확률분포에 따르는 것을 알 수 있다.

그림 11-2 B터미널에 입항한 선박톤수에 대한 분포

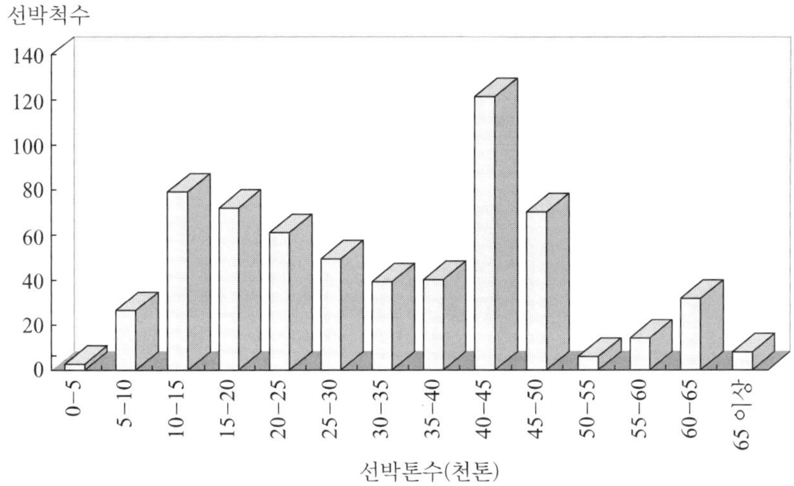

B터미널에 입항한 선박의 평균 톤수는 32,360G/T이며, 최대 67,685G/T, 최소 4,500G/T이었다. 40,000G/T에서 45,000G/T 사이의 선박이 121척으로 전체 선박의 약 20%를 차지하고 있으며 입항한 컨테이너선박은 40,000G/T급이 주류를 이루고 있다. 입항선박 중 묘박지에서 대기한 선박은 620척 중 235척으로 전체 선박의 38%를 차지하였으며, 선박이 묘박지에서 투묘한 시각으로부터 B터미널의 부두에 접안하기까지의 대기시간은 평균 8.2시간이었다.

또한, 선박의 도착시간간격에 대한 빈도분포는 〈그림 11-3〉과 같다. 이 분포로부터 B터미널에 입항한 620척 선박의 평균 도착시간 간격은 5.63시간(337.95분)이고 표준편차는 5.05시간(302.8분)이었다.

이 분포의 수학적인 특성을 파악하기 위하여 분포검정(Chi-square test)을 실시하였다. χ^2-Test에서 도착시간 간격의 구간(k)을 10개로 할 때 지수분포 변수(s)는 1개(도착률 λ)이므로 자유도(Degree of freedom)는 k−s−1로써 10−1−1 = 8이 되고, 기대도수는 $n \cdot p_i$로서 620×0.1 = 62.0이 된다.

그리고 선박의 도착시각 간격분포가 지수분포일 때의 χ^2-Test 결과 자유도 8에서 ($\chi^2 = 14.21$) < ($\chi^2_{a=0.05} = 15.5$)로 95%의 신뢰도를 보였으므로, B터미널의 선박 도착시간 간격분포는 지수분포를 따른다는 것을 알 수 있다.

그림 11-3 B터미널의 선박 도착시간 간격분포

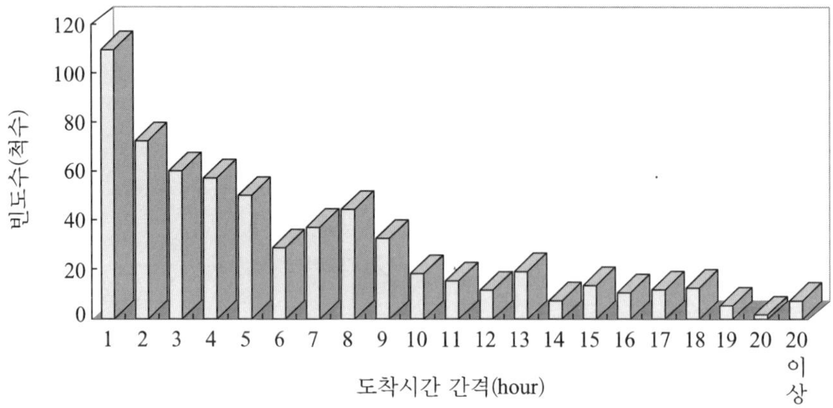

이상으로부터 B터미널의 선박 평균 도착률(α)은 1/5.63(척/시간)으로 5.63시간 간격으로 1척의 선박이 접안하고 있다는 것을 알 수 있다.

그림 11-4 B터미널의 선박 도착시간 간격분포

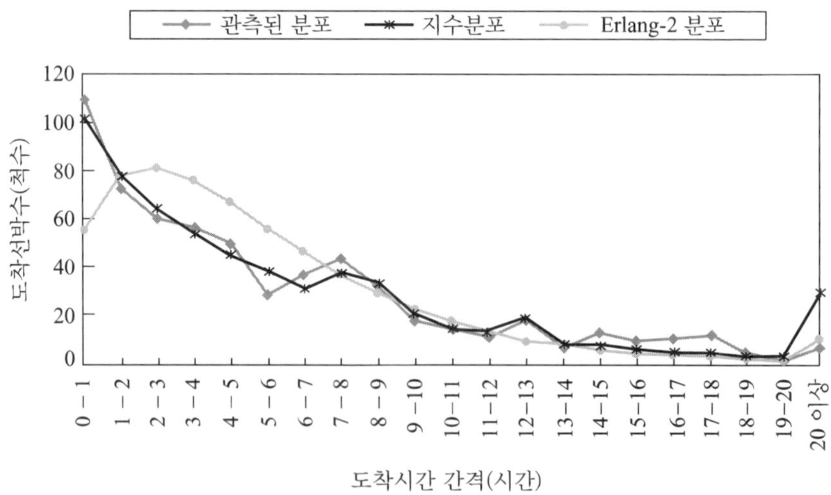

(2) 하역 컨테이너 개수분포

선박들의 하역(수출·수입·환적) 컨테이너의 분포는 〈그림 11-5〉와 같다. 척당

그림 11-5 선박당 하역 컨테이너 개수분포

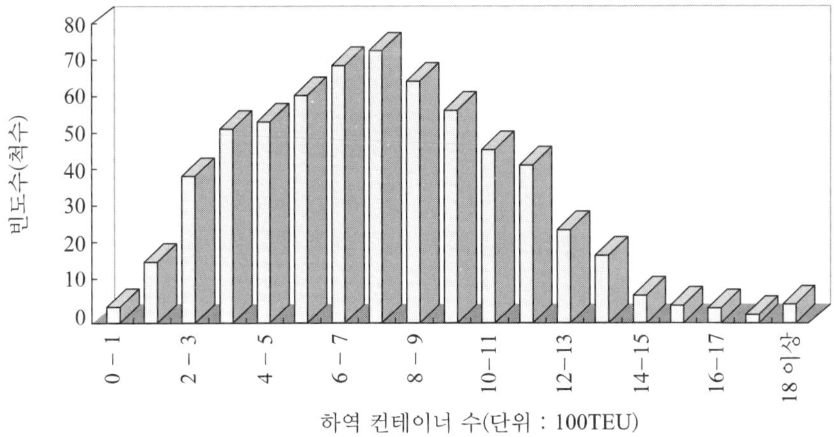

평균 하역 컨테이너수는 747.7TEU이고 표준편차는 379.1TEU였다.

〈그림 11-5〉를 살펴보면, 하역 컨테이너수는 정규분포(Normal distribution)를 따르는 것을 알 수 있으며, 이를 평균 721.2, 표준편차 337.6인 정규분포와 동일 그래프상에 나타내면 〈그림 11-6〉과 같다.

이 경우, 구간의 수가 15개이고 자료로부터 두 개의 모수($\hat{\mu}$, $\hat{\sigma^2}$)를 추정했으므

그림 11-6 선박당 하역 컨테이너수와 정규분포의 비교

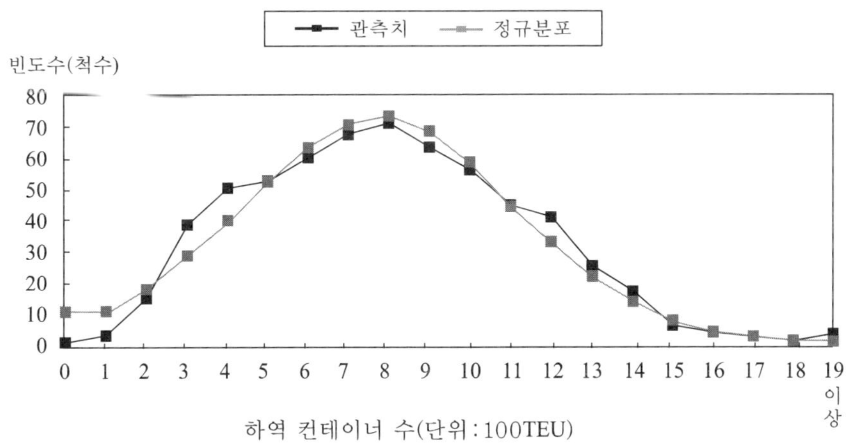

로, 자유도는 15-2-1 = 12이며 자유도 12 및 유의수준을 1%로 하면 $\chi^2_{0.01,12} = 26.2$이고, χ^2의 값은 21.94이므로 하역 컨테이너수는 정규분포에 따른다는 것을 알 수 있다. 그리고, B터미널에 입항하는 선박의 한척당 평균 하역톤수(W_a)는 721.2TEU이다.

(3) 서비스시간 분포

서비스시간은 컨테이너터미널을 이용한 선박들의 접안시간, 즉 선석에 접안하여 하역작업에 소요된 선박의 평균시간을 말한다. 통계처리 결과, 선박의 평균 접안시간은 16.67시간(1,000.2분)이고, 표준편차는 7.97시간이었다.

그림 11-7 서비스시간분포

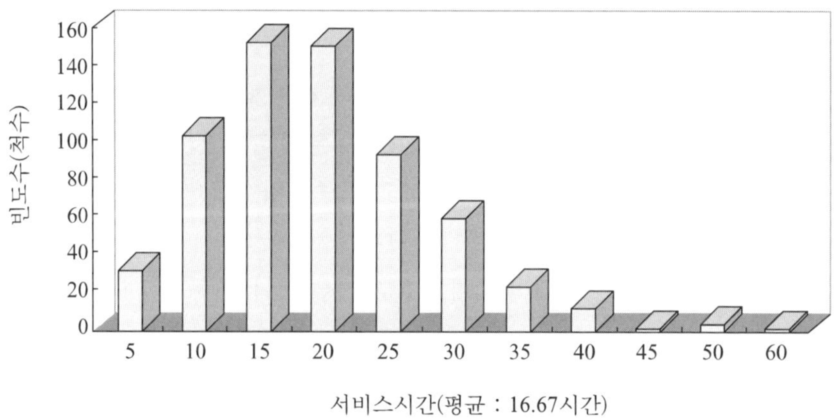

<그림 11-7>의 분포를 살펴보면, B터미널의 부두서비스 시간분포는 Erlang분포에 따른다는 것을 알 수 있다. <그림 11-8>은 관측자료에 의한 분포와 Erlang-4분포를 비교한 그래프이다.

χ^2-Test 결과, 자유도(Degree of freedom)는 9에서($\chi^2 = 17.2$) < ($\chi^2_{0.01} = 21.7$)로 99%의 신뢰도를 갖고 $\beta = 4$인 Erlang분포를 따른다는 것을 확인했다.

따라서, B터미널에 입항하는 선박의 서비스율(μ)은 1/16.67(척/시간)으로 선박 한척당 평균 16.67시간 동안 하역을 하고 있는 것을 알 수 있다.

이상의 분석으로부터 B터미널에 도착하는 선박의 평균 도착률(λ)은 1/5.63(척/시간), 선박에 대한 평균 서비스율(μ)는 1/16.67(척/시간), 선석점유율 $\rho = \lambda / I \cdot \mu$,

그림 11-8 서비스시간분포와 Earlang-4분포의 비교

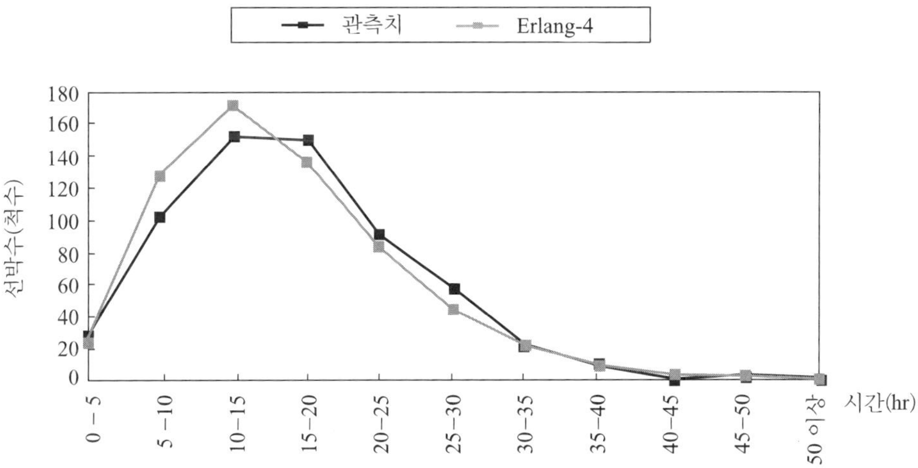

선석수 $I=4$, 부두이용률 $\alpha=\lambda/\mu$ 이므로, B터미널에 입항하는 선박의 평균 대기시간 T_q는 P-K(Polllacz-Khinchine)공식에 의해 식(11.1)로 나타낼 수 있다.

$$T_q=\frac{\rho}{\lambda(1-\rho)}\cdot\frac{e_I(\rho\cdot I)}{D_{I-1}\cdot(\rho\cdot I)} \tag{11.1}$$

$$=\frac{\rho}{\lambda(1-\rho)}\cdot\frac{\alpha^I/I!}{\alpha^I/I!+[(1-\alpha/I)\sum_{n=0}^{(I-1)}\frac{\alpha^n}{n!}]}$$

단, λ : 선박평균 도착률(척/시간)
μ : 선박평균 서비스율(척/시간)
I : 선석수
α : 부두이용률 (λ/μ)
ρ : 선석이용률$(\rho=\alpha/I=\lambda/I\cdot\mu)$
e_N : Poisson 함수
D_{N-1} : 누적 Poisson 함수

식(11.1)로부터 B터미널에 입항하는 선박의 평균 대기시간 T_q는 7.9시간으로 이 터미널에 입항하는 선박은 상당한 체증비용을 지불해야 된다는 것을 알 수 있다. 또한, 식(11.1)에서 알 수 있는 것처럼 선석점유율 ρ가 1에 가까워질수록

T_q는 ∞에 가까워지며, 또한 (1-ρ)는 서비스시설이 쉬는 비율이다.

(4) G/C 하역능력

G/C의 시간당 하역량 r은 식(11.2)와 같다.

$$r = \frac{n_g \cdot W_g \cdot e \cdot k}{c_g} = n_g \cdot e_n \cdot e \cdot k (\text{TEU/hr}) \qquad (11.2)$$

단, n_g : 선석당 작업크레인수
c_g : 크레인의 하역주기(hr)
e : 크레인의 작업효율
W_g : 크레인의 1회 작업화물량(TEU)
k : 작업크레인수 증가에 따른 크레인간의 간섭지수
e_n : 하역능률

여기서, 선석당 n_g =2, G/C수 증가에 따른 작업효율 k = 0.9, G/C의 1회 작업화물량 W_g = 1.58TEU(1VAN = 1.581TEU), G/C의 작업효율 e = 0.85, G/C의 Cycle Time c_g = 2.5분이라 하면, 시간당 하역량 r은 51.192TEU/hr가 된다.

한편, 일일 서비스율(μ_s)은 식(11.3)을 이용하여 계산할 수 있다.

$$\mu_s = \rho \cdot I \cdot h \cdot r \qquad (11.3)$$

단, ρ : 선석점유율

즉, 선석수 I = 4, 1일 작업시간 h = 20으로 가정하면, G/C에 의한 1일 서비스율(μ_s)은 4,095.36 · ρ가 된다.

여기서, 5개월간의 실측자료와 비교하기 위해서, 선석점유율 ρ = 0.5~0.9, 작업가능일수(d)를 130~150일로 하였을 경우, B터미널의 하역능력은 〈표 11-1〉과 같다.

실제로 해당년도의 1월부터 5월까지의 실측자료를 분석한 결과, B터미널에서 작업한 하역 컨테이너수는 452,386TEU였다. 따라서 식(11.4)를 이용하여 B터미널의 선석점유율 ρ는 다음과 같이 구할 수가 있다.

$$\rho = \frac{\mu_s}{I \cdot h \cdot r \cdot d} \qquad (11.4)$$

단, h : 1일 작업시간
d : 연간 작업가능일수

표 11-1 ρ와 작업일수에 의한 B터미널 하역능력

(단위 : TEU)

예상작업일수 / ρ	130일	140일	150일
0.5	266,198	286,675	307,152
0.6	319,438	344,010	368,582
0.7	372,677	401,345	430,013
0.8	425,917	458,680	491,443
0.9	479,157	516,015	552,874

여기서 선석점유율 ρ는 작업일수가 130일일 때 0.85, 140일일 때 0.79, 150일일 때 0.74로서 일반적인 적정수준인 0.11～0.7을 초과하고 있다는 것을 알 수 있다.

2) 이송 시스템

선석에서 장치지역까지 일정속력으로 차량당 화물 W_t(TEU/Vehicle)를 이송할 경우 시간당 이송량(S)은 식(11.5)와 같다.

$$S = \frac{\rho_t \cdot n_t \cdot W_t}{T_c + \dfrac{2d_t}{V_t}} \text{(TEU/hr)} \tag{11.5}$$

여기서, ρ_t : 차량의 사용률
n_t : 차량수
W_t : 1회 이송 화물량(TEU/Vehicle)
T_c : 1대당 화물의 (적)양하시간(hr)
d_t : 이송거리(km)
V_t : 차량주행속력(km/hr)

일반적으로 운행구간에서 차량수가 증가하면 차량의 주행속도는 점차 감소하지만, 식(11.5)는 차량수와 차량의 속력이 서로 독립적인 경우에 성립한다.

그리고, 차량수의 최대치를 n_{tm}, 차량 한 대의 최대속도를 V_{tm}이라 두면, 차량속력과 차량수의 관계는 도로면적, 운전기술 등 여러 요인에 따라 달라질 수 있지만, 제한된 지역의 경우에는 차량수가 증가하면 차량속도는 떨어진다. 차량수의 증가에 따라 속도가 선형적으로 감소한다면, 차량수와 속력과의 관계식은 식(11.6)으로 나타낼 수 있다.

$$V_t = -\frac{V_{tm}}{n_{tm}-1} \cdot (n_t - n_{tm}) \tag{11.6}$$

또한, 식(11.6)이 $n_t = 0$일 때에도 $V_t = V_{tm}$이 된다고 가정하여 식(11.5)와 식(11.6)을 종합하면 이송량 S는 식(11.7)과 같이 나타낼 수 있다.

$$S = \frac{\rho_t \cdot n_t \cdot W_t}{T_c + \dfrac{2d_t}{-\dfrac{V_{tm} \cdot n_t}{n_{tm}-1} + \dfrac{V_{tm} \cdot n_{tm}}{n_{tm}-1}}} \tag{11.7}$$

식(11.7)을 미분하여 0으로 두면 최적 차량대수 n_t^*의 값을 구할 수 있으며, S는 $n_t^*(0 \leq n_t^* \leq n_{tm})$에서 최대 이송량 S^*를 갖는다. 즉,

$$S^* = \frac{-C \cdot n_t^{*2} + D \cdot n_t^*}{-A \cdot n_t^* + B} \tag{11.8}$$

$$\text{단, } n_t^* = \frac{B}{A} - \sqrt{\left(\frac{B}{A}\right)^2 - \frac{BD}{AC}}$$

$$A = \frac{V_{tm} \cdot T_c}{n_{tm}-1} \qquad B = \frac{V_{tm} \cdot n_{tm} \cdot T_c}{n_{tm}-1} + 2d_t$$

$$C = \frac{\rho_t \cdot W_t \cdot V_{tm}}{n_{tm}-1} \qquad D = \frac{\rho_t \cdot W_t \cdot V_{tm} \cdot n_{tm}}{n_{tm}-1} + 2d_t$$

이상의 분석으로부터 이송량과 서비스량의 관계를 살펴보면 다음과 같다. 즉 하루당 부두의 서비스량 μ_s는 1일 작업하역시간을 h, 선석점유율을 ρ, 선석수를 I라 할 때, 하역능력이 이송능력보다 큰 경우는($r \geq s$) 식(11.9)와 같이 하역능력이 제한을 받는다.

$$\mu_s = \rho \cdot I \cdot h \cdot s^* \text{(TEU/hr)} \tag{11.9}$$

그러나, 하역능력이 이송량보다 작은 경우는($r \leq s$) 식(11.10)에서 알 수 있는 것처럼 하역능력은 제한을 받지 않는다.

$$\mu_s = \rho \cdot I \cdot h \cdot r \text{(TEU/day)} \tag{11.10}$$

한편, 선석에서 컨테이너 장치지역까지 야드 트랙터(Y/T)로 이송하는 터미널 내의 이송능력을 계산해 보기로 하자.

Y/T의 길이를 PLAN-170DB형의 길이인 5.5m로 하고, 샤시(C/S)의 길이를 40피트 로드샤시의 길이인 12.72미터로 하면 Y/T와 C/S의 접속길이 1.5미터를 제외한 이송차량(Y/T+C/S)의 길이는 16.72미터가 된다.

또한, 차량의 속도를 PLAN-170DB형의 최대속도인 $30km/hr$로 하면, 차량간의 거리는 영국도로연구소(Road Research Laboratory)로부터 보고된 다음과 같은 경험식(11.11)에 의해서 구할 수가 있다.

$$D_m = 17.5 + 0.139\,V + 0.0818\,V^2 \tag{11.11}$$

단, D_m : 차량간 거리(feet)
V : 속도(mile/hr)

여기서, $V = 30km/hr$(= 18.75mile/hr)를 대입하면, D_m = 14.66m이므로 Y/T의 전체 길이는 차량 한 대의 길이 16.72m와 차량간 거리 14.66m를 합한 L_t = 31.4m가 된다. 그리고 장치장의 1회 왕복이송거리를 $2d_t$ = 1,200～3,000m라고 하면 차량수 n_{tm}은 (38, 95)대가 된다.

적정차량수 n_t^*는 n_{tm} = 38대일 경우 22대이고, 식(11.8)에 의한 이송량 S^* = 232TEU/hr이며, n_{tm} = 95대일 경우는 55대이고, 이송량 S^* = 297TEU/hr이다.

B터미널의 경우에는 46대의 Y/T가 있으므로($S^* \approx 250$), 1일 작업 가능시간을 20시간으로 할 경우, 하루당 이송능력은 약 5,000TEU이다. 따라서, G/C에 의한 1일 서비스율(μ_s)이 4,095.36 · ρ이었으므로 이송능력이 하역능력보다 여유가 있다는 것을 알 수 있다.

3) 보관 시스템

현재 B터미널은 터미널 내의 보관능력이 부족하여 ODCY를 이용하고 있으며, 그 위에, 보관능력의 부족을 해소하기 위하여 화물의 보관기간, 즉 무료 장치기간을 축소하여 보관능력의 부족문제를 해결하고 있다.

당해 연도 B터미널의 장치장을 이용한 컨테이너의 평균 장치기간은 수입 컨테이너가 3.0일, 수출 컨테이너가 2.5일이었다. 그리고 장치기간 4일 이내의 수출화물이 91.33%, 장치기간 5일 이내의 수입화물의 91.78%를 차지하였다.

이처럼 짧은 기간 내에 화물이 반출입되고 있는 이유는 무료 장치기간이 수출 4일, 수입 5일로 지정되어 있어서 무료 장치기간의 영향을 크게 받고 있기 때문인 것으로 분석된다(〈그림 11-9〉 참조).

그림 11-9 B터미널의 장치일수 분포

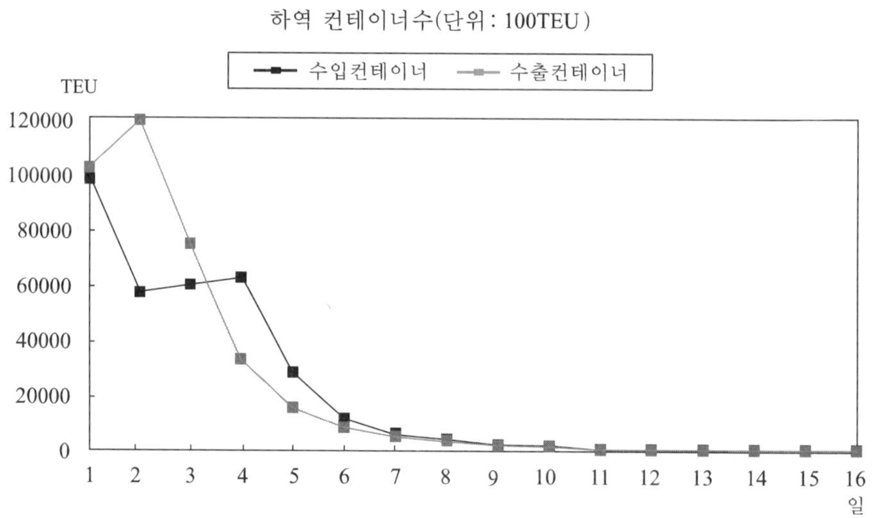

한편, B터미널에서는 채택하지 않고 있지만 무료 장치기간을 단축하지 않고 가격구조를 통하여 화물의 보관기간을 단축시키는 대안에 대하여 살펴보기로 하자.

UNCTAD의 보고서에 따르면, 항만보관 시스템을 남용하여 화물을 장치장에 장기간 보관하는 것을 방지하고 보관 시스템의 유효 저장능력을 증대시켜 생산성을 높이기 위해서는 보관기간과 비례하여 단위시간당 초과 보관료를 부과해야 한다고 강조하고 있다. 이 주장은 장치장에서의 장치기간을 단축함으로써 유효 보관능력을 증대시킬 수 있고, 또한 기항선박수나 취급 화물량이 증대되어 더 많은 수입이 생기기 때문에 합리적인 것으로 생각된다.

그러나 요율체계와 관계없이 무료 장치기간을 초과하여 보관된 화물에 대하여 높은 요율을 부가한다면 결과적으로 항만은 장기 보관화물보다 단기 보관화물을 우대하는 셈이 된다.

실제로 많은 항만들은 이미 어느 정도 누신적인 요율체계를 도입하고 있고, 산정단위는 항만마다 다르나 대부분의 항만이 하루단위로 하고 있으며 기준은 점용면적, 화물의 중량, 또는 부피와 같이 화물의 특성에 의하는 것이 일반적이다.

그러나 컨테이너화물의 경우에는 대부분 거의 모든 항만에서 정률적인 요율체계를 채택하고 있다. 항만요율을 인상하면 화물의 보관기간은 감소하는 경향을 보일 것이며 이러한 경향은 장치기간의 변화율과 요금인상의 비율에 의해 정해질 것이다. 그리고 요율인상비율이 더 저렴한 대안을 찾아야 할 정도로 크게 인상되지만 않는다면 장치화물의 변동은 없을 것이므로 보관 시스템의 생산성은 늘지 않더라도 항만수입은 늘어날 것이다. 그러나 인상의 정도가 너무 커서 항만보관 시스템이 더 이상 다른 대안들보다 매력적이 될 수 없다면 무료 장치기간의 이점에도 불구하고 상옥시설을 사용하지 않고 직접경로를 이용하게 되어 물동량은 현저하게 감소될 것이다.

컨테이너야드에서의 1일 장치량(P_s)은 다음 식으로 구할 수 있다.

$$P_s = \frac{A_c \cdot n_c}{a_c \cdot p_k \cdot d_m \cdot \sigma} \text{(TEU/일)} \qquad (11.12)$$

단, A_c : 보관구역의 면적
n_c : 컨테이너 장치단수
a_c : 컨테이너 1TEU가 차지하는 면적(a_c = 14.86㎡)
p_k : 첨두율(p_k = 1.3)
σ : 분리지수(σ = 1.2)
d_m : 평균 체제일수

3. 시뮬레이션 분석

지금까지 항만물류 시스템의 하위 시스템에 대한 통계자료의 분석을 통하여 정성적인 특성을 파악하였으나, 시스템의 구체적인 동태를 파악하고 개선대책을 마련하기 위해서는 시뮬레이션을 시행하는 것이 바람직하다.

아래에서는 지금까지 다루어 온 B터미널의 통계자료를 바탕으로 하여 컨테이너터미널을 하위 시스템으로 하는 항만물류 시스템의 시뮬레이션 과정 및 결과에 대하여 설명하기로 한다.

1) 입력자료 및 시뮬레이션 모델

앞에서 분석한 통계자료를 시뮬레이션의 입력자료로 사용하였으며, 그 내용은 아래와 같다

㉠ B터미널에 도착하는 선박은 평균 도착시간 간격이 평균 5.63시간인 지수분포에 따르고, 하역 컨테이너 개수의 분포는 평균이 747.7, 표준편차가 379.1인 정규분포를 따른다.

㉡ G/C는 시간당 25.6TEU를 하역하므로 1TEU를 하역하는 사이클 타임은 2.34분이며 B터미널에는 4선석에 9기의 G/C가 하역작업을 하고 있다.

㉢ 이송장비로는 총 46대의 Y/T가 사용되고 있으며, 1일 작업가능시간을 20시간으로 할 경우, 1대의 Y/T가 컨테이너 1TEU를 이송하는 사이클 타임은 10~12분이다.

㉣ B터미널 내 장치장의 일일 평균 장치용량은 12,156TEU이고, 실측자료결과, 컨테이너 장치기간은 총평균 2.75일이므로, 장치장은 시간당 221TEU를 처리하며, 작업가능시간은 20시간으로 가정한다. 장치용량은 ODCY를 활용하고 있는 점을 감안하여 앞절에서 구한 통계분포보다는 평균 장치량을 사용한다.

㉤ Gate Complex에서는 반입 컨테이너의 경우 평균 2.5분에 1TEU를 처리하고, 반출 컨테이너는 평균 1.25분에 1TEU를 처리한다.

B터미널의 시뮬레이션 모델은 선박의 평균 도착시각 간격이 5.63시간인 지수분포에 따라 도착하고, 이때 하역 컨테이너수는 평균이 747.7, 표준편차 379.1인 정규분포를 따른다.

선박이 터미널에 도착하면, 9기의 G/C는 하역작업을 시작하고, 하역이 끝난 컨테이너는 46기의 Y/T에 의해 이송되며 이송작업이 끝난 컨테이너는 Gate에서 서비스를 받은 후 터미널을 빠져 나간다.

2) 분 석

시뮬레이션 결과는 다음과 같다.

㉠ 컨테이너 하역에 있어서 G/C의 평균 이용률은 88.8%, 컨테이너를 이송하는

Y/T의 평균 이용률은 86.7%, 장치 시스템의 평균 이용률은 89%, Gate Complex 시스템의 평균 이용률은 75%이었다.

㉡ 하위 시스템 모두에서 대기현상이 발생하였으며, 대기율은 하역 시스템이 62.8%, 이송 시스템은 0.06%로서 대기가 거의 발생하지 않았으며, 장치 시스템이 87%, Gate 시스템이 4%이었다.

㉢ 시뮬레이션 중 터미널 내에서 처리된 물동량은 총 623,161TEU이었다. 하위 시스템별 처리내용을 살펴보면, 하역 시스템에서는 623,214TEU를 처리하였고(9TEU가 하역작업중), 이송 시스템에서는 623,169TEU를 처리하였으며(45TEU는 이송작업중), 장치 시스템에서는 623,168TEU를 처리하였고, Gate에서는 623,161TEU를 처리하였다(7TEU는 처리중).

이상의 분석으로부터, B터미널에서 발생하는 체선·체화현상의 주 원인은 하역 시스템과 장치 시스템의 처리능력 부족 때문이라는 것을 알 수 있다.

3) 개선방안

아래에서는 지금까지의 분석결과를 바탕으로 항만물류 시스템 효율화를 위한 개선방안을 검토하기로 한다.

첫째, 하위시스템 중 병목현상이 발생한 하역 시스템의 처리능력을 향상시켰을 때의 시뮬레이션 결과는 다음과 같다.

㉠ 하역 시스템의 처리능력을 현재수준에서 10%(G/C = 9.9기) 증가시켰을 경우, 하역 시스템의 평균 이용률은 80%, 이송 시스템은 87%, 장치 시스템 및 Gate는 각각 89.5%, 75%로 증가하였고, 이 경우, 각 시스템의 대기율은 각각 38.6%, 22.3%, 89.7%, 4%이었다.

㉡ 하역 시스템의 처리능력을 20%(G/C = 10.8기)로 증가시켰을 경우, 각 시스템의 평균 이용률은 각각 72.8%, 87%, 89.4%, 75%이었고, 대기율은 각각 22.6%, 23%, 89.6%, 4%이었다.

㉢ 하역 시스템의 처리능력을 30%(G/C = 11.7기)로 개선시켰을 경우, 각 시스템의 평균 이용률은 각각 66.7%, 87%, 89.4%, 75%이었고, 대기율은 12.7%, 24.5%, 89.6%, 4%이었다.

표 11-2 시뮬레이션 입력자료 및 개선방안

입력자료		이용률(현재)	개선방안 (이용률 60%기준)
·선박 및 화물 - 선박 도착률 - 평균 하역량	 지수분포(평균 5.63척/시) 정규분포(평균 747.7TEU/시)		
·하역 시스템 - G/C의 대수 - G/C의 처리량 - 사이클 타임	 9기 25.6(TEU/시) 2.34(분/TEU)	88.8(%)	·G/C 3기 증성
·이송 시스템 - Y/T의 대수 - 사이클 타임	 48기 10～12분	86.7(%)	·Y/T 14기 증설
·보관 시스템 - 일일 장치량 - 평균 장치기간	 12,156(221TEU/시) 2.75일	89(%)	·30% 증대
·Gate complex - 처리능력	 1.25(분/TEU)	75(%)	·2레인 증설 (자동화)

둘째, B터미널의 일일 장치용량($P_s = \frac{12,156}{d_m}$)을 기준으로 장치장의 일일 장치용량을 증가시켰을 경우의 시뮬레이션 결과는 다음과 같다.

㉠ 장치 시스템의 처리능력을 10%($P_s = \frac{13,580}{d_m}$) 향상시켰을 경우, 각 시스템의 평균 이용률은 88.9%, 86.7%, 81%, 75%이었고, 대기율은 하역 시스템이 62.8%, 장치 시스템이 73.9%, Gate는 4.4%이었으며, 이송 시스템은 대기가 거의 발생하지 않았다.

㉡ 장치 시스템의 처리능력을 20%($P_s = \frac{15,279}{d_m}$)로 증가시켰을 경우, 하역 시스템의 평균 이용률은 88.8%, 이송 시스템은 86.7%이었고, 장치 시스템은 72%이었으며, Gate의 평균 이용률은 75%이었다. 이때 각 시스템의 대기율은 각각 62.7%, 0.09%, 64.1%, 5.2%였으며, 이송 시스템은 장치능력을 10% 증가시켰을 때와 마찬가지로 대기가 거의 발생하지 않았다.

㉢ 장치 시스템의 처리능력을 30%(일일 장치용량(P_3)을 $\frac{17,460}{d_m}$으로 증가시켰을 경우), 각 시스템의 평균 이용률은 88.8%, 86.7%, 63.3%, 75%이었으며, 대기율은 각각 62.7%, 0.06%, 56%, 6%이었다.

셋째, B터미널은 하역 및 장치 시스템의 능력이 매우 부족하므로, 이 두 가지 하위 시스템의 처리능력을 동시에 증가시켰을 경우의 시뮬레이션 결과는 다음과 같다.

㉠ 두 가지 하위 시스템의 처리능력을 10% 증가시켰을 경우, 즉 G/C를 약 10기(9.9기), 일일 장치용량을 $P_m = \dfrac{13,580}{d_m}$ 으로 증가시켰을 때, 각 시스템의 평균 이용률은 80%, 86.7%, 81.4%, 75%이었고, 대기율은 각각 38.4%, 21.8%, 80.8%, 11.8%이었다.

㉡ 두 가지 하위 시스템의 처리능력을 20%(G/C = 11(10.8%)기, $P_s = \dfrac{15,279}{d_m}$)로 향상시켰을 때는 각 시스템의 평균 이용률은 각각 72.7%, 86.8%, 72%, 75%였고, 대기율은 하역, 이송 시스템 및 Gate는 23%였으며, 장치시스템은 70%였다.

㉢ 하역 및 장치 시스템의 처리능력을 30%(G/C = 12(11.7%)기, $P_s = \dfrac{17,460}{d_m}$)로 증가시켰을 경우, 하역 시스템(G/C)의 평균 이용률은 66.7%, 이송 시스템(Y/T)의 평균 이용률은 86.8%였고, 장치 시스템의 평균 이용률은 63.4%였으며, Gate의 평균 이용률은 75%였다. 또한, 각 시스템의 대기율은 12.6%, 23.6%, 61.2%, 26.6%였다.

이상의 분석결과로부터, B터미널의 능력을 개선하기 위해서는 하역 및 보관 시스템의 능력을 개선하는 이외에도 이송 시스템의 능력을 함께 증대할 필요가 있다는 것을 알 수 있다.

그리고 컨테이너터미널의 적정 이용률인 60% 수준을 유지하기 위해서는

- 갠트리크레인(G/C)의 수를 9기에서 12(11.7%)기로,
- 야드 트랙터(Y/T)는 46대에서 60대(59.8%)로 증가시켜야 하며,
- 장치장의 일일 장치용량은 $\dfrac{17,460}{d_m}$ 으로 확장하여야 하고,
- Gate의 Lane수도 8Lane에서 10(10.4%)Lane으로 늘려야 한다는 것을 시뮬레이션 결과에 의해서 알 수 있다(〈표 11-2〉 참조).

이 경우, 특히 문제가 되는 것은 장치장의 능력을 증대하는 문제로서 B터미널의 경우에는 장치기간의 제한 및 ODCY의 이용으로 이를 해결하고 있으나, 근본적으로는 On-Dock CY의 능력을 확충해야 한다는 것을 알 수 있다.

제 2 절 내륙수송 시스템

1. 내륙경로의 선택

지금까지 컨테이너터미널을 대상으로 적정한 생산능력을 결정하는 문제를 다루었으나, 아래에서는 이를 바탕으로 항만물류 시스템의 범위를 내륙연계수송 시스템으로 확장하여 〈그림 11-10〉에서 보이는 모델을 대상으로 경로를 선정하는 문제를 정성적으로 검토하기로 한다.

〈그림 11-10〉에서 PSS(Port Storage System)경로의 경우, 화물은 항만지역 내의 이송작업을 통하여 항만저장시설에 일정한 기간(d_a) 동안 저장되며, 이 기간중 무료 장치기간(d_0) 동안은 무료로 저장된다. 그리고, 저장기간이 끝난 화물은 내륙운송수단을 통해 목적지까지 운송된다.

DDW(Domestic Depot Warehouse System)경로에서는, 화물은 항만저장시설을 이용하지 않고 바로 내륙의 상업창고로 운송되며, 이곳에서 무료 장치기간 없이 저장된 후 내륙운송에 의해 목적지까지 운송된다.

한편, CPD(PSS와 DDW의 조합)경로에서는 무료 장치기간 동안은 항만저장시설을 이용하고, 나머지 기간 동안은 내륙의 보관창고에서 저장되는 형태이다.

아래에서는 컨테이너화물을 기준으로 각 경로별 비용을 비교하기로 한다. 이 경우, 저장기간은 하주가 미리 정하는 것으로 한다.

그림 11-10 PSS, DDW 및 CPD경로

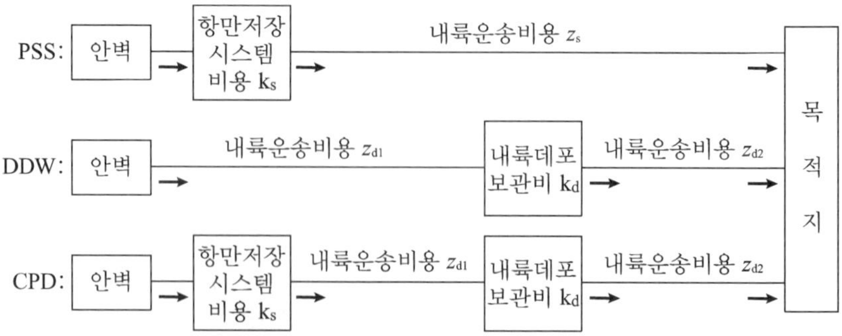

모든 경로에 공통으로 소요되는 경비(하역비, 시설사용료 등)를 제외한 DDW와 PSS의 화물단위당 소요되는 경비는 다음 식과 같다.

$$\text{PSS경로 : } h_s + z_s + k_s(d_a - d_0) \tag{11.13}$$

$$\text{DDW경로 : } h_{dr} + h_{dw} + z_d + k_{dw} \cdot d_a$$

단, h_s : 이송조작비(장치장으로의 이송 및 취급비)
h_{dr} : 취급조작비(직접경로에 연계하기 위한 이송 및 적양하비)
z_s : PSS경로의 운송비
z_d : DDW경로의 운송비
k_s : 항만저장시설의 보관비
k_{dw} : 내륙창고의 보관비
단위는 모두 원/TEU이다.

따라서, 만일 비용에 민감한 하주라면 다른 조건이 같을 경우, 두 경로 중 비용이 싼 경로를 선택할 것이다. 그리고 실제의 경우, 항만저장시설은 비교적 싸고 무료 장치기간도 있기 때문에 PSS경로를 선호하게 되어 항만저장시설은 폭주하는 경우가 많다. 이러한 상황을 식(11.14)에 보인다. 단, $d_a < d_0$인 경우, $k_s = 0$이다.

$$k_s(d_a - d_0) \leq (\beta_{hd} + \beta_{tr}) + k_{dw} \cdot d_a \tag{11.14}$$

단, β_{tr} : 경로간의 운송비의 차이($\beta_{tr} = z_d - z_s$)
β_{hd} : 화물조작비의 차이($\beta_{hd} = h_{dr} + h_{dw} - h_s$)

아래에서는 식(11.13)을 사용하여 경로를 선택하는 조건들에 대하여 검토하기로 한다.

(1) $\beta_{hd} + \beta_{tr} \geq 0$인 경우

$k_s \leq k_{dw}$이면, 저장기간에 관계없이 PSS가 DDW보다 항상 싸다. 또, $k_s > k_{dw}$이면, PSS는 d_{sw}보다 더 짧은 기간 동안 저장하는 화물에 대해서는 DDW보다 더 싸지만 이 기간을 넘어서면 비싸진다.

(2) $\beta_{hd} + \beta_{tr} < 0$인 경우

㉠ $d_1 = -\dfrac{\beta_{hd} + \beta_{tr}}{k_{dw}} \geq d_0$인 경우, $k_s < d_{dw}$이면, PSS는 d_{sw}보다 더 긴 저장일수를 요하는 화물에 대해서만 DDW보다 더 싸다. 그러나, $k_s \geq k_{dw}$이면,

DDW는 저장일수에 관계없이 항상 싸다.

㉡ $d_1 = -\dfrac{\beta_{hd} + \beta_{tr}}{k_{dw}} < d_0$ 인 경우, $k_s \leq k_{dw}$ 이면, PSS는 d_1 보다 더 많은 저장기간을 요하는 화물에 대해서는 DDW보다 싸다. 그러나 $k_s > k_{dw}$ 이면, d_1 보다 길고 d_{sw} 보다 짧은 저장일수를 요하는 화물에 대해서는 PSS가 더 싸다.

그리고 CPD경로의 경우에는 비용이 $h_s + h_{dw} + z_d + k_{dw}(d_a - d_0)$ 이므로 같은 방법으로 분석할 수 있다.

한편, 물동량의 증가에 대하여 처리능력이 부족할 경우에는 항만물류 시스템의 하위 시스템 중 어딘가에 체증현상이 발생할 것이므로 여기에 대한 대책이 필요하다.

(3) 직접경로가 포화상태인 경우

직접경로가 포화상태에 이를 경우 이를 해결하기 위한 가장 간단한 방법은 초과 물동량을 저장시설에 저장하거나 직접경로의 능력을 증대시키는 것이다. 아래에서는 저장시설의 능력을 증대시키는 경우에 대하여 살펴보기로 한다.

만일, 직접경로의 1일 처리능력이 s_d 톤이고, 초과 물동량을 부두에서 대기시키기 보다는 간접경로를 통해 처리해야 한다면, 화물의 평균 저장기간 d_a 는 체증이란 관점에서는 매우 중요한 역할을 하는 요소이다.

V_{sa} 를 저장시설의 생산량(V_{sa} 는 화물의 불규칙성에 크게 의존하지만 저장능력 C_s 와 거의 동일하다)이라하면 부두로부터 저장시설로 이송되는 양은 V_{sa}/d_a 이므로, 화물량으로 표현된 항만의 평균 서비스율은 식(11.15)와 같다.

$$\mu_s = \frac{V_{sa}}{d_a} + s_d \text{ (톤/일)} \tag{11.15}$$

선박의 평균 도착률을 λ, 평균 하역량을 w_a 라 하면 선박의 평균 서비스율 μ 는

$$\mu = \mu_s / w_a \text{ (선박/일)} \tag{11.16}$$

따라서 부두의 이용률 ρ는,

$$\rho = \frac{\lambda}{\mu} = \frac{\lambda \cdot w_a}{V_{sa}/d_a + s_d} = \frac{\lambda \cdot w_a \cdot d_a}{V_{sa} + s_d \cdot d_a} \tag{11.17}$$

만일 $\lambda > s_d/w_a$, 즉 평균 하역량이 직접경로의 처리능력보다 큰 경우에는 직접경로에서 처리할 수 없는 물동량을 저장시설에서 처리해야 한다. 그러나 저장시설의 능력은 일정하므로, 저장기간을 조정하여 저장량을 조절할 수밖에 없으나 저장기간을 조정하는 데에도 한계가 있다. 이 저장기간의 한계를 d_{cr} 이라 두고, 부두이용률 ρ를 100%라 할 경우, d_{cr} 은 $d_a = \rho \cdot V_{sa}/(\lambda \cdot w_a - \rho \cdot s_d)$ 로부터,

$$d_{cr} = \frac{V_{sa}}{\lambda \cdot w_a - s_d} \tag{11.18}$$

로 된다. 따라서 평균 저장기간이 d_{cr} 을 초과하면 대기행렬은 발산하게 되며, $\lambda > s_d/w_a$ 이면 $\rho < 1$ 가 되어 수렴한다.

(4) 저장 시스템이 포화상태인 경우

일반적으로 직접경로보다 저장 시스템이 포화된다고 가정하는 것이 더욱 현실적이다. 왜냐하면, 저장 시스템에 의한 서비스는 다른 하위 시스템에 의해 대체될 수 없기 때문이다. 저장능력 C_s 가 완전히 가동되고 있어 더 이상 물동량을 수용할 수 없을 경우, 유일한 해결방법은 직접경로의 물동량을 증대시키는 것이다.

물동량 증가 전후의 시스템요소를 λ, w_a, c_s, d_a, s_d 그리고 $\lambda + \triangle\lambda$, w_a, c_s, d_a, $s_d + \triangle s_d$ 라 둔다.

㉠ 서비스수준을 변경하여 체증을 감소시키고자 할 경우($\rho_1 > \rho_2$)

직접경로의 용량 s_d 의 증가분은

$$\triangle s_d = \frac{\triangle\lambda \cdot w_a}{\rho_2} + (\frac{C_s}{d_a} + s_d)(\frac{\rho_1}{\rho_2} - 1) \tag{11.19}$$

로 되며, $C_s/d_a + s_d$ 는 항만물류 시스템의 평균 총하역량과 같다.

㉡ 서비스수준을 유지하고자 할 경우($\rho = \rho_1 = \rho_2$)

직접경로의 용량 s_d 의 증가분은 식(11.20)과 같다.

$$\triangle s_d = \frac{\triangle\lambda \cdot w_a}{\rho} = \frac{\triangle\phi}{\rho} \qquad (11.20)$$

단, ϕ : 항만의 1일 생산량

2. 생산능력

현실적으로 매우 중요한 것은 하위 시스템의 용량과 더불어 하위 시스템간의 상호관계를 분석하여 전체 시스템의 생산능력을 결정하는 일이다.

하역량을 x(톤/일), 간접경로의 이송량을 y_a, 직접경로의 이송량(운송량)을 y_b, 간접경로의 운송량을 z_a, 직접경로의 운송량을 z_b라 두면 모든 값은 다음과 같은 최대치를 갖는다.

$$\begin{aligned} &0 \leqq x \leqq x_m \\ &0 \leqq y_a \leqq y_{am} \\ &0 \leqq y_b \leqq y_{bm} \\ &0 \leqq z_a \leqq z_{am} \\ &0 \leqq z_b \leqq z_{bm} \end{aligned} \qquad (11.21)$$

만일, 이송수단 및 운송수단을 경로간에 전환하여 사용할 수 있다면, 전체 이송량은 $0 \leqq y_a + y_b \leqq y_m$, 전체 운송량은 $0 \leqq z_a + z_b \leqq z_m$로 나타낼 수 있다. 따라서 항만저장시설의 능력은 $z_a + z_b$이며, 하역작업능력을 아무리 높이더라도 다른 하위 시스템(운송 시스템)의 능력을 함께 높이지 않으면 무의미하다.

다만, 선박의 도착이 불규칙적이기 때문에 적양하작업에 이용할 수 있는 부두의 면적에 충분한 여유가 있을 경우에는 일시적으로 크레인 하역률을 $z_a + z_b$보다 늘릴 수는 있을 것이다.

한편, 주어진 운송비용구조와 대체경로 선택모형을 사용하여 항만을 통과하는 물동량의 형태에 대하여 검토하기로 한다.

상대적인 운송비가 〈그림 11-11〉과 같다면, 장치기간이 d_{ac} 이하인 화물은 PSS경로를 택하는 것이 싸다는 것을 알 수 있다. 따라서 하주가 각 경로에 대한 비용구조를 알고 있고 비용에 민감하다면 경로별로 화물을 배분하는 방법은 저장기간에 따라 정해진다.

일반적으로 전략적인 이유 또는 시장여건 때문에 물동량은 저장일수에 대하여

그림 11-11 PPS/DDW경로의 운송비 비교

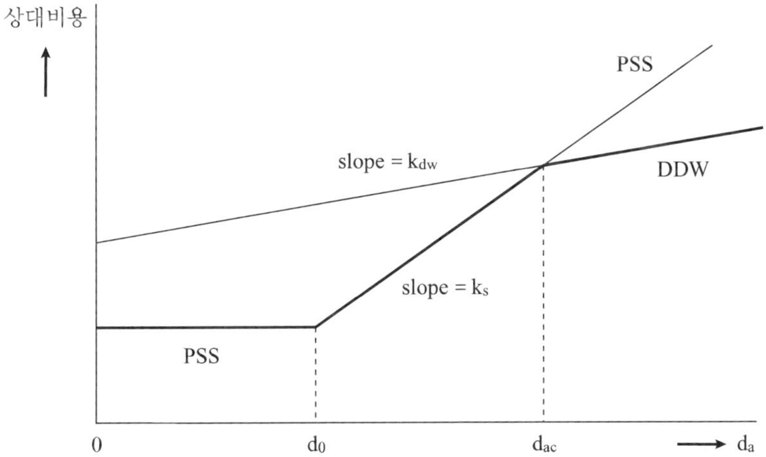

〈그림 11-12〉와 비슷한 분포를 가진다. 물론 실제에는 각 경로 사이에 이처럼 명확한 구분이 있는 것은 아니지만, 상대적인 비용을 〈그림 11-12〉와 같이 명확하게 계산할 수 있다면 하주는 이와 유사한 선택을 하는 것이 합리적일 것이다. 그러나 〈그림 11-12〉에 대한 무차별곡선을 고려하면 그 형태는 어느 정도 수정될 수도 있다.

그림 11-12 PSS/DDW경로의 물동량 배분분포

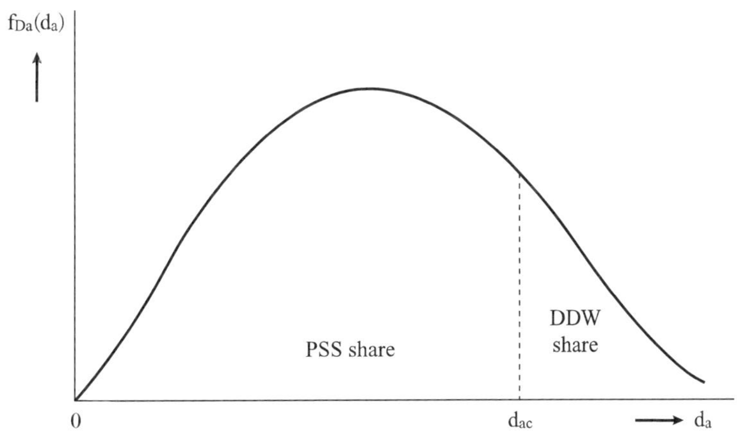

그림 11-13 PSS/DDW경로에 대한 운송비의 무차별 곡선

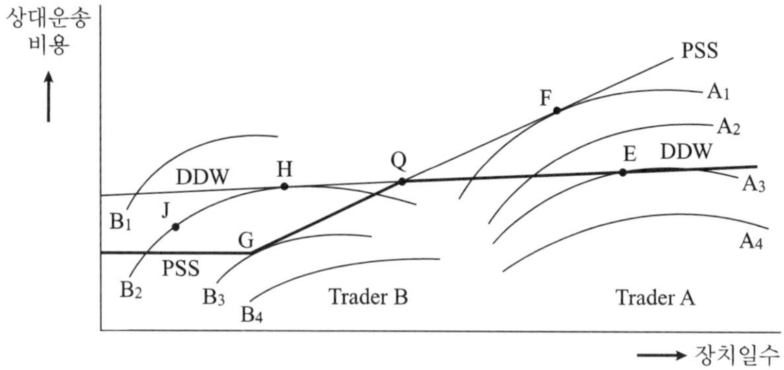

즉, A, B 두 하주가 화물저장기간과 이에 수반되는 비용 사이에 어떤 트레이드 오프를 찾아낼 수 있다면, 〈그림 11-13〉과 같이 A에 속하는 곡선 $A_1 \sim A_4$, B에 속하는 곡선 $B_1 \sim B_4$와 같은 무차별 곡선군을 구성할 수 있다.

따라서 각 하주가 효율성을 가능한 한 최대로 하려고 하면 무차별 곡선과 가장 값이 싼 비용곡선이 접하는 점의 저장기간을 선택하려고 할 것이다. 예를 들어, A는 곡선 A_3상의 점 E, B는 B_3의 점 G를 각각 선택할 것이며, 이는 〈그림 11-13〉의 운송비용 구조하에서는 이 점들의 효용이 가장 높기 때문이다.

점 Q에서는 어떤 무차별 곡선도 비용곡선과 접하지 않는다. 그리고 점 Q는 〈그림 11-14〉의 $d_a = d_{ac}$인 점에 대응하므로 불연속은 d_{ac}에서 발생한다고 생각할 수 있다. 그러나, 정확하게 이 점을 선택하기는 어려우므로 〈그림 11-14〉와 같이 일정한 폭의 범위 내에서 약간 굴곡이 되도록 수정되어야 한다.

한편, PSS경로를 이용하는 화물의 비율을 θ, DDW경로를 이용하는 나머지 비율을 $(1-\theta)$로 두고, 이 비율은 일정기간 동안 거의 일정하다고 가정한다.

평균 저장일수 d_a, 물동량 X_L(톤/일), 항만저장 시스템의 능력 V_s 톤($V_s \leq C_s$)으로부터 항만저장시설의 능력수준은 $V_s/d_a = \theta \cdot X_L$을 만족해야 하므로

$$V_s = \theta \cdot d_a \cdot X_L \tag{11.22}$$

식(11.22)에서, θ와 d_a는 각각 독립적이 아니며, 이들은 운송경비의 구조로부터 d_{ac}가 결정되면 저장기간의 분포 $f_*(d_a)$로부터 자동적으로 결정된다. 그리고

그림 11-14 무차별 곡선의 영향에 따른 PSS/DDW경로의 물동량 배분분포

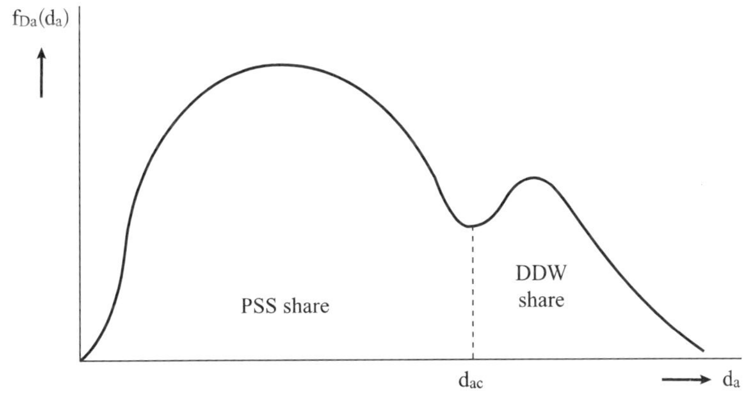

고려중인 시스템의 물동량은 다음과 같은 상한값을 갖는다.

$$\theta \cdot X_h \leqq y_{am} \qquad (11.23)$$
$$\theta \cdot X_h \leqq C_s/d_a$$
$$(1-\theta)X_h \leqq y_{bm}$$

따라서 평균 최대생산량을 X_L^* 이라 두면,

$$X_L^* = Min(\frac{y_{am}}{\theta}, \frac{C_s}{\theta} \cdot d_a, \frac{y_{bm}}{1-\theta}) \qquad (11.24)$$

만일, 이송수단을 각 경로별 사이에 공동으로 사용할 수 있다면, $\frac{y_{am}}{\theta} = \frac{y_{bm}}{1-\theta}$ 로부터 최대생산능력(즉, $X_L = Y_m$)을 얻을 수 있다. 이 경우, $y_{am} + y_{bm} = y_m$ 이므로,

$$y_{am} = \theta \cdot y_m, \ y_{bm} = (1-\theta)y_m \qquad (11.25)$$

이 된다.

그러나 유의해야 할 것은 이 배분은 저장능력이 충분할 경우, 즉 $C_s/(\theta \cdot d_a) \geq y_m$ 인 때에만 유효하며, 이는 식(11.24)의 괄호 속의 값 중 이 값이 가장 작기 때문이다.

따라서 항만의 생산능력 X_L^* 은 하위 시스템의 생산능력 중 가장 작은 값을

증가시킴으로써만 개선될 수 있다.

그러나 만일 $C_s/(\theta \cdot d_a) < y_m$ 라면, $X_L^* = C_s/(\theta \cdot d_a)$가 되어 이 값은 비율 θ에 따라 달라진다. 따라서 배분은 $y_{am} = C_s/d_a$, $y_{bm} = C_s/(\theta \cdot d_a) - C_s/d_a$가 되며, 이때에는 $y_m - C_s/(\theta \cdot d_a)$만큼의 유휴이송차량이 발생한다.

다만, 이러한 해석은 많은 한계화물, 즉 편리성 또는 관행 때문에 항만저장시설이나 직접경로를 사용하는 화물이 많은 경우에는 적용되지 않는다. 즉, 이러한 한계이용자들은 저장 시스템이나 경로에 체증이 생기면 경로를 즉시 바꾸므로 θ가 변하기 때문이다.

따라서 식(11.24)는 다음과 같이 바꾸어 쓸 수 있다.

$$X_L^* = Min(y_{am}, \frac{C_s}{d_a}) + y_{bm} \tag{11.26}$$

이때, $y_m \leqq C_s/d_a$ 라면 $X_L^* = y_m$, $y_m > C_s/d_a$ 라면 $y_{am} = C_s/d_a (y_{bm} = y_m - C_s/d_a)$가 되며 배분율은 $\theta = C_s/(y_m \cdot d_a)$이다.

한편, 저장 시스템이 포화될 경우의 해결방안으로는 저장시설의 확장, 저장기간의 단축 또는 요율의 인상 등을 들 수 있다. 저장시설의 확장에 의해 저장능력을 증대시키는 방안은 그 내용이 명확하므로 나머지의 방안에 대하여 살펴보기로 한다.

보관요율이 변하더라도 저장기간의 분포 $f_*(d_a)$는 변하지 않는다면, 보관요율이 k_{s_1}에서 k_{s_2}로 인상됨에 따라 면적이 A_1에서 A_2로 줄어들기 때문에 d_{ac}는 d_{ac_1}에서 d_{ac_2}로 바뀌게 된다. 또한, 보관 시스템의 평균 저장기간 d_a도 면적 A_1과 A_2의 변화에 따라 d_{a_1}에서 d_{a_2}로 감소될 것이며, 결과적으로는 d_{ac_1}과 d_{ac_2}에 따라 정해질 것이다(〈그림 11-15〉 참조).

즉, 보관 시스템의 기본 저장능력을 초과하는 물동량을 흡수하기 위하여 요율을 인상할 경우에는, 면적 A_2에 대한 평균 보관기간이 $d_{a_2} = C_s/z_{am}$(z_{am} : 간접경로 운송량)가 되는 기간, d_{ac_2}를 결정하면 된다. 따라서 항만저장요율이 k_{s_1}인 d_a의 결정치는 d_{ac_1}이 될 것이고 그 점에서 평균 화물저장기간은 다음과 같이 계산할 수 있다.

그림 11-15 PPS/DDW의 지장요율의 변화에 따른 감도분석

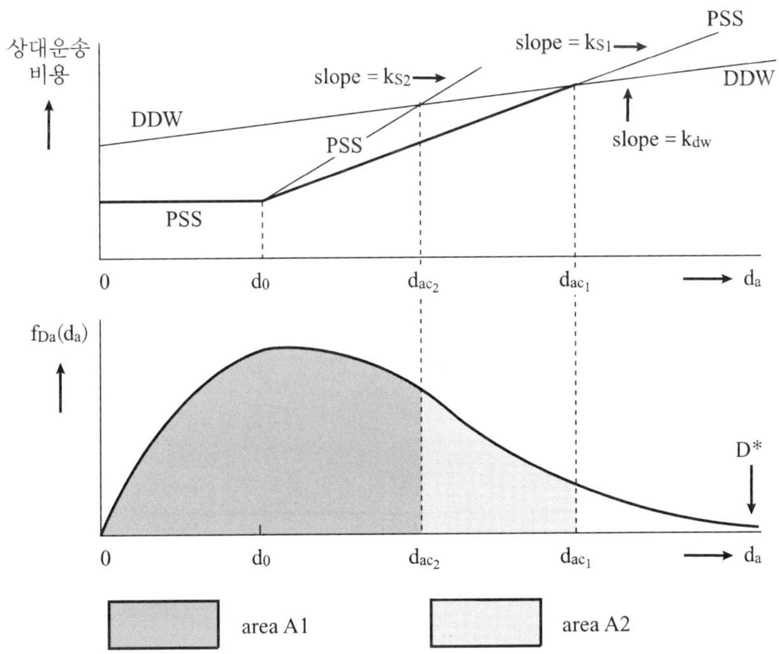

$$d_{a_1} = \frac{\int_0^{d_{ac_1}} x \cdot f_{D_a}(x)dx}{\int_0^{d_{ac_1}} f_{D_a}(x)dx} \tag{11.27}$$

따라서, 용량 C_s 인 항만저장시설의 연간 최대생산량은,

$$\phi_{as_1} = \frac{L_a \cdot C_s}{d_{a_1}} = \frac{L_a \cdot C_s \cdot \int_0^{d_{ac_1}} f_{D_a}(x)dx}{\int_0^{d_{ac_1}} x \cdot f_{D_a}(x)dx} \tag{11.28}$$

만일, 항만저장요율이 k_{s_1} 에서 k_{s_2} 로 증가한다면 저장기간은 d_{ac_1} 에서 d_{ac_2} 로 바뀔 것이므로 생산성은 다음과 같이 증가한다.

$$\phi_{as_2} = \frac{L_a \cdot C_s}{d_{a_2}} = \frac{L_a \cdot C_s \cdot \int_0^{d_{ac_2}} f_{D_a}(x)dx}{\int_0^{d_{ac_2}} x \cdot f_{D_a}(x)dx} \tag{11.29}$$

실제로 화물의 저장기간분포는 다양한 형태를 지니고 있으므로, 현실적으로는 대상으로 하는 저장시설의 분포를 측정하여 사용해야 할 것이다. 그러나 아래에서는 지금까지의 설명한 내용을 간단한 예를 들어 계산해 보기로 한다.

저장기간의 분포가 가장 간단한 3각형 분포이고 기본적으로 10일 이하의 저장기간을 필요로 하는 PSS경로의 화물에 있어서 CY(면적 5천㎡)가 완전히 폭주상태라고 가정한다. 요율을 올리면 보관기간이 8일로 줄어들 것으로 가정하고 1VAN의 소요면적을 약 15㎡, 1VAN의 평균 톤수를 12톤이라 둔다.

그림 11-16 저장기간의 분포(예)

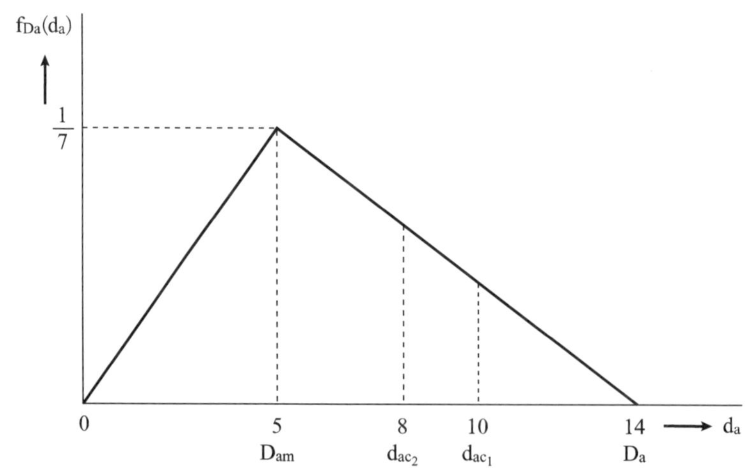

따라서 보관기간을 축소하기 전의 저장능력은 다음과 같이 계산할 수 있다. 평균저장기간은,

$$d_{a_1} = \frac{\int_0^5 \frac{x^2}{35}dx + \int_5^{10} - \frac{x(x-14)}{63}dx}{\int_0^5 \frac{x}{35}dx + \int_5^{10} - \frac{x-14}{63}dx} = \frac{1.19 + 3.70}{0.357 + 0.516} = 5.6\text{일}$$

이므로, $k_s = k_{s_1}$ 에서의 저장능력은 다음과 같다.

$$\phi_{as_1} = \frac{365(\text{days})}{5.6(\text{days})} \cdot \frac{5000(\text{m}^2)}{\frac{15(\text{m}^2)}{12}} \fallingdotseq 260,712(\text{톤/년})$$

만일, k_s를 k_{s_2}로 변화시켰을 경우, 저장기간은 8일로 변경될 것으로 기대되므로

$$\phi_{as_2} = \frac{365}{4.87} \cdot \frac{5,000}{\frac{15}{12}} \fallingdotseq 299,192(\text{톤/년})$$

여기서,

$$d_{a_2} = \frac{\int_0^5 \frac{x^2}{35}dx + \int_5^{8} - \frac{x(x-14)}{63}dx}{\int_0^5 \frac{x^2}{35}dx + \int_5^{8} - \frac{(x-14)}{63}dx} = \frac{1.19 + 2.29}{0.357 + 0.357} = 4.87\text{일}$$

로 되어, 저장능력은 약 14.8% 증대된다.

제 12 장

항만물류 시스템의 평가

제 1 절 항만물류 시스템의 평가구조

1. 물류 시스템의 평가기준

일반적으로 평가란 평가자의 가치관이라는 기준에 따라 평가대상의 가치를 표현한 것이다. 따라서, 평가를 할 경우에는 명확하고 구체적인 평가기준이 반드시 필요하며, 이런 점에서 추상적이고 주관적이며 상태적인 특성을 지닌 가치를 어떻게 명확하고 구체적인 형태의 기준, 즉 평가함수로 표현할 것인가가 문제가 된다. 아래에서는 이러한 평가기준과 밀접한 관련이 있는 물류 시스템의 목적에 대하여 간단히 살펴보기로 한다.

일반적으로, 합리적인 물류활동은 생산에 있어서는 생산비의 절감에 기여하고, 판매에 있어서는 고객이 만족할 수 있는 가격과 서비스를 제공할 수 있게 한다. 따라서, 물류의 합리화 수준은 바로 기업의 비용 및 서비스 수준을 결정하는 데에 핵심적인 역할을 담당하고 있다. 그러면, 어떠한 과정을 거쳐 물류를 합리화할 것인가에 대하여 살펴보기로 하자.

먼저, 제 1 단계는, 물류활동을 구성하는 포장, 운송, 보관, 하역, 정보, 관리 등의 각 개별활동을 합리화하는 일이다.

포장에 있어서는, 대상으로 하는 상품에 알맞은 포장의 종류를 선택하는 문제라든가, 포장의 종류에 따른 포장의 촌법, 형태, 강도 등을 어떻게 하는 것이 좋은가라는 문제가 있다. 또한, 운송에 있어서는 각 운송수단은 장단점을 지니고 있으므로 어떤 운송수단을 선택하는 것이 가장 경제적이며 편리할 것인가라는 문제를 결정할 필요가 있다.

다음으로 보관에 있어서는, 자가창고가 편리한가, 영업창고를 이용하는 것이 경제적인가, 또 자가창고를 건설하고자 할 경우, 다층 건물이 좋은가 고층자동창고가 좋은가, 그리고 그 구조는 어떻게 하는 것이 좋은가 등의 문제가 있다.

그리고, 하역에 있어서도 많은 문제가 있다. 팔레트에 화물을 쌓아서 유닛로드(Unit Load)로 할 경우, 어떤 하역기기를 사용할 것인가, 또 운반장치로는 어떤 것이 좋은가 등의 문제가 생긴다.

또한, 물류정보에 있어서도, 정보매체의 작성방법이라든가 계산기에 입출력하는 방법 및 결과의 사용방법 등을 포함하여, 물류정보 시스템을 어떻게 설계하고 개선할 것인가 등의 문제가 있다.

위에서 지적한 점들은, 각 물류활동을 합리화할 경우에 생기는 문제점 중의 극히 일부분이나, 실제로 진행되는 합리화의 내용은 물류에 관련된 각 기업이나 기관의 실정, 또는 상류의 내용에 따라 달라진다.

지금까지 물류합리화의 첫 단계로서 물류개별활동에 있어서 합리화의 내용에 대하여 간단히 살펴보았다. 그러나, 물류합리화는 개별활동의 합리화만으로는 불충분하다. 즉, 물류문제에 있어서는 어느 한 부문의 합리화가 다른 부문의 합리화를 방해하는, 이른바 이해관계의 충돌, 또는 모순이 발생하며, 이러한 관계를 트레이드 오프(Trade off)라고 부른다.

따라서, 트레이드 오프가 존재할 경우에는, 어떤 한 부문의 합리화만으로는 합리화의 의미가 없기 때문에 부분적인 합리화에 의해서 영향을 받게 될 다른 부문의 이해관계를 함께 고려함으로써 전체를 합리화할 수 있도록 하지 않으면 안 된다.

이런 의미에서, 개별 부문만을 고려하는 것을 부분적인 사고방법이라고 한다면, 전체의 목적을 중심으로 생각하는 방법을 시스템사고라고 할 수 있다. 바꾸어 말하면, 물류합리화의 제 2 단계는 바로 시스템적인 사고방법을 도입하여 물류를 합리화하는 것이라고 할 수 있다.

위에서는 물류합리화의 마지막 단계가 시스템화라는 점을 지적하였다. 그러면, 시스템이란 무엇인가에 대하여 간단히 살펴보기로 하자.

시스템의 정의는 매우 다양하나, 이들 중 가장 보편적인 것은 다음과 같다. 즉, 시스템이란 어떤 공통의 목적을 달성하기 위하여 많은 요소가 서로 연관성을 지닌 채 일정한 목적을 달성하기 위하여 기능을 수행하는 복합체이다.

이 정의를 구체적으로 정리하면 다음과 같다.

① 시스템은 많은 (2개 이상의) 요소가 존재한다.

② 요소에는 기능이 정의되어 있고 서로 연관성을 지니고 있다.

③ 시스템에는 목적이 있다.

④ 시스템에는 흐름이 지정되어 있다.

최근에는, 이들 이외에도 시스템의 환경, 목적달성의 정도를 평가하는 기준, 시스템의 외부구조 등이 추가되고 있다.

시스템의 요소로는 기계, 원료, 제품 등과 같은 구체적인 것이라든가, 이윤, 생산기준, 가격, 새로운 생각 등과 같은 추상적인 것, 그리고, 운송, 보관 등과 같은 기능적인 것일 수도 있다. 또한, 시스템의 규모가 큰 경우에는 시스템의 요소 자체가 시스템일 경우도 있으며, 시스템의 요소가 시스템인 경우 이 요소를 하위 시스템(Subsystem)이라 한다.

여기서, 특히 중요한 점은 시스템이 환경과 접하게 되는 경계를 정하는 문제이다. 즉, 시스템의 경계란 시스템의 규모, 또는 적용되는 범위를 정하는 것을 말한다. 따라서, 이 범위를 어떻게 정하는가에 따라 동일한 대상이 시스템의 요소가 되기도 하고 환경이 되기도 한다.

그리고, 시스템에는 흐름(Flow)이 있다. 흐름의 종류에는 물자, 사람, 지식, 자금, 에너지, 서비스, 정보 등이 있으며, 이러한 흐름이 어떤 순서에 따라 움직이도록 지정되어 있다.

한편, 물류 시스템의 목적은,

① 보다 좋은 물류서비스를,

② 보다 싼 물류비용으로,
③ 외부불경제를 가능한 한 생기지 않도록 고객에게 제공하는 것이라고 할 수 있다.

제 ① 항의 보다 좋은 물류서비스란 매우 포괄적이고 추상적인 표현으로, 물류서비스의 기본적인 성질인 공간, 시간, 부분적인 가공의 효용을 충분하게 제공하는 서비스란 의미이다. 그러나, 구체적인 내용은 물류 시스템의 하위 시스템인 운송, 보관, 하역, 포장, 정보 등의 기능을 중심으로 면밀하게 조사할 필요가 있다.

다음으로, 제 ② 항의 물류비용은, 석유, 전력 등의 에너지가격, 노동 임금, 시설사용료, 관리비, 정보비 등과 밀접한 관계가 있으며, 이들 가격의 상승은 물가에 나쁜 영향을 미칠 뿐만 아니라 수출상품의 국제경쟁력을 저하시키는 중요한 요인이 된다.

일반적으로, 시스템은 투입량을 산출량으로 변환하는 기구이며, 물류 시스템에 있어서의 투입량은 바로 운송, 보관, 하역, 포장, 정보 등의 개별활동을 영위하는 데에 필요한 여러 가지 자원이라고 할 수 있다.

그리고, 이러한 자원의 소비량이 바로 운송비, 하역비, 보관비, 포장비, 정보비 등으로 변환되며, 이들 비용을 합한 것이 바로 물류비이다. 그러나, 이들 개별활동의 비용 사이에는 트레이드 오프 관계가 존재하기 때문에 물류비를 절감하기 위해서는 전체 비용이란 관점에서 다룰 필요가 있다.

제 ③ 항의 외부불경제란 공해 등을 말하는 것으로, 최근에는 매우 중요한 요인으로 인식되고 있다.

물류활동에 수반되는 공해로는, 교통사고, 운송활동으로 인한 배기가스에 의한 환경오염, 소음, 진동, 폐유의 투기에 의한 해양오염, 나아가서는 과잉포장, 플라스틱 포장재료에 의한 공해 등을 들 수 있다.

최근에는 이들에 대한 규제가 강화되어 공해가 어느 정도 감소되고 있는 부분도 있다. 그러나, 운송활동으로 인해 파생되는 여러 가지 공해는 이러한 규제에도 불구하고 중요한 사회문제로 대두되고 있다.

지금까지, 물류 시스템을 구성하는 요소 또는 하위 시스템 사이에 트레이드 오프 관계가 있다는 점을 지적하였다.

트레이드 오프 관계란 시스템의 최석화에 있이서 가장 기본이 되는 사고방법으로서, 그 의미는 다음과 같다. 즉, 2개 이상의 목적이 공통의 자원에 대하여 서로 경합하여, 어느 한편의 목적을 보다 많이 실현하려고 하면 다른 한편의 목적 달성이 부분적으로 희생되는 것과 같은 목적간의 관계를 말한다.

물류활동에 있어서 트레이드 오프 관계로는 다음을 들 수 있다.

① 물류서비스와 물류비용간의 트레이드 오프

② 물류서비스를 구성하는 개별기능간의 트레이드 오프

③ 물류비용을 구성하는 개별기능간의 트레이드 오프

④ 개별기능과 개별비용간의 트레이드 오프

특히, 물류비용과 서비스간에는 트레이드 오프 관계가 존재하고 있으므로 물류관리에 있어서는 서비스수준이 적절한 비용의 한계 내에서 제공될 수 있도록 해야 한다.

특히, 기업이 특정한 목표 수준의 서비스를 달성하기 위해 어떠한 비용이라도 부담하겠다는 전략을 취할 수도 있으나 현실적으로 물류관리는 판매나 생산을 합리적으로 유지하기 위해 합리적인 비용의 범위를 설정해 놓지 않으면 안 된다.

따라서 물류비용의 책정은 고객 서비스수준의 대가로 창출되는 공헌이익(Contribution Profit)이 최대가 되는 부분에서 이루어져야 한다(〈그림 12-1〉 참조).

그림 12-1 고객서비스와 물류비용

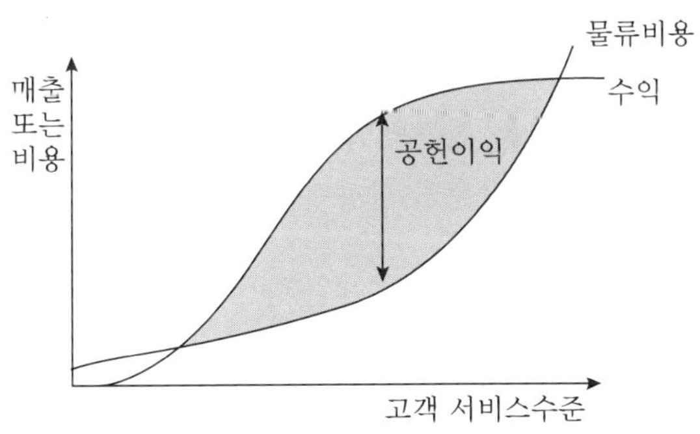

그림 12-2 운송서비스, 물류비, 서비스수준간의 트레이드 오프 관계

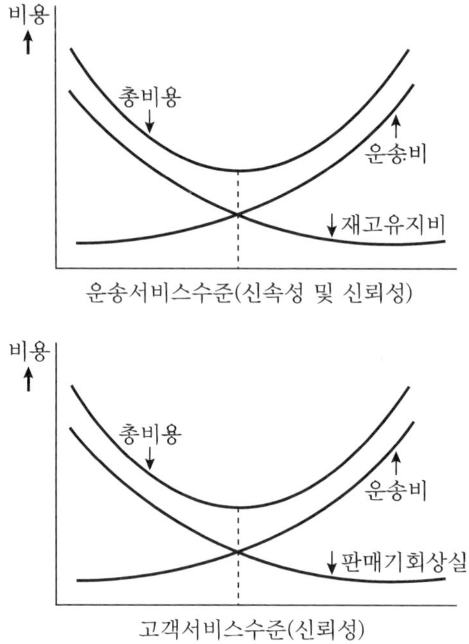

일반적으로 적정수준의 물류서비스를 결정하는 방법은 기존의 관리방법에서는 발견하기 어렵다. 따라서 지금까지는 원자재나 제품의 흐름이 마케팅, 생산, 물류, 판매 등에 종합적으로 영향을 미치고 있음에도 불구하고 그 영향을 생산부문에서는 장기적인 생산의 흐름, 마케팅 부문에서는 높은 수준의 고객서비스 유지 등 부문별 목표에 따라 평가해 왔다.

그러나 물류에서 요구하는 접근방법은 조직 전체적으로 화물유통관리를 더 한층 효율적으로 하거나 기업이윤의 상승을 가져다주는 공급경로를 종합적으로 형성하는 것을 목표로 하고 있다.

〈그림 12-2〉는 물류비간의 트레이드 오프 관계를 보여 주고 있다. 먼저, 운송비와 재고유지비간의 관계를 살펴보면, 운송서비스의 향상은 재고유지비를 감소시키게 된다. 그러나 재고유지비를 절감시킬 목적으로 운송빈도를 증가시키는 경우 운송비의 증가로 전체 물류비가 오히려 증대될 수도 있다.

한편, 운송비의 증가와 판매기회 상실비간의 관계를 살펴보면, 운송비의 증가

는 높은 운임으로 다빈도 소량운송을 한 결과로 발생하기도 한다. 그러나 고객서비스를 증대시키기 위해 운송서비스의 비용을 증대시키는 경우 판매기회 상실비는 감소된다.

따라서 운송서비스의 증대를 판매기회 상실비용의 한계적 절감이 운송비의 한계적 증가와 일치하는 점까지, 즉 총비용이 최저가 되는 점까지 수행하게 되며 이 점이 최선의 경제적 선택이라고 할 수 있다.

2. 항만물류 시스템의 평가구조

지금까지 단위 항만을 하위 시스템으로 갖는 항만물류 시스템을 평가하는 기준을 설정하는 문제에 대해서는 많은 연구가 있었다. 아래에서는 이들 중 항만물류 시스템의 경쟁력을 평가하는 문제를 중심으로 평가구조에 관련된 여러 가지 문제에 대하여 살펴보기로 한다.

항만물류 시스템의 경쟁력을 평가하는 중요한 요인으로는 입지, 시설, 물류비, 물류서비스, 운영형태 등을 들 수 있으며, 이들 항목은 항만물류가 지니고 있는 특성을 충분히 대표하고 있는 것으로 보인다. 각 평가항목의 구체적인 속성과 내용을 요약하면 다음과 같다.

입지는 항만이 처해 있는 지리적 여건과 경제·사회적인 여건을 뜻한다. 이 평가항목의 구체적인 속성은 정기선 항로수, 장래개발 여건, 배후지의 경제규모(중심성), 지리적 위치(중계성) 등이다.

시설은 항만의 기초적인 시설로서 하부시설, 상부시설(하역기기, 보관시설) 및 정보인프라를 포함하며, 이 평가항목의 구체적인 속성은 부두길이, 하역설비, 장치장 능력 등이다.

물류비는 항만물류활동에 소요되는 비용으로서 정량적인 특성을 지니고 있으며, 이 평가항목의 구체적인 속성은 하역비, 항만시설 사용료, 장치료 등이다.

서비스는 정성적인 특성과 정량적인 특성을 동시에 지니고 있으며, 이 평가항목의 구체적인 속성은 항만의 정보화, 항만물류지원서비스 등이다.

운영형태(x_5)는 항만의 관리주체 및 부두운영형태(지주항, 도구항, 운영항 등), 통관관련 제도, 자유항도입, 무료 장치기간, 노무공급체제 등이다.

아래에서는 이들 중 항만물류비와 항만물류서비스의 구체적인 내용에 대하여 살펴보기로 한다.

1) 항만물류비

항만물류비란 항만물류활동을 실행하기 위하여 직접 또는 간접으로 소비되는 비용을 말한다. 또한, 물류비는 활동 주체의 범위에 따라 미시적(Micro) 물류비와 거시적(Macro) 물류비로 대별할 수 있다.

미시적 물류비는 개별기업이 물류활동을 수행하는 데 소비한 경제가치이며 거시적 물류비는 국가적 물류비로서 기업을 포함하여 물류활동에 관련된 모든 주체가 일정기간 물류활동에 소비한 경제가치를 합계한 것이다. 따라서, 항만물류비는 그 성격상 거시적 물류비와 미시적 물류비의 중간 위치에 있다고 할 수 있다.

일반적으로 물류비 산정의 목적은 물류활동에 수반되는 원가자료를 제공하고 물류합리화에 의한 원가절감이나 서비스개선에 대한 관리지표를 제공하는 데 의의가 있다. 따라서, 물류비는 최적의 물류 시스템을 구축하는 데 필수적인 자료이며 수단이라고 할 수 있다.

한편, 물류비는 지급형태별, 물류기능별, 물류영역별 등의 기본적인 분류가 가능하며, 그 외 관리목적별이나 발생형태별로 구분할 수 있다.

이러한 분류 가운데 어떠한 기준을 채택하는가는 계산목적에 따라 차이가 있으나, 항만물류비는 그 특성상 비용이 어떠한 물류기능을 위하여 발생하였는가를 기준으로 분류하는 기능별 분류에 따르는 것이 바람직한 것으로 생각된다.

그러나, 현실적으로 항만물류비는 항만의 특성(관리주체, 요율체계, 항만기능) 및 이용하는 운송수단 등에 따라 구성내용에 차이가 있다. 따라서, 우리나라의 요율체계를 기준으로 하고 각국의 요율체계를 고려하여 공통적인 내용을 중심으로 항만물류비의 체계를 정리하여 〈그림 12-3〉에 보인다.

이 표를 기준으로 각국의 항만물류비(운송비 제외)를 비교하기로 한다.

실제로, 각국의 항만당국은 항만시설사용에 대한 요율표를 고시하고 있으나 요율체계의 차이 등으로 인해 정확한 비교는 매우 어렵다.

특히 많은 국가에 있어서는 요율표가 존재하더라도 실제 적용되는 요율은 항만당국과 이용자간의 협상에 따라 보다 저렴한 요율이 적용되고 있다. 그리고 특정기업이 전용으로 임대하여 사용하는 전용 부두의 경우, 요율은 대외비이어서

자료입수가 어렵다. 따라서, 공정요율표상의 요율을 적용하여 비교한 결과를 〈표 12-1〉에 보인다.

그림 12-3 항만물류비의 체계

- 항만 물류비
  - 시설사용료
    - 선박입항료
    - 전압료(계선료)
    - 화물입출항료
    - 항해지원비(예도선료, 항만서비스)
  - 하 역 비
    - 기본요금
    - 재조작료
    - 구내이적료(야간터미널 이용료, 장비 사용료)
  - 보 관 비
    - 항만보관료(ODCY 사용료)
    - 창고보관료
  - 운 송 비
    - 해상운송비
    - 육상운송비
    - 항공운송비
  - 포 장 비
  - 물류관리비
    - 항만관리비(부두임대료, 전용사용료, 항만세, 컨테이너세, 통관료)
    - 일반관리비
    - 지원서비스비(예도선료)
  - 물류정보비

주 : ( ) 내의 항목은 항만의 특성에 따라 물류비에서 제외된다.

이 표로부터, 세계 주요 항만과 부산항의 항만이용료 수준은 전체 합계액의 경우, 부산항을 100으로 했을 때 요코하마항(420.3), 홍콩항(297.9), 싱가포르항(156.6), 카오슝항(154.0), 포트클랑항(117.4) 등은 상대적으로 높은 반면, 마닐라항(53.6), 사이공항(99.7) 등은 상대적으로 낮은 것을 알 수 있다.

그리고 선박입항료, 접안료, 화물입항료 등 협의의 항만시설 사용료만을 기준으로 하면 포트클랑(671.0), 싱가포르(300.4), 카오슝(188.0), 사이공(166.0), 마닐라(163.8), 요코하마(142.9) 등은 부산보다 높고 홍콩(86.4)은 부산보다 낮다.

그리고 이 비교는 1997년 말 기준환율을 적용하여 계산한 것이므로 부산항 항만이용료는 상대적으로 낮게 평가되었을 가능성이 높으며 향후 원화가치의 회복에 따라 상대적 요율수준이 상승할 것으로 전망된다.

표 12-1 항만이용료 비교(현지통화기준)

	싱가포르 (S $)	포트클랑 (RM)	마닐라 (PP)	요코하마 (¥)	홍콩 (HK $)	카오슝 (NT $)	사이공 (US $)	부산 (₩)
선박입항료	3,400	100,000	96,552	540,000	46,497	40,179	7,200	5,120,000
접 안 료	8,928		46,488	804,000	1,890	47,328		2,040,000
화물입항료	24,000	88,000	324,757			355,552	4,800	3,072,000
시설사용료 소 계	36,328	188,000	467,797	1,344,000	48,387	443,059	12,000	10,232,000
(부산항=100)	(300.4)	(671.0)	(163.8)	(142.9)	(86.4)	(188.0)	(166.0)	(100.0)
예선사용료	1,260	788		203,400	6,920	39,440	1,170	2,110,654
도선료	465	595		663,459	5,740	72,000	3,600	493,570
지원서비스비 소 계	1,725	1,383		866,859	12,660	111,440	4,770	2,604,224
(부산항=100)	(56.1)	(19.4)	(0.0)	(362.1)	(88.8)	(185.8)	(259.3)	(100.0)
기본요금	116,000	152,000	1,062,400	41,690,880	1,481,600	1,901,300	59,020	48,739,000
재조작료	1,750	2,325						398,680
구내이적료								800,300
보관비	48,000	24,000	180,475	317,520	324,000	533,260	4,800	2,688,020
하역비/보관비 소 계	165,750	178,875	1,242,875	42,008,400	1,805,600	2,434,560	63,820	52,626,500
(부산항=100)	(266.5)	(123.8)	(84.6)	(868.3)	(626.6)	(200.8)	(171.6)	(100.0)
Annual Dues	7,885							
선원복지기금	140					1,065,000		20,000,000
Wharf Labour		80				5,884		28,980,000
야간작업조명			200					
기타비용 소 계	8,025	80	200			1,070,864		48,980,000
(부산항=100)	(13.6)	(0.1)	(0.0)	(0.0)	(0.0)	(94.9)	(0.0)	(100.0)
전체 합계	211,828	367,788	1,710,872	44,219	1,866,647	4,059,923	80,590	114,442,724
(부산항=100)	(156.6)	(117.4)	(53.6)	(420.3)	(297.9)	(154.0)	(98.7)	(100)

자료 : 정필수 외, 항만시설사용 요율체계 개편방안연구, KMI, 1996.

1) 사용료 산출기준
- 기준선박제원 : 40,000GT, 22,322NT, 43,600DWT, 길이 252m, Draft 9.5m, 3,050TEU
- 항만별 처리물량 : 1000TEU(선적 500TEU, 양하 500TEU)
- FEU, TEU의 구성비율(2 : 1) 즉 FEU 200개, TEU 100개씩
- 야드보관일수 : 7일(무료장치기간을 포함)
- 접안시간 16시간

2) ( ) 속의 수치는 원화로 환산하여 (부산항=100)을 기준으로 비교한 수치임
- 적용환율(1997. 12. 31 기준환율) : S $ 1 = ₩846.16, RM1 = ₩365.21, PP1 = ₩35.83,
  ¥100 = ₩1,087.82, HK $ 1 = ₩182.64, NT $ 1 = ₩43.41,
  US $ 1 = ₩1,415.20

한편, 일반적인 의미에서 항만물류비용에 속하지는 않으나 반드시 고려해야 할 비용으로 체증비용이 있다.

체증비용이란 교통체증으로 인한 혼잡비용, 즉 교통체증에 의해 초래되는 국민경제적 손실을 말하며, 따라서 항만물류 시스템의 각 하위 시스템이 포화되면 각 하위 시스템별로 체증비용이 발생하며, 이들 체증비용을 모두 합한 것이 항만물류 시스템의 체증비용이 된다.

아래에서는 항만에서의 체증비용을 예를 들어 설명하기로 한다. 먼저, 교통량(선박수 또는 화물량)이 항만의 수용능력을 초과하면 체증현상이 발생한다. 이 경우 한 선박의 관점에서 볼 경우, 이 선박이 문제의 항만에 입항하게 되면 체증을 초래하게 된 자신의 대기시간이 길어질 뿐 아니라 다른 모든 선박의 대기시간도 늘어나게 한다. 이때 자신의 입항으로 인한 체증 때문에 발생하는 (자신 및 다른 선박에 미치는) 모든 비용을 합하여 그 선박에 의한 체증비용이라 한다.

따라서, 아래에서는 교통시설이 충분하여 전혀 체증이 없는 상태에 비해 현재의 체증이 초래하는 모든 국민경제적 비용을 체증비용으로 두어 다루기로 한다. 즉 수요곡선의 고려 없이 단지 공급측면, 즉 비용측면만을 대상으로 하여 체증에 따른 모든 사회적 부담을 체증비용으로 정의하기로 한다.

이러한 의미의 체증비용은 그 체증상태에서 벗어나기 위해 하주, 선주, 항만당

그림 12-4 체증비용과 체증에 의한 외부효과

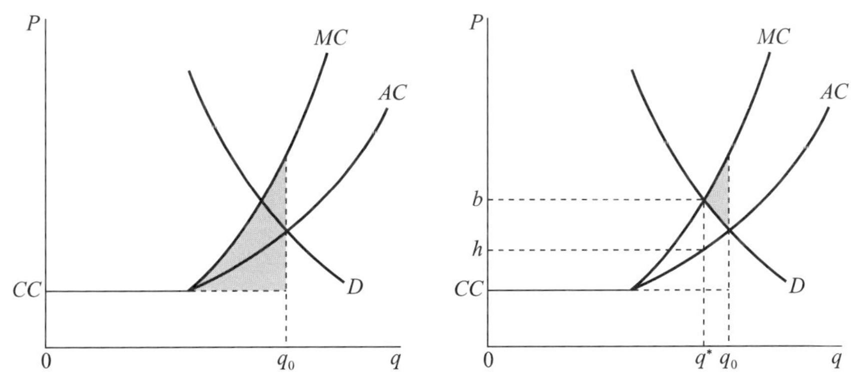

q_0 : 체증요율(Congestion tax) 미부과 시의 입항척수(현재의 입항척수)
q^* : 최적체증요율(Optimal congestion tax) 부과 시의 입항척수

국, 심지어 경제 전체가 부담할 비용까지 모두 포함하는 개념이라고 볼 수 있다.

입항선박의 수가 적을 때는 기다릴 필요가 없이 즉시 접안할 수 있으므로 항상 일정한 비용(CC)만 부담하면 된다. 그러나 한정된 능력 때문에 곧 체증이 발생하고 이때 자신의 대기시간($AC-CC$)에 따른 비용만을 고려하는 선박들은 수요곡선과 평균비용곡선 AC가 만나는 q_0까지 입항하게 되므로 q_0가 바로 현재의 입항선박수가 된다.

이때 만일 체증에 따른 외부비경제효과를 해소하기 위해 체증요율을 부과한다면 그 최적체증요율은 $b-h$가 되며 이때의 최적입항수는 q^*가 된다. 그러나 이 경우에도 각 선박은 스스로 $h-CC$만큼 대기해야 하며 이를 정상대기라 한다.

$$AC = CC + WC \tag{12.1}$$
$$TC = AC \cdot q$$

단, AC : 평균비용
WC : 대기비용
TC : 총비용
q : 교통량
CC : 입항비용

따라서, 한계비용 MC는

$$MC = \frac{\partial TC}{\partial q} = AC + q \cdot \frac{\partial AC}{\partial q} \tag{12.2}$$
$$= CC + WC + q \cdot \frac{\partial AC}{\partial q}$$

로 되며, 식(12.2)의 제 1 항은 고정비용, 제 2 항은 자신의 대기비용, 제 3 항은 자신으로 인해 다른 선박이 대기함으로써 발생하는 대기비용을 나타낸다. 그리고, 체증비용 C^* 및 체증에 의한 외부효과 E^*는 각각

$$C^* = \int_0^{q_0} (MC - CC) \cdot dq \tag{12.3}$$
$$E^* = \int_{q^*}^{q_0} (MC - p) \cdot dq = \int_{q^*}^{q_0} \{MC - (AC + \text{체증요율})\} \cdot dq$$

로 된다.

한편, 선박의 체선시간과 운항비용, 항해일수, 하역능률 및 선박규모 사이의 관계를 적재개수 C인 컨테이너선박이 만재상태로 2개의 항만 사이를 항해하는 이상적인 경우에 대하여 살펴보기로 한다.

항차상 항해일수를 D(일), 재항비용을 $A+gC$(원/일), 선박운항비용을 $B+hC$(원/일), 하역능률을 $L+mC$(개/일)라 하면,

$$V = D(hC+B) + \frac{2C(A+gC)}{(L+mC)} \tag{12.4}$$

컨테이너 1개당 운송비용은,

$$\frac{V}{C} = D(h+\frac{B}{C}) + \frac{2(A+gC)}{(L+mC)} \tag{12.5}$$

따라서, 주어진 항로에 있어서의 최적선형은 식(12.5)를 최소 $\{\frac{\partial}{\partial C}(\frac{V}{C}) = 0\}$ 으로 함으로써 얻을 수 있다. 즉,

$$C = mLDB \pm \frac{\sqrt{[2(gL-mA)DB]}}{[2(gL-mA)-m^2DB]} \tag{12.6}$$

만일, 하역능률이 선박형태와 무관하다면 ($m=0$),

$$C = \sqrt{(\frac{LDB}{2g})} \tag{12.7}$$

식(12.7)를 식(12.5)에 대입하면,

$$(V/C)_{\min} = Dh + \frac{2A}{L} + 2\sqrt{(\frac{2gDB}{L})} \tag{12.8}$$

이 식에서 제 1 항은 컨테이너 1개당 해상운송시간비용(Sea time cost), 제 2 항은 재항비용(Port time cost)을 나타내며, 제 3 항은 하역능률에 관련된 비용을 나타내고 있다. 또한, 항만의 체증으로 인하여 체선이 생겼을 경우, 체선시간이 I(일)이라면, 식(12.4)는 다음과 같이 변형된다.

$$V^* = D(hC+B) + 2I(A+gC) = \frac{2C(A+gC)}{(L+mC)} \tag{12.9}$$

따라서, $m=0$이라면, 최적선형은,

$$C=\sqrt{(\frac{L(DB+2AI)}{2g})} \tag{12.10}$$

로 된다.

식(12.10)으로부터 알 수 있는 것처럼 선박의 최적규모는 체선시간의 증가에 따라 커진다는 것을 알 수 있으며, 이는 선박의 규모가 커지면 컨테이너 개당 운송비용이 작아진다는 점으로부터 쉽게 이해할 수 있을 것이다.

한편, 선박의 최적규모는 항해일수(D)와 선박운항비용(B)의 곱인 DB의 값에 크게 의존하고 있으며, D 및 B값은 모두 선박속도를 기본변수로 하고 있다. 따라서, 일정규모의 선박이 정해진 항만간을 운항하고 있는 상태에서 항만체증이 발생하여 체선시간(I)이 증가할 경우에는 체선시간의 증가분을 상쇄시키기 위하여 선박의 운항속도를 조정할 필요가 있다.

지금까지 선박의 체선시간과 운항비용, 하역능률 및 선박규모 사이의 관계를 간단한 모델을 이용하여 정성적으로 설명하였으나, 이 모델에서는 체선비용과 정상적인 체류비용을 모두 재항비용이라 두어 선박의 규모와의 사이에 일차식의 관계에 있는 것으로 가정하였다.

그러나, 실제에 있어서 선박비용과 선박규모 사이의 관계는 선박규모의 경제로 인하여 일차식이 아닌 비선형, 즉 선박시간당비용$=a \cdot c^b$(단 a, b는 계수, 4,000DWT의 컨테이너선의 경우, $c^b=e^{2.5}$, $a=0.7$)의 관계가 있는 것으로 추정되고 있다는 점에 유의할 필요가 있다.

한편, 체증비용은 수요곡선을 추정하지 않더라도 공급측면, 즉 해당 교통시설(항만 또는 도로)을 이용하는 선박 또는 차량의 비용부담과 운송화물의 시간비용을 분석함으로써 추정할 수 있다는 점은 이미 앞에서 지적한 바와 같다.

따라서, 어떤 특정한 교통시설에서의 연간체증비용은 평균비용만으로도 추정할 수 있으며, 이것은 총비용이 한계비용의 적분값인 동시에 (평균비용×생산량)이기 때문이다. 이 내용을 그림으로 살펴보면 다음과 같다.

추정하고자 하는 연도의 입항선박수가 q_0이고 체증이 전혀 발생하기 전의 적정 입항척수를 q_1이라 하면 각 선박은 입항부터 출항까지 평균적으로 일정비용(Constant cost) CC와 체증에 따른 자기대기시간비용을 부담하게 된다. 따라서

그림 12-5 한계비용, 평균비용과 총비용

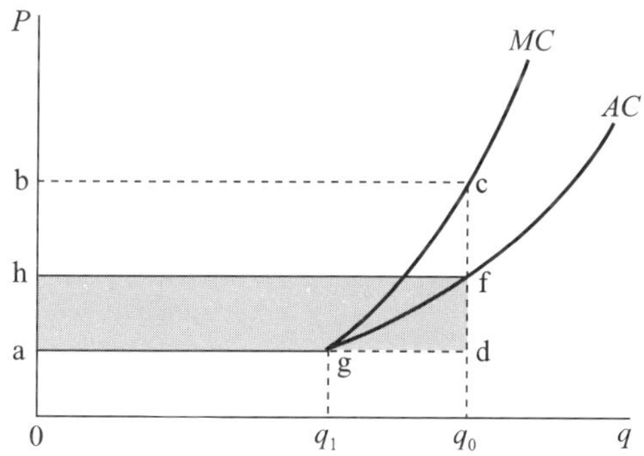

전체선박의 연간체증비용은 평균 대기시간비용×선박척수, 즉 사각형 aefd가 된다.

또한, 입항선박수 q_0일 때 그때 입항한 모든 선박 자신의 체증비용은 $\int_0^{q_0}(AC-CC)dq$, 타인에게 미치는 모든 영향은 $\int_0^{q_0}(MC-AC)dq$이다. 따라서 전체 선박의 연간체증비용은 자신의 체증비용과 타인에게 미치는 영향을 합한 도형 gcd가 된다.

그러나, $TC=\int MCdq=$ □0adq_0 +⊿gcd이며, 동시에 $TC=AC\cdot q=$ □0ad q_0 +□aefd이므로 ⊿gcd의 넓이와 □aefd의 넓이가 같다는 것을 알 수 있다. 따라서 연간체증비용 ⊿gcd는 척당 평균 체증비용(e-a)와 입항척수의 곱인 □aefd로 계산될 수 있음을 알 수 있다.

이상으로부터 선박에 관련된 총체증비용은 척당 시간당 체증비용과 총체선시간의 곱으로, 또 화물에 관련된 체증비용은 화물의 시간당 가치손실과 척당 평균 체선시간의 곱으로 계산할 수 있다. 그리고 이 계산방법은 물류하위 시스템의 체증에 따른 차량운행비의 추가부담과 적재화물의 시간가치손실을 산출할 때도 그대로 적용할 수 있다.

아래에서는 항만을 예를 들어 체증비용을 구체적으로 계산하는 방법에 대하여 간단히 살펴보기로 한다.

선박이 항내에서 지출하는 비용은 항내에서 선박운영에 드는 비용을 의미하는 재항비용(Port cost)과 정박료 등 항만당국에 지불하는 항만비용(Port charge)으로 구분하는 것이 일반적이다. 그러나, 이러한 지출비용의 항목별 내역은 항만의 규모, 요율체계 등에 따라 매우 다양하다.

비용의 내용을 항목별로 명확히 하고 다루기 쉽게 하기 위하여 항만에서의 총비용을 선박운영에 따른 선박비용(Ship cost)과 항만당국 등 외부에 지불하는 비용인 항만비용(Port cost), 그리고 적재화물의 시간비용(Ship cost) 등으로 구분하기로 한다.

그러면, 총비용은 체증이 없는 정상운송상태 및 체증이 있을 때의 대기시간에 선박비용, 항만비용, 화물재고비용 및 정기선의 스케줄 지연으로 인한 비용의 합으로 나타낼 수 있다.

시간당으로 계산한 정상운송상태하에서의 선박비용을 C_s, 항만비용을 C_p, 화물재고비용을 C_i, 체선상태하에서의 선박비용을 C_{sd}, 항만비용을 C_{pd}, 화물재고비용을 C_{id}라 두고, 체선으로 인한 정기선의 스케줄 지연비용을 C_{dd}, 그리고, 총접안시간을 T_μ, 총대기시간을 T_d, 총비용을 TC라 두면,

$$TC = (C_s + C_p + C_i)T_\mu + (C_{sd} + C_{pd} + C_{id})T_d + C_{dd} \tag{12.11}$$

로 된다.

아래에서는 위에서 설명한 방법에 따라 계산한 항만체증비용의 내용에 대하여 살펴보기로 한다.

우리나라 항만에서의 체증비용은 1990년 2,093억원에서 1991년에는 7,102억원으로 급증하였고 이후 크게 감소하였으나, 1994년에는 다시 증가하여 1995년에는 6,025억원으로 추정되었다.

또한, 항만체증비용의 GNP에 대한 비율은 1990년의 0.117%에서 1991년에는 0.332%로 높아졌고 이후 그 비중이 크게 낮아졌으나 1995년에는 0.178%에 달해 같은 해 항만시설 투자비의 대GNP 비중인 0.13%를 오히려 상회하고 있다. 항만별 체증비용을 살펴보면 다음과 같다(〈표 12-2〉 참조).

한편, 항만체증비용이 항만물류비에 미치는 비중을 살펴보면, 1995년의 경우, 약 4.6%에 이르러 수출기업의 일반관리비(4.1%)보다 그 비중이 크며, 항만체증이 각각의 항만물류활동에 미치는 영향을 고려하면 그 비중은 더욱 커질 것으로 추정된다.

표 12-2 항만별 제증비용

(단위 : 천달러)

부산항		컨테이너화물			일반화물		
연도	합계	소계	선사비용	하주비용	소계	선사비용	하주비용
1990	142,469.0	142,469.0	122,913.8	7,374.4	33,082.1	34,006.9	1,073.2
1991	698,424.2	698,424.2	680,004.2	18,420.1	33,577.9	31,298.6	2,279.3
1992	96,362.7	96,362.7	92,994.4	3,368.3	13,036.6	12,177.2	859.4
1993	78,555.1	78,555.1	74,774.7	3,780.4	17,259.1	16,094.0	1,165.1
1994	194,316.8	194,316.8	186,483.8	7,833.1	18,486.4	17,143.2	1,343.2
1995	655,533.7	655,533.7	639,319.7	16,214.0	25,210.9	22,633.0	2,577.9
인천항 및 기타 무역항							
1990	114,555.5	109,217.5	85,557.9	23,659.7	5,338.0	3,845.8	1,492.2
1991	201,547.7	144,108.5	113,913.6	30,195.0	57,439.2	55,740.8	1,698.5
1992	89,681.4	62,510.0	49,578.2	12,931.8	27,171.4	25,418.8	1,752.6
1993	75,850.9	48,095.7	38,644.7	9,451.0	27,755.2	25,919.3	1,835.0
1994	69,079.7	42,555.0	33,215.5	9,339.4	26,524.7	24,330.0	2,194.6
1995	120,193.0	83,127.7	62,365.9	20,761.8	37,065.3	34,184.6	2,880.7

자료 : 전일수, 우리나라 항만 및 공항의 체증현황과 체증비용의 추정, 1996. 5.

표 12-3 항만물류비와 체증비용

(단위 : 억원, %)

단위	항만물류비 (A)	항만체증비용 (B)	수출입금액 (C)	B/A (%)	B/(A-B) (%)	A/C	B/GNP
1991	28,737	2,092.7	1,071,754	7.282	7.854	2.681	0.117
1992	29,936	7,102.4	1,190,481	23.725	31.105	2.515	0.332
1993	32,695	1,569.6	1,284,465	4.801	5.043	2.545	0.066
1994	37,151	1,387.2	1,531,174	3.734	3.879	2.426	0.052
1995	48,629	2,223.2	1,936,683	4.572	4.791	2.511	0.073

주 : 항만물류비(A)는 시설사용료, 지원서비스료, 보관하역비 및 (수출입화물)해상운송비 포함.

2) 항만물류서비스

물류관리의 기본목표는 비용절감과 재화의 시간적·장소적 효용가치의 창조를 통한 시장능력(Marketability)의 강화라고 할 수 있다. 이러한 물류관리에 관한 연구는 총비용분석 접근에 관한 연구, 시스템적 접근방법에 관한 연구, 대고객서비스 개선에 관한 연구, 물류네트워크에 관한 연구 등의 4가지 주제를 중심으로 순수연구(Pure research)와 응용연구(Applied research)가 활발하게 진행되어 왔다.

표 12-4 물류비용과 물류서비스에 관련된 기존연구

연구자	연도	연구대상	주요 연구 결과
Saleh	1970	1000명의 운송담당자(406)	비용보다 서비스가 중요
Bardi	1971	펜실베이니아주 247개 업체(169)	비용보다 서비스가 중요
Evans & Southard	1974	210개 오클라호마 하주	비용보다 서비스가 중요
Johns	1975	미국 전역 130개 업체	신뢰성이 가장 중요, 운송시간, 클레임 처리능력 순
Gilmour	1976	멜버른, 시드니 내 하주	화물통제능력, 특수장비 보유정도, 신뢰성 순
stock & Lalonde	1977	미국 내 357개 하주	운송수단 선택 시 서비스 요인이 보다 중요
McGinnis	1979	미국 내 1000개 하주(351)	운송시간과 신뢰성이 비용보다 중요
Brand, Grabner	1985	미국 내 하주	서비스가 비용보다 우선
Burdg, Daley	1985	52개 내륙수로를 이용하는 선·하주	서비스가 비용보다 중요
Hayuth	1985	국제운송 시 이스라엘 운송수단 선택자	단일요인보다 복합적 요인이 중요
Quinn	1987	무역관련 잡지 구독자	서비스가 비용보다 중요

또한, 지난 20년 동안 물류관련 각종 저널에는 물류서비스와 비용의 중요도를 평가하는 다수의 실증연구가 발표되었으며, 이들 연구들은 자료의 수집방법이나 분석방법이 상이하고, 대상, 분야, 범위, 대상국가, 운송형태별로도 다양하다.

이 연구에서 적용하고 있는 평가기준은 (i) 운임률, (ii) 신뢰성, (iii) 운송시간, (iv) 화물의 멸실이나 손상, (v) 하주의 시장상황, (vi) 운송업체의 고려요인, (vii) 화물의 특성이었으며, 이들 연구결과는 물류에 있어서 비용에 비해 서비스가 얼마나 중요한가를 잘 나타내고 있다.

한편, 항만물류 시스템은 불규칙성, 노동집약성, 비저장성, 제약성, 연계성, 수동성 등 일반적인 물류 시스템과는 또다른 특성을 갖고 있다. 따라서, 이러한 특성을 고려하고, 항만물류서비스 요소(의도)의 조사 및 타당성 검증을 통하여 다음과 같은 항만물류서비스의 요소를 추출하였다.

(1) 잠재성(Potentiality)

미래나 갑자기 특수한 상황이 발생할 경우, 이를 감당할 수 있는 능력을 갖추고 있는 성질이나 특성.

- 취급시설 및 장비의 충분한 보유
- 접근수로의 확장계획 확보
- 긴급 시에 대비한 여유선석 및 대체운송수단의 확보
- 항내 정온수역 확장계획 확보
- 항만종사자들의 자질(청렴도, 작업에 대한 전문지식) 향상을 위한 노력
- 긴급한 화물의 여유 취급능력 확보
- 항만에 대한 다양한 홍보
- 적극적인 포트 세일즈
- 항만확장을 위한 충분한 부지확보
- 지속적인 항만개발계획
- 질 좋은 항만종사자의 양성
- 새로운 교통수단의 출현에 대한 충분한 대비
- 주어진 업무 이외의 업무에 대한 성실성
- 항만을 자주 이용하는 고객에 대한 혜택
- 항만 내 또는 배후지의 물동량 증가가능성

(2) **정확성**(Exactness)

실제로 항만에서 제공되는 작업이나 업무·정보제공이 미리 계획된대로 어긋남이 없이 이루어지는 성질이나 특성.

- 항만작업예정시간 정확히 준수
- 화물분류장·장치장·창고·CY·CFS 등의 근접성
- 공통 코드(UPC)에 의한 화물의 분류 및 취급
- 화물취급 지연에 대한 사전예보
- 항만종사자 근무태도의 일관성
- 항만종사자 업무분담의 명확성
- 항만노동자 업무의 지속성(쟁의 시)
- 선석이나 시설의 사전예약가능성
- 화물운송단계의 간명성
- 화물적재와 라벨부착의 정확도

- 항만운송 사무처리의 정확성
- 클레임에 대한 책임성
- 화물취급의 무차별성
- 정밀한 화물의 Measuring
- 화물취급의 정확성
- 항만종사자의 외국어구사능력
- 정보 통신교류의 원활성

(3) 안전성(Safety)

항내 치안이 유지되고, 시설·장비가 안전하며, 작업이 신중하고도 위생적으로 이루어져 사건·사고가 발생할 위험이 없거나 이를 예방하는 성질이나 특성.

- 항만 내 시설(장비)의 용량제한규정 준수
- 항만시설(장비)의 정기적인 안전검사
- 항만종사자의 안전인식
- VTS(Vessel Traffic System)의 완비
- 항만 내 각종 사고 및 재해발생에 대비한 충분한 대책
- (항만운송과정) 화물의 파손, 변질, 분실, 도난, 멸실의 방지 가능성
- 항내 정온수역의 충분한 확보
- 안전항해에 필요한 충분한 접근수로의 확보
- 선박보급품(청수, 선식)의 위생적인 취급
- 항로표지의 완비
- 주기적인 준설과 수심측량
- 항내 치안의 유지

(4) 신속성(Speediness)

항만에서 이루어지는 각종 작업이나 업무·정보 등의 제공이 즉각적이고, 신속한 성질이나 특성.

- 하역 및 운송시간의 최소화
- 즉각적인 선식·선용품의 보급
- 항만 이용신청 및 처리의 신속성
- 충분한 수의 하역종사자 확보

- 항만종사자 작업처리의 우수성
- 항만종사자 업무태도의 능동성 및 적극성
- 최신 항만정보의 신속한 제공
- 특정화물에 대한 전용 부두·시설(장비)의 완비
- 즉각적인 화물소재의 파악
- 신속한 선박수리 및 급유
- 하역시설 및 보관시설 등의 자동화
- EDI(Electronic Data Interface)제도

(5) 편의성(convenience)

항만 내에서 각종 작업이나 업무, 정보 등의 제공이 간편하거나 수월하며, 다양한 성질이나 특성.

- 다양한 종류의 선석 및 선용품의 보급
- 다양한 장비 및 시설의 구비
- 업무처리(선석배정 등)의 융통성
- 항만시설과 주변경관의 쾌적성
- 화물분류장·장치장·창고·CY 등의 기능별 분화
- 항만종사자의 친절성
- 기본적 운송서비스 외의 서비스
- 항만현황에 대해 정기적인 정보제공
- 고객불만의 청취 및 수렴제도
- 항만이용 신청절차의 간소화
- 항만이용의 공공성과 형평성
- 해운기업들의 기항선박에 대한 원활하고 긴밀한 지원
- 일요일(공휴일)의 항만업무
- 24시간 중단 없는 항만업무
- 항만이용의 단순성

(6) 연계성(Linkage)

항만물류의 특성인 다른 종류의 운송 시스템(해상운송-육상운송 등)간 연계가 체계적이며, 종합적으로 이루어지는 성질이나 특성.

- 관련 행정기관과 업체간에 유기적인 업무협조
- (세계일주항로, Main Trunk)일관수송의 가능성
- (항만과 배후도시간)정기적인 내륙운송 스케줄의 확보
- (항만과 다른 항만간)다양한 정기운송 스케줄의 확보
- 유닛화에 의한 복합일관수송의 가능성
- 항만과 공항(Sea & Air)간 연계 시스템 확보
- 화물전용도로, 충분한 배후지(도심, 상권)의 확보
- 연계운송의 편리성

항만물류서비스를 구성하는 각 요소는 매우 정성적이며, 각 요소의 내용은 요소구분의 속성상 중복된 성질을 포함하고 있는 것을 알 수 있다.

이상에서 설명한 항만물류 시스템의 평가요인을 정리하면 〈그림 12-6〉과 같이 다속성-다계층구조로 나타낼 수 있다.

그러면, 다속성-다계층 평가구조를 지닌 항만물류 시스템을 정확히 평가하기 위해서는 어떤 평가방법이 도입되어야 하는가에 대해 살펴보기로 하자.

첫째, 평가구조가 다계층이므로 모든 계층의 평가결과가 반드시 일치하는 일관성이 확보되어야 한다. 즉, 일관성이 확보되어야 임의의 계층을 선택하여 평가하더라도 그 평가결과가 전체를 대표할 수 있기 때문이다.

그림 12-6 항만물류시스템의 다속성-다계층 평가구조

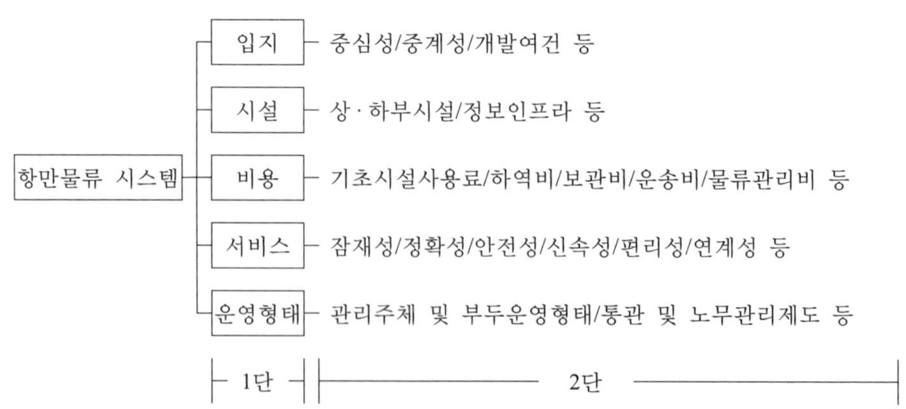

둘째, 평가구조가 다속성이고 각 속성은 정성적인 성질의 것(서비스, 운영형태 등)과 정량적인 성질의 것(비용 등)이 혼합되어 있어서 이러한 혼합적인 특성을 충분히 수용할 수 있어야 한다.

셋째, 평가구조가 다속성이며, 각 속성 간에는 독립성이 보장되어 있지 않다. 서비스, 비용, 시설, 입지, 운영형태라는 속성들은 서로 중복되는 성질을 지니고 있어서 이러한 속성간의 중복성을 수용할 수 있어야 한다.

넷째, 평가는 필요한 자료를 사용하여 결과만을 도출하는 순방향의 평가뿐만 아니라 평가결과로부터 원인을 추정하여 수정보완함으로써 평가결과를 개선할 수 있는 역평가가 가능해야 한다.

제 2 절 평가방법

아래에서는 다속성-다계층 평가구조를 지닌 항만물류 시스템을 평가하는 데에 필요한 평가의 일관성, 혼합성, 중복성 및 가역성을 수용할 수 있는 평가방법 — 퍼지계층분석법에 대해 살펴보기로 한다.

1. 퍼지측도 및 퍼지적분

1) 퍼지측도

인간의 판단과 행동은 가치에 바탕을 두고 행해지며, 가치는 추상적 · 주관적 · 상대적인 특징을 갖는다. 또한, 평가는 가치를 측정하기 위한 것이며, 가치는 평가대상의 효용(Utility)에 의해 결정된다.

평가에 있어서의 효용이란 평가대상에 대한 상대적인 선호(Preference)를 나타낸 것으로, 평가자의 마음 속에 있는 선호라는 무형의 것을 수치로 표현한 것이다. 평가대상에 대한 선호의 정도를 나타내기 위한 기준을 척도(Scale)라고 하며, 이 척도에 의한 측정(Measurement)결과를 측도(Measure)라고 한다. 일반적으로 사람은 이것을 통하여 선호, 비교, 판단 등과 같은 평가를 할 수 있게 된다.

선형측도를 확장한 개념인 퍼지측도는 다음과 같이 정의한다. 즉, 전체집합 $X=\{x_1, x_2, \cdots, x_n\}$을 유한집합, $P(X)$를 X의 멱집합이라고 하고, $P(X)$상의 집합함수 $g: P(X) \to [0,\ 1]$이 다음의 성질을 만족할 때, 이 g를 퍼지측도라고 한다. 즉, 전체집합 X의 임의의 부분집합 A, B에 대하여, g는 다음의 유계성과 단조성을 만족한다.

$$g(\varnothing) = 0, \quad g(X) = 1 \qquad \text{유계성(Boundary Condition)} \tag{12.12}$$

$$A \subset B \text{ 이면, } \quad g(A) \leq g(B) \qquad \text{단조성(Monotonicity)} \tag{12.13}$$

전체집합 X의 임의의 부분집합 A_1, A_2, A_3, $\cdots$에 대하여, $A_1 \subset A_2 \subset A_3 \cdots$ 또는 $A_1 \supset A_2 \supset A_3 \cdots$일 때,

$$\lim_{n\to\infty} g(A_n) = g(\lim_{n\to\infty} A_n) \qquad \text{연속성(Continuity)} \tag{12.14}$$

식(12.13)에서 알 수 있듯이, 퍼지측도는 선형측도의 가법성 대신 단조성을 만족하는 측도이고, 이것에 의해 순서 구조의 평가대상을 측정하는 것이 가능하다.

일반적으로 퍼지측도를 구하기 위해서는 n개의 평가항목에 대하여 2^n개의 관측자료로부터 가중치를 동정하게 되며, 이 경우 중복도를 나타내는 파라미터 λ는 외생적으로 주어지게 된다.

λ-퍼지측도(g_λ)는 식(12.15)과 같이 퍼지측도에 매개변수 λ를 도입한 형태이다. 단, 여기서 λ-퍼지측도(g_λ)는 단조성(Monotonicity)을 갖는다.

$$g_\lambda(A \cup B) = g_\lambda(A) + g_\lambda(B) + \lambda g_\lambda(A) g_\lambda(B) \tag{12.15}$$

단, $A, B \in X, \quad A \cap B = \varnothing, \quad -1 < \lambda < \infty$

또한, 일반식으로 나타내면 다음과 같다.

$$g(X) = \frac{1}{\lambda}\left(\prod_{k=1}^{n}(1 + \lambda \cdot g_k) - 1\right) \tag{12.16}$$

단, $X = \bigcup_{i=1}^{n} A_i, \quad g_i = g_\lambda(A_i)$

한편, 또다른 형태의 λ-퍼지측도(f_λ)는 다음과 같이 표현된다.

$$f_\lambda(\mu) = \begin{cases} ((1+\lambda)^\mu - 1)/\lambda & \text{if} \quad \lambda \neq 0 \\ \mu & \text{if} \quad \lambda = 0 \end{cases} \tag{12.17}$$

식(12.17)의 λ-퍼지측도(f_λ)는 확률측도와 퍼지측도의 관계를 명확히 표현한 것으로 이 측도를 사용하면 λ와 확률측도로부터 퍼지측도를 쉽게 구할 수 있다.

또한, λ가 외생적으로 주어지지 않을 경우에는 이를 근사적으로 계측할 필요가 있으며, 평가요소 i 및 j간의 상호작용계수 λ_{ij}'를 다음과 같이 정의한다.

$$\lambda_{ij}' = \begin{cases} (\mu(A_i \bigcup A_j) - (\mu(A_i) + \mu(A_j))/\mu(A_i \bigcap A_j) & i \neq j \\ 0 & i = j \end{cases} \tag{12.18}$$

단, $\lambda_{ij}' \in (-1, \ \infty)$

2) 퍼지적분

퍼지적분(Fuzzy Integral)은 다차원으로 표현된 애매모호한 대상이나 대체안을 평가하는 데 매우 적합하다.

퍼지적분에 있어서는 주관적이든 객관적이든 독립성과 가법성을 가정할 필요가 없다. 따라서 퍼지적분을 사용하면 여러 가지 평가속성을 갖는 퍼지평가대상의 주관적인 평가를 퍼지측도를 사용하여 수행할 수 있다.

퍼지측도에 의한 퍼지적분은 전체집합 X의 부분집합 A상에 정의된 함수로서,

$$h \ : \ A \rightarrow [0, \ 1] \tag{12.19}$$

와 나타낼 수 있으며, 퍼지측도 공간 $(X, \ 2^x)$에서 A의 퍼지적분은 다음과 같이 정의할 수 있다.

$$\int_A h(x) \circ g(\cdot) = sup_{F \in 2^x} [inf_{x \in F} h(x) \ \wedge g(A \cap F)] \tag{12.20}$$

단, g는 퍼지측도 공간$(X, 2^x)$의 퍼지측도

여기서 기호 $\int$는 퍼지적분 기호이며, $\circ$는 퍼지집합 이론에서 사용되는 Max · Min 연산기호이다. 또한, *sup*와 *inf*는 상한(Supremum)과 하한(Infimum)을 뜻한다. 상한은 X의 어느 요소보다 큰 것 가운데 최소의 것을, 하한은 X의 어느 요소보다 작은 것 가운데 최대의 것을 의미한다.

식(12.20)에 타난 퍼지적분의 정의에서, 부분집합A에 포함되는 모든 부분집합 F에 대해 평가하는 것이지만, 실제로는 그럴 필요는 없고 X의 모든 부분집합의 모임인 $P(X)$ 중에 존재하는 한 개의 단조 집합열의 부분집합 F_{α_i}에 대해서만 평가하면 퍼지적분값을 결정할 수 있다. 즉,

$$\int_A h(x) \circ g(\cdot) = sup_{\alpha \in [0,\, 1]} [\alpha \wedge g(A \cap F_\alpha)] \tag{12.21}$$

$$\text{단, } F_\alpha = \{x \mid h(x) \geqq \alpha\},\ 0 \leqq \alpha \leqq 1$$

F_α는 α의 값이 클수록 집합으로서는 작아지고, α의 값이 작아지면 집합으로서는 커진다. 또한 퍼지측도 g는 단조성을 갖기 때문에 $g(A \cap F_\alpha)$의 측도치는 α가 클수록 감소한다.

퍼지적분의 기본적인 성질은 퍼지측도의 성질을 반영한 단조성에 있다. 집합 X가 유한집합인 경우, 함수 h의 값을 크기 순으로 나열하면 다음 식과 같다.

$$h(x_1) \geqq h(x_2) \geqq h(x_3) \cdots \geqq h(x_n) \tag{12.22}$$

이와 같이 정해진 단조적인 집합열 $A_{h(x_i)}$에 대해, 식(12.13)을 적용하면 다음 식이 성립한다.

$$g(A_{h(x_1)}) \leqq g(A_{h(x_2)}) \leqq \cdots \leqq g(A_{h(x_n)}) \tag{12.23}$$

그림 12-7 유한집합에서의 퍼지적분

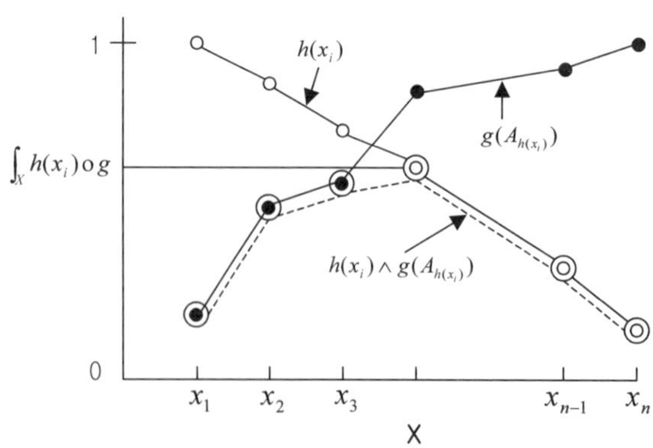

위의 식(12.22), (12.23)을 식(12.20)에 적용하면, 퍼지적분은 식(12.24)와 같이 된다.

$$\int_A h(x) \circ g(\cdot) = \bigvee_{i=1}^{n} [h(x_i) \wedge g(F_i)] \tag{12.24}$$

단, $F_i = \{x_1,\ x_2,\ x_3,\ \cdots,\ x_i\}$

〈그림 12-7〉과 같이 함수값 $h(x_i)$는 오른쪽으로 감소하는 데 대해 퍼지측도의 값 $g(A_{h(x_i)})$은 오른쪽으로 증가한다. 그림에서 점선은 $h(x_i) \wedge g(A_{h(x_i)})$를 나타내고, 이것의 최대값이 퍼지적분값 $\int_A h(x_i) \circ g(\cdot)$이다.

3) 쌍대비교에 의한 가중치의 결정

일반적으로 쌍대비교(Pairwise comparison)에 의한 비율로써 가중치를 결정하는 방법은 정성적인 지표에 대해서도 적용이 가능하다는 장점을 지니고 있으며, 이 방법은 계층분석법(AHP)의 바탕이 되고 있다.

쌍대비교에 의해 평가항목의 가중치를 구하는 방법은 다음과 같다. 즉, 평가항목이 $x_1,\ x_2,\ \cdots,\ x_n$개일 때, 평가자가 평가항목 x_i와 x_j를 비교하여 중요도의 상대비교치 s_{ij}를 구한다.

비교치 s_{ij}는 언어적인 표현에 대응하여 구하며 그 내용은 〈표 12-5〉와 같으며 (단, s_{ij} = 1, s_{ij} = 1/s_{ij}로 가정한다), 이러한 과정을 거쳐 모든 평가항목에 대한 s_{ij}에 의해 $n \times n$ 차원의 상대비교 행렬벡터 $[s_{ij}]$를 구할 수 있다

표 12-5 평가속성간의 상대적인 중요도

평가기준 x_i와 x_j를 비교한 언어적 표현	가중치의 상대비교치(s_{ij})
비슷하게 중요	1
조금 중요	3
보통 중요	5
상당히 중요	7
아주 중요	9

※ 단, 평가항목의 비교가 중간인 경우 평균으로 함.

그리고, 상대비교 행렬벡터 $[s_{ij}]$를 S로 표시할 때, 평가항목 x_n에 대응하는 가중치 w_j는 식(12.25)에서 합이 1이 된다.

$$(S - rE) \cdot W = 0 \tag{12.25}$$

단, E는 단위행렬 벡터

식(12.25)으로부터 S의 최대 고유치 $r_{\max}$에 대응한 고유벡터 W를 구하는 것이 가중치를 구하는 문제와 같게 된다.

실제로 위에서 설명한 과정에 따라 가중치를 구하는 것은 매우 복잡하므로 아래에서는 근사적으로 가중치를 구하는 방법에 대하여 설명하기로 한다.

① 쌍별판단을 근거로 행렬 A를 만든다.

② A의 열별로 합계를 구한다.

③ 열의 합계로 나누어 각 원소의 열별합계가 1이 되게 한다.

④ 위의 ③의 결과를 가지고 행별로 평균값을 구한다. 이 행별 평균값들이 곧 가중치 $(w_1, w_2, \cdots, w_n)$이다.

⑤ 행렬 A와 가중치벡터 W를 곱한 후 그 결과로 얻어지는 벡터의 원소를 각각 $w_1, w_2, \cdots, w_n$으로 나누고 이들을 평균하면 r의 근사값이 된다.

아래에 간단한 예를 보이기로 한다. 속성 X, Y, Z에 있어서 X 대 Y는 2 : 1, X 대 Z는 3 : 1, Y 대 Z는 4 : 1이라고 하자. 위의 근사계산법에 따르면 다음과 같다.

(i) $A = \begin{pmatrix} 1 & 2 & 3 \\ 1/2 & 1 & 4 \\ 1/3 & 1/4 & 1 \end{pmatrix}$

(ii) 제 1 열의 합계는 11/6, 제 2 열의 합계는 13/4, 제 3 열의 합계는 8이다.

(iii) 각 열을 그 합계로 나누면 다음과 같다.

$$\begin{pmatrix} 0.5455 & 0.6154 & 0.3750 \\ 0.2727 & 0.3077 & 0.5000 \\ 0.1818 & 0.0769 & 0.1250 \end{pmatrix}$$

(iv) 행별로 평균값을 구하면 제 1 행의 평균은 0.512(= w_1), 제 2 행의 평균은 0.360(= w_2), 제 3 행의 평균은 0.128(= w_3)이 된다.

(v) A와 W를 곱한다.

$$\begin{pmatrix} 1 & 2 & 3 \\ 1/2 & 1 & 4 \\ 1/3 & 1/4 & 1 \end{pmatrix} \begin{pmatrix} 0.512 \\ 1.128 \\ 0.389 \end{pmatrix} = \begin{pmatrix} 1.616 \\ 1.128 \\ 0.389 \end{pmatrix}$$

우변벡터의 각 원소를 w_i로 나누어 ($1.616/w_1 = 3.156$, $1.128/w_2 = 3.132$, $0.389/w_3 = 3.038$) 평균값을 계산하면 3.109가 되며 이것이 곧 λ_{max}의 근사값이다.

위의 예에서 알 수 있는 것처럼 비록 판단에 있어서 일관성이 불완전한 경우라도 일정한 계산절차에 따라 가중치를 구할 수 있는 것이 이 방법의 장점이라고 할 수 있다.

4) 퍼지계층분석법(FHP)

퍼지계층분석법(FHP : Fuzzy Hierarchical Process)은 평가요소의 중요도를 퍼지측도 $g(\cdot)$로, 평가대상의 능력을 퍼지평가치 $h(\cdot)$로 두어 퍼지적분함으로써 평가대상을 평가하는 방법이다.

퍼지계층분석법(FHP)의 평가절차를 정리하면 다음과 같다.

(i) 쌍대비교(Pairwise Comparision)에 의해 평가항목의 가중치 w를 구한다. 또한 쌍대비교에 의해 평가항목의 중복성을 (-1.0)의 치역에서 평가하고 그 평균치를 상호작용계수 λ로 한다.

(ii) (i)에서 구한 상호작용계수 λ와 가중치 w를 사용하여 식(12.26)으로부터 $f_\lambda(\mu)$를 구하고, $g(G) = 1$이 되도록 정규화한다. 아래식에서 μ는 가중치 w를 의미하며, $f_\lambda(\mu)$는 퍼지측도 $g(\cdot)$를 각각 나타낸다.

$$f_\lambda(\mu) = \begin{cases} ((1-\lambda)^{\mu}-1)/-\lambda & \text{if} \quad \lambda \neq 0 \\ \mu & \text{if} \quad \lambda = 0 \end{cases} \tag{12.26}$$

(iii) 계층구조의 전 계층에 대한 통합평가과정에 대해서, 상호작용을 고려한 k계층(최하위계층)의 평가는 식(12.27)과 같이 퍼지적분을 이용하고, $k+1$계층부터는 평가항목간에 상호작용이 없는 독립적인 항목으로 취급히어 식(12.28)과 같은 단순 가중법을 사용하여 평가한다.

$$h_{H_k}(x_i) = \int h_{H_{k-1}}(x_i) \circ g_{k-1}(\cdot) \tag{12.27}$$

$$h_{H_{k+1}}(x_i) = h_{H_k}(x_i) \cdot g_k \tag{12.28}$$

5) 퍼지계층분석법의 가역성

퍼지계층분석법은 평가항목에 대한 퍼지측도치 $g(\cdot)$를 동정하고, 각 평가대상에 대한 평가항목의 평가치 $h(\cdot)$를 구하여 퍼지적분을 수행함으로써 평가대상의 통합 평가치 $I(\cdot)$를 구하는 순방향의 평가를 다루고 있다.

그러나, 어떤 평가대상의 통합평가치를 개선하고자 할 경우, 평가대상의 각 평가항목 중 어떤 평가항목을 어느 정도 수준의 평가치로 개선하면 통합평가치가 개선되는지를 논리적으로 규명하는 가역성의 문제는 평가의 효율성과 투자대상 및 규모의 결정에 있어서 매우 중요하다.

퍼지계층분석법의 가역성이 성립한다는 것은 이미 증명되어 있으므로 아래에서는 가역성을 만족하는 해를 구하는 문제에 대하여 살펴보기로 한다.

임의의 평가대상 시스템에 대하여 퍼지측도 $g(\cdot)$를 입력값, 퍼지 통합 평가치 $I(\cdot)$를 출력값, 그리고 퍼지 평가치 $h(\cdot)$를 상태값으로 하는 퍼지계층분석법의 평가과정을 그림으로 표현하면 아래의 〈그림 12-8〉과 같다.

그림 12-8 퍼지측도와 퍼지적분의 연산관계

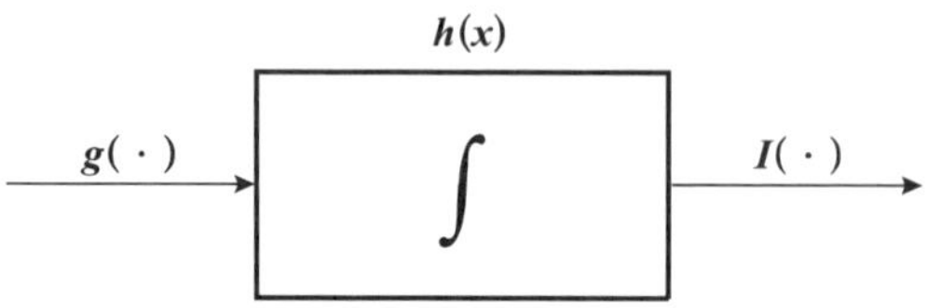

여기서, 현재의 퍼지 통합 평가치 $I(\cdot)$를 어느 적정한 값으로 조정하고자 할 경우, 퍼지측도 $g(\cdot)$는 평가대상 시스템의 특성을 반영하는 특성치로서 이 값은 임의의 고유한 값을 가진다.

그러나, 퍼지 평가치 $h(\cdot)$는 평가대상 시스템의 상태를 나타내는 상태 요소 즉, 평가항목의 평가치를 나타내며, 이 값은 시스템의 상태에 따라 달라진다. 그러므로 퍼지계층구조의 통합 평가치 $I(\cdot)$를 개선하기 위해서 어떤 평가항목을 어느 정도의 평가치 $h(\cdot)$로 개선해야 할 것인가를 동정하는 문제가 바로 퍼지계층분석법의 가역성 문제이다.

위의 〈그림 12-8〉에서 $g(\cdot)$와 $I(\cdot)$가 임의로 주어져 있고, $h(\cdot)$의 해를 구하는 관계식을 정의하면, 아래의 식(12.29)와 같다.

$$g(\cdot) \circ h(x) = I(\cdot) \tag{12.29}$$

단, $I(\cdot)$는 퍼지적분치

이 경우 식(12.29)를 만족하는 $h(\cdot)$가 존재한다면 일반적으로 $h(\cdot)$의 해는 0과 1 사이에서 한 개가 아니고 무수히 많이 존재한다.

식(12.29)에서 $g(\cdot)$와 $I(\cdot)$는 알고 있고, $g(\cdot) \circ h(x) = I(\cdot)$를 만족하는 모든 h의 해집합을 $\{h\}$라 할 때, 어떤 관계식의 해집합, $\{h\}$를 구성하는 모든 해를 명확히 하는 것도 중요하지만, 해집합을 대표하는 해로서 최대해와 최소해 등을 고려하는 경우가 많다.

그림 12-9 최대값과 최소값의 범위

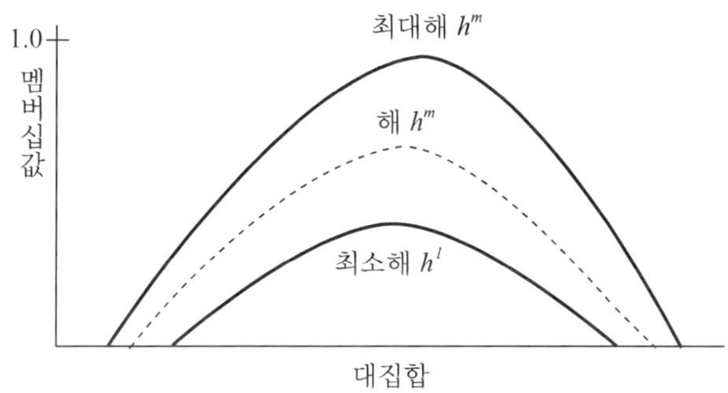

위의 〈그림 12-9〉는 최대해와 최소해에 대한 개념도를 보인 것으로, 만약 최대해 및 최소해가 존재한다면, 그 해의 개수는 한 개다.

(i) 해집합 $\{h\}$의 최대해 h^m : 임의의 해 $h \in \{h\}$에 대해서 $h \subseteq h^m$로 되는 해

$$h^m \in \{h\}$$

(ii) 해집합 $\{h\}$의 최소해 h^l : 임의의 해 $h \in \{h\}$에 대해서 $h^l \subseteq h$로 되는 해

$$h^l \in \{h\}$$

아래에서는 무수히 많이 존재하는 $h(\cdot)$의 해 중에서 해가 존재하는 범위가 되는 $h(\cdot)$의 최대해(h^m) 및 최소해(h^l)를 구하는 방법을 살펴보기로 한다.

식(12.29)를 만족하는 해 중에서 최대해 h^m은, 모든 $h(\cdot)$의 해에 대해 반드시 다음 식이 성립되는 해를 말하며, $h(\cdot)$의 최대해 h^m을 구하는 ⓐ연산을 정의하면 아래의 식(12.30)과 같다.

$$h^m = g(\cdot) \text{ ⓐ } I \tag{12.30}$$

$$\text{단, } g(\cdot) \text{ ⓐ } I = \begin{cases} g(\cdot) \leqq I \text{ 이면 } & h^m(x_i) = 1.0 \\ g(\cdot) > I \text{ 이면 } & h^m(x_i) = I \end{cases}$$

또한, $h(\cdot)$의 최소해 h^l를 구하는 ⓑ-연산을 정의하면 아래의 식(12.31)과 같다.

$$h^l = g(\cdot) \text{ ⓑ } I \tag{12.31}$$

$$\text{단, } g(\cdot) \text{ ⓑ } I \equiv \begin{cases} g(\cdot) < I \text{ 이면 } \quad h^l(x_i) = I \\ g(\cdot) \geqq I \text{ 인 경우} \\ \quad \text{i) } \min_{x_i}(g(A_h(x_i)) - I) \text{가 되는 평가항목} \\ \quad\quad x_i \text{의 평가치 } h^l(x_k) = I \\ \quad \text{ii) 그 외의 경우 } h^l(x_k) = 0 \end{cases}$$

이상으로부터 알 수 있는 것처럼 퍼지계층분석법의 가역해는 일의적으로 존재하는 것이 아니라 최대치(h^m)와 최소치(h^l)를 경계로 하여 무수히 많이 존재한다.

그러나, 통합 평가치를 개선하고자 할 경우, h^l 및 h^m은 중요한 정보를 제공한다. 즉, $h^m(x_i) = 1$인 평가항목 x_i는 단독으로 통합 평가치를 개선할 수 없는 항목이며, $h^l(x_k) = 0$인 평가항목 x_k는 단독으로 통합 평가치를 개선할 수 있는 항목이다.

또한, 퍼지적분의 성질로부터 개선 전의 통합 평가치(I)와 개선 후의 통합 평가치(I^*)의 관계 $I \subseteq I^*$에 대하여 $h \subseteq h^*$가 되며 h^m 및 h^l은 다음 범위의 값을 갖는다.

$$I \leqq h^m \leqq 1.0 \tag{12.32}$$

$$0.0 \leqq h^l \leqq I$$

아래에서는, 이상에서 설명한 가역성의 성질을 이용하여 현재 상태의 통합 평가치를 I, 개선 후의 통합 평가치를 I^*로 두어 구체적으로 통합 평가치를 개선하는 방법에 대하여 살펴보기로 한다.

(i) 개선 후의 통합 평가치(I^*)를 최대 평가치($\max h(\cdot)$)보다 크게 개선하는 경우($I^* > \max h(\cdot)$)

통합 평가치의 값을 평가항목의 최대 평가치의 값보다 크게 개선하는 경우이며, 이것은 거의 모든 평가항목에 대한 평가치를 개선함으로써 통합 평가치를 개선하는 사례에 해당되며, 개선절차는 다음과 같다.

〈절차 1〉 $h^m(x_i)=1$인 평가 항목 x_i의 평가치를 $h(x_i)=I^*$로 둔다.

〈절차 2〉 $h^l(x_i)=0$이고 $g(A_h(x_i))<I^*$인 평가항목 x_i의 평가치를 $h(x_i)=I^*$로 둔다.

〈절차 3〉 $h^l(x_i)=0$이고 $g(A_h(x_i))\geqq I^*$인 중에서 $\min(g(A_h(x_i)-I^*)$을 만족하는 평가항목 x_i의 평가치를 $h(x_i)=I^*$로 둔다.

이상의 개선절차에 있어서 퍼지적분의 기본성질로부터 $\forall h(x_i)=I^*$로 두어서 종합적으로 평가치가 I^*로 개선되나, 이러한 개선방법은 여러 가지 측면에서 비효율적이므로 여기에서는 고려하지 않기로 한다.

(ii) 개선 후의 통합 평가치(I^*)를 최대 평가치($\max h(\cdot)$) 이하로 개선하는 경우($I^*\leqq \max h(\cdot)$)

통합 평가치의 값을 평가항목의 최대 평가치의 값 이하로 개선하는 경우로서, 이 경우는 소수의 평가항목에 대한 평가치를 개선함으로써 통합 평가치를 개선할 수 있는 사례에 해당되며, 구체적인 개선절차는 다음과 같다.

〈절차 1〉 $h^m(x_i)=1$이고 $h(x_i)<I^*$인 평가항목 x_i의 평가치 $h(x_i)=I^*$로 둔다.

〈절차 2〉 $h^l(x_i)=0$이고 $g(A_h(x_i))<I^*$인 평가항목 x_i의 평가치 $h(x_i)=I^*$로 둔다.

〈절차 3〉 $h^l(x_i)=0$이고 $g(A_h(x_i))\geqq I^*$인 평가항목 x_i에 대하여 $\delta_i=g(A_h(x_i))-I^*$라 두면,

㉠ $\min\delta_i$인 평가항목 x_i의 평가치 $h(x_i)=I^*$로 둔다.

㉡ $h^l(x_i)=0$이고 $g(A_h(x_i))\geqq I^*$인 평가항목 x_i에 대하여 δ_i값이 작은 순서로 열거하여 평가치 $h(x_i)=I^*$로 둔다.

이 〈절차 3〉에 있어서, ㉠은 단독의 평가항목에 대한 평가치를 개선함으로써 통합 평가치를 개선하는 경우에 해당되며, ㉡은 다수의 평가항목에 대한 평가치를 개선함으로써 통합 평가치를 개선하는 경우를 나타낸다.

따라서, ㉠과 ㉡ 중 어떤 절차를 선택할 것인가는 $\triangle I(=I^*-I)$의 크기에

따라 달라지며, 평가항목의 개선비용 $C(x_i)$를 비교하여 결정할 필요가 있다.

각 평가항목의 단위당 개선비용을 $c(x_i)$, 평가항목의 평가치 개선량을 $\triangle h(x_i) = h^*(x_i) - h(x_i)$라 두면, 평가항목의 개선비용 $C(x_i)$는 아래의 식(12.33)과 같이 나타낼 수 있다.

$$C(x_i) = \triangle h(x_i) \cdot c(x_i) \tag{12.33}$$

임의의 평가대상에 있어서 각 평가항목의 단위당 개선비용은 평가항목마다 다르게 나타나며, 특히 어떤 평가대상 시스템의 경우에는 평가항목별 단위당 개선비용의 차이가 심한 경우도 있다.

이와 같이 통합 평가치 개선을 위해 단순히 평가항목의 평가치 개선량 $\triangle h(\cdot)$의 값이 같더라도 평가항목의 개선비용 $C(x_i)$에 따라 개선될 평가항목의 선택이 달라질 수 있으며, 이러한 문제는 투자전략에서 면밀히 검토해야 할 사항이다.

제 3 절 퍼지계층분석법에 의한 평가

아래에서는 기존의 연구사례인 동북아 주요 항만의 경쟁력 평가에서 제시하고 있는 자료를 사용하여, 앞에서 제시한 퍼지계층분석법에 의한 경쟁력의 평가 및 가역성을 이용한 개선요인의 추출과정을 설명하기로 한다.

1. 경쟁력의 평가

기존 연구사례 동북아 주요 항만의 경쟁력 평가에서는 동북아시아의 항만인

표 12-6 각 항만의 평가치 $h(\cdot)$

항 목 \ 국 가	$h(x_1)$	$h(x_2)$	$h(x_3)$	$h(x_4)$	$h(x_5)$
부산항	0.80	0.60	0.80	0.55	0.75
고베항	0.75	0.85	0.55	0.80	0.80
요코하마항	0.55	0.75	0.55	0.80	0.80
카오슝항	0.75	0.80	0.75	0.70	0.80

주 : 평가항목 : 입지(x_1), 시설(x_2), 비용(x_3), 서비스(x_4), 운영형태(x_5).

부산항, 고베항, 요코하마항, 카오슝항을 평가대상으로 하고 평가항목으로는 입지(x_1), 시설(x_2), 비용(x_3), 서비스(x_4), 운영형태(x_5)를 선정하였다. 〈표 12-6〉에 항만별 각 평가항목에 대한 평가치 $h(\cdot)$를 보인다.

〈표 12-7〉은 평가속성별(입지, 시설, 비용, 서비스, 운영형태) 가중치 $w(\cdot)$와 퍼지 측도치 $g'(\cdot)$를 계산한 결과값이다.

또한, 전문가들의 설문조사로부터 얻은 λ는 -0.409로서 평가속성 사이에 중복성이 있다는 것을 보이고 있으며, 그 결과 퍼지 측도치의 합 $\sum_{i=1}^{n} g(\cdot)$가 1보다 작은 0.8693이었다.

표 12-7 평가속성의 가중치 및 퍼지측도

평가속성 x_i	가중치 $w(\cdot)$	퍼지측도치 $g(\cdot)$
입지(x_1)	0.2693	0.2365
시설(x_2)	0.1946	0.1687
비용(x_3)	0.2167	0.1886
서비스(x_4)	0.1897	0.1643
운영형태(x_5)	0.1297	0.1112
합계	1.0000	0.8693

〈표 12-6〉 및 〈표 12-7〉에서 주어진 각 항만별 평가항목의 평가치와 퍼지 측도치를 사용하면 각 항만별 통합 평가치를 구할 수 있다. 아래에서는 부산항을 예로 들어 계산과정을 설명하기로 한다.

(i) 〈표 12-6〉으로부터 평가항목별(입지(x_1), 시설(x_2), 비용(x_3), 서비스(x_4), 운영형태(x_5)) 평가치를 큰 순서로 열거하면 아래와 같다.

$$\begin{array}{lccccccccc} \text{평가항목 } (x_i): & x_1 & > & x_3 & > & x_5 & > & x_2 & > & x_4 \\ \text{평가치 } h(\cdot): & 0.80 & > & 0.80 & > & 0.75 & > & 0.60 & > & 0.55 \end{array}$$

(ii) 〈표 12-7〉로부터 부분집합의 퍼지 측도치 $g(F_i)$를 각각 다음과 같이 계산한다.

$g'(x_1) = 0.2693$(이 단계에서는 중복작용이 나타나지 않으므로 가중치 $w(\cdot)$를 적용한다)

$g'(x_1,\ x_3) = 0.4251$(이 단계부터는 중복작용이 나타나므로 퍼지 측도치 $g(\cdot)$를 적용한다)

$$g'(x_1,\ x_3,\ x_5) = 0.5363$$
$$g'(x_1,\ x_3,\ x_5,\ x_2) = 0.7050$$
$$g'(x_1,\ x_3,\ x_5,\ x_2,\ x_4) = 0.8693$$

(iii) 위에서 구한 $g'(\cdot)$의 최대값이 1.0이 되도록 식 $g(x) = \dfrac{g'(x)}{\bigvee_{i=1}^{n} g(x)}$를 이용하여 $g'(x_1)$, $g'(x_1,\ x_3)$, $g'(x_1,\ x_3,\ x_5)$, $g'(x_1,\ x_3,\ x_5,\ x_2)$, $g'(x_1,\ x_3,\ x_5,\ x_2,\ x_4)$를 정규화하면 아래와 같다.

$$g(x_1) = 0.31$$
$$g(x_1,\ x_3) = 0.49$$
$$g(x_1,\ x_3,\ x_5) = 0.62$$
$$g(x_1,\ x_3,\ x_5,\ x_2) = 0.81$$
$$g(x_1,\ x_3,\ x_5,\ x_2,\ x_4) = 1.00$$

(iv) 퍼지적분의 계산에 의한 통합 평가치는 아래와 같이 계산한다.

$$\begin{aligned}\int_A h(x) \circ g(\cdot) &= \bigvee_{i=1}^{n} [h(x_i) \wedge g(F_i)] \\ &= \vee[(0.80 \wedge 0.31),\ (0.80 \wedge 0.49),\ (0.75 \wedge 0.62),\ (0.60 \wedge 0.81),\\ &\qquad (0.55 \wedge 1.00)] \\ &= \vee[0.31,\ 0.49,\ 0.62,\ 0.60,\ 0.55] \\ &= 0.62\end{aligned}$$

(v) 항만별로 위의 과정을 반복한다.

〈표 12-8〉은 부산항, 고베항, 요코하마항, 카오슝항의 주요 경쟁요인들 즉, 입지, 시설, 비용, 서비스, 운영형태에 대한 평가치를 기반으로 각 항만별 통합 평가치와 순위를 정리한 결과이다.

〈표 12-8〉로부터 부산항은 4개의 경쟁항만 중에서 고베항과 카오슝항 다음으로 3위를 차지하고 있다는 것을 알 수 있다.

2. 경쟁력강화를 위한 개선요인의 도출

아래에서는 먼저, 앞에서 다룬 가역성을 이용하여 부산항의 평가치 $h(x_i)$에

표 12-8 각 항만의 퍼지 평가치

항만	항 목	퍼지 계층 평가					통합 평가치	순위
부산	평가항목 (x_i)	x_1	x_3	x_5	x_2	x_4	0.62	3
	평가치 $h(\cdot)$	0.80	0.80	0.75	0.60	0.55		
	퍼지 측도치 $g(F_i)$	0.31	0.49	0.62	0.81	1.00		
고베	평가항목 (x_i)	x_2	x_4	x_5	x_1	x_3	0.75	1
	평가치 $h(\cdot)$	0.85	0.80	0.80	0.75	0.55		
	퍼지 측도치 $g(F_i)$	0.22	0.38	0.51	0.78	1.00		
요코하마	평가항목 (x_i)	x_4	x_5	x_2	x_1	x_3	0.55	4
	평가치 $h(\cdot)$	0.80	0.80	0.75	0.55	0.55		
	퍼지 측도치 $g(F_i)$	0.22	0.32	0.51	0.78	1.00		
카오슝	평가항목 (x_i)	x_2	x_5	x_1	x_3	x_4	0.75	1
	평가치 $h(\cdot)$	0.80	0.80	0.75	0.75	0.70		
	퍼지 측도치 $g(F_i)$	0.23	0.32	0.61	0.81	1.00		

주 : 평가항목 : 입지(x_1), 시설(x_2), 비용(x_3), 서비스(x_4), 운영형태(x_5).

대한 최대 평가치 $h^m(\cdot)$와 최소 평가치 $h^l(\cdot)$를 구하는 과정에 대해 설명하기로 한다.

부산항의 퍼지 측도치 $g(\cdot)$는 〈표 12-8〉으로부터 $g(\cdot) = \{0.31, 0.49, 0.62, 0.81, 1.00\}$이고, 통합 평가치는 $I(\cdot) = 0.62$이었다.

ⓐ연산을 이용하여 최대 평가치 $h^m(\cdot)$를 구하는 과정과 ⓑ연산을 이용하여 최소 평가치 $h^l(\cdot)$를 구하는 과정은 아래와 같다.

$$h^m(\cdot) = g(\cdot) \text{ ⓐ } I(\cdot)$$
$$= \{(0.31 \text{ ⓐ } 0.62), (0.49 \text{ ⓐ } 0.62), (0.62 \text{ ⓐ } 0.62), (0.81 \text{ ⓐ } 0.62), (1.0 \text{ ⓐ } 0.62)\}$$
$$= \{1.0,\ 1.0,\ 1.0,\ 0.62,\ 0.62\}$$

$$h^l(\cdot) = g(\cdot) \text{ ⓑ } I(\cdot)$$
$$= \{(0.31 \text{ ⓑ } 0.62), (0.49 \text{ ⓑ } 0.62), (0.62 \text{ ⓑ } 0.62), (0.81 \text{ ⓑ } 0.62), (1.0 \text{ ⓑ } 0.62)\}$$
$$= \{0.62,\ 0.62,\ 0.62,\ 0.0,\ 0.0\}$$

여기서, $h^m(\cdot)$과 $h^l(\cdot)$값은 각각의 $h(\cdot)$가 가질 수 있는 최대값과 최소값을 나타낸다.

이때 ⓐ연산과 ⓑ연산에 의해서 구한 $h^m(\cdot)$과 $h^l(\cdot)$값이 통합 평가치를 만족하는가를 확인하기 위해 $\int g(\cdot) \circ h^m(\cdot)$과 $\int g(\cdot) \circ h^l(\cdot)$을 수행하였을 때의 결과는 다음과 같다.

$$
\begin{aligned}
I^m &= \int_A h^m(\cdot) \circ g(\cdot) = \bigvee_{i=1}^{n} [h^m(\cdot) \wedge g(F_i)] \\
&= \vee[(1.0 \wedge 0.31),\ (1.0 \wedge 0.49),\ (1.0 \wedge 0.62),\ (0.62 \wedge 0.81),\ (0.62 \wedge 1.00)] \\
&= \vee[0.31,\ 0.49,\ 0.62,\ 0.62,\ 0.62] \\
&= 0.62
\end{aligned}
$$

$$
\begin{aligned}
I^l &= \int_A h^l(\cdot) \circ g(\cdot) = \bigvee_{i=1}^{n} [h^l(\cdot) \wedge g(F_i)] \\
&= \vee[(0.62 \wedge 0.31),\ (0.62 \wedge 0.49),\ (0.62 \wedge 0.62),\ (0.0 \wedge 0.81),\ (0.0 \wedge 1.00)] \\
&= \vee[0.31,\ 0.49,\ 0.62,\ 0.0,\ 0.0] \\
&= 0.62
\end{aligned}
$$

표 12-9 $I(\cdot) = 0.62$에 대한 $h(\cdot)$의 최대-최소값

항만	평가항목 x_i	x_1	x_3	x_5	x_2	x_4	통합 평가치
부산	평가치 $h(\cdot)$	0.8	0.8	0.75	0.6	0.55	I = 0.62
	최대해 $h^m(\cdot)$	1.0	1.0	1.0	0.62	0.62	I^m = 0.62
	최소해 $h^l(\cdot)$	0.62	0.62	0.62	0.0	0.0	I^l = 0.62

주 : 평가항목 : 입지(x_1), 시설(x_2), 비용(x_3), 서비스(x_4), 운영형태(x_5).

〈표 12-9〉에 보이는 것처럼 $h^m(\cdot)$에 의해 개선된 통합 평가치 I^m 값과 $h(\cdot)$에 의한 통합 평가치 I 값이 같다.

즉 $h^m(\cdot)$은 $\int g(\cdot) \circ h(\cdot) = I(\cdot)$을 만족한다.

또한 입지, 비용, 운영형태의 평가치는 1.0으로 향상되었고 시설과 서비스의 평가값도 0.62로 향상되었지만 통합 평가치는 0.62로 변함이 없음을 알 수 있다. 바꾸어 말하면, 입지, 비용, 운영형태의 수준을 향상하더라도 부산항의 경쟁력 제고에는 크게 영향을 미치지 않는다는 것을 알 수 있다.

그러므로, 부산항의 경쟁력을 제고하기 위해서는 입지, 비용, 운영형태보다는 $h^k(\cdot) \neq 1\,(h^l(\cdot\ ) = 0)$인 평가항목, 즉 시설($x_2$) 또는 서비스($x_4$) 수준의 향상에 주목하여야 한다는 것을 〈표 12-9〉로부터 알 수 있다.

다음으로, 현재의 통합 평가치를 개선하기 위해서 부산항의 경쟁요인을 도출하는 과정을 살펴보기로 한다.

(i) 개선후의 통합 평가치(I^*)를 최대 평가치($\max h(\cdot)$)보다 크게 개선하는 경우($I^* > \max h(\cdot)$)

현재의 통합 평가치를 $I = 0.62$에서 $I^* = 0.9$로 개선시켰을 때 부산항의 경쟁요인을 도출하는 과정이다.

현재의 통합 평가치가 $I = 0.62$이고, 평가항목의 최대치 $\max h(\cdot) = 0.8$이므로 〈표 12-9〉의 자료에 근거하여 구체적인 경쟁요인을 도출하는 과정은 다음과 같다.

〈절차 1〉 $h^m(\cdot) = 1$인 평가항목은 입지(x_1), 비용(x_3), 운영형태(x_5)이므로 이것들에 대한 평가치를 0.9로 개선한다.

〈절차 2〉 $h^l(\cdot) = 0$이고 $g(\cdot) < 0.9$인 평가항목은 시설이므로 시설(x_2)의 평가치를 0.9로 개선한다.

〈절차 3〉 $h^l(\cdot) = 0$이고 $g(\cdot) \geq 0.9$이면서 $\min \delta_i$인 항목은 서비스(x_4)이므로 이것의 평가치를 0.9로 개선한다.

위의 〈절차 1, 2, 3〉을 통해 나온 결과를 정리하면 아래의 〈표 12-10〉과 같다. 따라서 부산항의 통합 평가치를 0.62에서 0.9로 개선하기 위해서는 모든 평가항목의 평가치를 0.9로 개선해야 한다는 것을 알 수 있다.

표 12-10 $I^* = 0.9$인 경우, 부산항의 경쟁요인 값

평가항목(x_i)	입지	비용	운영형태	시설	서비스	통합 평가치
평가치 $h(\cdot)$	0.80	0.80	0.75	0.60	0.55	0.62
개선(1) $h^*(\cdot)$	0.90	0.90	0.90	0.90	0.90	0.90

주 : 평가항목 : 입지(x_1), 시설(x_2), 비용(x_3), 서비스(x_4), 운영형태(x_5).

그러니, 모든 평가항목의 평가치를 0.9로 개선하면 종합적으로는 당연히 평가치가 0.9로 개선되지만, 이러한 개선방법은 비효율적이므로 여기에서는 고려하지 않는다.

그리고 각 평가 항목의 개선수준($\triangle h(\cdot) = h^*(\cdot) - h(\cdot)$)은 입지(0.1) = 비용(0.1) < 운영형태(0.15) < 시설(0.3) < 서비스(0.35) 순으로 되어있으므로 단위수준의 개선비용이 동일하다면 서비스 > 시설 > 운영형태 순으로 개선하는 데에 중점을 두어야 한다는 것을 알 수 있다.

(ii) 개선 후의 통합 평가치(I^*)를 최대 평가치($\max h(\cdot)$) 이하로 개선하는

경우($I^* \le \max h(\cdot)$)

현재의 통합 평가치를 $I = 0.62$에서 $I^* = 0.76$으로 개선시켰을 때 부산항의 경쟁요인을 도출하기로 한다.

그림 12-10 $I^* = 0.9$인 경우, 부산항의 경쟁요인 분석

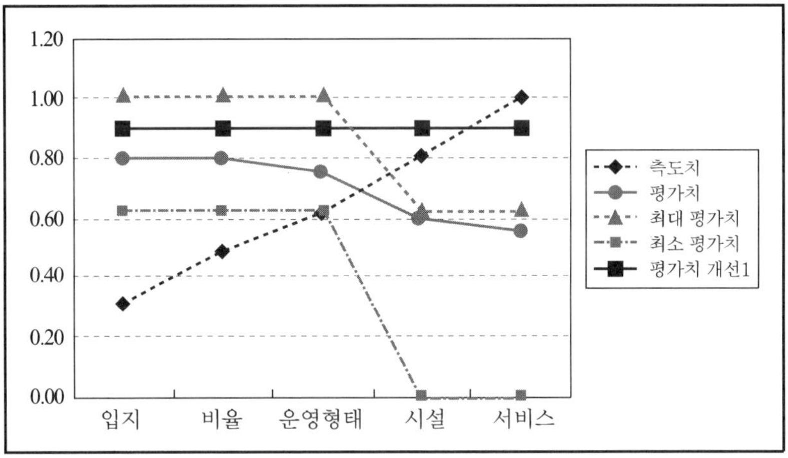

현재의 통합 평가치가 $I = 0.62$이고, 평가항목의 최대치 $\max h(\cdot) = 0.8$이므로 이 경우에 대한 구체적인 경쟁요인의 도출과정은 다음과 같다.

〈절차 1〉 $h^m(\cdot) = 1$이고, $h(\cdot) < 0.76$인 평가항목은 운영형태(x_5)이므로 이것의 평가치를 0.76으로 개선한다.

〈절차 2〉 $h^l(\cdot) = 0$이고, $g(\cdot) < 0.76$인 평가항목은 해당사항이 없다.

〈절차 3〉 $h^l(\cdot) = 0$이고, $g(\cdot) \ge 0.76$인 평가항목은 시설(x_2), 서비스(x_4)이며, 이에 대한 $\delta_{x_2} = 0.16$, $\delta_{x_4} = 0.24$이다.

㉠ 상기 〈절차 3〉에서 $\min \delta_i$는 시설(x_2)이므로 이것의 평가치를 0.76으로 개선한다.

㉡ 상기 〈절차 3〉을 만족하는 평가항목은 시설(x_2), 서비스(x_4)이다. 이것의 δ_i 값이 작은 순서로 열거하면 $\delta_{x_2}(0.16) < \delta_{x_4}(0.24)$이며, 이것의 평가치를 0.76으로 개선한다. 물론 이 경우 서비스(x_4)의 평가치를 0.76으로 개선하더라도 통합 평가치는 똑같이 0.76으로 개선된다. 하지만, 이것은 비경제적이므로 기각한다.

위의 〈절차 1, 2, 3〉을 통해 나온 결과를 정리하면 아래의 〈표 12-11〉과 같다. 이상의 결과를 정리하면, 부산항의 경쟁력에 대한 현재의 통합 평가치(I)를 0.62에서 0.76으로 개선하기 위해서는 운영형태(x_5)와 시설(x_2)의 평가항목에 대한 평가치를 0.76으로 개선해야 한다는 것을 알 수 있다.

이때 평가항목의 개선수준($\triangle h(\cdot)$)은 입지(0.0) = 비용(0.0) = 서비스(0.0) < 운영형태(0.01) < 시설(0.16)순서로 되어 단위수준의 개선비용 $c(x_i)$가 동일하다면 시설의 평가치를 개선하는 데에 중점적으로 주력해야 한다는 것을 알 수 있다.

표 12-11 $I^* = 0.76$일 경우, 부산항의 경쟁요인

평가항목(x_i)	입지	비용	운영형태	시설	서비스	통합 평가치
평가치 $h(\cdot)$	0.80	0.80	0.75	0.60	0.55	0.62
개선(2) $h^*(\cdot)$	0.80	0.80	0.76	0.76	0.55	0.76

주 : 평가항목 : 입지(x_1), 시설(x_2), 비용(x_3), 서비스(x_4), 운영형태(x_5).

그림 12-11 $I^* = 0.76$일 경우, 부산항의 경쟁요인 분석

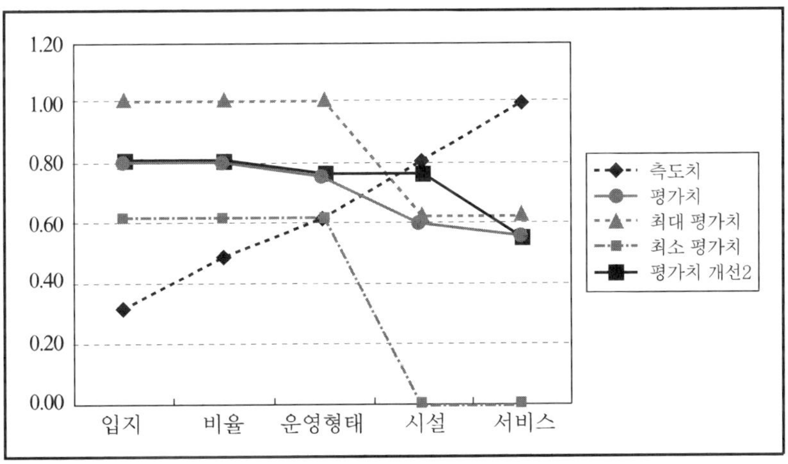

이상으로부터 운영형태와 시설을 각각 0.76으로 향상시켰을 경우 통합 평가치가 향상되었음을 알 수 있다. 그러나, 경쟁요인으로 분석된 운영형태, 시설 중에서 하드웨어인 시설(부두길이, 하역설비, 장치장 능력 등)은 장기적인 해결과제이나, 소프트웨어인 운영형태 요인(항만의 관리주체, 부두운영형태, 노무공급체제, 요율제도

표 12-12 개선 후의 부산항의 순위

항만	항 목	퍼지평가					통합 평가치	순위
부산항	평가항목	x_1	x_3	x_5	x_2	x_4	0.76	1
	평가치 $h(\cdot)$	0.80	0.80	0.76	0.76	0.55		
	퍼지 측도치 $g(\cdot)$	0.31	0.49	0.62	0.81	1.00		
고베항	평가항목	x_2	x_4	x_5	x_1	x_3	0.75	2
	평가치 $h(\cdot)$	0.85	0.80	0.80	0.75	0.55		
	퍼지 측도치 $g(\cdot)$	0.22	0.38	0.51	0.78	1.00		
요코하마항	평가항목	x_4	x_5	x_2	x_1	x_3	0.55	4
	평가치 $h(\cdot)$	0.80	0.80	0.75	0.55	0.55		
	퍼지 측도치 $g(\cdot)$	0.22	0.32	0.51	0.78	1.00		
카오슝항	평가항목	x_2	x_5	x_1	x_3	x_4	0.75	2
	평가치 $h(\cdot)$	0.80	0.80	0.75	0.75	0.70		
	퍼지 측도치 $g(\cdot)$	0.23	0.32	0.61	0.81	1.00		

주 : 평가항목 : 입지(x_1), 시설(x_2), 비용(x_3), 서비스(x_4), 운영형태(x_5).

등)은 정책방향에 따라 단기적으로 수준향상을 도모할 수 있는 경쟁요인이라 할 수 있다.

그리고, 부산항의 항만경쟁력 제고요인인 운영형태 및 시설의 수준을 높여서

그림 12-12 경쟁요인 개선 후의 부산항의 경쟁력

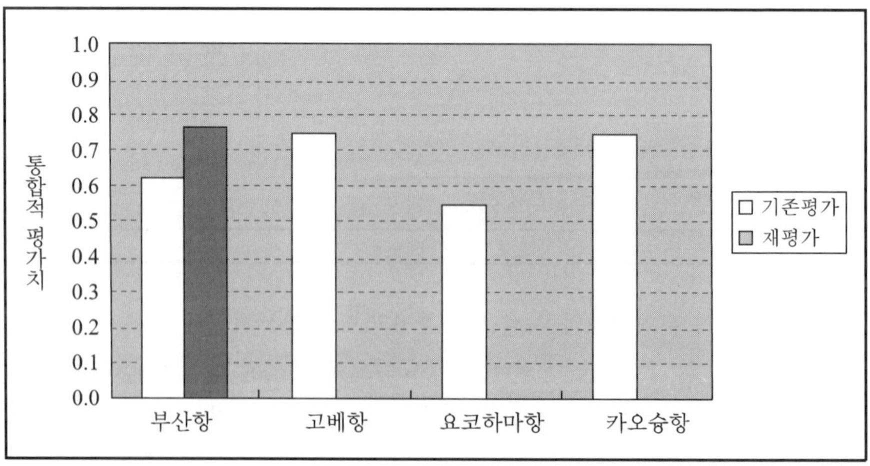

평가속성의 재구성을 통한 종합평가를 시도하면 다음과 같다.

부산항의 경쟁요인, 즉 운영형태 및 시설의 평가치가 상승함에 따른 재평가 결과는 〈표 12-12〉와 같으며, 부산항의 통합 평가치도 0.62에서 0.76으로 향상되었다. 그리고, 항만경쟁력도 부산항 > 고베항 = 카오슝항 > 요코하마항 순으로 바뀌어 부산항의 경쟁요인의 개선으로 인해 부산항의 경쟁력이 고베항과 카오슝항보다 강화되었다는 것을 알 수 있다(〈그림 12-12〉 참조).

참 고 문 헌

구자윤, "계층분석법에 의한 선박접이안 안정성의 평가방안," 한국항해학회지, 18-4, 1994.

김광희, "동북아 물류 중심화 조기구축을 위한 핵심과제," 재정경제부, 한국무역협회, 2004. 11.

김광희, "동해항과 일본의 환동해권 항만의 연계방안," 동해항 국제심포지엄, 2004. 12.

김광희, "釜山·福岡の港間競争と協力," (사)비전과 연대21, 후쿠오카동아시아학회 공동국제심포지엄, 2006. 12.

김광희, "부산항 북항 재개발 방안 — 해외사례를 중심으로 —," 한국해양문화학회, 2005. 10.

김광희, "부산항터미널운영의 문제점과 활성화전략," 글로벌항만경쟁시대의 부산항 경쟁력 강화방안에 관한 정책심포지엄, 부산광역시, 2008. 1.

김광희, "Strategies for Realizing the open Logistics Community in Northesat Asia," 한국물류혁신컨퍼런스 한국물류협회, 2006. 11.

김광희, "한일간의 물류협력방안 — 부산신항배후지를 중심으로 —," 일본 동아시아학회, 2007. 12.

김광희 · 吉田戊, "중국해운업의 국제경쟁력에 관한 연구," 한국해운물류학회, 해운물류연구, No. 48, 2006. 3.

김광희 · 吉田戊, "컨테이너 선사의 전략적 제휴대상 선택요인 — The New World Alliance와 Grand Alliance의 사례를 중심으로," 한국해운물류학회, 해운물류연구, 제38호, 2003.

김광희 · 김현덕, "우리나라와 일본의 해운정책 비교연구 — 계획조선제도에 대한 회고와 시사점을 중심으로 —," 한국항만경제학회, Vol. 23, No. 3, 2007. 9.

김광희 · 김현덕 · 조삼현, "부산항(부산북항, 부산신항)과 광양항의 연계발전방안," 한국무역협회 국제물류지원단, 2006. 8.

김광희 외, "글로벌 시장을 리드하라 — 해상운송을 대체하는 항공운송 —," 한국무역협회 무역연구소, 2006. 11.

김유나 · 안기명 · 김광희, "환적화물의 이동경로 조사분석 및 비용에 관한 연구," 한국항해항만학회 추계학술대회, 2007. 12.

김현덕 · 김광희, "Growth & Selection Criteria of ship Management Firms and Its Implications," 한국항만경제학회, 2006. 8.

노홍승, "계층퍼지분석법을 이용한 항만물류서비스의 평가에 관한 연구," 박사학위논문, 한국해양대학교 대학원, 1997.

노홍승 · 여기태 · 이철영 · 최재수, "항만물류서비스의 평가에 관하여," 한국항만학회지, 10-2, 1996.

류형근, "퍼지평가의 역관계를 이용한 항만경쟁력 분석에 관한 연구," 석사학위논문, 한국해양대학교 대학원, 2001.

류형근 · 이철영, "퍼지관계방정식을 이용한 계층퍼지분석법에 관한 연구," 한국항만학회 추계학술대회 논문집, 2000.

여기태, "퍼지 적분을 도입한 계층구조의 평가 알고리즘," 한국해양대학교 석사학위논문, 1995.

여기태 · 노홍승 · 이철영, "퍼지적분을 도입한 계층구조의 평가 알고리즘," 해양안전학회지, 2-1, 1996.

여기태 · 이철영, "System Dynamics법을 이용한 동북아항만 경쟁 모델에 관한 연구," 한국항만학회지, 12-1, 1998.

여기태 · 이철영, "HFP의 융합을 이용한 항만경쟁모델의 개발," 한국시스템다이나믹스 학회지, 1-1, 2000.

여기태 · 이철영, "항만경쟁상황을 고려한 확장SD 알고리즘개발에 관한 연구," 한국해운학회지, 27, 1998.

이석태, "퍼지 계층 평가 알고리즘의 개발과 그 적용에 관한 연구," 한국해양대학교 박사학위논문, 1994.

이석태, "항만경쟁력의 평가기준과 이의 가중치에 관한 연구," 한국항만학회지, 12-1, 1998.

이윤재 · 안기명 · 김현덕 · 김광희, "동북아 물류거점화를 위한 연안해운 경쟁력 제고 방안에 관한 연구," 한국항해항만학회, 한국항해항만학회지, 29-6, 2005. 9.

이철영, 물류개론.

이철영, 시스템공학 개론.

이철영, "컨테이너 물류체계의 최적화를 위한 전략적 고찰," 한국항만학회지, 11-2, 1997.

이철영, 항만물류시스템, 호성출판사, 1998

이철영 · 류형근 · 정희균, "퍼지계층평가의 가역성과 그 응용에 관한 연구 (2)퍼지통합평가의 역문제와 그 응용에 관하여," 한국항만학회지, 15-2, 2001.

이철영 · 이석태, "극동아시아 컨테이너 항만의 능력평가에 관한 연구," 한국항만학회지, 7-1, 1993.

이철영 · 이석태, "상호연관성을 지닌 계층구조형문제의 평가 알고리즘," 한국항만학회, 7-1, 1993.

이철영 · 임봉택, "퍼지평가의 통합특성에 관하여," 한국항만학회지, 13-1, 1999.

이철영 · 정희균, "(1)퍼지계층평가법의 가역성과 일관성에 관하여," 한국항만학회 추계학술대회 논문지, 2001.

이철영 · 정희균, "퍼지계층평가의 가역성과 그 응용에 관한 연구 (1)퍼지계층평가법의 가역성과 일관성에 관하여," 한국항만학회지, 15-2, 2001.

임봉택, "복잡한 시스템의 퍼지평가 알고리즘 개발과 적용에 관한 연구," 박사학위논문, 한국해양대학교 대학원, 2000.

임봉택 · 양원 · 이철영, "대규모 다계층 MADM 문제의 퍼지평가 알고리즘에 관한 연구(퍼지측도의 동정을 중심으로)," 한국항만학회지, 12-1, 1998.

임봉택 · 이철영, "국가해양력시스템의 구조모델화에 관한 연구," 한국항만학회 추계학술대회논문집, 1999, pp.153-160.

임봉택 · 이철영, "해양력 평가를 위한 해양력의 개념과 속성에 관한 연구," 한국항만학회지, 11-2, 1997.

전일수 외, "세계 주요 컨테이너 항만의 경쟁력 비교평가," 해운산업연구원, 통권 제120호, 1995.

Czogala, E., Drewniak, J. and Pedrycz, W., "Fuzzy relation equations on a finite set, Fuzzy Sets and Systems," 1982, Vol. 7, pp. 89-101.

Drewniak, J., "Equation in classes of fuzzy relations, Fuzzy Sets and Systems," 1995, Vol. 75, pp. 215-228.

Drewniak, J., "Fuzzy relation equations and inequations, Fuzzy Sets and Systems," Vol. 14, 1984, pp. 237-228.

Grabisch, M., Murofushi, T. and Sugeno, M., "Fuzzy Measures and Integrals — Theory and Applications," Physica-Verlag, 2000.

Higashi, M. and Klir, G. J. "Resolution of finite fuzzy relation equations, Fuzzy Sets and Systems," Vol. 13, 1984, pp. 68-82.

Kaufmann, A., Zadeh, L. A. and Swanson, D. L., "INTRODUCTION TO THE Theory of Fuzzy Subsets — VOLUME Ⅰ Fundamental Theoretical Elements," Academic Press, 1975.

Kim, K. H., S. Yoshida, "Network Economies of Golbal Alliances in Liner Shipping : The Case of Japanese Liner Shipping Companies," World Shipping and Port Development, Palgrave Macmillan, 2005. 8.

Kim, K. H., S. Yoshida, "Structural Changes of Container Route Network in East Asia after Alliance Formation," Journal of Korea Trade, Vol. 8, No. 1, 2004. 5.

Klir, G. J. and Folger, T. A., "Fuzzy Sets, Uncertainty, and Information," Prentice Hall, 1988.

Nola, A. D. and Sessa, S., "On the of solution of composite fuzzy relation equation, Fuzzy Sets and Systems," Vol. 9, 1983, pp. 275-285.

Nola, A. D., Pedrycz, W. and Sessa, S., "Fuzzy relation equations with equality and difference composition operators, Fuzzy Sets and Systems," Vol. 25, 1988, pp. 205-215.

Saaty, T. L. and Kearns, K. P., "Analytical Planning," Pergamon Press, 1985, pp. 22-25.

Saaty, T. L., The Analytic Hierarchy Process, Mcgrow-Hill Book, Co., 1997, pp. 23-24.

Sanchez, E., "Resolution of compositional fuzzy relational equation," Information and Control, Vol. 30. 1976, pp. 38-48.

Shiizuka, H. and Sugiyama, T., "On Decision Making by Hierarchical Fuzzy Integrals," 8th Fuzzy System Symposium, 1992, pp. 33.

Sugeno, M., "Theory of Fuzzy Integral and Its Applications," Doctorial Thesis, Tokyo institute of Technology, 1974.

Wang, Z. and Klir, G. J., "Fuzzy Measure Theory," Plenum Press · New York and London, 1992.

Yang, J. B. and Madan, G. S., "An Evidential Reasoning Approach for Multiple-Attribute Decision Making with Uncertainty," IEEE Transaction on System, Man, and Cybernetics, Vol. 24, No. 1, 1994, pp. 1-18.

Yang, J. B. and Sen, P., "A General Multi-Level Evaluation Process for Hybrid MADM with Uncertainty," IEEE Transaction on System, Man, and Cybernetics, Vol. 24, No. 10, 1994, pp. 1458-1472.

金廣熙, "コンテナ海運企業における戦略的提携の成功要因に関する研究ーパートナーの選択とルート・ネットワーク形成の側面からー," 日本, 神戸大學, 2004. 3.

金廣熙 · 吉田戊, "船社の戦略的提携とアジアにおける港湾の寄港形態の変化," 日本海運經濟學會, 海運經濟研究, No. 37, 2003.

金廣熙 · 吉田戊, "東アジアにおけるアライアンス形成前後のコンテナルートネットワーク構造の変化について," 日本海事交通研究, No. 52, 2003. 11.

寺野壽郎, "評價の 基礎," 計測と制御, 18-7, 1979, pp. 545.

塚本弥八郎 · 田代勸, "Fuzzy 逆問題の 解法," 計測自動制御學會論文集 第15卷, 1979, pp. 21-25.

李哲榮 · 寺野壽郎, "スートーリ評價のモデル化," 日本計測自動制御學會論文集 第15卷 第1號, 1981, pp. 43-48.

우리말 색인

[ㄱ]

개항 21

갠트리크레인 181

거대중심항 18

계류시설 23, 26, 28

계선부표 28

공공터미널 31

공로운송 260

공업항 15

국내물류센터 216

국제물류센터 216

군항 15

굴착식 부두 30

규격화물 176

[ㄴ]

냉동시설 37

[ㄷ]

다층장치형 83

단일운임의 결정 259

데이터 전송시스템 74

도구항 19

돌제식 부두 29

돌핀 27

[ㄹ]

레크리에이션항 15

로로(Lo/Lo)방식 180, 274

로로(Ro/Ro)방식 274

[ㅁ]

마셜링야드 34

매매기능 203

메인트넌스 숍 36

무료 장치기간 225

무역항 20

물류센터 216

물류 시스템 355

물류정보 시스템 301

물양장 27

[ㅂ]

보관 33, 199

보세구역 206

보세 장치장 206

보세창고 207

보험정보 303

복합식 부두 30

복합운송 256

복합운송서류 258

복합운송의 주요 경로 286

복합운송 형태 286
부가가치통신망 310
부곡 ICD 210
부잔교 28
부정기선의 운항 276

[ㅅ]
살화물 하역 184
상항 15
생산성 지표 217
샤시 시스템 61
서비스시간 분포 328
선내이적 컨테이너 71
선박대여업 276
선박운항사업 276
선박의 도착패턴 324
선박의 종류 274
선석점유율 331
섬형태 부두 30
세계일주서비스 284
수급(가격)조정기능 204
수역시설 23
수출 컨테이너 69
수출화물 검사정보 303
스트래들 캐리어 방식 62
시간기능 203
시뮬레이션 분석 335
시스템 355
신속성 372
신용기능 204
싱가포르 컨테이너터미널 148
쌍자식 부두 29

[ㅇ]
아주지역 복합운송 형태 295
안벽 27, 34
안전성 372
야드 트랙터 182
양산 ICD 209
어항 15
에이프런 34
연계성 373
연락기능 204
연안항 16, 20
연안해송의 방식 276
예·부선 176
외곽시설 23, 25
외국의 ICD 210
운송 255
운송구간의 다양성 259
운송인형 복합운송인 260
운송주선인형 복합운송인 260
운송책임의 단일성 258
운영항 19
운하항 16
위생검사소 37
위치확인 시스템 76
위험부담의 분기점 259
윈치크레인 182
유류하역 185
육상작업 176
육상화물 운송정보망시스템 306
2단적 열차 267
이송장비 195
이용자 정보 304

인공항 17
일반 부두 175

[ㅈ]
자동장비인식 시스템 73
잔교 27
잠재성 370
장거리 카페리 운송방식 277
장치능력 220
장치장비 217
재유통 공컨테이너 70
적양하 작업 175
전용 부두 175
전용임대터미널 31
전자자료 교환방식 311
정기선의 운항 275
정량화물 176
정박지 24
정확성 371
종합 시스템 32
지게차 182
지역거대항 18
지역중심항 18
지역항 18
지정 보세구역 207
지정항 21
지주항 19
직접장치형 83
집하, 분류 및 가공기능 204

[ㅊ]
차취급 264
창고 202
창고물류 정보망 시스템 309
창고의 종류 202
천연항 17
철도/도로 겸용 운송 시스템 268
철도운송 264
철도터미널 37
출입문 36

[ㅋ]
컨테이너 70
컨테이너기지 208
컨테이너 내륙연계운송 297
컨테이너야드 35, 207
컨테이너운송 281
컨테이너(용기)의 재고관리 221
컨테이너 장치기간 227
컨테이너취급 265
컨테이너터미널 30
컨테이너터미널 시스템 53
컨테이너 프레이트 스테이션 207
컨테이너 하역 182
컨테이너 화물조작장 36
컨트롤 센터 36

[ㅌ]
토지 이용률 218
통관 37
트랜스퍼크레인 방식 64
특수화물 하역 185

[ㅍ]
페리항 15
편의성 373
평행식 부두 29
포장/보관 정보 303
포장화물 하역 185
피난항 15

[ㅎ]
하구항 16
하역 171, 172
하역의 자동화 182
하역이송 33
하역이송기능 32
하역작업 175
하역장소 174
하역컨테이너 개수분포 326
하위 시스템 32
하주정보 302
하천항 16
항공운송 279
항공운송의 종류 280
항공화물 운송정보망 시스템 307
항로 24
항만개발 147
항만물류비 360
항만물류비와 체증비용 369
항만물류서비스 369
항만물류정보 시스템 306
항만별 체증비용 369
항만연계철송 269
항만정보 303
항만하역 174
항만화물 정보망 시스템 308
해/공시스템에 의한 복합운송형태 295
해상운송 271
해상운송방식 275
해상운송취급업 276
해상화물 운송정보망 시스템 308
해운대리점업 276
해운중계업 276
해항 16
행정관련정보 시스템 305
호수항 16
혼재 33
혼합중계방식 65
홍콩 콰이충 컨테이너터미널 146
화물관련정보 시스템 304
화물운송 302
화물자동차의 종류 262
화물통관정보 304
화물하역정보 303
환적 컨테이너 70

외국어 색인

[A]

AGV 196

ALB(American Land Bridge) 293

Anderson Clyde/GEC Multi-Linstore 99

[C]

CALS 314

Captive type 83

CFS/CFS운송 285

CFS/CY운송 285

CLB(Canadian Land Bridge) 293

Containoveyor System 102

CY/CFS운송 285

CY/CY운송 285

[D]

Detached pier 27

[E]

ECT/Sea-Land터미널 85

[F]

Front-end top-pick loader 방식 64

[G]

German Ministry of Research & Tech 98

[H]

HHLA Terraced Conveyor System 100

[I]

IHI Elevation-Track System 94

IPI(Interior Point Intermodal) 294

[K]

Kaiser/Otis Speed-Tainer System 98

Kawasaki 컨테이너 터미널 88

[L]

LASH방식 274

[M]

Matson Mouse Trap System 89

Meeusen Meco 102

MHI Macs System 93

MHI Traverser System 92

MLB(Mini Land Bridge) 293

[O]

OCTOPUS 96

Overhead Mono-Rail System 95

[P]

Paceco Automated Transfer Car System 90
Paceco Portveyor System 91
Pasir Panjang터미널 86
Piggy-back 운송방식 266
Pre-gate system 79

[T]

TCR 291
TSL(Techno Super Liner) 278
TSR 287
TSR의 운송실태 289

[V]

Vickers Lautovick System 100

저자소개

• 이철영(李哲榮)

한국해양대학교 물류시스템공학부 교수
한국해양문화학회 회장 및 한국항해항만학회 고문(현)
한국해양대학교, 동 대학원 및 일본동경공대 대학원 박사과정 수료(공학박사)
한국항만학회 회장
해양수산발전위원회 위원
항만정책 및 민자투자심의위원회 위원
(부산항)항만위원회 위원장
물류산업발전위원회 위원장
항만물류전문인력 양성사업단장 역임

□ 저서 및 논문

물류-로지스틱스
물류개론
국제무역활동과 물류
항만물류시스템, 하역론
문제구조의 인식과 평가
시스템공학
퍼지계층분석법
바다와 도시 시리즈(5권)
물류시스템 및 항만관련 논문 200여편 발표

• 하명신(河明信)

부경대학교 국제통상학부 교수
(영) 리버풀대 대학원 박사과정 수료(경제학박사)
(미) 워싱턴대학교 및 버지니아 공대 visiting professor
한국물류학회, 한국항만경제학회, 한국무역학회 이사
한국국제상학회 감사 및 편집위원장 역임
기획예산처 혁신/경영평가위원
행정자치부 국가고시 출제 및 정부 혁신관리 평가위원
해양수산부 정책자문위원
건설교통부 종합물류기업 인증심사위원
부산시 물류정책·도시혁신위원
부산시의회 의정자문위원
대한상사중재원 중재인
한국컨테이너부두공단 사외이사
부산항만공사 자문위원 역임

□ 저서 및 논문

항만물류의 이해 등 저서 13권
동북아 지역과 미국 주요 컨테이너항만간의 효율성 비교 등 학술논문 53편
국제선용품 유통센터 건립 및 운영 방안 등 연구용역 39건 등이 있음

• 김광희

동명대학교 물류경영학과 교수, 학과장(현)
한국해양대학교, 동 대학원 및 일본고베대학 대학원 박사과정 수료(상선학박사)
재)동북아경제협력 물류전략연구원 선임연구원(현)
동의대학교 유통관리학과 교수(전)

□ 저서 및 논문

부산항 일반화물 처리를 위한 중장기 대책방안 연구용역(부산항만공사, 2009)
부산북항~신항간 해상셔틀 합리화방안 연구용역(부산항만공사, 2009)
부산항과 일본서안지역의 최적의 물류네트워크 구축방안 연구용역(국토해양부, 2009) 등 다수 연구용역 수행
부산항 컨화물의 연안환적운송 활성화에 관한 연구(한국항해항만학회지, 2008)
슈퍼중추항만정책을 통한 일본의 항만운영에 대한 고찰(한국국제상학회지, 2009)
항만예선업시장의 공동배선제와 자유계약제에 대한 실증적 분석(한국항만경제학회지, 2009) 등 다수 논문발표 및 저서로는 해운항만산업의 미래신조류(물류혁신네트워킹연구소, 2009) 등이 있음

항만물류시스템

2009年 2月 20日 初版印刷
2009年 2月 28日 初版發行

共著者 이철영 · 하명신 · 김광희
發行人 安 鍾 萬
發行處 (株) 博 英 社
서울特別市 鍾路區 平洞 13-31番地
電話 (733)6771 FAX (736)4818
登錄 1959. 3. 11. 제300-1959-1호(倫)
www.pakyoungsa.co.kr e-mail: pys@pakyoungsa.co.kr

定 價 25,000원 ISBN 978-89-7189-792-8